启功年谱

增订本

侯刚　章景怀◎编著

北京师范大学出版集团
BEIJING NORMAL UNIVERSITY PUBLISHING GROUP
北京师范大学出版社

图书在版编目（CIP）数据

启功年谱/侯刚，章景怀编著. —增订本. —北
京：北京师范大学出版社，2023.3
ISBN 978-7-303-27229-7

Ⅰ．①启… Ⅱ．①侯… ②章… Ⅲ．①启功（1912—
2005）—年谱 Ⅳ．①K825.72

中国版本图书馆 CIP 数据核字（2021）第 176148 号

教 材 意 见 反 馈　gaozhifk@bnupg.com　010‐58805079
营 销 中 心 电 话　010-58807651
北师大出版社高等教育微信公众号　新外大街拾玖号

QIGONG NIANPU ZENGDINGBEN

出版发行：北京师范大学出版社 www.bnup.com
　　　　　北京市西城区新街口外大街 12-3 号
　　　　　邮政编码：100088
印　　刷：北京盛通印刷股份有限公司
经　　销：全国新华书店
开　　本：787 mm × 1092 mm　1/16
印　　张：28.75
字　　数：600 千字
版　　次：2023 年 3 月第 1 版
印　　次：2023 年 3 月第 1 次印刷
定　　价：128.00 元

策划编辑：卫　兵　　　　　　　责任编辑：贾理智
美术编辑：李向昕　　　　　　　装帧设计：华泰图文
责任校对：段立超　　　　　　　责任印制：马　洁

启元白先生年谱

晚生 侯刚 敬书

启功先生像（1912—2005）

目　录

1912 年（壬子，民国元年）出生

7 月 26 日（农历六月十三日）

诞生于北京东城什锦花园胡同 21 号。这里是先生曾祖父溥良的宅第。

什锦花园胡同属东城景山地区，是东四北大街路西从南往北数的第五条胡同。胡同东段曲折，自东向西沟通东四北大街和大佛寺东街，长 600 多米。明代，胡同西段称"红庙街"，东段称"适景园"，因成国公朱能在此建有私家园林"适景园"而得名，清乾隆时称"石景花园"，宣统时称"什锦花园"，1965 年整顿地名时改称"什锦花园胡同"。

什锦花园胡同 21 号，旧时的门牌是什锦花园 10 号及 10 号旁门，在胡同中段北侧，坐北朝南。

据房屋档案记载：当年该院是两座院内相通的四进院落，共有房屋 140.5 间，占地面积近 5000 平方米。西院为主体建筑，有倒座南房 10 间，东头 3 间倒座南房为三开间府门，门牌为什锦花园 10 号；一进院有东、西厢房各 3 间，7 间北房为带抄手回廊的瓦房，中间 1 间作为北房腰厅连接二进院，二进院和三进院均为有游廊连接的四合院；四进院的北墙西段建有罩房。东院是配院，为两进院；一进院有倒座南房 7.5 间，在"巽"位建广亮大门，门牌为什锦花园 10 号旁门；院内西侧有过道与西院相通，与西院府门及 3 间东房又构成 1 个小院，北侧建有垂花门连通二进院；二进院西部是 3 个不规则的小院，东部中间有 9 间平顶砖房，平顶砖房的北面是堆有山石的花园。

历经多年变迁，上述老房已无存，在旧址建起了三栋居民楼，是一个居民小区。

（王之鸿：《什锦花园 21 号——启功故居》）

先生的祖系：

先生祖上属于清代皇族的支系，他的先祖是清朝雍正皇帝胤禛的第五子弘昼。雍正的第四子弘历，是弘昼同父异母的哥哥，比弘昼大一个时辰，继承皇位，即清高宗乾隆皇帝。乾隆即位后封弘昼为和亲王，先生家这一支是和亲王的后代。

到曾祖父溥良（1854—1923 年，字玉岑）这一辈，已传到第七代，根据清代爵位累降的规定，溥良只封为奉国将军，俸禄微乎其微，连养家糊口都困难了。溥良便毅然辞去封爵，决心走科举考试之路。凭着良好的功底，中举登第，入了翰林，先后任理藩院左侍郎、户部右侍郎、都察院满左都御史、礼部满尚书、察哈尔都统、江苏学政等职。最有政绩的是在江苏学政（相当于教育厅厅长）任上。他善于选拔、培育人才，当时江苏有名的文人学者，大多出于他的门下。启功先生的老师戴绥之（姜福）就是溥良在任上时的拔贡。值得一提的是，溥良任都察院满左都御史时，担任汉左都御史的正是临危受命重振京师大学堂的管学大臣张百熙。溥良和张百熙两人谁也不会想到，几十年后，溥良的曾孙启功在由京师大学堂发展而成的北京师范大学和北京大学都执教过。

祖父名毓隆（1872—1923 年），字绍岑，别署缤秋庵主，是溥良的长子。他更没有爵位可依，在溥良的影响下，也走上了靠科考博取功名的道路。他 18 岁中举，21 岁入翰林院，善书画，任过典礼院学士、安徽学政、四川主考等职。

父亲名恒同（1894—1913 年），是毓隆的独生子，17 岁时和蒙古族姑娘克连珍结婚，次年先生降生。

先生还有两个姑姑。大姑早已出嫁。二姑恒季华因未婚夫去世终身未嫁，决心帮助嫂子克连珍共同抚养启功这个两代单传的孤儿成人。

启功家族世系表

1	2	3	4	5	6	7	8	9	10
清世宗胤禛（雍正）	清高宗弘历（乾隆）	仁宗颙琰（嘉庆）	宣宗旻宁（道光）	文宗奕詝（咸丰）	穆宗载淳、德宗载湉（同治、光绪）	溥仪（宣统）			
	和亲王弘昼	二子永璧	二子绵循	三子奕亨	五子载崇	二子溥良	长子毓隆	独长子恒同	独长子启功

先生的外祖家系：

外高祖赛尚阿是蒙古正蓝旗人，能文能武，中过举，曾任过内阁学士、理藩院尚书，又被授予过头等侍卫，任过钦差大臣，到天津负责防治海疆，最后官至步兵统领、协办大学士。后因镇压太平天国运动不力而被革职、押解进京，经人讲情而发配戍边，最后授予正红旗蒙古副都统。

赛尚阿有 5 个儿子。先生的外曾祖是赛尚阿的第五子崇纲，精通满文，做过驻藏帮办大臣。

外祖父是崇纲的儿子克昌，曾被封为骑都尉和云骑尉双重爵位。

母亲克连珍是克昌的独生女，没有兄弟姐妹，父母早故，在娘家孤孤单单，后

现存最早的启功先生照片，约 10 岁时与祖父（左）和姑祖丈（右）合影

来嫁给恒同，不想很快守寡。

先生出生的 1912 年，正是风云剧变的年代。前一年爆发了辛亥革命。本年 1 月 1 日中华民国临时政府在南京成立，临时大总统孙中山就职。2 月 12 日，溥仪退位，清王朝随之灭亡，中国从帝制走向共和。先生于 7 月 26 日出生，虽"贵"为帝胄，但生下来就是民国的公民。所以 1981 年纪念辛亥革命 70 周年时，有关方面向他征题，他写道：

> 半封半殖半蹉跎，终赖工农奏凯歌。
>
> 末学迟生壬子岁，也随诸老颂先河。

表明他出生时已是民国，和清王朝是毫无关系的。

1913 年（癸丑，民国二年）1 岁

7 月

先生刚满一周岁，父亲恒同因患肺病，在什锦花园故宅东院的南屋去世，终年 19 虚岁。

父亲死后，东院里只有母亲和姑姑带着襁褓中的先生居住，家族衰败的环境和惶恐的气氛笼罩在她们的心头。为求得相互照应，遇事能有个男人壮壮胆量，她们搬到西院，和先生的二叔祖同住。后来，又搬到土儿胡同与先生的六叔祖家同住。

1914 年（甲寅，民国三年）2 岁

当时，正是辛亥革命以后，先生曾祖父溥良从察哈尔都统任上去职，为了表示彻底脱离官场、不再过问国事，不愿再住在京城。溥良有位门生陈云诰，是京西易县的首富，广有资财，在易县城内购买了房舍，愿接待溥良居住。先生自两岁起，即常随祖父毓隆往返北京和易县，在曾祖家居住，直到他七八岁时曾祖回到北京，他再没有去过易县。

在易县居住的几年，是他童年时代最快乐的几年。

他还记得，当时交通不便，从北京到易县要用一天，在北京坐火车先到高碑店，再换乘一种小火车到易县。

　　他还记得，易县出产山核桃，肉少、皮厚、质硬，民间艺人就用山核桃搞雕刻，作为小工艺品出售；巧手艺人能在两只核桃上刻出八仙过海的图案，手艺精湛，所刻人物栩栩如生。1918 年（民国七年）时，刻一对核桃要 10 吊钱，将近一块银元（当时一块银元可换 12 吊钱），一般人是买不起的。

　　启功从小就喜欢小动物，因为母亲和姑姑都喜欢小猫、小狗。他养过小猫、小狗、小兔子、蛐蛐、金鱼等各种小动物。他看见有人养鸟很好玩，也想养鸟。但读书人家的孩子不准提笼架鸟。他就养了一只小雏鸡，也装在笼子里，拿到树林里和养鸟人一起玩。养鸟人见他到来，纷纷提起鸟笼远远躲开他。他当时莫名其妙，后来才知道人家是怕画眉、百灵一类名贵的鸟学鸡叫，就不值钱了。他看见街上有耍鼠的艺人，带着白鼠表演。艺人有一个小架子，上边装一个可以转动的笼子，架子上有一个小梯子通向笼子门，小白鼠顺着梯子爬进笼子，艺人一拍笼子，小白鼠就在笼子里飞快地爬，笼子也随着转动起来，很好玩。艺人吹起唢呐，招引大大小小的孩子聚来看表演。那时候表演一回要收几个铜子儿，有时还可以叫到家里去表演。启功属鼠，他也养了一只小白鼠，喂熟以后装在袖筒里玩。有一天一位长辈到家中做客，他掏出了白鼠，把长辈吓了一大跳，他却哈哈大笑，得意地跑了。

　　易县有许多名医，因为有很多从官场退下来的人愿住在易县，于是有不少名医就在易县开医馆为他们治病。他小时体弱多病，祖父曾带他去名医孔小瑜的医馆看过病。

　　他虽然很小就失去了父亲，然而有曾祖父和祖父的关怀教导，有母亲和姑姑的疼爱照顾，度过了一个愉快的童年。

1915 年（乙卯，民国四年）3 岁

是年

仍随曾祖客居河北易县。

　　先生小时候身体不好，经常闹病，家人为了祈福，求能长命，送他到雍和宫按照严格的仪式受灌顶礼，拜雍和宫的喇嘛白普仁为师，正式皈依了喇嘛教，成为一个记名的小喇嘛。后来还接受过班禅大师的灌顶。师父白普仁给他起法号为"察格多尔札布"。"察格多尔"是一位佛的徽号，"札布"是"保佑"的意思，即求佛祖保佑他平安成长。后来，师父去世，他始终珍藏着皈依师父的骨殖佛像。

柳遠疎放無拘檢時人或謂之柳癲好彈琴耽酒時有文咏每出返家人去向沛慮若日莫而聞終閤之不解

成親王

毓隆敬橅

男毓隆謹繪

启功先生的祖父毓隆临摹的成亲王书法和手绘的扇面

1916 年至 1918 年（民国五年至民国七年）
4 岁至 6 岁

开始在家中接受严格的启蒙教育。

启功先生的启蒙教育是从在姑姑那里学认字开始的。姑姑恒季华明白，要改变这个家庭的窘状，首先要抓好对启功的教育和培养，便想尽一切办法从小就教他一些简单知识。她把纸裁成小方块，写上人、手、口、足、日、月、天、地等常用字，每个方块一个字，每天教新字，一百张包一包，按难易排好顺序，循序渐进。先生学会了常用字。稍长大些，姑姑开始教他写字，描红模、写影格；书写是为了巩固已认识的字。

姑姑很注意培养他良好的道德修养，家教很严。每天早晨起床后，先生首先要向曾祖和祖父请安。姑姑教育他对待长辈和客人要讲礼貌，对待年幼伙伴要谦让；至于用餐，有什么就吃什么，不准挑食，不准剩饭。他从小就受到家中良好的道德熏陶。

祖父特别疼爱他，因他生于壬子年，所以亲昵地叫他"壬哥儿"，亲自教他写字、读书、画画。先生因此打下了日后学习书画的基础。他常见祖父拿过手头小扇，画上竹石花卉，几笔而成，感觉非常奇妙，渐渐萌生了长大以后做一个画家的愿望。在他 6 岁时，曾请祖父给他画画。当年祖父曾为他画了一面团扇，并题款："戊午中伏雨后，功孙乞画，为摹篱荫间天然真景，写之扇头，记其年时如右。绲翁手记。"绲翁即祖父毓隆的自称。他始终珍藏着祖父这件遗墨。这件团扇上钤有一方闲章"非曰能之"。这方祖父用过的闲章，后来经常出现在他早年的山水作品上，延续着这个家族的艺事。

先生除了接受家庭教育之外，在读正规小学之前还先后在一位亲戚家的私塾和肃宁府的私塾读过书。进私塾先拜"大成至圣先师孔子之位"，还要拜主管文运的魁星。一般教学过程是先检查前一天让背的书背下没有，背下来就布置些新内容接着背，没背下来要挨打，一般打得都不重，有时不用板子，就用书；然后接着背，到背会为止。小孩子的注意力不能长时间集中，背着背着就走神发愣，或说笑玩耍起来，这时老师就会大声斥责。先生属于年龄最小的，从《百家姓》背起，年龄大些就开始背"四书五经"了。他曾保存一块画有魁星的竹板，"文化大革命"中被毁。

先生幼年读私塾的情况，颜一烟曾有回忆：

祖父毓隆为 6 岁的启功手绘的团扇

　　我生长在满族一个封建贵族家庭。我们家自办私塾，有三个书房，分教国文、算术和英文。我的哥哥、弟弟和近亲家的孩子都来就读。祖母说"女子无才便是德"，只准我上国文课，而且只准我读《女儿经》《女诫》《列女传》一类的书。我心里真憋屈透了，觉得老师特偏心眼儿！

　　启功的祖母是我祖母的亲侄女，启功的父亲，我管他叫"锐哥"，惜英年早逝！一天，穿着素服的锐嫂，领着一个小男孩来到我家，说是送他来我们书房就读。从此我和这小男孩就成了同窗学友——他就是启功。那时，我们都不到十岁。我开始叫他"小弟"，可家里人纠正说：我们的关系不是姐弟，是姑侄。其实我俩同岁，出生月日也都是六月十三，只不过一个阳历一个阴历，实际上我只比他大一个月。

　　我至今记得非常清楚：启功学习极好，他不只能背诵《论语》《孟子》《大学》《中庸》，还能背《诗经》，甚至还能读《尔雅》。他的大字写得更是特别好。他的仿纸，老师每个字都给他画红圈，有的还给画两三个，甚至有的还给画四个圈哩！可我写的字呢？老师不但不画红圈，不给满纸画黑×就不错啦！有一回，老师指着我写的大仿说："瞧你写的这叫什么字？跟鸡爪子刨的似的！不行！好好地再写十遍！"我心里觉得这老师真太偏心眼儿了！我写的字，你不给画红圈也罢！千不该，万不该，你不该说我写的字是鸡爪子刨的！还罚我再写十遍！我才不给你写哩！老师怎么叫我写我也不写；罚我跪，打我手板，我就是不写。老师气得直吹胡子。启功坐在我旁边的书桌后头，左手拿书本挡着脸，右手拿手指头划着小脸蛋，轻声地连连说着："小姑没羞！小姑没羞！"……

（颜一烟：《我与启功》）

1922 年至 1923 年（民国十一年至民国十二年）
10 岁至 11 岁

　　这两年是先生命途多舛、生活最困难的时候。壬戌大年三十（1923 年 2 月 15 日）的晚上曾祖因病去世，癸亥正月初四曾祖的一位兄弟媳妇去世，正月十八二叔祖去世，三月初三续弦的祖母去世（嫡祖母已早几年逝世），七月初七祖父也与世长辞了。家中亲人一位接一位地故去，不到一年时间，这一家就急速衰败，不得不变卖掉什锦花园的房产和家藏的古籍字画，用来发丧和偿还债务。年幼的启功作为承重孝的主丧人，与母亲、姑姑共同承受着沉重的精神压力和经济负担。

卖掉什锦花园故宅后，全家搬到安定门内方家胡同。

当时，母亲克连珍和年仅 20 余岁、尚未出嫁的姑姑恒季华挑起了家庭重担。在满族家庭中，未出嫁的姑娘地位是很高的。恒季华为了教养先生这个一线单传的侄子成人，毅然决定终身不嫁，把自己看作这个家庭中的男人。先生也称姑姑为"爹爹"（按满族人的习俗，"爹爹"即叔叔的意思）。但是在旧社会，这样孤儿寡母的家庭，没有经济收入，生活是相当贫苦的。

曾祖和祖父的一些门生看见"孀妇弱女，同抚孤孙"的艰难，就把对老师的回报都集中在对启功的抚养上，经常周济他们。祖父在四川任学政做主考时的门生邵从熠先生和唐淮源先生，向祖父的其他门生募捐，筹集到 2000 元，为他们买了 7 年的长期公债，每月可得利息 30 元。这 30 元大体可够一家三口的基本花销，勉强维持生活。邵、唐二位先生鼓励启功努力学习上进，并表示愿意供他上小学、中学、大学、出国留学。在这种情况下，他也自知应刻苦努力，生怕辜负了他们的期望。

1924 年至 1926 年（民国十三年至民国十五年）
12 岁至 14 岁

冯玉祥率部发动政变，溥仪和清廷的遗老遗少面临随时可能被扫地出门的命运，但仍在弹丸之地的高墙之内称帝，设有宗人府。当时宗人府的左司掌印奕元，知道先生曾祖和祖父因下科场而主动放弃了封爵，父亲死得又早，未及封爵，看他可怜，便让他袭了爵号，封为三等奉恩将军。这实际是有名无实的封号，一分钱一粒米的俸禄都没有。"诰封"上的内容，大致是根据优待条件，他应袭封三等奉恩将军。任命内容是宗人府的，盖的印却是民国大总统徐世昌的，文不对题，不伦不类。这件打上特殊年代烙印、具有特殊历史意义的文物，在"文化大革命"时被他烧掉了。

邵从熠和唐淮源二位先生很关心他的成长。在二位先生的鼓励下，他于 1924 年 1 月考入位于崇文门内马匹厂（后改名为盔甲厂）的汇文小学，直至 1926 年 9 月毕业。时居安定门内前圆恩寺 11 号。

汇文小学是一所教会学校，校长和老师都是牧师，教学方式和学习内容与家中和私塾都大不相同。按时上下课，上课时老师讲学生听。在心情舒畅的氛围里，他很快适应了环境，不但学到了新知识，还结识了新朋友，学业日渐长进。在小学时贾兰坡（古脊椎动物学家）、王大珩（物理学家）都是他的好朋友，王大珩还是他同班同桌。小学毕业后他和王大珩虽都在北京学习和工作，但因工作性质不同，几十年

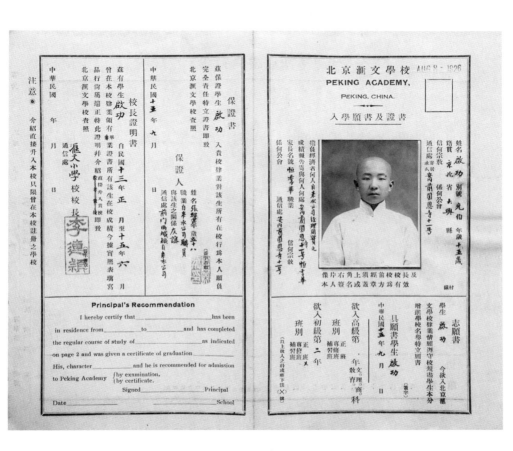

注意 ◉

介紹直接升入本校只限曾在本校註冊之學校

中華民國　年　月　日

北京滙文學校校長查照

品行尚屬端正特此證明并介紹直接升入貴校即到

曾在本校肄業領有畢業證書所有該生在校成績今據實照表填寫

茲有學生 **啟功** 自民國十三年正　月至十五年六月

校長證明書

通信處

滙天小學校校長 李進宗

中華民國十五年九月　日

北京滙文學校查照

完全負責任特立證書即以

茲保證學生 **啟功** 入貴校肄業對該生所有在校為本人願負

保證書

保證人

姓名 張紹華　歲　十八

職業自来水公司職員

與該生之關係友誼

通信處前門西城根自来水公司

Principal's Recommendation

I hereby certify that _____ has been
in residence from _____ to _____ and has completed
the regular course of study of _____ as indicated
on page 2 and was given a certificate of graduation _____
His, character _____ and he is recommended for admission
to Peking Academy { by examination.
{ by certificate.

Signed _____ Principal

Date _____ School

北京滙文學校
PEKING ACADEMY,
PEKING, CHINA.

入學願書及證書　　AUG 8 - 1926

姓名 啟功　別號 元伯　年歲 十五歲
籍貫 京北省 大興 縣 係何宗教 何公會
通信處 東華門蒲園恩寺十一號

像片右角上須經前校長及
本人簽名或蓋章方為有效

具願書學生 **啟功**

中華民國十五年九月　日

志願書

學生 **啟功** 今欲入北京滙
文學校肄業情願遵守校規遵學生本分
增進學校名譽特立願書

欲入高級第　年 文/理/商科

欲入初級第 二 年 教育科

班別 正科班 專修班 補習班 特別班

班別 正科班 大
　　 專修班
　　 補習班
　　 特別班

（只上級入之時或塗下註×）號

汇文学校存启功先生档案

未再见面。20世纪90年代在一次春节联欢会上，离别70年后偶然相遇，两人一眼就认出了对方，立即互相拥抱在一起。先生与贾兰坡同为九三学社成员，经常来往；与小学同窗马锡章（焕然）的友谊保持了几十年，至马锡章去世。先生曾有诗"挚友平生驴马熊"（驴者曹家琪，马者马焕然，熊者熊尧）。

入正规小学后，他深知学习的机会来之不易，刻苦用功，学习成绩优异。他自幼喜欢绘画，他画的《秋菊》（见15页图）曾被学校作为礼品赠送给有关人士。

1927年（丁卯，民国十六年）15岁

是年

先生小学毕业，继续升入汇文中学的商科。他决定入商科以尽快掌握一技之长，早些找到工作好挣钱养家。在当年的《同学录》中，有同学对他这样描述：

> 元白启功者，世居旧都，睹其貌，观其服，知其然也。言语诙谐而恣肆，举止倜傥而乖僻，见者疑其狂，实则笃信坚贞，恺恻之士，余独知之焉。每寄思于诗词书画，时有慷慨之音，荒寒之韵流露其间，则可见不仅爱好已耳。无能遁世，又不能合污同流，故宁学商，所以苟全性命而已。

（见1931年《汇文中学年刊》）

同年

正式拜贾尔鲁（羲民）先生为师学画。贾先生宛平人，善仿古，早年做过北洋军阀的部曹小官。他不但擅画，而且博通画史，对书画鉴定也有很深的造诣。所以在画史和书画鉴定方面，对启功有很深的影响。

贾老师经常带启功去故宫博物院看书画藏品。平时去故宫博物院，门票要一块钱，而每月初一、初二、初三这三天实行优惠价，只需3毛钱。而这三天又是换展品的日子，大量的作品都要撤下来换上新的，只有那些上等展品会多保留一段时间。有些精品，如董其昌题的范中立《溪山行旅图》、郭熙的《早春图》等，他都是那一时期看过的，而且印象深刻。几十年后，闭上眼睛，还能清楚地回忆出当时它们挂在展厅的什么位置、每幅画上画的是什么、画面布局如何等。参观时，老师有时和一些朋友随看随加评论，使他受到启迪，增长了鉴别书画的知识。

启功先生青少年时期留影

1928 年（戊辰，民国十七年）16 岁

他升入汇文中学商科后，并不满足于学校设置的课程。他对古文有兴趣，愿意得到更多的古文知识。经世交介绍开始师从苏州老学者戴绥之（姜福）学习古文。

戴先生早年曾被先生的曾祖选为拔贡入京考试，在李慈铭（越缦）的门下考中举人，但是很早就从政界退下来以教书为生，是一位有家学渊源且功底深厚的学者，当时在东单礼士胡同为名中医曹燆的儿子曹岳峻授课。

曹先生是专门给慈禧太后看病的名医，也是启功先生曾祖任江苏学政时的门生，是先生家的世交，与先生的祖父交谊深厚。经曹允许，先生也跟着戴老师在曹家"附学"。每天下午 4 点放学后，他即到曹家。那时曹岳峻已经下课，戴老师留下再单独教授先生。

戴老师既重视基础教育，又善于因材施教，对先生说："你已这么大年纪，不易再从头诵读基本的经书了。"于是教给他一个有效的途径，就是拿没有标点的木刻版古书，先从唐宋古文读起，自己点句。每天戴老师留的作业有厚厚的一叠，供先生在灯下点读。这些作业分量既多，又难于理解。开始时他想："这些语句没经老师讲授，我怎能懂呢？"老师拿到作业之后，看到他的点句，顺文念去，点错的地方给他指出，并一一加以解释。这样，在老师的"追赶"式的帮助下，他读完了一部《古文辞类纂》，又读《文选》，返回又读《五经》。他从似懂非懂，到逐渐懂得读书的要领：不懂的地方怎样查资料；加读一遍又会有更深一步的理解；先了解概貌，再逐步求细节等。掌握读书要领之后，他读书的兴趣愈加浓厚了。以后，他又买了一部《二十二子》，先读了《老子》《列子》《庄子》《韩非子》《吕览》《淮南子》等。戴老师喜欢《说文》、地理、音韵诸学，又选常用字若干，逐字讲解这些字在"六书"中的性质和原理，使他如获至宝。戴老师谆谆嘱咐他要常翻《四库简明目录》，用《历代帝王年表》作纲领，了解古代历史的概貌，再逐渐去读《资治通鉴》。戴老师还经常出题命他作文，并教导说：在行文上要先能"连"，懂得"搭架子"。用现在的说法，就是作文要讲究逻辑性，文章要有主题，要层次分明。至于作诗、填词也经常练习，按时交出习作，老师再给予修改。由于老师的精心培育，加上他刻苦自学，从那个时候起，他便在中国古典文学和历史学方面打下了坚实的基础。

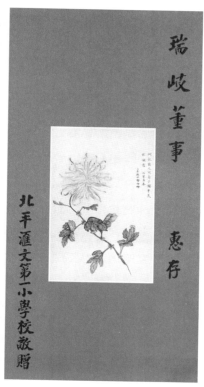

启功小学时期绘画作品（右），以及校刊上启功和同学们的"风采"照（左）

有趣的是，同学们的扮相有洋人、胖女人，而启功则扮为僧人

1929 年（己巳，民国十八年）17 岁

是年春

于琉璃厂书肆购汪中《述学》两册。

10 月 11 日

当日是重阳节，贾老师带他参观清内府钟粹宫及上书房各处的书画，师生摘录梗概。贾老师还作有笔记："己巳重九，与许翔偕启元伯同观清内府钟粹宫及上书房各处书画，辞楼下殿，尽态极妍，恐后争先，顾此先彼，因与元伯各出纸笔摘录原题梗概，半日辛苦颇形疲惫，寓后默忆经过，分析录出，以志眼福之幸。窃以古人秘奥，本难探其元微，而学者浸淫尤贵深于理会，用敢妄标识见，免致过眼云烟，思欲畅廓胸襟，必先会心机轴，但是日仓皇涉猎，原限于寸晷之阴，并蓄兼收，正难免鱼珠之谬。"根据笔记记载，当日师生过眼山水立轴 22 件、人物画 7 件、花卉 12 件、册页 15 件、手卷 3 件，可谓大饱眼福。

同年

贾老师知道先生想多学些作画的技巧，就把他介绍给著名的传统画家吴熙曾先生。吴先生字镜汀，号镜湖，浙江绍兴人。自此，他经常往来于两位先生之门，既提高了画艺，又增长了鉴别古书画的知识。

吴老师教画极为耐心。先生每每画了一幅有进步的作品，拿去请吴老师指教时，总是得到吴老师的鼓励。吴先生告诉他："十七八岁正是艺事猛进的时候，应当努力自勉。"并针对他的作品，专门把极关键和重要的窍门指出，每次指教都使他有所领悟，再画时又进一步提高。有时吴老师讲到某派的画法时，还随手表演一番，确切地给他指出某家、某派的特点。时隔几十年后，启功还常回忆起随吴老师学画时的情景。

同年

吴老师为让他增加见识、开阔眼界，鼓励他参加画界的艺术活动，介绍他加入"中国画学研究会"，先生成为该会会员。他的作品经吴老师推荐，多次在中山公园参加绘画展。

1930 年（庚午，民国十九年）18 岁

是年

吴老师又介绍他加入"中华书画学研究会"，先生成为该会会员。该会与前述

"中国画学研究会"为同类书画学术机构，成员多为书画名家。

1931 年（辛未，民国二十年）19 岁

是年

先生在汇文中学商科读书，他随戴绥之老师学习古文，写作水平甚佳，是全年级所公认的。同学们知道后，便推举先生为 1931 级撰写了级史。现录全文如下：

惟岁在上章敦祥元英之际，汇文学校辛未年刊，剞劂在即，高级三年征记，爰为是文。曰：大哉庠序之教也！三代以还，虽时危世替，未见废弛。盖美俗之成，惟赖吉士表率；英才之育，尤为国政导源。然小学始教，要在广施；而大学专攻，非能遍及。是以进德之基，深造之本，舍中学其焉归？入学既久，效已可睹，成兹九仞之山，端为一篑之积，则高级三年，诚难忽视也。故于教则三育并施；于学则四维互励。教学相长，颇有可述者焉。若夫颐志典坟，驰情词赋，经史子集，追缅古人，沟通万国，移译殊音，每有佳章妙制，莫不风采彬彬，嘉名所系，首属乎文。至若新进文明，物质是尚，骎骎列强，恃此而振。借彼流传，补我放失。执柯伐柯，取则不远。故今日穷理之学，尤为当世所望。至于商科，货殖是究。鸱夷用越，阳翟得秦。谁曰居积可鄙，庶与管仲同功。东西志士，强国有计。妙策所由，端为经济。功也不才，忝参一席。窃希孟子之言，通功易事；逃名域中，了无高冀。此三科中，数十百人，奇才杰出者，不可胜计，而成绩因之斐然可观矣。每见课余之暇，三五相聚于藏书之室，切磋琢磨，同德共勉，为五年率，攘攘熙熙。相观而善，暇则或为制陈当务之文，或作坚白纵横之辩，或出滑稽梯突之言，或好嬉笑怒骂之论，往往有微旨深意，寓于其间。凡此四者，求之刊志，高级三年，亦备之矣。而体育一端，尤甚精进，于此季中，报记口传，有碑载道，凡彼高才，众人共识，何劳鄙人再为缕赘哉！或曰：方今世之学校也，颓风陋习，多失教育之本旨者，子校其有之乎？予曰：何谓也？曰：予闻今之治学者，唯利是趋，唯弊是营。岁月忽忽，而泄泄以误少年；父兄谆谆，而藐藐以负重托。作怪民为先导，听众论如蝇声。遂过失而助之长，见善举而损其成。营饰其表，意在多金之获；支离其说，专蔽善性之明。教者苟延饱学，滥竽皆为奇货；学者不钦正道，纨绮犹是高风。甚者日高坚卧，谬托南阳之士；月明走马，公为濮上之行。酒食争

逐以为常，歌舞唱和以为课。竞习顽强，雅名磊落。翻覆算权谋，阴险能蛊惑，群儿善讼，举国若狂，傲逸盘游，诘遗遐迹。教育之弊，乃若是乎？予笑而应之，曰：君将为今学之董狐耶？前所云云，抑或不谬，然吾校固无是也。惟勉钦明德，期我同人共奋图之。启功拜志。

（见 1931 年《汇文中学年刊》）

同年中秋

先生备酒为戴老师祝贺节日，感谢老师教导。得戴老师手书："饷凫酒愧领，铭谢，岁时变易多矣，惟此中秋无可假借，举杯邀月无负良宵，谅必有同情也。"可见师生情谊之深。时居东城梯子胡同。

同年发表的主要著作有：

汇文中学《一九三一级级史》和立轴山水一幅，发表于 1931 年《汇文中学年刊》。

1932 年（壬申，民国二十一年）20 岁

11 月

未能等到自汇文中学商科毕业，为了能有一份工作挣钱养家而辍学了。辍学后曾一度在北平美术学校（京华美专）教国画，不到一个月又失业了。后来在王金波家做家庭教师，分别教王的 3 个孩子。这 3 个孩子准备考小学和中学。

同年

与章宝琛女士完婚。

他原本并不想过早结婚，因为自己尚无正当职业，而且对女方的情况一无所知。但是，母亲拿来姑娘的照片对他说："你父亲死得早，我守着你很苦很累了，很想有一个帮手。你身边有个人，我也就放心了。"听了母亲的话，一向孝顺的他理解了母亲的心思，也很同情母亲的辛苦，不愿违抗母命，便应允了这门亲事。他们的媒人是毓狄，结婚时居羊房胡同。章宝琛也是满族人，比他年长两岁。

他们婚后夫妻情深，是典型的婚后恋爱。他们的爱情是真挚、纯洁、深沉、持久的。他们心心相印，相濡以沫，相互之间视对方为自己的另一半。在婚后 40 多年的共同生活中，他发现妻子"天生勤劳、贤惠、善良，是具有中国传统美德的贤妻良母式的女性"。在日常生活中她总是尽心尽力使丈夫得到安逸和欢乐，让丈夫集中

精力做学问干事业。"她没有多高文化，在许多事情上是不求甚解的。她对旗人家中媳妇地位的低下习以为常，对家庭中的种种委屈心平气和、逆来顺受，然而有一点她十分清楚，就是坚信自己的丈夫是一个正直、善良的好人"。启功先生曾深情地对朋友说："她的善良已经到了超越自我的程度"，"她唯一遗憾的是我们没有子女，在这一点上，她误认为是自己的过错"。先生在辅仁大学教书时，经常和女学生出去看展览，亲戚中有一位老太太善意地问章宝琛知道不知道。章宝琛对老太太说："不会有问题，就是他有问题，我也没有怨言。我希望那个女人能给他留下一男半女，也好了却我的心愿。"

1933 年（癸酉，民国二十二年）21 岁

5 月

齐白石赠诗集，封面题："元伯仁弟哂诵，癸酉五月小兄齐璜赠"。

9 月

自 1931 年在汇文中学商科辍学后没能找到工作，邵从煟、唐淮源二位先生认为最稳妥的长久之计，是帮助他找一份固定的工作，于是请先生祖父辈的老世交、四川同乡傅增湘先生（字沅叔，号藏园，藏书家、教育家）帮忙。

傅老先生是启先生曾祖溥良的门生，是当时的社会名流和著名学者，曾任教育总长，因不满时政尤其是不满当局干涉蔡元培在北大的改革而被革职。傅老先生与时任辅仁大学校长、历史学家陈垣先生（字援庵）交谊笃厚，便把先生推荐给陈垣先生。陈垣先生推荐他在辅仁大学附属中学教授初中国文，直至 1934 年 9 月被辅仁教育学院院长张怀辞退。

启功先生曾多次深情回忆初识陈垣先生的详细经过："我先到傅家，把我作的几篇文章和画的一幅扇面交给傅老先生，算作我投师的作业。他嘱咐我在他家等候听他回音。然后他拿着这些东西直接到陈老校长家。当时我的心情既兴奋又紧张，我知道这是我人生的一次重要机遇。""傅老先生回来用平和的语气传达了令我激动的消息：'援庵先生说你写作俱佳，他的印象不错，可以去见他。'又叮嘱道：'无论能否得到工作的安排，你总要勤向陈先生请教，学到做学问的门径，这比得到一个职业还重要，一生受用不尽的。'""初次与陈校长见面，还未免有些紧张，特别是见到他眉宇间透出的一股肃穆威严之气，甚至有些害怕。但他十分和蔼地对我说道：'我的叔叔陈简墀和你的祖父是同年的翰林，咱们还是世交呢。'一句话说得我放松下

来，还产生了一种亲切感。""之后老校长即安排我到辅仁附中教一年级国文。"

能教中学，启功先生已感到很满足了，因为总算有了一个固定的职业。他牢记陈校长在安排他工作时教导的话："你还年轻，在讲台上就是为人师表，你要用你的本事让学生佩服你。"

他对工作兢兢业业，认真备课，认真教学，他的国文课教得很生动，学生很喜欢听他的课。已故中国工程院、中国科学院资深院士谢学锦先生，当年曾是启功在辅仁附中教过的学生，他回忆道："我放眼看世界，就是在初中一年级国语老师启功的熏陶下开始的，启功老师讲课生动，引人入胜，在他的熏陶下，我对文学，包括古代的和近代的，中国的和外国的，都产生了极大的兴趣。不仅课本上所选的诗词文赋及小说片段我用心去阅读欣赏，而且还到学校图书馆去大量借阅各种文学书刊，对文学产生了浓厚的兴趣。"

先生初到辅仁附中时首先相识的是牟传楷（润孙），时任高中部国文教员，比他年长 4 岁；第二位认识的是台静农，时任陈垣先生秘书，比他年长 10 岁。他们对启功这位小弟弟既关怀又鼓励。他们课余常在一起交谈教学心得，有时相伴郊游，有时饮酒谈诗作画，在无拘无束的气氛中谈论学术问题，互相切磋，相得益彰，建立了深厚的友谊。

同年

为陈垣先生作《窥园图》，题有："癸酉冬日写似援庵世丈雅令，启元伯学。"

1934 年（甲戌，民国二十三年）22 岁

9 月

被辅仁附中解聘。

辅仁大学附属中学归辅仁大学教育学院管理，教育学院院长张怀认为"启功中学尚未毕业就教中学不合制度"，便解聘了他。

被辅仁附中解聘后，曾在徐世襄家里教家馆。

同年

参加溥佺（松窗）先生主办的松风画会，会员的主要活动是共同研究中国画，也经常举办画展卖画。

曾为藏园老人（傅增湘）作山水成扇，题有："藏园太世丈诲政，甲戌夏日拟大痴法，启功学。"

同年

临溥儒（心畬）先生所藏宋人山水手卷，题有："甲戌三月临宋人本。"

这件事的缘起是：

先生在溥心畬先生家学画时，见到心畬先生所藏宋人山水手卷，很想借来临摹，正在不知如何开口时，在琉璃厂旧书摊见到清素主人选编的诗风全都是讲"空灵"的唐人诗《云林一家集》。清素主人是心畬先生的父亲载滢的号，启功曾听心畬先生讲过，他家中已找不到这本书了，很想寻找。于是赶紧买下，恭恭敬敬地给心畬先生送去。心畬先生问多少钱，并要付钱，先生便乘机说："这是孝敬您的。"心畬先生说："这可怎么谢你呢！"启先生便提出想借那幅宋人手卷临一临，心畬先生很痛快地答应了。先生拿回家去，很认真地临了两幅。一幅画在绢上，装裱后送给了陈垣先生；一幅画在纸上，一直由自己收藏。

同年

又作《法古山水册》（8开），题有："甲戌仲春拟古八帧，双梅花簃主人诲政。"

1935 年（乙亥，民国二十四年）23 岁

有人写了一部《吴历年谱》，内容较粗疏简略，事迹也不完备。陈垣先生看后认为《吴历年谱》没有把吴历的生平事迹全面反映出来，决定自己也编一部，便根据吴历遗诗和各家画系及吴历同时期文人的著作搜集资料。启先生对诗书绘画有研究，即协助陈垣先生广泛查阅和核实材料。

5 月

启功有著作求教于陈垣先生。18 日接陈垣先生复函："元白先生：大著拜读，潜易数字请教，并希望能就正雪老（雪桥老人杨钟义）也。旧著新刻二册，乞代呈雪老。"

7 月

陈垣得知启功被辅仁附中解聘后，又安排他到辅仁大学美术专修科（后改美术系）任助教，协助溥忻（雪斋）讲授书学概论（一、二、三、四年级必修课，每周1 小时）和书法实习（一、二、三、四年级必修课，每周 1 小时）两门专业课。他还教中国绘画史（二、三、四年级必修课，每周 3 小时）和书画题跋（二、三、四年级必修课，每周 2 小时）。

这一时期，他有机会与同宗远支的两位前辈溥雪斋和溥心畬密切交往，深受教

益和影响。这两位前辈都是 20 世纪三四十年代非常有名望的文人，精于诗琴书画。先生与溥雪斋同校任教，家庭住处又相距很近，经常到雪斋先生的松风堂请教。雪斋先生还常在松风堂举办类似画会的小型聚会，请一些有名的画家雅集谈艺作画，互相切磋、交流，氛围融洽。启功先生回忆："除了合作绘画外，弹古琴，弹三弦，看古字画，围坐聊天，无拘无束，获益最多。因为登堂请益，必是有问题有答案，有请教有指导，总是郑重其事，还不如这种场合中，所见所闻，常有出乎意料之外的东西。我所存在的问题，也许无意中获得理解；我自以为没有问题的事物，也许竟自发现另外的解释。"

关于先生在松风堂受到的教益，赵珩曾有一段记述：

他在青年时代已经加入了溥雪斋（忻）先生发起的松风画会，我见过 20 世纪 30 年代松风画会几位先生合作的一幅山水，计有《松云章》和《镛画秋树》，松窗溥佺作寒枝，松风溥忻作坡石并题，松荫叶仰曦画高士。启先生号松壑，补桥柯远岫。其时启先生在众多老先生中是"小字辈"，无论年龄和辈分都在诸位先生之下，而能跻身于老成之中，足见先生的绘画修养。启先生曾受业于贾羲民和吴镜汀，其实我以为启先生更多的是得益于古人。启先生一生经眼的古代书画真迹无数，得其真髓，他的竹石章法可远溯文同、夏昶；他的山水神韵当得法于大痴、云林，直至四王。我见过一些启先生 40 年代至 70 年代的绘画作品，功力之深，取法乎上，皆堪称精品。

（赵珩：《永远的长者》）

溥心畬先生也很欣赏启功。他每年在园中西府海棠开花的时候，常邀请友人到家中赏花赋诗，也约好友在什刹海会贤堂小聚，启功经常在被邀请之列。同老先生们一起活动，非常有益于长见识，特别是他们思维缜密的谈话，就是一篇篇的好文章，听了有如读了珍贵的历史档案。启先生回忆道："俚语说：'投师不如访友'，原因是师是正面的教，友是多方面的启发。而老师的友既有从高向下垂教的尊严一面，又有从旁辅导的轻松一面。老师的友自然学问修养也丰富高尚得多，我从这种场合中所受的教益，自是不言可喻的。"

同年

开始撰写《论书绝句》，完成前 20 首，1961 年至 1968 年完成后 80 首，前后合为 100 首，于 1982 年用楷书抄写后被友人马国权拿到香港《文汇报》《艺林》副刊连载，又于 1985 年 3 月由香港商务印书馆印成单行本，原稿未退还先生。后台湾藏家赵翔从马国权手中购买了手稿，影印后分赠友人。以后手稿又被赵翔出手，最后由先生在拍卖行自己购回。

是年秋

顾随先生赠给启先生新作三种：《无病词》《味辛词》《苦水诗存留春词合刊》，每册封面均题有："元白兄，作者。"

1936 年（丙子，民国二十五年）24 岁

7 月

在美术专修科任教刚满一年，因美术专修科也属于教育学院管理，张怀院长又以"学历不够"为由，再次将他解聘。

10 月 16 日

先生的启蒙老师戴姜福先生病故，悲痛之中，启功先生撰戴先生之事略：

> 丙子年夏正十月十六日，吾师吴县戴先生以疾卒于北京旅寓。门人启功谨述事略，以俟异日传儒林者之采览焉。……先生讳姜福，字向五，号绥之，别署山枝，系出休宁戴氏。……先生幼而颖异，强识过人。十二岁入邑庠，为廪膳神童之目。受知于学使黄漱兰先生，携之进京入国子监，遍读藏书。光绪乙酉，考选优贡，壬寅举于乡，宣统辛亥，官夔州通判。旋值鼎革，淡于仕进，教授以取馆谷，泊然自安。儒素为学，淹贯经史，更邃于小学。于经，必揆先圣立言之旨，不尚骈技考据，性命空谈。……于史，必综核兴亡，观其本末。……盖先生幼承庭训，以坚苦为立身之本，以俭用为治生之要，以不茹柔吐刚为应世之方。故平生耿介独行，取予不苟。每言读书人立身行道，贵识大义。且勉门人为有用之学，于是知先生远仕禄而勤教述，施于后学，正其所以致用也钦。

先生对启蒙恩师的教诲终生铭记，经常对后辈弟子谈起。

同年

作《记式古堂朱墨书画纪》一文，又为《王麓台仿宋元山水册》《文衡山自书诗卷》作跋（跋文见《启功题跋书画碑帖选》。因篇幅所限，本书所刊题跋只录标题未

引全文者均见该书，不再一一标注）。

1937 年（丁丑，民国二十六年）25 岁

自第二次被张怀以"学历不够"为由解聘后，启功先生一时找不到工作，只好赋闲在家专心读书。他潜心研究中国绘画史和中国书法史，同时也不断创作绘画。为了维持一家人的生活，也拿着画作到琉璃厂去换钱。

启先生喜欢元人的画，他流布于收藏界和书画市场上的这一时期遗作多为拟元人笔意的设色山水立轴和扇面，也偶有荷、竹等花植。当时先生虽很年轻，但笔墨已经卓然成家，如作于本年的仿元初四名家青绿山水四条屏，即《拟梅花道人渔父图意》（吴镇）、《拟黄鹤山人笔意图》（王蒙）、《拟一峰道人笔意图》（黄公望）、《拟云林小景》（倪瓒），每条高达 242 厘米，可称这一时期的代表作（现藏于荣宝斋）。

2 月

协助陈垣先生搜集《吴历年谱》所需资料，曾有书信往返。

2 月 13 日

得援庵先生一函：

> 昨谭甚快。中华影印之山水册，其末帧题云"乙丑长至后五日为某某先生拟古十二帧"，按渔山乙丑正在澳门学道，以余力写画本有可能，惟其第五帧题"乙丑长至日画于桃溪"，桃溪为渔山常熟故乡，其为赝作无疑。此与营丘之作营邱同一破绽，襄时作伪之术尚未工也。谨以此当面谈，高明以为何如？

2 月 17 日

援庵先生再来一函：

> 即午再游厂甸，失迎为歉。承示恽跋极感。《清晖赠言》李长康赠石谷八秩诗亦有"剑门山人真人瑞"之句，则许诗剑门当指虞山，不得云误也。

4 月 24 日

致函援庵先生，报告查阅到的有关《吴渔山年谱》材料的结果（以下两条已收入《吴渔山年谱》康熙九年、康熙十三年条中）：

违教多日，惟道履安胜。启者：昨于固始张效彬先生玮镜菡榭中，见墨井真迹本立幅，确无可移，谨录原题奉上，不知足入《年谱》否？又于日本影印《宋元明清名画大观》中见一卷，是吴中吴湖帆先生梅影书屋所藏。缩小过甚，画笔已不可辨。谛玩其题字，亦殊不类其他画所题，不知其辞句内容有无关系，故一并录上也。专此，敬请文安。伫功再拜。

> 雨过遥天水气腥，树连僧屋雁连汀。
>
> 松风谡谡行人少，云白山青冷画屏。

忆予戊申嘉平，赞侯四兄同客淮上，索画此幅，匆匆未能即应，忽又三年矣。今归虞山，聊写大痴遗意，殊惭效颦耳。庚戌闰春吴历。

右张氏藏。

甲寅秋日仿方壶笔意于饮绿山房。适篱菊初开，颇有佳兴。渔山吴历。

右吴氏藏。

4月27日

援庵先生再来函：

承示拜悉。吴藏，上海天绘阁有影印本，已见。张藏，诗与《石渠宝笈》轴同，今采入《谱》中呈正。惟《石渠》轴言戊申九月从昆陵归虞山，此轴言戊申嘉平客淮上。岂九月归后，十二月又客淮上耶？《谱》甫誊清未校，如有谬误，尚乞不吝赐教为感。卅日拟往南京一行，未识动身前能一晤否？

同月

陈垣先生所撰《吴渔山年谱》成书。除前述康熙九年、康熙十三年条中收入先生所提供的资料外，在康熙三年条中，有仿王晋卿山水轴，题诗曰（见《中国书画精选》）：

> 烟云出没有无间，半在空中半在山。
>
> 我亦闲中消日月，杖藜桥畔听潺湲。

启先生指出，题字不类吴渔山先生，疑为道光以后人之笔。

7 月

　　台静农由济南山东大学回北平度暑假。7 月 7 日卢沟桥事变，抗日战争全面爆发。7 月 30 日，日军进入北平城，先生与台静农、魏建功、牟润孙、柴德赓等几位好友十分悲愤，小聚于同和居，大醉。建功出高纸，嘱先生挥毫作画分留纪念，柴德赓得《云林小景》，台静农得《荒城寒鸦图》。此后好友分别，各奔东西。抗战胜利后，台静农去台湾，牟润孙去香港，启先生与他们长时间失去联系。

同年

　　鉴赏《伪托高士奇书画总考》《王时敏晴岚暖翠图卷》作跋，并对《三希堂》刻本有眉批。

1938 年（戊寅，民国二十七年）26 岁

4 月

　　继续失业，生活无着。他的八叔祖出于好心，帮助他在日本人控制下的伪华北临时政府行政委员会秘书厅谋到一个助理员的职位，负责校对档案存卷，历时 3 个月。他对担任这段伪职甚感内疚，在《启功口述历史》中回忆道："我这一生除秘书厅这件事，从没做过不清不白的事。1938 年春夏之际的三个多月在我的人生道路上留下了一个污点。"新中国成立后他向陈垣校长检讨了这件事："校长听了愣了一会儿神，然后只对我说了一个字：'脏'！就这一个字，有如当头一棒万雷击顶，我要把它当作一字箴言，警戒终身，再不能染上任何污点了。"

7 月

　　于海王村畔偶得"《灵飞经》四十三行拓本"两份，因与世交刘贡扬（讷庵）先生（刘乃和的父亲）经常一起研究碑帖，他考证了这 43 行从钟繇书《灵飞经》中割出的经过，写了一段跋文，奉赠贡扬先生一份：

　　　　思翁以《灵飞经》质于陈增城，取赎时其子窃割一段，见钱梅溪《履园丛话》，即此四十三行也。此本不知谁刻，笔锋结体尚不失真，且自"上清六甲灵飞隐道云云"以下十二行有半，为诸本所无。即梅溪所谓欲专刻十二行以还旧观者。十二盖举成数或版误耳，戊寅夏日偶得两本，因以其一奉贻贡扬词丈，当博一粲。

初到辅仁大学时的启功先生

此帖后原有陈世倌（号莲宇，谥文勤）的跋文，贡扬先生曾对其小传及其与保
存此本的焕若的关系进行过考证。先生在贡扬先生的考证后也有一考，指出贡扬所
录材料之误：

> 文勤公称焕若为小阮乃侄行也，此名世仁且为谠之三子，则又为其兄矣。
> 乾斋老人称增城公为祖，焕若为孙，今文勤称增城公为曾祖，由是证明焕若应
> 为其侄辈无疑，质之贡老以为何如？

9 月

陈垣先生得知启功第二次被辞退后，坚信他是一位有真才实学的青年，不应该
被埋没，又向困境中的他伸出关怀之手，再次找到他问他有没有工作，他回答没有。
陈校长就说："你就回辅仁跟我教'大一国文'吧!"9 月 1 日给他发了聘书，他第
三次走进辅仁大学。

"大一国文"是陈校长自己带头的课程，自己选课文，并随时召集其他的教员指
示教法，他自己也教一班来示范。这项工作，延续好多年。"普通国文"班底中所有
的教员，无论还教其他什么专门课程，这门"普通国文"课总是"必教课"，事实上
是青年教师的"必修课"。因为教这门课，就必须随时和陈校长见面，他所指示的，
并不总是课内的问题，上下纵横，无所不谈。从一篇文章的讲法，常常引到文派、
学派的问题，从一个字句的改法，也会引到文章的作法、文格的新旧问题。遇到一
个可研究的问题，陈校长总是从多方面激发青年教师的兴趣。

陈垣先生慧眼识才，要不是他一而再，再而三地聘用启功，就不会有今天的大
学问家启功。其实张怀先生对启功事事相扼也从反面激励了他。先生晚年曾为张怀
先生写过一副挽联："玉我于成出先生预料外，报君以德在后死不言中。"

教授"大一国文"以后，先生陆续结识了一批他尊敬的前辈专家学者，如沈兼
士、余嘉锡、于省吾、容庚、唐兰、郭家声等，他们都是富有教学经验的饱学之士。
那时辅仁大学的教师人数不多，各系教师共用一个教员休息室。上课前下课后，老
先生们经常到教员休息室来。这间大屋子里学术空气十分浓厚，可以说是一个"大
讲堂"，而且有在任何讲堂里都学不到的东西。对抗战时期学术界中变节事敌之人的
批语自不待言，某人的一篇学术论文在报章杂志上发表、一本专著出版，都可以听
到重要的评论。先生回忆说："那些评论哪怕是片语只字，往往有深刻的意义，回去
'顺藤摸瓜'，自己再找那文那书来看，真是收获有'一听三得'的益处。"先生善于

从这些前辈学者的言行中汲取营养，学习做人之道。老一辈学者们用功之勤奋、学问之渊博、治学之严谨、人品之高尚，也都是他学习的榜样。他善于向长者求教问学，不断从他们的身上汲取和继承优良的学风和教风，因而虽然中学未毕业，却在大学的讲坛上成为佼佼者。

在结识牟润孙、台静农之后，又陆续结识了余逊、许诗英、张鸿翔、刘原滋、吴丰培、周祖谟等一批年轻的同辈学者，他们经常在一起切磋学业，互相启发，确实收到解难析疑、相得益彰的实效，真是"谊兼师友"。

12 月

从事国文教学之余，主要精力还放在对书法史、绘画史和碑帖的研究上，撰写了论文《山水画南北宗说考》，发表在《辅仁学志》第七卷第一、二期合刊。这是他研究绘画的初步心得成果。先生注重实践，精心创作或临摹前贤绘画，他作有《戏效米家云山再临米书》（中堂）、《云山图》（手卷）和《设色山水》（四条屏）。《米家云山》参加了中国画学会在中山公园来今雨轩举办的绘画展，获得三等奖。当年他才 26 岁，但笔墨淋漓，毫无稚嫩之气，深得米家精髓。在对前贤画理的透彻理解和相当成熟的技法修养之外，他还成功地将"胸襟蕴蓄"和品性发诸笔端，境界不凡；加之精湛地临写米诗，诗、书、画融为一体，相得益彰。他很喜爱《张猛龙碑》，曾对几种印本对照比较考证，为印本《北魏张猛龙碑》有跋语："盖魏二字间泐痕大小为考证此碑之一证。"

1939 年（己卯，民国二十八年）27 岁

自 1938 年在陈垣先生的关照下重新回到辅仁大学后，即在老师"耳提面命"的教导下从事"大一国文"的教学。平时也在教学之余吟诗作画，继续研究书法史和绘画史。国文系有许多学生知道他不仅国文教得好，还善书画，便向他学习绘画。有一名学生王静芝，觉得自己的字写得不好，想跟随先生学习。经柴德赓介绍，他拜先生为师学习书法。王静芝比先生只小 3 岁，启功先生不以师自居，而以友相待。王静芝经常到先生家里去看先生写字作画，被他"笔精墨妙，风格高雅的书画所迷""日日陶醉在启师的一笔一墨，山水云树之间"。先生对王静芝虚心学习很是赏识，尽心指导，自己的诗书画艺无不倾囊相授，为王静芝学习书画创造了优越条件，甚至将自己收藏的古人真迹拿出来供王静芝临摹。一次，他给王静芝看画店放在他家的一幅董其昌的真迹，王静芝十分喜爱，他就让王带回家去临摹。王静芝在临摹

中不小心把淡墨点溅在绫子边上了。遇到这样的事，王静芝十分懊丧，无心再画，立即卷起画轴，冒着大雨去找先生。当时他正在画一个手卷，听到王静芝懊丧地说把画弄脏了，他非但没有生气，反而宽慰王静芝说："脏一点不要紧，这幅画本来是我想买的，正在考虑，现在把它留下来就是了。"并让王静芝坐下来看他画手卷。王静芝从辅仁大学毕业之后去了重庆，以后又辗转定居台湾，与先生分别 40 余年，但对这件事记忆犹新。

是年

作《江南春》山水条幅，有题记：

> 释惠崇江南春小卷，淡远清新，是赵大年所从出，余常背拟之，至其诗句云"马放降来地，雕盘战后云"，……欧阳文忠屡称之，则非余所爱也。己卯冬日苑北草堂主人启功。

同年

为《明袁裦刻阁帖》作跋。

1940 年（庚辰，民国二十九年）28 岁

是年

与刘贡扬先生共同研究书法，常彼此造访、互相切磋，并对资料互通有无。贡扬先生就曾借用先生的《智永真草千字文》临习，当作日课。现存刘氏的临本中留有一段跋文，记录了他们以书会友、结为忘年之交的友谊："庚辰八月，借元伯所藏《智永真草千字文》墨迹，对陕刻本临其草者一通，毫无似处。觉草字之难，较诸篆隶为最，其信然乎？"

同年

作《设色山水》，有题记："略师文衡山法，时庚辰冬日，苑北启功。"又作《松园图》（手卷），有题记："偶用文衡山法补程松园句。"又为《文衡山文稿册》《文衡山东皋图卷》《文衡山文稿册》及《影印宋拓大观帖第六卷残本》作跋。

1941 年（辛巳，民国三十年）29 岁

8 月

中国人经营的"共和医院"举行创办 20 周年纪念活动，先生作《墨松》，并题"如松之寿"相赠，以示祝贺。当时这所医院医德、医术均有口碑，而且比较平民化。北京画界的名家齐白石、黄宾虹、马晋、王雪涛等 147 人均有书法或绘画作品相赠，名家作品曾集为一册。

是年

得傅增湘先生函："元伯世兄左右，贱辰拟寻求名家妙翰，兹送呈一幅祈速落为幸，前者托学校转交纸，恐未到，特再补呈，不情之请，更希亮及，此候台安。"先生即作《藏园校书图》为傅增湘先生祝寿，题有："沅老太世丈古稀大庆，写此为寿，时辛巳九秋，启功谨识。"（此图现藏国家图书馆）

又作《补桐养疴图》，题有："鲤老世翁命画。"

又拟元人笔写成扇，为陈垣先生祝寿。

又作《设色山水四条屏》（每件 170 厘米×44 厘米），分别题有"仿黄鹤山樵夏日山居图""拟大痴道人笔""倪元镇幽淡之趣，惟檀园孟阳能得之，渐江仅传其枯寂耳""梅花道人《渔文图卷》神品，曾观于思鹤庵中，笔墨高古，沈文诸犹难继尘。今背师其意，何以窥见万一哉"。

又作《溪山春霁》（手卷），题有："辛巳孟夏拟梅花庵主法。"

又为《灵飞经四十三行本》《董题云间名家画册》作跋。

1942 年（壬午，民国三十一年）30 岁

是年春

撰《雍睦堂法书目录》，对 39 种古代名人法帖的作者、法书特点进行概要的介绍。书后有跋：

> 雍睦堂主人影印古名人法书，俾作学者楷模，属为审定，辞不获已，因各略述管见如右。快庵小楷岱瞻行书皆清苑郭氏之先泽，而河北名贤之遗迹也。尤愿得斯帖者共珍焉。壬午春元白居士启功识。

此册辑印以来，屡有增益，故诸家序次不无出入，阅者鉴之，启功又识。

叶恭绰先生说：“《雍睦堂法帖》是启功编的，他和溥雪斋是一家。贵胄天潢之后，常出一些聪明绝代的人才。”

4 月 15 日

陈垣校长及董事傅增湘联名邀请市内学术界名流到辅仁大学司铎书院赏花雅集。到场者除有本校全体教授外，还有邢端、郭则沄、张伯英、瞿兑之、张厚谷、杨寿枢、张伯驹、傅岳芬、陈云诰、贾思绂、恽宝惠、周肇祥、黄宾虹、吴燕绍、张珣、胡嗣瑗、关赓麟、衡永、郑骞、杨啸谷、刘伯明、黄孝本、黄颐士、熏播、邱石冥、杨君武、张震东等 70 余人。先生也出席了这次雅集。

赏花雅集起因是陈校长不放过任何机会宣扬中华民族文化和宗教的关系。吴历（号渔山）是清初时一位深通文学的大画家，也是第一个做神父的中国人。陈校长对他一再撰文表彰，就是因为他是代表了中华文化的宗教家。学校又在旧恭王府花园建立司铎书院，专门对年轻的中国神父进行历史文化基本知识的教育。这个花园中有几棵西府海棠，每年赏花时节，陈校长就以“司铎书院海棠”为题，在这里宴客赋诗。

先生也作有《司铎书院海棠》二首：

恭邸萃锦园，心畬先生嗣居之。余少时问业，常登堂庑。后归辅仁大学，改建司铎书院。院中海棠，花仍繁茂。励耘师命赋之，得长句二首。

楼阁千重指一弹，繁枝如雪破春寒。
池边绿长恩波永，林下香稀道力安。
断梦有情依玉砌，天姿无恙荐金盘。
根移地角劳鸿鹄，忍说崎岖蜀道难。

三月狂风雨未匀，胜游西府冠成堙。
敲门看竹非前约，秉烛题诗忆旧尘。
细柳酣眠花愈密，夭桃警悟理同真。
风流恍接仙花寺（利子初来，国人号其所居曰“仙花寺”），
桑海匆匆四百春。

5 月 9 日

以《晋人草书研究》为题，在辅仁大学作学术讲演，讲演稿刊于辅仁大学《语文学会讲演集》。

辅仁大学陈垣校长和青年教师启功、刘乃和、柴德赓

启功先生（前排左二）与辅仁同仁合影。前排左四为陈垣校长

7月

辅仁大学美术专修科由三年制改为四年制本科，设美术系，溥伒任系主任。由于专科改为系的建制，学科增加了，相应地须增聘教师。

先生被聘为美术系讲师，仍继续讲授"大一国文"，任务更重了。

先生和溥伒共同讲授的课程有：

"书学概论"和"书法实习"。这两门课为一、二、三、四年级的必修课，每周上课一小时。

先生独自讲授的课程有：

"中国绘画史"和"书画题跋"。这两门课为二、三、四年级的必修课，每周上课两小时。特别是"中国绘画史"，对国画的起源、演进，画体的沿革，宗派的分析，画家的事迹，画迹的存亡，真伪的辨析等，进行系统的讲述和研究，使学生得其概念，以资借鉴。

"山水"。这门课为三、四年级的必修课，每周上课五小时，指导学生自由拟稿，注重实践，并介绍和评论中国画的各流派、南北宗的画法及特点，使学生开阔眼界、博采众长，能渐渐独立创作。

据郭预衡先生回忆：

> 我做学生的时候，启先生已经在美术系任教了，尽管不是他的学生，但我常常会和同学一起去他家拜访。那时候启先生的字画就很出名了，我们不时请他给写个扇面、题首古诗，启先生总是欣然答应。大家也时常聚在一起聊天，学术啊，生活啊，什么都说，师生之间毫无距离。我们那时候很年轻，不和老师客气，启先生也特别随便，没有一点架子，师生关系融洽极了。

> （郭预衡：《送别半世至交》）

同年

陈垣先生根据《通典》和《册府元龟》，将亡佚八百年的《魏书》卷一零九缺叶补全。并请启功按照原书的行款将此页手写后，以辅仁大学史学会的名义印单行本。

同年夏

中央公园（今中山公园）举办画展，征集有启功、徐燕孙、田世光、李大成等画家的作品，徐燕孙获特等奖，启功、田世光、李大成各获一等奖。

同年

作《高岩古寺图》，有题记："壬午残腊，拟王山樵笔于苑北草堂。"又为《魏安乐王元诠墓志》《蒋刻英光堂残帖》作跋。

1943 年（癸未，民国三十二年）31 岁

2 月 23 日

致函刘贡扬先生，催讨《智永千字文》墨迹本："前者携去影本《千字文》，不知尚有用处否？如已用完，敢祈乃和兄便中掷交校中教员休息室，功当祗取。"信中还给刘先生推介五洲书局两种《千字文》印本，又附寄他在校中《谈书法》的讲演稿以求海正。

8 月 6 日至 10 日

"启元伯书画展"在中央公园水榭南厅展出。展中启功作"柯九思笔法写意图山水"刊登于《立言画刊》第 254 期。

是年

继续任辅仁大学讲师，每周授课 15 节，薪俸 373 元。教授"大一国文"及美术系"山水""书画理论研究"。

同年

作《设色山水》，有题记：

> 叶脱丛林夕照迟，客从孤嶂认秦碑。
> 画人尚有风人感，一般荒寒世未知。
>
> 癸未夏日拟鹰阿山樵笔，苑北居士启功并题于简靖堂。

是年春夏之交，经来新夏之父来仲成的帮助，在天津永安饭店举办第一次个人画展。

同年

友人实秋先生出佳褚命画，因拟云林子笔作《条幅》，有题记：

> 西风吹散白鹤群，秋色平分碧海云。
> 鸿雁不来梧叶老，夕阳亭上正思君。

又为《怀素圣母帖》《群玉堂残帖》《伪王右军知问帖》作跋。

1944 年（甲申，民国三十三年）32 岁

陈垣先生以身作则、言传身教、耳提面命的教导方式不仅在为人处世方面对启功影响很大，在教书育人、研究学问方面也给他树立了榜样。

多年来，启先生把陈垣先生的教育思想领会得很透彻，用来指导他的教学实践。在陈垣先生的教导下，他从教初中国文到教"大一国文"，经过多年实践，总结出做一个合格教师的九条须知：

（一）教一班中学生与在私塾屋里教几个小孩不同，一个人站在讲台上要有一个样子。人脸是对立的，但感情不可对立。

（二）万不可有偏爱、偏恶，万不许讥诮学生。

（三）以鼓励、夸奖为主。不好的学生，包括淘气的或成绩不好的，都要尽力找他们一小点好处，加以夸奖。

（四）不要发脾气。你发一次，即使有效，以后再有更坏的事件发生，又怎么发更大的脾气？万一发了脾气之后无效，又怎么下场？你还年轻，但在讲台上即是师表，要取得学生的佩服。

（五）教一课书要把这一课的各方面都预备到，设想学生会问什么。自己研究几个月的一项结果，有时并不够一堂时间讲的。备课不但要准备教什么，还要考虑怎样教。哪些话写黑板，哪些话不用写，易懂的写了是浪费，不易懂的不写则学生不明白。黑板上的字，不能潦草，也不要写到黑板下框处，避免坐在后面的学生看不见。

（六）批改作文，不要多改，多改了不如你替他作一篇。改多了他们也不看。要改重要的关键处。

（七）要有教课日记。自己和学生有某些优缺点，都记下来，包括作文中的问题，记下以备比较。

（八）发作文时，要举例讲解。缺点尽力在堂下个别谈；缺点改好了，有所进步的，尽力在堂上表扬。

（九）要疏通课堂空气，你总在台上坐着，学生总在台下听着，成了套子。学生打哈欠，或者在抄别人的作业，或看小说，你讲得多么用力也是白费。不但作文课要在学生座位行间走走，讲课时，写了板书之后，也可下台看看。既

回头看看自己板书的效果如何，也看看学生会记不会记。有不会写的或写错了的字，在他们座位上给他们指点，对于被指点的人，会有较深的印象，旁边的人也会感觉兴趣，不怕来问了。

[启功：《夫子循循然善诱人》（1980）]

是年

作《米家笔意山水》条幅，有题记：

> 彭泽县前风倒吹，三朝休怨哨帆迟。
>
> 余霞散绮澄江练，满眼青山小谢诗。
>
> 新城此绝句收于渔洋诗话，盖得意之句也，偶以米家笔意写之。

拟王孟端法作《秋江渔隐》山水条幅。

同年

又作《红树秋山》图，有题记：

> 红树秋山飞乱云，白茅檐底界斜曛。
>
> 此中大有逍遥意，难说与君写与君。

同年

获观书画、碑帖多种，并于鉴赏后有题跋，过眼作品计有《戏鸿堂刻米元章书》《董思翁小楷常清净经》《董文敏行书册》《董香光家书册》《董香光手札》《陈眉公手札》《尤凤丘白描罗汉卷》《安刻深慰帖》《唐栖岩寺智通禅师塔铭》。

1945 年（乙酉，民国三十四年）33 岁

是年

仍在辅仁大学任教，晋升为副教授。

继续讲授"大一国文"，教学效果很好，深受学生的爱戴。当年的学生赵朴珊回忆几十年前就学时的情景，曾有诗赞颂：

> 乙酉之年读辅仁，有幸垂于聆国文。
>
> 两只老虎黑白豹，浴沂浴沂启童心。

他说："启师在课堂上讲授民间诗歌和《论语》，诗文书画、品性道德，涉及的知识很广，俱能深入浅出、惠泽难忘。"

由于抗战期间物价飞涨，所得薪水不敷应用，在教学之余，也不断作书作画，以换钱补贴家用。

抗日战争胜利后，国民党中央组织部部长陈立夫、参谋总长陈诚到北平视察，1945 年 12 月底在宣武门内国会街的北平市党部举行新年团拜会，招待各大学的教授、副教授。先生当年已是副教授，也参加了这次团拜会。

团拜会后，二陈请大家吃饭，目的是拉拢知识界支持国民党。席间，陈诚讲话，他在讲话中不但不关切长期处于沦陷区的知识分子的处境，反而责怪说："想不到北平的知识界这样消沉，没有一点民族意识！"

陈垣先生把桌子一推，生气地反驳说："两位部长，你们过去来过这里没有？知道这些年我们过的是什么日子？什么叫消沉？我们在日本人统治下进行的斗争你们知道吗？可惜你们来得太迟了！"桌子上的饭菜差点儿被打翻。陈垣先生愤然离席，并说今后再也不参加这种会议了。二陈无言以对，十分尴尬。先生说："老校长在会上的凛然正气给了我很大震动，常言说'身教胜于言教'，校长以身作则，告诉我在复杂的社会中，应该怎样堂堂正正地做人。"

同年

作《兰石图》，被友人收藏，先生曾有两次题跋：

> 此仆旧作，署年乙酉，盖为一九四五年，吾第三十四岁也。其日集于宗老雪斋翁之松风草堂，翁写墨兰，专宗元人，不作近百年流派面目，功承指教，而学步未能，今观此幅，徒增愧汗耳。
>
> 一九八六年夏。

> 此功旧作也，四十年后为友人拾得故纸堆中，并加装池，见示增愧，乃为识于赠首。又四年，辗转为大野宜白先生所收，当年习作，本惭大雅，竟蒙友好一再世袭，信麓中片纸亦自有佳遇焉。
>
> 一九九〇年九月一日再识于北京寓所。

同年

又作《山水册》（12 开），1985 年为友人获得，先生曾题识：

此册作于一九四五年，时余年初三十三岁，抗战岁月中，首蓿之资不足供
菽水，画山负米，事比托钵，如斯之笔是也，今垂老矣，重观慨然非所论于工
拙矣。

同年夏

为《石涛山水册》《董华亭书画合璧卷》作跋。

1946 年（丙戌，民国三十五年）34 岁

是年春

先生面临人生道路上的重要抉择。

辅仁大学原秘书长兼英文系主任英千里被任命为北平市教育局局长，旋即"招
揽人才"、组织班底，找到中文系主任余嘉锡说，请帮助找一个"会写字、会做八股
文"的人（实是会写旧式公文的人）。余先生即想到了启先生，启先生如约去见英千
里。见面后英千里对他说："想请你担任秘书，但现在秘书无缺，有人事室一缺，请
你担任，并方便为我多做一些文墨之事。"先生说："我不会做公文，也没有做过这
类官职，又不是国民党员。"英即说："不是党员没有关系，以后再说，公文我也不
会，官事我也没有做过，你怕什么？"至此先生表示"容我考虑考虑"，即告辞。回
来后考虑，如从纯收入的角度看，这个位置的薪水比当一般教师要高得多，真有点
儿动心，但又拿不准，和一些人商议也莫衷一是，便去请教陈垣先生，请老师帮助
拿个主意。陈先生问："你母亲愿意不愿意？"答："我母亲说她不懂，让我来请示老
师。"陈先生又问："你自己觉得怎么样？"答："我'少无宦情'。"陈先生听到此哈
哈大笑，说："既然你无宦情，我可以告诉你：学校送给你的是聘书，你是教师是宾
客，以后见了他们可以摇摇摆摆（意即不低头）；衙门发给你的是委任状，你是属员
是官吏，你要唯命是从，你如做了便是出山泉水浊了。"先生恍然大悟，立即用花笺
纸写了一封信，向英先生表示感谢，婉言辞谢他的委派。先生先将这封信拿给陈垣
先生过目，陈先生看后没说别的，只说："值 30 元。"先生后来说："这'30 元'到
了我的耳朵里，就不是银元，而是金元了。"陈垣先生这一看似玩笑的肯定，使中国

少了一个官吏，多了一位著名的古典文学家、画家、书法家、语言文字学家、文物鉴定家、诗人和教育家，是无法用金钱衡量的。

辞谢了英先生的邀请，启功先生仍在辅仁教授国文，他不仅关心学生的学业，而且关心学生的思想进步，据刘乃崇回忆：

> 我在1946年重入辅仁大学读国文系，二年级时，启先生教我《诗选》课，是我的业师，我手仍存有当年在启师教导下写的作业三纸。共有我写的小诗六首，都有启师亲笔的圈改及批语。今天看来，启师当年对学生作业批改十分用心，甚至一再修改斟酌，教人真是"诲尔谆谆"。我却学诗不肯用心，至今也写不好。至于我因加入到党的外围组织祖国剧团，在党的领导下参加争民主的学生运动和戏剧运动，那时党提出"反内战，反饥饿"，我在写诗的作业中不时流露出这方面的思想，启师虽是为了教我写诗来批改作业，可是对我的这样诗句表示了肯定，且说我"怀抱嵚崎"，可见启师当时对我的思想中的进步倾向是予以鼓励的。
>
> （刘乃崇：《启功先生与我家的交往》）

同年初

参与故宫博物院对流散于东北的古代书画的回收鉴定。

被溥仪带出故宫、流散于东北的古代书画，陆续在北平的古玩市场上出现。经鉴定家张伯驹考定，在1198件中，除赝迹及不甚重要者外，约有500件具有历史价值和艺术价值，便建议由故宫博物院议价收回。但是真迹与赝品、精品与普品一时难以确认。故宫博物院院长马衡发出请柬，邀请张伯驹、张大千、邓述存、于省吾、徐悲鸿、启功等专家共同审定。经专家们过眼确定为真本的计有：文徵明书《卢鸿草堂十志》册，宋拓欧阳询《化度寺碑》，明文震孟书《唐人诗意》册，宋拓《兰亭》并宋人摹《萧翼赚兰亭图》，明人《秋山萧寺》卷，宋人《斫琴图》卷，唐人书《金粟山大藏出曜论》卷，明人《山堂文会》卷，《李东阳自书各体诗》卷，为宋高宗书马和之画《诗经·闵予小子之什》卷，清王原祁《富春山居图》轴。其余多为平常之品或伪迹。另有唐陈闳《八功图》卷与《杨妃上马图》已流国外。专家主张"宁收一件精品，不收若干普通品"，最后经故宫博物院理事会决议，收购了为宋高宗书马和之画《诗经·闵予小子之什》卷、宋人《斫琴图》卷、盛懋昭《老子授经图》卷、《李东阳自书各体诗》卷、文徵明书《卢鸿草堂十志》册五件。

同年

对《平复帖》认真研究并全文释出。

《平复帖》是我国存世最早的一部书法墨迹，已有 1700 多年的历史。公元 300 年，西晋平原内史、前将军陆机获悉挚友患病，便写信慰问，《平复帖》就是陆机写的这封信。它的流传可以上溯到唐代末年，从殷浩手中流出后，它到了王溥家，在王家保存了三代，被一个叫李玮的人买去，从李玮手中到了宋府，又从宋府流出，以后不可考。明代万历年间，到了长洲韩世能家中，韩死后传给儿子。1660 年《平复帖》先后落到葛君常、冯铨、安岐手中。从安岐家散出后入清成亲王永瑆府中，后又传给溥儒。1937 年底张伯驹以 4 万元购得，他说："仅七十余字的《平复帖》，历代鉴赏家都认为'文字古奇，不可尽识'，启功先生是第一个将《平复帖》全文释出的。"

同年

经溥雪斋介绍，加入"北平美术会"，与溥雪斋、张伯驹、邓以蛰等被选为理事，曾有画作参加展出。后该会自行解体。

同年，为柴德赓作《渔隐图》，"得青峰蜀中书，有为逸民之志，因写渔隐图寄之。"有诗曰：

> 红烛深堂照寂寥，一窗寒雨夜潇潇。
>
> 画无济胜东西路，心有怀人上下潮。
>
> 黍谷春迟冰雪在，剑门花落梦魂遥。
>
> 闻君欲袖丝纶手，小隐西山或可招。

同年秋

作设色《晴岚叠翠图》，有题记："意在耕烟墨井之间。"又作《拟明人笔法山水》条幅多件。

同年

获观《萧尺木摹大痴江山胜览图》《恽南田花卉册》《董思翁没骨山水卷》，均有题跋。

同年发表的主要著作有：

《〈急就篇〉章草本考》发表于《辅仁学志》第十四卷第一、二期合刊。

1947 年（丁亥，民国三十六年）35 岁

4 月 17 日

与刘乃和、柴德赓陪同陈垣先生参观故宫博物院。

5 月 10 日

胡适应邀到辅仁大学讲演，与余逊、周祖谟、柴德赓、刘乃和、郭预衡等一批青年教师聆听讲演，课后与胡适、陈垣合影。

同月

受聘为故宫博物院专门委员，每月薪金 60 元，实际工作是在文献馆看史料，修改馆中职员撰写的文章，并负责鉴定古文物字画，直至 1951 年年底。

6 月 27 日

继续被辅仁大学聘为副教授，讲授国文和书法课，直到 1952 年辅仁大学与北京师范大学合并。

据薛桂生回忆：

> 先生讲课轻松潇洒，纯正的京音，清晰的释义，留下深深印象。如讲《伯夷叔齐列传》时，读"太史公曰……附骥尾而名益显……"语调悠扬绵长；又如"学而时习之之时者，斧斤以时入山林之时也，非时时之时也。"到现在也没有忘记。除上课外，学生议论启先生的大致是：他会写字，他会画画儿，他在女院美术系上课，他……我就约魏启学同学去向先生求字。
>
> 先生住在前马厂，似乎是一座不小的院落，也不清楚住有多少家。先生的书房，整洁有序。书桌很大，便于书画使用。我和魏启学去了以后与先生在书桌相对而坐，毫不拘束。给先生送册页时在晚上，先生看了陈校长、余主任和刘乃和大学长的题字后，便说：我们现在就做。
>
> 先给启学同学题诗，完成用印，轻轻放在一旁又给我写，并画《春江帆影》。
>
> 启功先生领我们到故宫博物院参观，还领我们到文津街当时的北平图书馆。院内的路灯很古（可惜已拆换了），两座华表立在楼前院中，先生很随便地说："这俩不是一对，另外两个在燕大。"进了正楼以后，西厅展出的是敦煌卷子，先生边看边简单地讲一些介绍。又到了二楼阅览室，宽大的阅览桌，方便的桌灯，屋顶的彩绘，胶木的地板，室内的静谧，真是好的读书环境。此外，对我

辅仁大学青年教师听胡适讲演后合影。前排左三陈垣、左四胡适，二排左一启功

1947 年 12 月在烤肉季用餐。左起：柴德赓、刘乃崇、启功、陈垣

来讲还可以说是个奇遇，没想到的是二十年后我居然转业到了北京图书馆，而且一干就是三十多年，冥冥之中仿佛有一丝的力量给推进来似的，可能就是因为这一次参观。我和魏启学二人陪启先生过北海大桥，走景山西街，一直陪先生到前马厂寓所门前。这是唯一的一次送先生回家。

（薛桂生：《从启元白老师逝世想到的》）

据张学礼回忆：

启功先生讲课很受欢迎，特别是书法课，陈垣校长很重视学生的书法基础训练，书法课由陈垣校长主持，先打幻灯片，然后由启功讲解有关书法的知识，如结字、用笔、行气、篇章等，给学生详细分析讲解。当时有张学礼、王大安、刘乃中、袁小舟等几位同学知道启功是有名的画家，就向他提出学习国画，他慨然应允，于是每周六下午，就在柴德赓先生的青峰草堂向启先生学习画山水画。先生把他多年绘画的实践经验毫无保留地告诉我们：

1. 国画讲究诗书画融为一体，因此作画是主课，但是也要提高诗、书等方面的文学艺术修养。画可以三四天不画，书法却不可一日不学，只有诗、书、画配合适宜的作品，才有高品位的意境和典雅的人文气息。

2. 既重视继承传统，又要清楚地认识到创作的源泉是生活，作品应重在写实，不能主观臆造。

3. 画家在一生中要经常感到"今是而昨非"，不断创新，才能不断进步。

启功先生还鼓励我们要经常写生、练好基本功，打好基础，画出自己的风格和特色。

（张学礼：《启先生教我们写字和画画》）

9月28日

自1937年与台静农分别后，两人只有书信联系，启先生寄赠新撰写的论文《〈急就篇〉传本考》向台先生求教：

倭乱虽平，依然离阔，……弟前因临摹《急就篇》学其草法，遂集众本，校其异同，材料渐多，不觉成篇，发表于《辅仁学志》，谨附函寄上一份，至希破格指政，勿稍客气。今春多暇，作诗数首，容别写呈；拙画即当著笔续寄。……日日停电油灯昏黑，小窗秋雨，倍增怀人之念。

启先生于厂肆喜得一件古铜小印，是正写的"启"字（钤在纸上是反的），据传是秦时开奴隶脚镣钥匙上的饰物。启先生很高兴地附上印模给台先生，并附言："前得小铜印，人言秦钵，不知确否，印呈一粲。"

11 月 10 日

与余逊、柴德赓、周祖谟等辅仁大学的青年教师去西城兴化寺街陈垣先生住宅，看望陈垣先生，祝贺老师寿辰。

12 月 27 日

与刘乃崇、柴德赓陪同陈垣先生"岁末游北海"，在冰上留雪景合影，又往烤肉季聚餐。

沈兼士先生于 8 月病故，故宫博物院为缅怀沈先生，特编辑出版专刊《文献论丛》。启功为专刊撰写文稿《跋邺河伊拉里氏跳神典礼》。

同年

作《王维诗意图》，有题记：

> 青皋丽已净，绿树郁如浮。辋川诗意惟高尚，画法得其神，余追步邯郸，两失其妙。

又临元人《张溪云真迹长卷》。

同年

又作《白石词意图》，有题记：

> 三十六陂人未到，水佩风裳无数。丁亥冬日用明贤淡雅之笔写白石词意。

又为友人君彦作《墨竹》，有题记：

> 风裙月佩紫霞绅，翠质亭亭似玉人。
> 要使春风常在目，自和残墨与传神。

同年

为友人俊峰、筑夫、仲凯、质真等作《山水》多件。

获观《元赵松雪书急就章真迹》，为作跋。

1948 年（戊子，民国三十七年）36 岁

启先生时居北京城北前马厂杨氏姨母家，院中有两株楸树，其形如幢，是同宗缊端所植，缊端因此自号紫幢居士。1948 年前后，先生赁居此院，因缅怀遗韵袭名"紫幢寄庐"。先生曾作有《自题紫幢寄庐图》《楸花》等诗。在此居住时，除按时去辅仁大学上课外，即在家中接待学生或作诗画画。

1 月 1 日

辅仁大学举行音乐会，请杨大钧先生演奏琵琶曲，杨大钧由先生陪同前来。

据刘乃崇回忆，弹奏的时候，全场熄灭电灯，点上蜡烛，别有一番情趣。事后启先生写了一首七律：

> 劳人不复梦钧天，古调新声忽并传。
>
> 广坐盛音真入圣，深灯永夜欲通禅。
>
> 秋江冷浸迷离月，紫塞横飞莽荡烟。
>
> 莫辨中怀哀乐意，吟魂长绕四条弦。

先生写在一幅小笺上赠给我，我一直保存至今。后来这首诗收入《启功韵语》时将第七句的"莫"字改为"不"字。当时我也步先生韵和了一首呈给启师，启师也加以批改，并就诗指点我怎样写律诗的偶句，我也一并保存着。

（刘乃崇：《我与启功先生的交往》）

同年初

经北大教授吴晓铃、魏建功（笔名天行）介绍，印度留学生欧辨才（女）向先生学习中国画。欧的学籍在北大，上课在艺专。但是她感到随堂学画不够满足，就请先生单独教授。先生教了她一年，大有长进，1949 年毕业时，还在北京大学子民堂举办了小型画展，在会上致谢辞时，她特别对先生表示感谢。当时启先生和北大教授季羡林，以及艺专的教授，印度及中国的同学，都被邀请参观她的展览。欧回国后的数年间还多次托人带来对先生的问候。

4 月 25 日

与周祖谟、赵正邦、余嘉锡、余逊、赵光贤、顾随、葛信益、陈璧子、张鸿翔、

刘乃和、柴德赓、叶德禄陪同陈垣校长游颐和园，并在颐和园门前合影留念。

5 月 21 日

与陈垣先生、徐燕孙、刘乃和在柴德赓的"青峰草堂"相聚，大家挥毫作书述怀。

5 月 22 日

辅仁大学举行返校节。与柴德赓发起举办"明清学者书画展览"，由先生及陈垣、余嘉锡、溥雪斋、张伯龄等，提供珍藏的大批明清名家的书画参展。陈垣先生还从他的"励耘书屋"40 多年来收集到的清代学者的稿本、尺牍、题跋等中选出 100 余件参加展出。这是一次珍贵的学术藏品展示，师生们大饱眼福。与此同时，还举办了辅仁大学师生书画展，先生有多幅书画作品展出。

9 月 19 日

魏建功 1946 年 4 月赴台湾任国语推行委员会主任委员，先生画《米家山水》立轴一幅，托魏带赠好友台静农，并在画上自题：

> 与吾伯简先生别十二年矣，于拙画之嗜，不减曩昔。嘱写云山小幅，稽迟未报者，又将三载。适见檀园真迹，有二米遗韵，因天行先生东行之便，临以奉鉴。拙笔无足赏，惟云树苍茫，聊以纪白云苍狗之变，并以寄暮云春树之思云尔。戊子中秋后三日，元白弟启功识于燕市北城之紫幢寄庐。

9 月 22 日

应北京大学之聘兼任讲师，教授"中国美术史"。

12 月 19 日

时任故宫博物院专门委员，负责鉴定收购的古书画，同时在文献馆审阅古文献。关于"察司半印"之来历，向故宫博物院院长马衡先生请教，提出问询。是日得马老长篇复信，详释明清时期职掌古今书籍、名画、册页、手卷笔墨之职官司礼监、典礼司、典礼纪察司之更替沿革，指出"颇疑钤有此项半印之书画，皆由查抄而来，其右半当钤于册中"。

同日

马衡为启先生收藏的《松江本叶石林摹皇象书急就篇》作跋。

同年

临董其昌山水，有题记：

借君此地安渔艇，着我西窗听雨眠。思翁真笔，戊子八月临于紫幢寄庐，
元白居士功。

又作《墨笔竹石图》《米家山水》等数件。

1949 年（己丑）37 岁

2 月 1 日

北平和平解放，欢迎解放军进城。

2 月 16 日

辅仁大学成立"中国教员会"。

2 月 18 日

陈垣校长召集教员会、职员会、职工会、学生自治会、各社团代表大会，公开
发表今后的态度及行政方针。

辅仁大学"中国教员会"发表成立宣言，提出三大原则，作为今后努力的目标：

> 一、使辅仁建立起民主教义的教育。
> 二、宗教与教育必须分开。
> 三、辅仁的行政权完全交与中国人。

4 月 17 日

与陈垣、刘乃和、柴德赓同去华北人民革命大学看望在校学习的刘乃崇。

8 月 6 日

辅仁大学教职员成立暑期学习会，利用暑假学习马列主义、毛泽东思想。

同年

参加北平新国画研究会（后于 1951 年改组为中国画研究会），曾任执行委员。

获观《董香光云山卷》，作跋指出：

> 《云山卷》是赵文度一派，非香光也。然笔墨间有黏滞处，亦非文度也，殆
> 学文度之作。后人割去原款，冒题香光也。卷尾远岸近坡，皆不是了断之象。
> 董题结构似有所本，或从他处临来者。此件公案必起泉下人如高江村、张天瓶

诸公，始足以印可吾说。

又鉴赏红兰居士《墨荷》为真迹，即兴赋诗二首，并有跋语，对居士身世及成就有考证。

1950 年（庚寅）38 岁

是年

继续在辅仁大学国文系任副教授，也教授一些外国学生书画，并兼任北京大学副教授，在博物馆系教授绘画史。

2 月

继续教授印度留学生欧辨才学画，欧又介绍随她同来中国留学的白春晖学习中国古典文学。因白春晖事先学过中国的文字、音韵学，有一些基础，先生就在此基础上教他读唐诗，共学了 3 个月，至 5 月回国。

次年白春晖又到中国来，任印度驻华大使馆的秘书，想再温习中国的音韵学。先生想到葛信益先生家庭人口多、收入少，借教留学生可以有些生活补贴，即介绍白向葛老师学习。

6 月 22 日

徐悲鸿介绍印度驻华大使潘尼迦的女儿罗檀向启先生学习中国绘画。罗檀不会说中国话，先生不会说印度话和英语，教学非常麻烦，至次年 2 月即停止了。当时每月学费按小米折算，合人民币（旧币）30 万元。

8 月

经吴晓铃介绍，印度大使馆秘书古玛尔（白春晖的前任）的夫人来向先生学画，至次年 9 月先生去湖南参加土改为止，每月学费人民币（旧币）12 万元。

10 月 12 日

中央人民政府教育部接办辅仁大学，陈垣先生被任命为新辅仁大学校长。先生继续在辅仁大学任副教授。

10 月 24 日

于隆福寺购黄节编《诗学》一册，25 日读毕。

11 月 19 日

与余逊、张鸿翔、柴德赓、刘乃和、赵光贤、肖璋、尹敬坊、赵贞信等青年教师在庆林春餐馆为陈垣先生祝贺 70 大寿。

11 月

录敦煌写经卷题记 29 条，每条录经名、卷号、经卷描述，并撰按语。按语多有考证。封面题："敦煌纸尾录"（先生去世后，此资料已捐国家图书馆）。

同年

作《雷峰石迹图》（横幅），有题记：

> 云峰石迹共模糊，曾见敷文得意图。
>
> 画髓辋川君记取，笔端青霭入看无。
>
> 庚寅夏日雨窗写，元白居士启功并题。

1951 年（辛卯）39 岁

1 月

教印度大使馆参赞高尔的夫人学习中国画。

5 月

由全国文联、中国美协、全国妇联，北京市文联和徐悲鸿、梅兰芳、叶恭绰等名家联合发起举办的"抗美援朝书画义卖展"在北京中山公园水榭开幕，先生积极参加，捐出多幅作品参加义卖，义卖款捐献给中国人民志愿军。平时还利用课余时间，画了许多书签卖钱捐献。

9 月

国庆节前夕，与著名画家胡佩衡、秦仲文、吴光宇、吴镜汀、周元亮、溥松窗等 8 人，合作绘制了一幅《大好河山图》，由叶恭绰题记，欢度国庆。这幅巨幅山水画，反映了新中国生机勃勃、欣欣向荣的景象，寄托了画家们对祖国的深情厚谊。

10 月

自愿报名参加中南地区土改工作队，去湖南省澧县盖天乡参加了土地改革运动。此行是由中央统战部出面组织，是考察者的身份，队伍成分复杂，其中还有和尚参加，只了解农村情况，不算正式工作队员。在农村过了春节，历时半年，于次年 3 月结束考察回到北京。他在澧县亲眼看到翻身后的农民得到土地的喜悦和农村生产力的发展情况。

10 月 26 日

复王钟翰函。王先生曾询满语的词汇 8 条，先生复函称，经向长亲请教，知其大意如下：

1. "莫知格"亦作"莫吉格"，义为送信人。

2. "昂实"常言之为"昂阿什"，义为孀妇。

3. "噶剌达"。"噶剌"义为"手"，引申为"翼"，"达"为"头目""首领"。"噶剌达"即左翼或右翼统领之职，俗称"四门大人"，盖总帅为九门提督。一翼止管四门耳。

4. "金前"即"精奇尼"之短音，义为子爵。

5. "伊立奇"，义为"副"。

6. 其他"峰路达"名称尚未查出，不知是否"峰"字前尚有他文否？如单言"路达"即传递钱粮之人也。

7. "哈阿"不知何义，译音原无定字，但后来较有规律。此初期对音，原本文无清字，一时尚未易查出。

8. "爬拦米"亦不知是当时汉语俗译，抑或是满语译意也？俱俟续奉报。

1952 年（壬辰）40 岁

5 月

整理校注敦煌文献资料，据现存资料统计如下：

7 日

校注《佛本行经变文（前附押座文）》，录文及校注 5 页，封面题："佛本行集经押座文"。《英藏敦煌文献》定名为《押座文》《太子成道因缘》。

27 日

录文重抄《孟姜女变文》并朱笔校记 6 页。

31 日

校注《王昭君安雅词》《季布诗咏》。

（以上资料《敦煌变文集》未收，先生去世后，均已捐国家图书馆）

7 月

新中国成立初期，物价不稳定，教师收入不高，先生在教学之余，还作些山水小画出售，以补贴家用，据先生当年留存的一页账单所记如下：

> 3 日
>
> 白春晖交来欧小姐代售自作山水小画（共 10 余幅）价款 200 卢比，折为人民币 94 万元，用途账目分列如下：
>
> 8 日提 5 万元，买汗衫 3 万元，余零用；
>
> 10 日提 5 万元，买制服上身 4 万元，余零用；
>
> 11 日提 2 万元零用；
>
> 12 日马四（马锡章）借 2 万元；
>
> 14 日还岳老先生 30 万元，补贴家用 18 万元；余款 30 万元暂存，以备补贴家用。

7 月 22 日

江西奉新县奉先寺藏有八大山人小照画卷一幅，移交给北京市文物局，请先生鉴定后作有长跋，对八大山人的身世生平有详细考证，曾建言"摄影流传，以供研究绘画史者参考"。

8 月

文化部举办考古人员训练班，聘请先生讲授"中国绘画史"，为期一个月。

9 月

中共中央提出党在过渡时期的总路线，为适应社会主义建设需要，国家对高等学校进行调整、改造，决定辅仁大学与北京师范大学合并。

9 月 15 日

教育部发出通知，任命陈垣为北京师范大学校长，何锡麟为第一副校长，傅仲孙为第二副校长，陈垣、傅仲孙即日到校任职。启功也随之转入北京师范大学中文系，继续担任副教授。

1952 年实行院系调整。辅仁大学与北京师范大学合并后，成立新的北京师范大学，陈垣以其不可代替的威望任校长。这时的建国大略，是向苏联学习，各行各业都要学，教育战线当然也不例外。苏联的学校按教研室构制，中国的学校也要按教研室构制；苏联有教学大纲，中国也要有教学大纲。当时中文系设有文艺理论、古典文学、民间文学、古代汉语、现代文学、儿童文学等专业。据先生的情况，归入古典文学教研室。至于书画创作，只好停止，因为它们不属于教研室的工作范围。

同年秋

经肖璋先生介绍加入九三学社，曾任该社北京分社委员。

同年

与王雪涛、于非厂（音"庵"）、汪慎生合作《群芳介寿图》。

同年

文化部在北海公园的漪澜堂举办中国画展，先生拿出 4 幅最得意的山水画参展。展后这些画没有还给作者，等于被文化部"征用"，后来在"文化大革命"中被人抄走，都卖给了日本人。"文化大革命"后又不断被国人买回。有一幅是先生最用心的作品，被人买回后还找到他让他题跋。看着这样一幅自己最心爱的作品毫无代价地成了别人的收藏品，他心中真有些惋惜，但还是题了。

同年

临《八大山人手卷》。

同年

经马锡章介绍，由前马厂搬到黑芝麻胡同居住。

1953 年（癸巳）41 岁

是年

继续担任古典文学教研室副教授。

古典文学教研室采取"集体备课，分工教学，互相评议，取长补短"的方式进行教学。自此开始，直至 1958 年被打成右派、不准再上讲台止，他先后开设过"中国文学史""历代韵文选""历代散文选"等课程，而更多的是讲授"中国古代文学作品选读"（唐宋段）。他以满腔热情，全身心地投入新的教学工作。这样的教学组织，在课程安排、教学方法、教学环节等方面都与过去不同。他遇到了一些新的问题，如苏联专家要求的课堂教学 5 个环节，文学史教学中的分段制，讲唐就不能联系到宋等，他都有自己的看法。但是在那种特定的条件下，他却能灵活运用陈校长的九条"上课须知"，活跃课堂，使学生在宽松的氛围中接受知识。在古代文选课上，除一字一句串讲外，他还常用比喻、图解帮助学生理解课文，也常出人意料地联系各种知识，提出发人深省的问题，启发学生的智慧。有时在自问自答中深入浅出地解答学生的疑难，使课堂所讲的内容不但"血肉丰腴"，而且妙趣横生。有时还伴有精美的板书，使学生既获得了知识，又得到了审美的享受。在提高课堂教学质量的同时，他还努力帮助学生做好课下复习，巩固已经获得的知识，亲自给学生编写复习提纲，做好课下答疑，很受学生欢迎。当时，除本系的专业课外，还要安排一部分教师担任外系的公共课教学。系里有很多人不愿担任外系的公共课教学，因为外系学生的文学功底大多不如本系，而且水平差别较大；对不同系、不同专业的学生讲课要联系实际，还要有针对性地选教材和讲解，教案也不相同，所以多担负一个外系的教学任务，就多出一个头绪，对教师的要求比较高。启先生主动提出多担任一些外系的课，承接了教育系、历史系的古典文学课。在头绪多、任务重的新情况面前，他以积极的态度，努力探索、试验，熟悉教材，认真备课，尽量使自己的课能针对不同专业学生的实际，教得生动活泼。为外系教课，比在系内教专业课要累，但他认为自己是人民教师，就要兢兢业业地为人民服务，他要把自己的知识，无保留地奉献给自己的学生们。因此他的授课时数，在中文系的教师中，排名一二。

关于"分段教学"的弊端，先生曾撰写过《我教古典文学"唐宋段"的失败》一文"以为自讼"。他说这样的教学体制，让他感到有力使不上：

　　文学是有血有肉的有机整体，现在却要把这完整的体系硬生生地肢解成几段。不错，中国的古代文学确实经历了漫长的发展阶段，各时期有各时期的特点，一代有一代之文学，适当地分期是应该的，也是必需的；但阶段再不同，文学的本质是相通的，前后的传承是有机的，死板的分段是不可取、不科学的。这正像中国古代笑话所说，一个人中了箭，去看外科医生，外科医生只给他把身外的箭杆剪断，就算完成任务，中箭人问他身内的箭头怎么办，外科医生说："去找内科医生去，那是他的事。"这样简单地分科行吗？

4 月 23 日

获向达赠《唐代俗讲考》一册 42 页，系《国学季刊》第 6 卷第 4 号油印本，首页题有："元伯先生校正，作者。"

同年秋

在文化部艺术局工作的刘乃崇，为解决当时"剧本荒"，求先生帮助。他们拟将历史上"民抄董宦"的故事编为剧本。这个故事讲明代著名的书画家董其昌曾官至尚书，告老还乡后，其子倚仗权势，残害百姓，民愤极大，终被民众抄了他的家，并把他家烧了个罄尽。但是材料太少，于是求助老师。先生很快给他回信，并附上亲笔抄录近人郭则沄的一则笔记约 8000 字，供他参考。郭则沄这份材料中有关按语说:"残害百姓的董其昌的次子,和愤而烧毁董其昌家园的肇事者都应治罪。"先生在给刘乃崇的信中批说:"极谬,可发一笑。"反映了先生对这场斗争的态度非常明确。

同年

人民文学出版社整理出版古典小说《红楼梦》,俞平伯先生推荐先生作注释。俞先生说:"注释《红楼梦》非元白不可。"

同年发表的主要著作有:

《〈红楼梦〉注释(程乙本)》由人民文学出版社出版。

《我的体会》发表于 1953 年 8 月 10 日《光明日报》。

《在故宫博物院绘画馆中学习》发表于 1953 年 11 月 1 日《光明日报》。

1954 年(甲午)42 岁

从 1954～1955 学年开始,启先生与刘盼遂先生共同为语言文学专业研究生班授课。为了增强学生的基础知识,他们针对学生的实际情况,为学生选编教材和参考书。现存的一册二位先生选编的《中国文学研究》(油印本),其中选有《天师道与滨海地域之关系》《殷卜辞中所见先公先王考》《近代金石学概况介绍》《敦煌俗文学选录》等。

当时先生正值中年,尽管对学苏联的一套教学体制和方法有许多不适应,但是他秉承陈垣先生一贯的教学理论,一切从学生的实际出发,以他扎实的学术功底、炽热的情感、哲人的智慧和生动的文学语言,创造了一套自己特殊的教学方法,征服了听众(学生),取得了良好的效果。当年听过先生课的同学都有切身体会。

据杨晏春回忆:

1954～1955 学年,"中国文学史作品讲析"课的唐诗、明清小说部分由启功先生主讲,每一篇都讲解精细,深入浅出,纵横摭拾,旁征博引。我闻所未闻,收获丰硕。先生严谨讲学与幽默风趣结合,真是恰到好处,让人听之入神,回味无穷。

(杨晏春:《忆启功老师》)

启功先生与夫人（左二）、母亲（左三）和姑姑（右一）

据王明居回忆：

　　他（启功先生）为我们开设"中国古典文学作品选"这门课。在讲授李白作品时，特别富于浪漫主义激情，对李白诗起句之不同凡响、之涵盖全篇、之情绪高亢、之难字当头，剖析得精细入微，把学生思维之积极性、注意之集中性推到最高点。

　　先生的学术素养绝不止于诗词，他对明清小说也很有研究。尤其在谈到《红楼梦》时，滔滔不绝，神采飞扬，如数家珍。他是满族人，是清代皇室后裔，故对清代宫廷内幕、社会习俗、人文环境等等，知之甚多；对于清室的衰败，体会颇深，因此，他能更真切地揭示封建大家族的腐朽、没落。

　　他在课堂上分析王熙凤的形象时说，这个南省凤辣子为了享受过堂风的凉爽，竟然脚踩在大堂屋的正门槛上。曹雪芹用一个"趿"字，就把她泼辣、骄纵、恣肆的状态活脱脱地凸显出来了；说明她在封建大家族中是如何地不受约束、得意忘形、为所欲为，并能透视出她是如何地拿大，如何地自命不凡！也表明她在贾府的地位是如何地举足轻重。

　　为了配合课堂教学，启功先生曾经带领我们十几个学生到北京故宫博物院参观，亲自讲解明清两朝的皇室生活和典章制度，这很有助于我们了解清王朝由盛而衰的历史过程，有助于我们形象地再现《红楼梦》的时代背景和典型环境。此外，他还结合实际，介绍祖国文化艺术遗产，不仅谈明代清代的，而且讲明清以前的。例如，他为我们分析过宋代赵佶的山水、花鸟、人物画。宋徽宗赵佶是个昏君，但却是丹青妙手，其绘画艺术品均属上乘。其《芙蓉锦鸡图》《枇杷山鸟图》《瑞鹤图》《鹧鸪图》等均为稀世之宝。在赵佶笔下，花鸟栩栩如生，树木枝干遒劲，仙鹤飘逸飞动，古琴音韵袅袅。苍松之下，端坐抚琴，琴声如高山流水，九皋之鹤亦为之动容而鸣。如此天人合一之至妙境界，非丹青妙手，安能及此？其整体画风，清朗简净，古朴幽雅，线条流畅，人物与景物的关系和谐统一。

　　　　　　　　　　　　　［王明居：《怀念启功（元白）师》］

据陈惇回忆：

　　启先生的教学方法与众不同。一则，他着重讲解作家的人格与其作品之间的关系。譬如，讲《窦娥冤》，他绘声绘色地介绍作家在散曲《不伏老》中对自己属性的描写（"我是个蒸不烂煮不熟捶不扁炒不爆响当当一粒铜豌豆"）。讲《红楼梦》，他仔细分析曹雪芹的经历和思想变迁。这些都能帮助我们理解作品的内涵。二则，他用直观的方法把我们引入作品中所写的情景，帮我们理解其中的生活与人物。他讲《牡丹亭》，带我们去看昆曲《游园惊梦》；讲《红楼梦》，带我们参观故宫博物院和那里收藏的历代书画。他不是停留在字、词、句的讲解和一般的思想艺术分析，而是引导我们在当今的现实中看到传统的存在，把古与今联系在一起，领会其中的蕴含。

（陈惇：《启先生是个好老师》）

据张美妮回忆：

　　启功先生授课不囿于教材，他采用丰富多彩的教学手段，引发学生浓厚的学习兴趣。记得他在讲授明代汤显祖的《牡丹亭》时，就用自己的留声机和唱碟为我们播放了《游园惊梦》一折，我们一边听他声情并茂地讲解，一边欣赏那婉转优美的旋律，恍若走进杜丽娘春光乍放的花园，体验到主人公那欣喜的心境。我是第一次听到这样美妙的曲调。少年时代由于在教会学校读书，多接触西洋音乐，对祖国的民族曲艺，尤其是博大精深的京昆艺术十分隔膜。这次课罢，才感到自己的知识浅薄。从此，我开始欣赏京戏，更喜欢那文辞与曲调都十分优美的昆曲、昆剧。

　　启先生总希望学生视野开阔，因此常带我们走出课堂，去汲取更多的知识。他曾亲自带领我们去参观故宫博物院，介绍它的历史及它独特的建筑艺术。而寒冬腊月，藏族新年之际，又带我们去观赏雍和宫喇嘛们祭神的舞蹈，让我们更多地了解少数民族的艺术。

（张美妮：《启先生不仅教我们学问还教我们做人》）

据陆希廉回忆：

　　1954～1955学年，启功老师给我们班讲唐诗和明清小说。至今我还清楚地记得上第一堂课的情景。

　　《唐诗选》第一首诗：王勃的五言律诗《送杜少府之任蜀州》。先生在读了一遍诗文后，便对"城阙辅三秦，风烟望五津"一字、一词、一句地讲解，并就对仗、音律知识作了介绍说明，让我们理解五言律诗字、词、句表达和对仗、音律的功夫。下句"与君离别意，同是宦游人"，着重说明作者与友人同宦游离的共感，心相通，意相随。友谊常在，情是基础。再下是讲授重点——"海内存知己，天涯若比邻"。先生突然加大声音读这两句，并在没有写过字的右边黑板上板书"人生得一知己足矣"，然后坐下说：什么是知己——知意、知情、知心。怎样能做到知己——通意、达情、交心。还说：讲"知己"二字容易，成"知己"则甚难。所谓"得一知己足矣"，不是说有"一个"知己就满足了，意在言外，当然多些更好。说"一个"是说知己难得，唯其难得，方为珍贵。有知己就有帮助，雪中送炭既救急又温暖，困惑得解既切磋又激励。人有知己就能过大关、自由行，可见"知己"对人生的作为、心理、精神的重大影响和作用，对生命的意义和价值。这时，先生抬起右小臂用食指空画了一小圈儿，顺势用力向下一点，指在讲义上说：这两句是诗的眼目，传达出作者心声，也是对友情的信心，对挚友离愁和眷恋情绪的慰藉——分手了，情不了，人常在，谊永驻。天涯遥远，形如毗邻，写得具体形象、实实在在。作者写的是心重，抒发的是情缘。是真、是诚、是信、是情，道出知己愈久情谊弥深。这时先生又板书"有情有义"四字，然后说：这是做人的真谛。人与人有情有义才会成为知己，所以"知己"是人际关系的高境界。彼此"知己"，享有人生的快慰和幸福还不是"足矣"吗？所以，对友谊应该珍惜、学会珍惜。讲到这里，我读懂了这俊思警句、大慧名言，它饱含着温暖与力量，给人以鼓舞与信心。先生说：古往今来，这两句诗被视为经典，作为送别友人的高贵礼物。同学要从中反复领会，在博大时空下、遥在一隅的好朋友，在交通闭塞信笺难传的情况下，他们分离的惆怅与牵肠的情思多么缠绵。一番话，醍醐灌顶，使我悟到友谊与人生的哲学内涵。先生接讲"无为在歧路，儿女共沾巾"时，斩钉截铁地说：各奔前程，无可奈何；静心面对，理智分手。正因是知己，不必在分手道别的岔路上悲伤流泪。情缘如水，友谊如山，山高水长，彼此挂念，是人生一种别样幸福和特殊满足。洒泪湿巾何苦，不是大胸怀；瞻高思远，是大丈夫气魄。这尾联写得多有气派，多么豁达，真是回肠荡气，大度磅礴。最后先生说：读唐诗要反复吟诵，要读懂诗的精华，咀嚼出诗的味道，才能把握作者的情感。今天讲析的这首诗，情意缱绻，友谊深厚，累时迭代被视为送别绝唱。

先生讲课人性化，以上是一个例证。1954～1955年社会运动接连，人际关系紧张，先生能在课堂上创造出人文关怀的氛围，体现一位学者学为人师、行为世范的生命质量。讲述"知己"的一席话，成为我心中不朽的道德文章。

（陆希廉：《聆听一课铭记至今》）

又据杨晏春回忆：

期末考试，学校采用抽题口答的考试方法，考生到五位教师组成的长桌前回答，教师随机提问，了解学生知识的深度、广度；启发考生做必要补充或修正。我从未经历过这样的应考阵势，有些紧张，脑里一阵阵出现空白。主考官启功老师观察到我的不安，就微笑着对我说："别着急，看着提纲，可以慢慢答。不要紧张，你能答好。"听到这话，我心里像是吃了定心丸，大脑一下清醒了。在我有条不紊一一作答时，先生有意在慢慢写着什么，躲开我的视线，给我说话的勇气和答题信心。最后，我考了满分——5分。一位老师如此体恤、理解学生，在学生困惑时，给予及时帮助、有力支援，是学生的福分。先生给我的第一印象刻骨铭心，难以忘怀。

（杨晏春：《忆启功老师》）

是年

加入中国美术家协会，兼任美协古典美术研究委员会委员，主编《美术》杂志。

同年

北京师范大学新校在北太平庄建成，各系陆续迁至新校。学校的美化、绿化工作由先生和王舜华、刘嘉季3人负责。在校园中建立了一个小庭院，起名为"绿园"。"绿园"二字是先生题写的。如今"绿园"虽已改建，但"绿园"二字仍镌刻在门楣上。

同年

为张中行作设色山水《少陵诗意图》两幅。题记之一，书少陵诗句：

浣花溪水水西头，主人为卜林塘幽。

已知出郭少尘事，更有澄江销客愁。

无数蜻蜓齐上下，一双鸂鶒对沉浮。

东行万里堪乘兴，须向山阴上小舟。

岁在甲午新秋，偶写小景补少陵诗意，即奉我兄方家哂正。

题记之二：

　　　　云山得意，小米剧迹，略师其意。中行先生雅正，甲午新秋，启功写记。

同年

　　跋《圣教序墨皇本》。

同年发表的主要著作有：

　　《谈韩熙载夜宴图》发表于《新建设》1954 年第 5 期。

　　《山水画"南北宗"问题的批判》发表于《美术》1954 年 10 月号。

　　《关于石涛和尚年谱的问题》（笔名长庆）发表于《现代佛学》1954 年第 8 号。

1955 年（乙未）43 岁

4 月 13 日

　　先生与北京书画艺术界人士到荣宝斋参观书画展。

6 月 15 日，7 月 21 日、22 日

　　连续接到王重民先生来信，交流敦煌变文事。

9 月

　　撰写《我们的艺术宝藏不容掠夺》一文，揭露美国费城艺术博物馆副馆长、曾经盗窃我国敦煌文物的霍雷斯·杰尼企图以"长期出借"的鬼话，从台湾运走当年被国民党运到台湾的 7 万多件文物。他在文章中特别指出："在这批文物里面，最容易受到损坏的是绘画。"他举出这批绘画中他亲眼所见、印象最深的董源的《龙宿郊民图》、巨然的《秋山问道图》、范宽的《溪山行旅图》、郭熙的《早春图》和李唐的《万壑松风图》，详细分析了这些杰作的历史价值和艺术价值，以及它们在我国艺术史、文化史上的重要地位。

10 月 30 日

　　接王重民先生关于敦煌变文的来信（王重民、王庆菽等专家关于敦煌变文的来信，先生去世后，捐给国家图书馆，下同）。

11 月 12 日

　　王重民先生就敦煌变文研究事再来信。

11 月 15 日、17 日

王庆菽先生就敦煌变文事来信。

11 月 20 日、29 日

连续接王重民先生来信，谈敦煌变文研究事。

12 月 31 日

为《金天王神祠记》作跋。

同年

任北京市政协委员。

再次被故宫博物院聘请为专门委员（兼职）。

同年发表的主要著作有：

《我们的艺术宝藏不容掠夺》发表于 1955 年《美术》9 月号。

《论元代杂剧的扮演问题》发表于《光明日报》和《文学遗产》增刊 1955 年第 1 辑。

《清明上河图》发表于 1955 年《人民画报》。

1956 年（丙申）44 岁

1 月 3 日

跋《苏东坡书太白仙诗卷影本》：

　　坡书尚有二卷，金贤书则止此为巨观，余唯零星之品而已，宁不宝诸？惜真迹已入日本阿部氏箧中，即真影已堪珍惜矣！

同年

任北京市政协常委。

同年

继续与王重民、王庆菽等专家从事敦煌变文的研究。1 月 3 日、12 日、31 日，4 月 26 日，6 月 7 日连续接到王重民先生关于研究敦煌变文的来信。3 月 2 日、16 日接到王庆菽先生关于敦煌变文的来信。

同年初

教育部为贯彻"全面发展，因材施教"的方针，加强科学研究、基础课教学和师资队伍建设，进一步提高教学质量，组织了"教育部视导团"，到南方视察师范教育。视导团由教育部副部长柳湜带队，参加人员有教育部督导员杜桂福、冯惠德、力易舟以及教育部部长顾问、苏联专家费拉托夫，团员主要由北京师范大学的专家组成，有校党委书记李开鼎和数学系张禾瑞、物理系张宗燧、中文系启功。视导团一行首先到达上海，在华东师范大学、上海师范大学听取教学情况汇报，分头到系里听课。张禾瑞听数学课，张宗燧听物理课，启功听中文课。听课以后分头参加评议，交流教学经验。每当中文课示教教师要求启功先生介绍经验时，他总是极其坦率地开门见山宣告"我没有大学文凭，只是个中学生"，对于怎样成为大学教授，回答四个字"自强不息"。字字千钧，征服了所有听众。以后又到南昌、厦门、福州、泉州、汕头、广州等地高等师范院校视察指导，最后到广东梅县中学视察、听课，了解基础教育的状况。视导团的活动为教育部提供了新中国成立初期师范教育和基础教育的第一手资料，反映了他们了解到的基础教育工作的成就及存在的困难或问题，提出了改革的建议。

视导团一行在厦门受到了著名华侨领袖陈嘉庚先生的热情欢迎。陈嘉庚亲自陪同他们参观了他亲手创办的厦门大学和集美学校，并设家宴招待他们。席间陈嘉庚得知启功是皇族出身，今天能为新中国教育事业尽心尽力，而且年轻有为，已成为教育专家，特别表示祝贺。随后在集美学校组织了一个以"培养新型人民教师"为主题的青年教师座谈会，请他在会上介绍经验。他以自己的亲身经历，讲了4点体会：作为人民教师，一是勤奋博学、弘扬国粹，想给学生一杯水，自己就要准备一桶水；二是求真务实，师生平等，教学相长；三是联系实际，古为今用；四是诲人不倦，以身作则。

6月

应著名书画家叶恭绰先生之邀，参与中国画院（现名北京画院）的筹建工作。

叶恭绰先生受周恩来总理的邀请从香港回到北京，1951年任政务院文化委员会委员。1956年2月，叶恭绰、陈半丁联名在全国政协会议上提出成立绘画界的全国性专业组织——中国画院的提案。6月，文化部决定成立中国画院筹备委员会，叶先生受命组建中国画院并担任院长。

为了做好筹备工作，叶先生延揽了一批中青年画家参加筹备，也邀请先生到中国画院去，欢迎他"归队到画院工作"，并讲"文化部已同意"。当时他考虑到自己是跟随恩师陈垣先生到北京师范大学的，学校的教学任务很重，不愿在恩师急需用人的时候离开师大。启功先生与老师商量。陈垣说："可以去一半。"他说："一半也不能去，只能去帮帮忙。"因而他的人事关系一直留在北师大。

在参加筹备中国画院期间，任《美术》杂志编委，负责编辑《美术》杂志。这本杂志对新中国成立后的国画艺术有着极大的贡献。

对先生编辑《美术》杂志时的情况，王靖宪回忆道：

> 1956 年我到《美术》杂志编辑部工作不久，收到一位读者寄来一卷巨然的山水画，要我们鉴定这卷山水画是不是巨然的真迹。当时我是刚出校门的青年，对古画见得不多，鉴定更无从谈起。这时想起我们的编委启功先生，何不请他看看，于是将画送到他那里。他打开画卷就说是"苏州片"，接着向我详细讲解巨然画的特点、画法，以及现存国内外收藏的巨然作品的件数。从此我知道先生不仅精于历史、画理，从谈画法中知道他还是一位修养很深的画家。
>
> （王靖宪：《启功书画集序·附记》）

7 月 3 日

北京市政协召开国画问题座谈会，叶恭绰、陈半丁和先生等 30 多人参加，在会上大家对发扬国画优良传统，画家要深入生活、反映生活，讲究取"法"，掌握技巧，以及提高笔、墨、纸张的质量等问题进行了讨论。

7 月 24 日

先生同书画各界人士到荣宝斋参观书画展览。

11 月 16 日

先生参加在荣宝斋召开的北京国画家座谈会。

同年

兼任人民日报社美术顾问。

同年秋

母亲病故，先生用他注释《红楼梦》的稿费，为母亲买了黄柏独板棺木，在嘉兴寺发丧后与父亲合葬。

母亲在时，先生因工作不稳定，特别在辅仁大学几进几出时期，几乎处在半失业状态，生活一直不好。但夫人章宝琛十分孝顺，对母亲精心照料，长年累月一人承担家中的脏活累活，母亲病重后，端屎端尿十分辛苦。先生非常感谢。在母亲发丧后，没有别的什么感谢夫人，只好请她坐在椅子上，恭恭敬敬地叫了一声姐姐，给她磕了一个头。

据邓魁英回忆：

> 启功先生的母亲去世时，总支让我拿了五十元去看先生。钱并不多，但他接到后痛哭流涕，说要用一生来报答这份情谊。

（邓魁英：《永远的启功先生》）

同年

北京师范大学由陈垣校长亲自主持评议新增教授人选。先生是陈校长亲自提拔的，在辅仁大学和师大执教多年，经评委评议一致通过，评为教授，上报待批。评议会后，音乐系教授老志诚先生在路上遇到先生还表示祝贺："祝贺你，百分之百通过，赞成你任教授。"但是好景不长，在反右运动中先生被划为"右派分子"，不仅新增教授停评，原四级副教授还被降为五级。

同年

跋《苏东坡书太白仙诗卷影本》。

同年发表的主要著作有：

《唐末到宋初的几位山水画家》（笔名长庆）发表于《美术》1956 年 4 月号。

《名词解释》二则："没骨、双勾、勾花点叶""青绿山水、浅绛山水"，发表于《美术》1956 年 3 月号。

《李唐、马远、夏珪》（笔名长庆）发表于《美术》1956 年 6 月号。

《徐燕孙画兵车行图说明》（笔名少文）发表于《文艺学习》1956 年第 11 期。

1957 年（丁酉）45 岁

1 月 16 日

应文化部文物局邀请，在故宫博物院参加回收流散海外文物唐代韩滉《五牛图》等书画作品的鉴定。

2 月

为筹建中国画院（现北京画院），受叶恭绰先生的委托，到上海考察了解上海画院的筹备情况，拍摄绘画作品，并先后拜会了谢稚柳、沈尹默、潘伯鹰、吴湖帆、刘海粟、马公愚、唐云、白蕉等书画家，同他们交流情况、听取他们的经验。

2月24日

获丰子恺先生题赠弘一大师遗像一帧，以及弘一大师手书"南无阿弥陀佛"横幅一幅。遗像的背面，丰子恺先生题写有："弘一大师遗像，元白先生惠存，丰子恺赠。"先生说："李叔同先生是我生平最佩服的一位学者。"此两件赠品伴随先生终生。

2月28日

撰文《一字之贬》，谈学习陈垣《通鉴胡注表微·校勘篇》的体会，在《光明日报》的副刊《史学》双周刊上发表。

4月7日

谒先祖墓有记：

夏历三月初八，去安定门外谒先祖墓，返回时经安定门，在书摊上见有《小题正鹄》，系八股文资料八册；即购回，价六角，次日亲手装订并记于寸草庵。

5月14日

中国画院成立，叶恭绰任院长，陈半丁、于非厂、徐燕孙任副院长。先生出席了隆重的成立典礼。周恩来总理在典礼会上致辞："希望北京中国画院今后能团结中国的画家，继承中国画的优良传统，吸收外国绘画的长处，努力创作，加强研究，不断提高，培养后代，让百花齐放，众美争妍，为创造社会主义的中国的新美术而斗争。"会后周总理和全体画家合影留念。

8月

先生与王重民、王庆菽、向达、周一良、曾毅公合编的《敦煌变文集》由人民文学出版社出版，周绍良任责任编辑。

《敦煌变文集》是新中国成立后，中国学者整理的第一部敦煌变文总集。该书的出版，为中国语言文学研究提供了丰富的资料，是敦煌变文和俗文学研究的重要参考书，在世界敦煌学界引起了很大反响。当年先生作为一名年轻学者，得到年长学人的尊重和信任，在完成《敦煌变文集》中所起的作用不可小觑。

据柴剑虹回忆：

先生在敦煌学上的成就，得益于当时的治学风气，"只要你说对了，多老的先生马上听你的，而且相信年轻人，交给你去做，从不论资排辈"。……整理敦煌变文；不仅需要古文献的功底，也需要有佛学功底，有一次做校对，王重民先生把和尚的"坏色衣"校成了"瑰色衣"。因为"坏"的繁体与"瑰"的繁体就差一横，王先生以为是原文落了一笔。落一笔在敦煌变文中是常见的现象。先生看了后说，这不对，应该就是"坏色衣"。王先生对和尚披"瑰色衣"的印象，是因为受了玄奘披着非常华丽的袈裟的影响，以为校为"瑰色衣"更符合逻辑。但在佛教里，和尚的袈裟又俗称"坏色衣""百衲衣"。因为它是用百家不同的破布缝合而成的，寓意僧人的苦行。王先生没有想到佛学上这一点，先生的指正，让年长十余岁的王重民先生大喜，更加对他尊重和信任。

据聂石樵、邓魁英回忆：

先生的教学总是同他的学术研究紧密结合在一起的。像在"历代韵文选"课上，先生就给同学们讲过敦煌变文；从敦煌石室的发现，伯希和、斯坦因劫走大批藏品，到《张义潮变文》《王昭君变文》和《燕子赋》等众多内容，使刚上大学的学生们了解到许多从未听说过的知识。到后来王重民等六位先生整理的《敦煌变文集》出版后，同学们才知道在给大家讲课时，先生正在关注、研究变文。1934年和1948年王重民、王庆菽两位先生先后从伦敦、巴黎带回一些敦煌变文的照片和钞件，这期间学术界出现了敦煌文学的研究热，而先生正是把当时最"前卫"、最新的信息传达给自己的学生。这说明先生尽管经史子集的根底很深，但做学问却不因循守旧，而是对多方面的知识都感兴趣，很有一种创新、开拓的精神。

（聂石樵、邓魁英：《启先生教学和治学的风格》）

先生逝世后，家属于2008年把他珍藏了半个世纪的研究敦煌变文的手稿218件1500余页捐给了国家图书馆。这批手稿涵盖了《敦煌变文集》中完整的78种作品。

同年秋

先生在中国画院戏剧性地被揪出来，作为"右派分子"进行批判，关于被打成"右派"，先生在《启功口述历史》中曾说过："把一个人打成'右派'，总要找一点借口和理由，但凡了解我的人都知道，我是不会在给党提意见的会上提什么意见的，不用说给党提意见了，就是给朋友，我也不会提什么意见。"但是"欲加之罪，何患

北京中国画院成立合影。上为合影局部，第二排右一为启功先生

无辞"，某些人想打倒叶恭绰先生，必然要打倒他周围的人。先生曾受叶先生委托去南方调研，并替叶先生起草过文件和讲话稿，也曾对简化字发表过看法。有人便说："启功是叶的'狗头军师'，简化字是国务院批准公布的，反对简化字就是反对国务院，反对国务院就是右派！"先生也曾称赞过画家徐燕孙的画有个性，风格鲜明，并用"春色满园关不住，一枝红杏出墙来"的诗句，形容他代表了一派的画风，在新时代会有希望。于是"左派"又抓住这句话无限上纲，说他不满当时的大好形势，意欲脱离党的领导，大搞个人主义，等等。在朝阳门内文化部礼堂开批判大会，先生与叶恭绰、徐燕孙一起被批判，1958 年初被划为"右派分子"。

据廉长江回忆，先生被划为"右派"，还与他建议保护龙泉寺有关。龙泉寺为北京八大寺之一，遗迹有梁山舟书金刚经石刻等。清末该寺住持僧觉先曾在此寺设立孤儿院，是北京慈善教育的发源地。20 世纪 50 年代初，北京旧城区改造拓宽马路，龙泉寺被列入拆除计划。当时先生是市政协委员，深知保护文物的重要性，他到寺周围勘测后，认为扩建马路可以不拆龙泉寺，于是上上下下找人反映，想不到划右派时也成了他的一条罪状（参见廉长江：《启功先生琐谈》）。

同年秋

在受批判的同时，姑姑恒季华病重，住进北京市第六医院。他不能亲自守护，只是夫人章宝琛一人日夜在医院照顾侍奉。姑姑逝世后，他用《红楼梦》第二次印刷的稿费，在嘉兴寺为姑姑办了丧事。因满族的习俗，未出嫁的姑娘死后不能入祖坟，便土葬于八宝山公墓，立有墓碑。后来，夫人章宝琛的骨灰也葬于碑旁。"文化大革命"后公墓整修，碑石亦不知下落。

同年发表的主要著作有：

《关于法书墨迹和碑帖》发表于《文物参考资料》1957 年第 1 期。

《敦煌变文集》（与王重民等合编）由人民文学出版社出版。

《散文与骈文的区别》（答问）发表于《文艺学习》1957 年第 4 期。

《一字之贬》发表于《光明日报》的《史学》双周刊 103 号（1957 年 2 月 28 日）。

《宋赵佶摹唐张萱"捣练图"》（笔名长庆）发表于《美术》1957 年 5 月号。

1958 年（戊戌）46 岁

是年春

受批判后，被正式定性为"右派分子"，按第五类处理，戴上"右派分子"的

"帽子"，撤销《美术》编委、九三学社北京分社委员和北京市政协常务委员的职务。关系转回师大，四级副教授降为五级副教授。

同年秋

自东城区黑芝麻胡同 14 号迁居西城区小乘巷 86 号内弟家。

被划为"右派分子"后，工资被降了一级，经济十分拮据，住不起宽敞的房子了。夫人章宝琛征得弟弟章宝珩的同意，由黑芝麻胡同搬到小乘巷弟弟家的两间小南房住。他曾记述："寄居小乘巷，寓舍两间，各方一丈，南临煤铺，每见摇煤，有晃动乾坤之感。"从此开始了在内弟家客居 20 余年的生活，他为此还刻有一方闲章"小乘客"。

1959 年（己亥）47 岁

是年春

先生戴着"右派"帽子回到师大中文系。因"右派"是敌我矛盾，不能再上讲台，被迫多次写过违心的检查。

中文系的党组织和许多了解他的老师都感到有些奇怪，因为他一贯平易近人、和气谨慎，从没有听他说过什么反党反社会主义的言论。他回系后虽不能再给学生上课，但仍和大家和睦相处，自己潜心读书写作，《古代字体论稿》就是从这时开始构思酝酿又逐渐成熟的。平时他也关心系里的事，努力完成分配给他的任务。因为他的"态度好"，在陈垣老校长关心下，同年 11 月他就摘掉了"右派"帽子。

"右派"帽子被摘后，可以接受教学任务了，先生一如既往地认真工作。所谓"摘帽右派"，就是敌我矛盾按人民内部矛盾处理，"帽子"是拿在群众手里的，"不老实"可以随时再戴上。

同年

于琉璃厂书肆见到溥心畲先生草书自作五言诗手卷一件，系 1933 年心畲先生精心之作，也是先生当年"晨夕登寒玉堂执艺请益之时所书"，当即倾囊购得以为纪念。又三次作跋，评述溥翁诗格书风及得此宝经过，并追忆溥翁《落叶》四首书于卷尾（此卷已捐给辽宁省博物馆）。

1960 年（庚子）48 岁

是年春

北京师范大学在当时的北京市顺义县牛栏山公社白庙村建立了农场，组织师生轮流下乡参加劳动，生产农副产品，改善师生的生活。每人参加劳动半年为一期。此时先生也参加了劳动。

当时粮食按定量供应，副食品供应也很困难。炊事员为了给参加劳动的师生改善生活，有时就用油饼代替肉馅包饺子。一天副校长马建民到农场看望师生，为了表示对校领导的欢迎和感谢，炊事员给大家包了饺子。饭后，全体师生包括校领导都拉肚子了，先生吃得最少，病情较轻。当时怀疑有阶级敌人破坏，立即报了警。公安局来人查来查去，没有发现什么可疑线索。一位老师忽然想起来，他曾买了一桶桐油，准备漆木船下河捕鱼为大家改善生活。桐油存放在厨房，再看已不见了，原来炊事员误为食用油炸了油饼。真相大白，大家虚惊一场。

先生在紧张的劳动之余，还对这一带村庄的历史作了考证。先生晚年曾对学生刘德水（家在白庙邻村）谈起白庙村南有一条小河，流到相邻的南郎中村，那里有一座清净庵，曾是明代大阉魏忠贤的家庙。

同年

跋唐人写《妙法莲华经》卷。先生曾在 1941 年自遵化秦氏处以重金易得唐人书写的《妙法莲华经》一卷，虽是无名经生所书，但"笔法骨肉得中，意态飞动"，"而墨迹之笔锋使转，墨华绚烂处，俱碑版中所绝不可见者"。得宝当年即作长跋，中有赞语曰："墨沈欲流，纸光可照。唐人见我，相视而笑。"稿存箧中未及录入，今终于落墨。

1961 年（辛丑）49 岁

5 月 20 日

在陈垣先生家中，向陈垣先生请教，鉴赏文物、研究书法。

9 月 7 日

与柴德赓一起去陈垣先生家中看望校长。

启功与陈垣先生欣赏书法

启功 1960 年下放劳动时与北京师范大学的下放师生合影

后排右起第四人是启功

9 月 24 日

于书肆购得《乾隆内府摹刻落水兰亭》，灯下作跋。本年冬又见文明书局再版《兰亭序》，与前帖比较证其伪。

11 月

适逢陈垣先生八旬晋二大庆，为老师作成扇以申嵩祝。题诗：

> 万点松煤写万松，一枝一叶报春风。
>
> 轮囷自富南山寿，喜值阳春日正东。

同年

除承担中文系分配的教学任务外，还应中央美术学院的邀请，为该院的"中国书画专题班"讲《中国美术史》课。

同年发表的主要著作有：

《〈平复帖〉说并释文》录入 1961 年 9 月文物出版社出版的《平复帖》影印本。

《碑帖中的文学史资料》发表于《文物》1961 年第 8 期。

1962 年（壬寅）50 岁

3 月 17 日

致王靖宪函（答复王先生提问）：

> 前查诸典故，"熊虎之状"一条，《渊鉴类函》中有之，但只注《左传》越椒"，仍不知何年，所愧经书不熟，必须乞灵于《春秋三传引得》（哈佛燕京出版者），则"鲁僖司马"亦可从而解决矣。《引得》吾校虽有，但不在本系中，借阅须迟时日……如向北京图书馆查阅，则准有无疑。

3 月 22 日

再致王靖宪函：

> 续于《图书集成》查得有关之典故出处，再用《左传》印证，知陈郁实是

误引。

一、杨食我生而有豺狼之声，见《左传·昭公廿八年》；而楚司马子良生子越椒，则有熊虎之状、豺狼之声，见《左传·宣公四年》，陈郁乃误记为一人。

二、尧眉事见《竹书纪年》。

三、龙章凤姿乃唐李揆事。

四、鲁僖司马秀眉事，则始终不知出处，陈郁既频频误引误记，安知此非误记者乎，姑阙疑，查着后，再行奉报。

4月25日

得《张猛龙碑》并作长跋。先生于琉璃厂书肆发现此碑，见蝉翼淡墨，字口分明，丝毫可见，碑文"冬温夏清"四字不损，"盖魏"二字不连，知为明拓善本，以往所见明拓有略早于此者，未有精于此者，爱不释手。因索价过高，未能立获。几经周折，历时一年，始以自藏七种旧帖与店主交换而得。碑中有缺字，借明拓以炭末蘸白芨水亲手描补，竟天衣无缝，有朋友相观，必指其修补处，得意之形溢于言表。今作长跋，以记得碑经过，并作六绝句书于碑尾：

清颂碑流异代芳，真书天骨最开张。小人何处通温清，一字千金泪数行。

数行古刻有余师，焦尾奇音续色丝。始识彝斋心独苦，兰亭出水补粘时。

世人哪得知其故，墨水池头日几临。可望难追仙迹远，长松万仞石千寻。

江表巍然真逸铭，迢迢鲁郡得同声。浮天鹤响禽鱼乐，大化无方四海行。

铭石庄严简札道，方圆合一费探求。萧梁元魏先河在，结穴遥归大小欧。

出墨无端又入杨，前摹松雪后香光。如今只爱张神同，一剂强心健骨方。

6月9日

著名气象学家、九三学社中央副主席涂长望逝世，先生代九三学社拟文并书挽联：

建国待良材，痛云亡，气象先行，科学巨匠；

论文思笃谊，最可惜，红专造诣，直谅风范。

同年夏

中文系领导为了发挥老教师的潜力，搞好教学和科研工作，号召老教师们贡献所长，把系内教授分成几个小组开座谈会，请大家根据自己的特长，订出科研计划。先生与刘盼遂、李长之、杨敏如分在一组。先生在座谈时提出，自己有四方面的知识，积累了一些材料，愿意继续研究写出文章：一是关于古典文学方面的一些心得；二是关于书画方面的笔记；三是文物鉴定方面如《兰亭帖考》等；四是清代掌故如读《红楼梦》的札记。这四方面的资料装在纸袋内各置一处，他就用"四个口袋"来形容这四方面的材料内容。当时总支书记刘漠很赞赏并予以肯定。未料"四个口袋"问题在后来的"文化大革命"当中被揭发是"配合黑帮分子刘漠去毒害青年"，成为罪状受到批判。

9月7日

与柴德赓、刘乃和在陈垣先生家中相聚。

同年

《古代字体论稿》撰写完成，带着书稿去请陈垣先生题写书签。陈得知这是他第一本书稿后，非常高兴，问他"多大岁数了"，答"五十一岁"。陈校长历数了很多学者的寿命后语重心长地鼓励他"要好好努力"。他明白了老师的良苦用心，这是老师以长者的经验告诫自己"人生苦短，时不我待，要抓紧大好时光多出书"。他看着老师为他题签的身影和老师书斋的"励耘"二字深切体会道："老师用他全部的身心和热血，为我解释了什么叫'励耘'，如何做一个辛勤的耕耘者，如何做一个优秀的园丁，如何做一个提携后进的长者。"

据文物出版社张圣福回忆：

> 1962年，领导要我编辑一本启功先生写的小册子《古代字体论稿》，本来我是打算离开文物出版社的，是启先生这本书让我留了下来。在编这本书的过程中，我对编辑工作产生了兴趣，那时启先生落难，这是他被错划为"右派"后出的第一本书，从中我体会到启功先生的坚强和治学的严谨。

同年

文化部文物局组织鉴定专家对全国各大博物馆藏古代书画进行鉴定，先生与谢稚柳、刘九庵赴四川、湖北进行鉴定。

同年发表的主要著作有：

《关于古代字体的一些问题》发表于《文物》1962年第6期。

《宋徽宗书画师承》发表于 1962 年 8 月 5 日香港《大公报·艺林》。

《记汪容甫书札》发表于 1962 年 10 月 28 日香港《大公报·艺林》。

《郑板桥一剪梅词》发表于 1962 年 12 月 30 日香港《大公报·艺林》。

《兰亭帖考》发表于《北京师范大学学报》（社会科学版）1962 年第 1 期。

《董其昌书画代笔人考》发表于《北京师范大学学报》（社会科学版）1962 年第 3 期。

1963 年（癸卯）51 岁

9 月 17 日

潘仲骞来信，请教进修中国古典文学特别是研究古代散文的门径和方法。先生很快给他写了长篇回信，信中就如何自学古典文学和研究古代散文作了全面指导，既指明研究古典文学的方向和应着重探讨的课题，又指明研究古典文学的步骤和方法。先生这封长信末尾署明时间是："九月十七日夜已入十八日了。"这封信满载了老师对学生的无限深情。

11 月 25 日

陈垣先生酷爱米芾书法，先生在琉璃厂为老师寻得米帖。陈垣先生很高兴，即把自己珍藏的《董述夫自书诗》册页亲笔题赠给他：

> 董纪字良史，洪武间人，著《西郊笑端集》。董良史字述夫，万历间人。《明诗综》《槜李诗系》混二人为一人，《四库提要》《明诗纪事》复因之，得此册可证其误。
>
> 此册旧藏索佳氏、钮祜禄氏，爱新觉罗氏吾友启元白见而爱之，因以为赠。一九六三年十一月陈垣。

先生说："这是对我的奖励。"

12 月

北京市文物商店受到党和国家重视，除了分配一批转业军人当干部，还招收了 20 名初高中毕业生，组成了文物鉴定训练班，并聘请了一批著名的文物专家为学员讲课，师资阵容十分强大。

启功先生，主讲中国书法发展史；

徐邦达先生，故宫博物院研究员，主讲中国古书画鉴定；

张安治先生，中央美术学院教授，主讲中国美术发展史；

郭味蕖先生，中央美术学院教授，主讲中国花鸟画；

刘凌沧先生，中央美术学院教授，主讲中国人物画；

孙会元先生，市文物局鉴定专家，主讲中国古陶瓷史及鉴定知识；

傅大卣先生，市文物局鉴定专家，主讲金石发展史及鉴定知识；

常静函先生，市文物局鉴定专家，主讲中国古书画鉴定；

黄静涵先生，韵古斋副主任，主讲铜器发展史；

徐震伯先生，市文物局鉴定专家，主讲宋元瓷器鉴定。

文物鉴定训练班为期一年，学习地点设在国子监的孔庙。

据陈岩回忆：

开学典礼，准备授课的老师，甚至国家文物局的领导都出席了，很是隆重。第一堂课是启功先生讲。那天，启功先生打扮得干干净净、整整齐齐，一大早就坐着人力车来了，真是教授气派。有意思的是，启功先生讲课时，不知是不是因为裤子不合身儿，还是别的什么原因，他总爱时不时地用双手往上拽裤子，这个印象太深了。

启功、徐邦达等诸位先生都是有名的教授，他们分门别类地系统讲述，使我们能够在全面掌握各种文物知识的基础上培养对文物的认知程度。当时讲课中给我留下记忆最深的有这样几个方面。

一是对各类文物发展史的了解。

二是对断代的了解，就是断定一件文物的确切年代，断代不准，一切都没有意义。

三是明辨个体特征和时代特征。

四是辨别造假手段。启功先生说，做警察的不会去偷东西，但不能不知道小偷怎么偷，搞鉴定工作的，实质上和警察的性质差不多。

（陈岩：《往事丹青》）

同年

跋《柳公权书僧端甫塔铭》，有诗赞曰：

端甫说梦欺痴愚，时君受惑堪轩渠。

吞舍利外一技无，梵僧之子黔之驴。

韩愈多事捋虎须，沽名取逐非冤诬。

依然列戟潮州居，毕竟遭殃惟鳄鱼。

裴休嗣法称佛徒，辩才每度骅骝趋。

斯文振笔无阿谀，阳秋独获衣中珠。

公权机巧工自誉，心正笔正何关书。

体势劲媚姿态殊，丑怪之祖吾不如。

精粘细校毫厘区，行观坐对枕卧俱。

当年人物同丘墟，残煤败楮成璠玙。

性命以之何其迂。

同年发表的主要著作有：

《戾家考——谈绘画史上的一个问题》发表于 1963 年 4 月 28 日香港《大公报·艺林》。

《玛瑙寺行者》发表于 1963 年 7 月 28 日香港《大公报·艺林》。

《蓝英题画诗》发表于 1963 年 12 月 22 日香港《大公报·艺林》。

《记栋亭图咏卷》（笔名少文）发表于《文物》1963 年第 6 期。

《读〈红楼梦〉札记》发表于《北京师范大学学报》（社会科学版）1963 年第 3 期。

《红楼梦》（启功注释）由人民文学出版社出版。

1964 年（甲辰）52 岁

4 月 29 日、30 日

跋《宋拓皇甫府君碑》。先生指出，此册是文明书局影印的翁覃溪鉴定本，并于 29 日、30 日两夜过录其中批语。先生曾得一旧拓本，内有署名"介扶"者的跋语：

结构中有体质，有形势。形势者长大笔画与疏阔空白处也，如人之有手足，取便、取势皆系于此。体质者，字之结密处也，如人之耳目口鼻丛集，以成其体耳。手足要称势，耳目鼻口要匀质，是在唐拓中消息而会悟之。

先生说，见此跋后始知形势、体质之说作何解，此册集录的各批中有形势、体质之语而无其解，知此册亦非足本也！

同年发表的主要著作有：

《古代字体论稿》由文物出版社出版。

《孙过庭〈书谱〉考》发表于《文物》1964 年第 2 期。

《唐人摹兰亭序二种》发表于《文物精华》1964 年第三集，由文物出版社出版。

《米元章珊瑚复官二帖册》发表于 1964 年 1 月 19 日香港《大公报·艺林》。

《王石谷仿山樵画》发表于 1964 年 8 月 9 日香港《大公报·艺林》。

《音布》发表于 1964 年 9 月 20 日香港《大公报·艺林》。

《谈〈杨妹子〉》（笔名少文）发表于 1964 年 12 月 6 日香港《大公报·艺林》。

《王石谷临黄子久富春山居图残卷》发表于 1964 年 12 月 27 日香港《大公报·艺林》。

1965 年（乙巳）53 岁

3 月 2 日

致函北京市委宣传部部长李琪。此前，李琪曾委托先生拟定影印《古代名家字帖》的方案。先生于今日复信如下：

> 命拟影印《古代名家字帖》方案，兹得数种，寄请参考……附呈影印古代字帖方案一册（册内共提出六种方案，此处略）。

5 月 4 日

第二部专著《诗文声律论稿》脱稿，再去请陈垣先生题签。这时陈垣先生已经病了，禁不得劳累。看见老师这种情况，真不忍心多打扰。但老师看见他的书稿，非要看不可，他只好托词说还要修改，只留下书名。他又想老师以后恐怕连这样的书签也不易多写了，不如把将来准备要出版的书签也请老师一次写了，但一时又难于为自己以后的著作想好题目，于是想到《启功丛稿》这个名称，求老师一并题签。陈校长毫不犹豫地答应他，并马上就写。他在客厅里等了一会儿，刘乃和就拿着一叠墨笔写的书签出来了，而且每种都写了若干张，让他选用。

刘乃和先生当日对此事曾有记载：陈垣先生"连日来练写大字，今日为启功题《诗文声律论稿》《语词意态论稿》《启功丛稿》"。

同年

再跋《柳公权书僧端甫塔铭》。一个偶然机会，先生在琉璃厂庆云堂见到旧拓《玄秘塔碑》，见"超字未损，拓时可及明初"，"且纸墨黝古，神采奕奕，与宋拓无异"，当即购回。此本原是一本粘贴本，曾遭水淹发霉。先生费了几天的工夫揭开压平，重装成册，开始临习。他曾对照《唐文粹》校出缺字，注于书眉便于阅读，又据内容改名为《僧端甫塔铭》，并在册尾作了长跋。他认为《神策军碑》和《玄秘塔碑》最能代表"劲媚"的特点。柳书素有"柳骨"之称，他从临写柳书中增强自己书法的骨力。得到此本以后，他每年都要临写数遍。1995 年他已 83 岁，目力日衰，仍借助放大镜不倦地临写。

同年

夏秋之交的一个星期五，钱杏邨（阿英）把先生叫到他家，很神秘地用非常郑重、真诚的口气对先生说："你这次必须听我的，事关重大！"先生问他什么事，他说："你现在必须写一篇关于《兰亭序》的文章，支持郭沫若发起的否定《兰亭序》的论争。"先生当即表示："我已经发表过文章，是承认《兰亭序》的。""我如果写了，不是自己否定自己么？"从而婉拒了。不久钱先生又来转告郭老的话和字条，说一定要写，被先生再次拒绝。过了几天钱先生仍来说，并说这是最高人物的意思。至此，先生自知拗不过去，不照他们的意思写是过不了关的，便找到了一个借口既能来个一百八十度的大转弯，又表明这个转弯完全是言不由衷的违心话："自从看了郭老的文章，说'二爨'和《丧乱帖》有一脉相通之处，我的理解就活泼多了。"于两天后撰成《〈兰亭〉的迷信应该破除》一文交了卷，后发表于《文物》1965 年第 10 期。

20 世纪六七十年代，不知有多少专家学者写过违背自己意愿的东西。对这篇违心之作，先生视为"无聊的应酬之作"，在他的《启功丛稿》出版说明中曾有声明："昔郑板桥自叙其《诗钞》有言：死后如有托名翻板，持平日无聊应酬之作，改窜阑入，吾必为厉鬼，以击其脑！夫有鬼无鬼，为变为厉，俱非吾之所知；惟欲借此声明，凡拙作零篇，昔已刊而今不取者，皆属无聊之作耳。"意之所指，此篇当为首选。

关于为什么写这篇文章，韩天衡先生曾当面问过先生，他有一段回忆：

我初次去拜谒启老是在 1978 年，恩师谢稚柳特地写了封引荐信。当时他居住在北京小乘巷的陋屋里，他看过谢老的书札后，就满面笑容地和我亲切聊开了。启先生生就一副弥勒佛般喜笑颜开的脸相，那绽开的笑容一下子就可让你化解紧张的情绪，心情放松开来。记得我捎去了当时撰写的《书法艺术》电影脚本，他浏览了一下，也就扯到了书法上，而王羲之《兰亭序》的真赝是绕不过的话题。我那时少不更事，居然脱口而出："启老，你在兰亭论辩中，怎么也会说它是假的呢?!"话说出口，我才意识到这不是小辈讲话的口气，也不是应有的切入角度，一定会触犯到启老的尊严，我暗暗自责"嘴上揩油"，信口雌黄闯了祸，况且这又是由老师引见的初次拜谒。然而出乎我的意料，启老仅是脸色严肃了些，却毫不在乎我的唐突，和善地跟我说："没办法呀，郭老（沫若）写了条子，叫人捎给我，要我写文章表态，我能不写吗?"启老诚挚而稍带歉疚的答话，使我对他的品格有了更深切的认知。

（韩天衡：《启老杂忆》）

同年发表的主要著作有：

《〈兰亭〉的迷信应该破除》发表于《文物》1965 年第 10 期。

《一桩曲折有趣的伪画公案——谈伪吴历画册》发表于 1965 年 1 月 24 日香港《大公报·艺林》。

《白香山集外文》发表于 1965 年 2 月 21 日香港《大公报·艺林》。

《谈〈神龙本兰亭帖〉》发表于 1965 年 2 月 28 日香港《大公报·艺林》。

<h1 align="center">1966 年（丙午）54 岁</h1>

1 月 21 日

春节，启先生与肖璋、傅振伦、容肇祖、葛信益、周祖谟去给陈垣校长拜年。

1 月 31 日

春季开学，报刊连续发表批判吴晗新编历史剧《海瑞罢官》和"三家村"的文章。学校传达中央关于学校实行半工半读的决议。学校里掀起"走半工半读之路，反修防修"的大讨论，先生参加中文系的学习讨论。

4 月 4 日

中文系报告教学改革措施，要求教师深入班级和学生一起学《毛泽东选集》，讨论清官问题、阶级斗争问题、"红"与"专"问题、政治和业务的关系问题，等等；

要求将学生讨论与古典文学课及教材建设结合起来，要贯彻批判精神。当时，四年级的古典文学讲到唐代。教师要参加并领导讨论，必要的知识要在讨论中讲。五年级一班和二班各分 4 个组。启功先生被分配在五年级二班二组参加讨论，组长是周家庆（学生），级主任是青年教师韩兆琦。

4 月底 5 月初

启先生在系里参与讨论《解放军报》社论提出的十七年教育系统"黑线""红线"问题。

5 月 28 日

北师大召开"揭发批判反党黑帮大会"，先生参加。

6 月 8 日晚

新市委派来工作组，从此运动逐步升级，由揭批吴晗发展到揭批北师大的"反党黑帮"，"横扫一切牛鬼蛇神"。校园里铺天盖地贴满了大字报，学校的领导被打成"走资派"，一些老教师被打成"反动学术权威"或"牛鬼蛇神"。启先生因是"摘帽右派"，没有发现新的"罪行"，属于"挂起来"的审查对象，仍允许参加运动。

6 月 14 日

工作组继续动员群众，在报告中讲："形势迅猛异常，'左派'力量占绝对优势地位……"在这种鼓动下，有的系发生了戴高帽游行、打人事件，有人在巨大的压力下自杀了。工作组在报告中又讲："自杀是叛变行为，戴高帽、罚站、打人是可以理解的。"在这种形势下，再亲近的人也不敢多交谈。

当天看大字报时，启先生偶遇陈垣校长，老人家以充满疑虑与迷茫的神情低声对先生说："这究竟怎么了？"便消失在人群中。他望着老师的背影，不知该怎样回答和安慰他。

6 月 26 日

星期日休息，先生在西四红庙正骨门诊看左臂，经捏按后贴麝香回阳膏。

6 月 28 日

启先生与钟敬文先生值日，大扫除。

7 月 1 日

启先生参加庆祝"七一"活动，7 时半集合入场，8 时开庆祝会，9 时开始游行，在校内游一大周，11 时散会。

7 月 21 日

先生上午听工作组组长作检查。

下午，李少明传达关于援越抗美问题，中央决定 22 日首都开百万人大会，要求突出政治，风雨雷雹都不怕。中文系去 420 人，带红旗、宣传标语、口号、横幅、活报剧、领袖像。走着去，途经新街口、西四新华书店、丁字街、府右街到人民大会堂前。今晚 8 时睡，明天 2 时起床，2 时 20 分吃饭，3 时集合出发，4 时 30 分前要到达。带水壶，带一顿饭、草帽、雨具，不许光脚，不许穿背心。

7 月 30 日

昨日新市委决定撤销工作组，今日上午在广播里收听在人民大会堂开会时李雪峰、邓小平、周恩来、刘少奇等同志讲话录音（关于撤销工作组）。

下午先生请假看病，血压 160/110 mmHg，额上麻木，右脸流汗，左脸不流汗，左脸有时麻木一丝，经久不止，左臂麻痛。在福绥境诊所由吴大夫诊断，是血压上升所致，给 3 天药然后再看。

7 月 31 日

启先生与马锡章在北海乘凉休息。

8 月 2 日

下午启先生请假看病，仍服降压药，晚上有大辩论，自晚 8 时开始，至次日晨 7 时结束。

8 月 4 日

先生上午到系，又看大字报，气弱不接，早归。

同月

天气酷热，先生每天学文件、看大字报、听广播、开辩论会等。

8 月 25 日

学校红卫兵通牒，要求老教师登记自降工资。先生即去登记。

8 月 27 日

红卫兵扫"四旧"，社会上掀起抄家风。北师大中文系红卫兵最先到先生家去查图书，他当即表示"愿交出所有自存的一切图书"。红卫兵问："你这里有什么封资修？"先生答："没有'资'也没有'修'，只有'封'。"红卫兵说"那就给你封了吧"，把封条贴在书柜上。由于藏书贴上了封条，其他红卫兵再来看见已被封了，也就没有追究。加以先生平时与学生关系融洽、平易近人，学生对他并无恶感，又经老伴精心保管，一些重要诗稿、文稿得以保存下来。

先生还向红卫兵说明，被封的除旧小说、日文版美术书等图书外，还有老舍的《猫城记》、小牛牌、旧铜元两小包约几十个、银元一个、刘盼遂的图书两套以及棉衣、皮衣、棉套一柳条箱等。其中还有中华书局约写《中国书法》预付的 200 元稿费，运动来后不敢写了。红卫兵指示将此稿费退还中华书局。

8 月 28 日

启先生上午休息未出门，下午到邮局去寄还中华书局预付的《中国书法》稿费200 元。

8 月 31 日

先生上午到组学习讨论，腹泻，下午请假。

9 月 5 日

今日是发工资日。先生得到通知，自本月起，"摘帽右派"按家庭人口发生活费，每人 15 元，夫妇二人共领到 30 元。这点钱不够二人生活，幸有先生在辅仁大学教过的学生熊尧夫妇没有受到运动冲击，每月资助 40～60 元，帮助他渡过了难关。后来政策松动，发还了所扣工资，才把钱还给熊尧。

9 月 8 日

下午全校准备迎接国庆，布置准备事项。会场上有人给主席台递条子，要求"驱逐启功、穆木天出会场"。启、穆二人即退出会场。

9 月 12 日

古典文学教研室的办公室被用作接待外地串联红卫兵的宿舍，老教师学习组解散，搬移全室的书柜等物归于一室。

9 月 13 日

管理老教师学习的"造反派"召集先生与穆木天、葛信益、陆宗达、肖璋谈话，布置让他们组成一组，上午学习毛主席著作、学习文件、揭发交代问题，下午劳动。

9 月 14 日

先生上午到组，在 624 室先清理什物，布置桌椅成今后的学习室，然后各自谈计划，肖璋汇报后相关人员来检查学习室。

下午打扫宿舍，忽又临时改刷主楼门面，因怕高有畏难想法，但克服了。当日下午未刷完，因有报告会停下来。先生与穆木天不准参加报告会。

9 月 15 日、16 日

先生继续刷主楼，16 日下午刷毕。九三学社有人来了解牟小东情况，与先生谈一小时，买个馒头作晚餐，到葛信益家去饮水。

本月的劳动主要是打扫主楼的门窗卫生、打扫楼道及厕所。高处许多地方需要打扫，先生站上去干活眼不敢向下看，不向下看即不晕，逐渐克服恐高症。

10 月 6 日

南草厂粮店到各家发粮票，到先生家时，看见书被封了，即停发粮票。问为什么封书，"右派"是否"摘帽"了，"摘帽"后是否又犯错误了？要求先生学校开证明后，再决定发粮标准。

10 月 10 日

先生找到管理老教师学习的"造反派"头头，被告知："开来粮店的电话。"问清电话号码转告后，就没了下文。

10 月 13 日

先生再找到红卫兵王某，王嘱"向派出所谈"，即去找派出所。派出所讲仍须"革委会"开证明。

10 月 14 日

先生再找中文系"文革小组"，给开了证明。先生先送派出所过目备案，再交粮店，始同意发给粮票。

证明全文如下：

南草厂粮店负责同志：

兹有师大中文系教师启功，五七年曾划为右派，五九年摘帽，五九年以后还未戴过其他帽子，封书之事是因为我系红卫兵扫"四旧"时所为，别无他因。粮食待遇请按规定处理。

北师大中文系临时领导小组

北师大中文系文化革命委员会（印章）

一九六六年十月十四日上午

10 月 27 日、28 日

27 日夜广播宣布"导弹发射成功"。

28 日上午，先生在系里讨论导弹发射成功。写贺信，写大字报，谈感想。

下午，先生学习"老三篇"，总结劳动收获。

11 月 1 日

先生患风疹，给系里通电话，找葛信益请假，服药。先生本月内风疹多次复发，奇痒难忍，有时彻夜不眠，不能到校学习劳动，曾几次请假治病，打针、吃药。

11 月 10 日

上午毛主席第七次接见外地师生，全市无车，先生徒步走至学校学习。中午在太平庄吃午饭，饭后在 624 室休息。下午劳动后，徒步而归。

11 月 11 日

第二天，全市仍无车。先生昨夜身痒未睡，晨起力疲，无法走去。先生下午到校，未劳动。到电影学院看大字报后，走归。

11 月 16 日

下午劳动，先生将皮猴儿大衣挂在西北楼一楼厕所内遗失，报给保卫科。

11 月 17 日

上午先生到红卫兵中队队部报告失衣事，请求将柳条箱上的封条打开，取出先母皮衣，准备改做大衣。下午中队部王起兰到先生家中启封取出皮衣，先生再到校参加劳动。

11 月 20 日

先生上午去看陈垣先生，略谈后辞归。老人家身体尚好，只耳目更昏。

11 月 21 日

先生上午到校。10 时全校开会，报告接待工作，呼吁腾房间为串联人员住，师大要接待 3 万人。先生接待山西六中来人调查关于傅山事；详谈 1961 年秋冬时牛树坛来求鉴定画事、1964 年始至 1965 年春钟信求看序言等事，及 1965 年春在钟家吃饭商写说明事。

先生下午自家中拿一旧毯来支援串联人员用。因接待站无收条并已买了几千条毯，暂时不用此毯，被退回。

11 月 27 日

今日星期日，先生一日未出门，抄毛主席诗词，看传印的大字报材料。

11 月 28 日

先生上午到组内学习，谈下乡的意义。下午劳动，散后到市场看外衣，拟改做一件御冬，但做成时间过久。

11 月 29 日

上午 10 时余，有清华大学"首都红卫兵赴晋造反团"二人来找先生了解关于《傅山画集》事。谈至中午同去找李行百，路上吃火烧一枚。下午先生在李家等他回家，见面后又被派往董寿平家要他写材料，归来甚晚。

11 月 30 日至 12 月 5 日

先生为《傅山画集》事写材料、取材料，往返奔走。12 月 2 日夜发烧至摄氏39.1 度，至 4 日夫妇二人皆病倒。从董寿平家取《傅山画集》后，在组内由隋某在场交给清华大学红卫兵。红卫兵写了收条。先生随后于 12 月 5 日给董寿平寄出一信：

> 寿平先生：《傅山画集》已交，红卫兵战士为其开了带公章的收据，上款是给荣宝斋"文革"的，《傅山书画选》亦开了收据，是给私人的。
>
> 功自前日重感冒，发烧 39.1 度，今尚未全退，收据容亲自送上，不敢附入信函，恐有遗失。
>
> 两位战士指出：您前面写的材料过简，因您于此事有上下牵线的重要关系，前面写的材料不够详尽，战士们在山西所知比您写的还多，故此要您速写一份详尽的，速寄太原市山西社会主义学院主楼 416 室清华大学井冈山野战军邢晓光同志收，愈速愈好。

11 月底

中文系"造反派"头头指示，被"挂起来的审查对象"启功、陆宗达、肖璋、葛信益、叶苍岑 5 人成立一个小组到房山县（今房山区）周口店村参加劳动锻炼，并写标语宣传"最高指示"。连日组织他们讨论下乡的意义、谈自己对下乡的想法等，并作下乡前的准备。

12 月 7 日

先生今日发烧，到护国寺看门诊，邓医生（女）用石膏等药，服后有效。傍晚，好友曹家琪来询问病情，谈下乡等事。

12 月 14 日

上午 9 时先生一行 5 人从天桥乘长途汽车到周口店，住大队准备的两间房。下午 1 时开始劳动，5 时收工，在农民家吃派饭（即由生产队指派贫下中农家轮流为他们做饭，每家吃一天，按规定的定量交粮票和钱）。

12 月 15 日至 1967 年 1 月 17 日

5 人小组的任务是：上午在墙上写毛主席语录、刷大标语、画漫画或帮助农民抄大字报，下午参加劳动锻炼。劳动的内容包括铲土垫盖肥料、装运玉米、运石子、垫猪圈、倒肥，等等。渐渐和农民熟悉后，先生帮助农民读"老三篇"、写信，也可以自行去周口店的邮局取信、发家信或买些小日用品。

为了把标语写得更好，先生等人自告奋勇凑钱为大队买红油漆、毛刷，并油印毛主席语录赠送给大队，平均每人交 17.36 元。又为小组买公用物品，每人交 2.5 元。

同年发表的主要著作有：

《记汉刘熊碑兼论蔡邕书碑问题》（笔名少文）发表于《文物》1966 年第 4 期。

《华山庙碑何人所书》发表于 1966 年 4 月 3 日香港《大公报·艺林》。

1967 年（丁未）55 岁

1 月 1 日

今日生产队放假，不劳动，全村演节目，后因社员对出场安排有意见而终止。先生默写《纪念白求恩》，得 79 分。

1 月 2 日

全村学《人民日报》社论，先生等人参加。下午他们背麦秸垫坑。因叶苍岑睡铺处坑面塌下，背此垫上。接隋某信，有鼓励，有要求，5 人漫谈此信。

昨夜大风，晨晴寒，先生头疼，服银翘解毒丸两丸。

1 月 3 日

先生上午劳动倒肥料，下午趁天晴到周口店理发。肖璋同去理发，将毛背心借给先生穿。陆宗达、叶苍岑到房山洗澡，代先生买棉手套一副，花 8 角 5 分。

1 月 4 日

先生上午劳动铲石子、筛石子，午后与社员一起学习《光明日报》社论，晚上访问老贫农段世明。先生今日初背"老三篇"中的《为人民服务》。接小葵（章景葵）、小怀（章景怀）来信。

自 1 月 4 日以后，先生他们每日的劳动和学习的安排十分紧张，直至 17 日劳动结束。

1 月 8 日

先生上午劳动，在饲养场铲牲口棚中的粪土，甚疲，近午几乎不支。青年农民何满仓说："老启现在不行了吧，今天够呛！"又说："这还不算累，到了夏天，热也把你热死！再练练就行了！"先生感叹："此青年朴实诚恳，真是吾师。"

1 月 16 日

今日是几位老教师在周口店劳动的最后一天，仍要求"贯彻始终"，安排他们倒肥。午后先生与叶苍岑步行去房山洗澡。后在房山饭店吃卤面两碗（4 两），买花卷两个，坐汽车回村。许登科（农民）为先生写劳动鉴定。

1 月 17 日

先生上午 5 时许起床，收拾行李，用扁担抬，每二人抬两个被卷（小者三卷）

至村口汽车站。候至 8 时 30 分，汽车来，不停即走，遂误一班车。他们一行于是又背行李至周口店，10 时 20 分乘车。至天桥已过午，景怀在站候接，被卷由其载在自行车后先归。先生乘 5 路无轨电车至西直门。归京一观，街上人多又拥挤，标语又多于昔日。

几位老教师结束周口店劳动回城，下了汽车发现北京城内满街贴有批判"红海洋"的大标语："红海洋是个大阴谋"（因为刷了大标语的地方不能再贴大字报了，反对派即说这是压制群众贴大字报的阴谋）。风云变幻如此之快，先生想，他们在乡下还专门凑钱买红油漆写大标语，说不定什么时候又会大难临头。想到此，怎能不心惊肉跳。在忐忑不安中过了些天，这阵风过去了，才逐渐放下悬着的心。

自周口店回校后，"造反派"头头不再管 5 人小组的学习了，指示说"诸人可自行分合或另组'战斗组'活动"，允许他们和"革命群众"一同去校外（如教育部、统战部、北京大学等单位）看大字报，也允许参加批斗"黑帮"的群众大会了。但是由于两个月来的紧张劳动和精神压力，先生的身体日渐不适，眼睛疼，支气管炎复发并加重，身体左半侧麻木，血压升高。在这种情况下，还必须按系里"造反派"的要求按时参加运动。

2 月 9 日

夏历丁未年正月初一，在系里接国务院通令，今年春节不放假，仍到校。

3 月 9 日

吴万刚布置老教师参加军政训练，先生会后参加小组讨论。

3 月 27 日

先生上午参加小组会，下午抄大字报。5 时整地震甚剧，约数十秒钟，震后大风。晚，据说震中是沧县附近。

4 月 7 日

下午学校在大操场开大会批薄一波、余秋里、谷牧，允许先生等老教师参加。

4 月 11 日

学校开大会，先生听报告。下午参加小组会。

4 月 12 日

下午先生因眼病请假，诊断为结膜炎，血压 160/110 mmHg，服药利血平、芦丁、地巴唑，每日三次，每次各一粒。

4 月 15 日

邮电学院斗争胡乔木，要求先生系里各组分别参加。

4 月 16 日

星期日，先生同老伴到动物园散步。

4 月 22 日

"北京市革命委员会"成立。街上游行甚盛，先生上午去开小组会，下午无会。晚月晕甚美。

5 月 16 日

庆祝《人民日报》发表关于北师大军训的报道，先生参加全校庆祝大会。下午劳动，打洋灰板，平坑道边的路。此为中文系第一次全体劳动。

5 月 21 日

星期日，先生傍晚到西郊散步。

5 月 25 日

上午开小组会，先生 9 时半听报告，关于追查"8·25"反动标语事。下午先生参与讨论此报告。

6 月 3 日

多日来讨论、追查线索至 6 月 3 日，石森报告破案工作集中在中文系。继续追查反动分子，可以班级串联开会。这一段先生都按照要求参加学习、讨论、听报告。

7 月 7 日

文博研究所刘启益来问先生王辉事。

7 月 22 日

先生夫人突然发病，喘堵发烧，不能进食。26 日到北大医院诊治透视。

8 月 9 日

文博口有二人来问先生唐兰事，尤详询《兰亭汇编》事。

8 月 28 日

先生请假去东安市场口腔医院补牙、镶牙。

8 月 31 日

先生下午去东安市场口腔医院取牙，晚上参加学校斗争罗瑞卿的大会。

9 月 17 日

先生与老伴出门，买线衣等。

10 月 3 日

先生下午到百货大楼买东西，在王府井南口遇到胡絜青。她正蹲在路边卖小报，看见先生就拉了先生一把，小声说了一句"惨呀"。此时距老舍在太平湖投水自杀已一年有余。

10 月 5 日

先生参加全校报告会，传达首长讲话，号召下乡参加秋收，老教师都报了名。

10 月 8 日

先生上午 6 时到校，8 时集合出发乘车到回龙观，下地劳动捡玉米棒。此后共劳动 10 天。劳动内容包括割豆、割玉米杆、摘棉花、割白薯秧等各项农活，最后参观了畜牧场。这些天白天劳动，晚上有集体学习，休息时有学生向先生求教书法。劳动期间几次遇雨，冒雨抢收，衣服全被浇湿。

10 月 18 日

劳动结束。

1968 年（戊申）56 岁

是年

继续参加中文系的活动，学校提出了"斗、批、改"的新任务，明确了作息时间的新规定。

按照中文系领导的规定，老教师组每周二、周四还要参加劳动。先生住城内小乘巷，也坚持按照规定时间参加一切活动，身体实在支持不住时，请假看病。

10 月 25 日

工人、解放军宣传队及"革命委员会"（以下简称"革委会"）专门开会，对老教师组提出要求："过去对这个组抓得不紧，较松散，每人的问题程度不同，交代也不一样，所以提出新要求：除认真学习毛主席著作，严格遵守作息时间，不准迟到早退外，要一周汇报一次思想"。还特别提出三点：1. 不许在下边搞秘密串联，与外人接触后必须汇报；2. 暂时不准看大字报；3. 不许参加校内大的政治活动。

先生听了报告后发言表示：过去这个组松散，自己不知怎么做好，有等待现象，自我改造抓得不紧。今天起新阶段、新开始，也是我的新阶段的开始，今后一定好好考虑考虑交代问题。11 月即每周按时交思想汇报。

11 月 22 日

"革委会"的领导又召集老教师组开会，再提出新要求：每人针对自己的问题，订出计划，集中写自己的问题，历史上的、新中国成立后的包括"文化大革命"以来的都要写，要稳、准、狠地把自己的汇报材料写好，下周一交。

11 月 26 日

"革委会"的领导再布置，要求大家积极投入"清理阶级队伍"的工作，认清"清理阶级队伍"是"斗、批、改"的基础，并提出让有问题的人主动交代，说："工人宣传队是进行了调查的，心中是有数的，是蒙蔽不了的。"自此先生又开始了新一轮的交代材料写作。

1969 年（己酉）57 岁

北京师范大学决定，中文系的教师下放到临汾分校劳动，部分老教师留在北京边参加运动，边参加劳动。先生被留在北京。

5 月

学校决定把西操场改为菜地，组织留校的老教师种菜。先生是种菜教师之一。据现存的一张《启功劳动记分表》所记，自 5 月 26 日至 9 月 26 日，每隔 2 日参加劳动一天，每天劳动时间分三段。上午 6：00—7：10、中午 12：30—13：40、下午 18：30—19：40 为劳动时间，其他时间须参加运动。据记分表上所记，启功先后参加过的劳动项目有开沟、平地、起垄、松土、泼水、积肥、捉虫、喷药、拔草、浇地、间苗、摘西红柿、拔秧等，也参加过抬土、砸石头等重劳动。

7 月 25 日

周绍良先生来函："日前一晤，未得畅谈，殊怅。弟已决定日内去湖北，归期何日，殊难自料也。""前承借文稿，兹奉还并此致谢！""将来到鄂后，工作有定，再行奉告。"（据《周绍良年谱》所记，周绍良先生于 9 月 25 日与文化部的 3000 多人一起在天安门宣誓后，从永定门火车站上车，前往湖北"五七"干校）

9 月

北京师范大学组织部分老教师和学生到京郊国营农场收鸭梨，中文系学生高智星、刘兴全、陈启智等人恰好与先生住在一间大房子内，便向先生提出学习写字的要求。先生欣然同意。于是每天收工以后，几个人就围坐在先生的周围，盘坐在麦秸垫子上，听先生讲书法。从乡下回校后，他们就开始练习书法。

11 月 19 日

先生始终惦记着陈垣先生的健康，今日约了刘乃和同去看望老师。

1969 年至 1972 年

在中文系部分同学中兴起了一股抄书风。他们感到"文化大革命"已经把古典文学否定了，许多好书将来可能绝版，想用抄书的办法"抢救文化遗产"，从《诗经》《楚辞》《汉乐府》到唐宋名家李白、杜甫、白居易、陆游的作品，以至明清时期的文学作品，都有人在抄。有人抄好后就去请先生题写书签，然后亲手装订起来。也有人跑到小乘巷先生家中，请教如何写好字。先生都给予他们热情的支持和耐心的指导。

1970 年（庚戌）58 岁

是年

运动已进入"斗、批、改""清理阶级队伍"阶段。先生除按时参加学习、讨论、抄看大字报外，还要参加劳动。

自从下乡劳动时结识几位爱好书法的学生后，先生一直关心着他们。一天高智星对先生说："我想到您家去看看！"当时正在"清理阶级队伍"，与有"问题"的教师接触多少带点儿冒险性。先生对他说："你敢去？"高智星答："我不怕。"一个星期日，高智星按先生告诉的地址，找到了西城区小乘巷 86 号。先生很高兴地接待了他，给他讲了一些古代书法名家的风格和特点，并赠他两件拓片。不知不觉到了中午，该吃午饭了，高起立告辞，看见书桌上有一本先生写好的楷书《千字文》，就大胆地提出："把这个送给我行吗？"先生说："这东西已经有主了，今天你来看到，就先送给你吧！"当即钤印后送给他。

1971 年（辛亥）59 岁

3 月 31 日

致马籀云（名世良）函：

承惠佳章，奖饰过情，既感且愧。……再陈者，《兰亭》讨论，拙作尚非最末刊出，更不敢妄忝"定论"之誉，此与当日参加讨论之诸公鸿文有涉，敢祈稍易尊注之语，勿事过奖为感！

6月19日

致刘乃和函，谈对刘乃和先生推荐他参加标点《五代史》的感想，并表示"我想这书是老师署名，我实有责任参加一分力量"。

6月21日

陈垣先生因病在北京医院逝世。

6月24日

在八宝山革命公墓礼堂举行陈垣先生遗体告别仪式，启功先生因在受审查，未能进入灵堂，怀着悲痛私下撰了一副挽联：

> 依函丈卅九年，信有师生同父子；
>
> 刊习作二三册，痛余文字答陶甄。

纵有千言万语，谁又敢见诸文字，他曾对朋友述说，但大家都劝他不要写出。

是年夏日

作《沁园春·自叙》：

> 检点平生，往日全非，百事无聊。计幼时孤露，中年坎坷；如今渐老，幻想俱抛。半世生涯，教书卖画，不过闲吹乞食箫。谁似我，真有名无实，饭桶脓包。
>
> 偶然弄些蹊跷，像博学多闻见解超。笑左翻右找，东拼西凑；繁繁琐琐，絮絮叨叨。这样文章，人人会作，惭愧篇篇稿费高。从此后，定收摊歇业，再不胡抄。

8月24日

致刘乃和函，告知刘先生他即将去中华书局参加标点《廿四史》。信中说：现在给我这个光荣任务，全是老师的谆谆教育，刘先生的恳切而肯定的推荐、鼓励。如今如毛捧檄，想把荣誉告诉老师，但已无从了。

8月27日

夫人章宝琛患黄疸性肝炎住院。

8月30日

上午北师大指挥部李占国为先生开介绍信。先生于11时到中华书局报到，接受标点《二十四史》的任务，下午到医院探视妻病，日见好转。

标点《二十四史》是在毛泽东、周恩来直接关怀下，组织国内数十位一流的文史专家参与的大工程。在当时特定的历史环境下，先生能荣幸地接受这项任务，有一种强烈的满足感。他一方面觉得自己有了一个可以工作的安静环境，暂时部分地实现个人的人生价值；另一方面他能有这样的机会，把自己掌握的知识奉献给祖国，从内心感到高兴，所以把多年的不幸遭遇抛到了脑后，积极投入工作。

先生报到较晚，被分配标点《清史稿》。由于对清代历史、人物、典章制度、社会风俗、文化艺术各方面都比较熟悉，先生标点《清史稿》得心应手、十分精细，为保存祖国文化遗产作出了重要贡献。

在参加标点工作的初期，先生留有 9 月 2 日至 10 月 21 日的片段日记。从这些片段的记述中，可以了解先生当时的生活、思想、工作状况：

9 月 2 日　带卧具到中华书局，每晚须住书局。自今日始读六本哲学著作。本月早读任务是读《共产党宣言》。

9 月 6 日　《清史稿》组分工，启功先点志（舆服、礼、选举）三种。

9 月 12 日　上午 9 时到西华门，与王仪生、章景荣及友人谢博、陈滋德约看鲁王墓中画卷，因今日星期天，修复工厂无人，未果。

9 月 13 日　《清史稿》组开会商讨标点事，下午点书 3200 字，《选举志一》点毕。自今日始，点书始入正轨。

9 月 17 日　下午回学校，军宣队刘同志约谈话，接待外调。

9 月 20 日　上午点书，中午到故宫看画，晚上到医院看老妻，给内侄景怀、景葵寄钱 50 元。

9 月 23 日　上午上班迟到 5 分钟，读《共产党宣言》。点书 6 页。中午到医院，下午学习讨论《宣言》第二章，晚上再到医院。

9 月 28 日　上午早读毕，谈统一标点事。

10 月 1 日、2 日　两天放假，到医院探视、陪护病妻。

10 月 4 日　上午再讨论标点画一事，下午写标点例，复写 7 份，晚上去医院。

10 月 7 日　上午头晕，多睡未起，到班已 11 时矣，点书约 3 页。下午学习，晚上到医院，妻昨日以前食欲不振，乃撤激素之故，今日加一药，食又复佳。

10 月 10 日　吴小如借帖数种。

标点《二十四史·清史稿》同人合影，后排右五为启功

照片上的人名是启功先生注写的

10 月 11 日　　上午碰头会商量标点，交换看已点之各册，余将已点三册（舆服一、选举二）交孙毓棠，自看刘大年点《文苑传》一册。下午下班到医院，妻今日转氨酶结果正常，三 T8 阴性，陈大夫云未必准确。

10 月 13 日　　下午看毕《文苑传》交刘大年（共用四个半日复看三卷）。下午点 5 页，下班后到医院。

10 月 17 日　　上午卞孝萱、李瑚来。

10 月 18 日　　上下午点书，到科学院图书馆查书，晚上到医院。

10 月 21 日　　点书 4 页，因遇矛盾，查书费时。

11 月

篆刻家金煜带着打好朱丝栏的一卷日本卷纸，到小乘巷寓所，一是看望先生，二是想求先生的墨宝。在与先生谈绘画、谈碑帖后，先生指着他带来的纸说："是让我完成任务吧！"就把纸留下，告诉他"别着急"，一定给他写。过了一段时间，先生将写好的一卷草书《千字文》赠给金煜先生。

在动乱年代，用大字报开展大批判，先生的任务之一就是抄大字报。每逢重大节日和重要活动，各系还要出专刊，先生要负责中文系专刊的抄写和绘画。中文系学生陈启智很喜欢先生的字，有时就趁熄灯后去偷偷撕下喜欢的字收起来。一次他把撕下的字拿给先生看。先生对他说："这可不是闹着玩的，以后再别撕了，你想要什么，我给你写！"陈启智提出想要《千字文》当字帖用。这时先生已经在中华书局上班，他就带着陈启智打好格的宣纸，在校书休息时每天写一点，终于在次年春天送给陈启智一本行书《千字文》。

12 月 2 日

致刘乃和函：

接受王冶秋交的一项新任务，写一篇关于郑注《论语》说明，只能用业余时间写，主要是星期日。

1972 年（壬子）60 岁

自从接受标点《二十四史》的任务，每天到中华书局上班，直到 1977 年回到北京师范大学，将近 7 年的时间，是先生在"文化大革命"中最稳定的 7 年。在这段日子里，他除按时完成标点任务之外，能有一些供自己支配的时间，老伴有病住院，晚上就去医院陪护照料，休息时可以写字、作画，与友人聊天、相互切磋。偶尔也在休息时到中华书局北边的小酒馆要盘花生米，喝一点酒放松放松。这一时期他临写过唐人写经和许多碑帖，也赠送给友人无以计数的书法条幅、中堂或册页。当今社会上发现的他书写的许多毛主席诗词，都是那一时期的作品。可以说，这是他书法活动的鼎盛时期。

8 月

到中华书局整整一年。一年来标点《清史稿》的工作进行顺利，据先生的一页手记所记，已点毕 32 册，开始复看：

册号：9、10、11、12、13、14、15、16、17、18、26、27、28、29、30、31、32、42、43、104、105、113、115、116、118、119、120、121、122、123、124、125

天文志四册	灾异志二册	时宪志四册
礼志二册	乐志二册	舆服志一册
选举志二册	艺文志二册	列传二册
循吏一册	儒林二册	忠义三册
孝义一册	遗逸艺术一册	畴人一册
列女二册		

8 月 13 日

致刘乃和函：

寄《汉墓简报》六册，五册奉赠，一册请转交陈璧子。

1973 年（癸丑）61 岁

3 月 22 日

致米景扬函：

来信提到将要刻印拙字，使我非常惭愧……我想拙书如果作挂幅用，实在不配。您想，现有毛主席亲笔诗词墨迹印本和郭老诸位的字，谁挂拙书？我想，不如写一些小块方册，或楷或行，以备学生习字的参考，如果有人自己愿意贴在墙上，也算一件镜心挂幅，您觉怎样？当然，我遵照您的指示，写那种长方条，您一方面考虑鄙见如何？

7月28日

致刘乃和函：

命查洪秀全卒之病因，是病死还是自杀？询问在此之同志，无确知者。查台湾本《清史》洪秀全载记，曾有一段，看其口气，似是来自太平天国人之"自述"之类，但载记不着出处，无法援引。此段文字见另纸抄录，请参考。

8月

获容庚先生所赠《杨西亭摹古袖珍册》。

据《颂斋书画小记》所记：

余去年十一月至京，得见老友启元白先生，谈书甚欢，元白欲借临余所藏《杨西亭摹古袖珍册》，余年已七十八，欲尽散所藏书画，故允赠之。归来据视仿宋元明十二家之作，尤物移人，不无眷恋，今将九月，不能轻诺寡信，愧对吾友，因即邮寄，书此自忏，一九七三年八月，容庚。

（曾宪通：《启功先生二三事》）

以上所录，是当时颂斋私记，启功先生并不获知。隔年秋季，启先生临毕《杨西亭摹古袖珍册》，原册寄还。现有《启功全集》第七卷谢赠一诗，再录于后：

从颂斋翁借临杨西亭袖珍小册，遂蒙见赠。临毕寄还，题以志谢。

借画只图留稿，何期解赠征骖。

珍重明珠十二，拈来回向庄严。

此间过从，可见文苑二老的人品与风雅。

9月3日

先生曾患过美尼尔氏综合征（今称梅尼埃病），又有高血压、颈椎病，近日又眩晕、呕吐，疑美尼尔氏综合征复发。今日索性写了一份《自述病历》供同病相怜者和医生参考：

> 启功，男，六十一周岁。北京人，自幼体较弱，十余岁时候，每饮水过多，则眼前出现金色曲线，视物只见其半，此像过后，即头痛，吐出黄水方愈（此与今病不知有无远因，姑写出供参考）。此症至卅余岁后渐愈未发。
>
> 一九五八年、一九五九年间，一日忽见墙壁旋转，旋即停止，医云血压高，亦未再犯。至六七年夏，忽觉眩晕，此后便时时发作，自清晨眩起，至日暮始止，呕吐各色之水，由清至黄至褐色。约近五年逐渐减轻，自一九七二年又犯，至今。每犯程度较前为轻，但各次距离却近，最后已至每日必眩，或一次或数次，眩晕时间或几分钟，或三四小时，亦不常吐。但出门在车上路旁眩晕极为危险（已有三次）。
>
> 犯时觉眼睛似倒戴眼镜（譬如左深右浅之镜，倒戴为右深左浅），觉得恶心，又后脑壳如空碗，中有一球，在内旋转，便坐立不住。厉害时眼前物象旋转或波动，轻时则只头晕而眼前不转。每偃卧或蹲踞时突然一起，头常轰然而晕。
>
> 西医神经科诊视，认为是"颈椎基体动脉供血不足"，服扩张血管之药，又注射磷酸组织胺，乃眩晕脱敏之剂，亦不知其效如何也。病情大致如此，录出谨供参考。

9 月 10 日

致刘乃和函，谈及近日病情：

> 每日犯病一两次，精神上及体力上大为颓败。最苦者，看书写字都受影响。……贱疾原无生命之虞，其奈天旋地转，头昏眼花，不死不活，对于急性子之人如功者，实不啻大罪罚也。

10 月 18 日

住进北大医院，至次年 2 月 19 日出院，历时 125 天。

初入院时，严重眩晕，未确定病源，先在急诊室输液 7 天，同时进行多种检查，后经颈椎透视拍片，发现骨刺较多，椎间孔 12 个中已有 7 个严重狭窄，挤得血管流通不畅，遂确诊为颈眩晕，于 25 日住入神经科病房。住院后，采用输液、打针、服药、理疗、烤电以至牵引诸法治疗，逐渐缓解病痛。

住院期间，他与医护人员配合得十分和谐融洽，顽强乐观地对待病痛。精神稍好时，曾在病房内接待过许多朋友，谈话范围广泛，包括书画鉴定、碑帖研究、《红楼梦》注释、《清史稿》点校等，更多的是通过电话和书信往返。虽身在医院，但他从亲友那里了解许多新情况、新事物，他还特别关照和了解马王堆汉墓出土的情况。

1974年春节，先生在医院度过，与留院病友一起和医护人员联欢。病友推举他代表大家作诗向医护人员贺节，表示感谢。有意思的是，《病人住院须知》都是请他用毛笔抄写的。

住院期间，先生曾作诗、填词，记下他应对病痛的情景，有《就医》《颈部牵引》以及《鹧鸪天》《渔家傲》《西江月》《蝶恋花》等多首，均已收入《启功全集》。

11月19日

致刘乃和函，谈陈垣先生轶事：

> 垣师曾被军阀张宗昌拘禁，不准出门，当时适撰印《中国史日历》（或《朔闰表》）。足见吾师安然不惧之风度，又见于被拘中竟能作如此精密之工作。

同年夏

跋《郭有道碑》：

> 此本《郭有道碑》，无论其为原石，为重摹，吾观其体势端重，颇似《刘熊碑》，其为汉人真面，毫无可疑，藉使出于宋人重刻，亦如唐摹晋帖，下真迹一等，况其未必果非原石乎？此石拓本流传既少，见者至对面不相识，如昔年潘氏藏整幅未剪本，山东重出土之残石半截本，与此俱合符契，而论者于潘本及残石本犹致狐疑，见此可息众喙矣。

1974年（甲寅）62岁

2月6日

致刘乃和函，谈患颈椎病住院后戴颈椎架的情况："牵引加重，并改坐牵"，"每日早起后仍不时有后脑闪动、心中恶心之感"。当年联系困难，信中有"春节日电话排队，尤甚乎平时，以致始终未获利用"，可想先生当时在医院之窘况。

同年

除继续参加《清史稿》的标点外，每天坚持写字、临帖、作画、鉴赏碑帖，虽然物质生活贫乏，但是精神上还是比较宽慰的。

同年夏

国家文物局组织全国各地的专家学者整理出土简帛，住沙滩红楼。先生虽不是这个组的成员，但每周都到红楼看望同行老友。由于他豁达大度、风趣幽默，一到来就引起阵阵欢声笑语。

6 月 16 日

致韩继东函：

辽墓的画，现在故宫修复，可惜我因病未能去看。但已听人说了内容，将来可能拍摄新闻影片，咱们都可以看到了。至于它是否是杨四郎的妻子之墓，我倒没听说，将来不难分辨。总之，这是近年考古工作中又一大发现。

"曹雪芹故居"我没得参观，究竟如何，其题诗又是什么内容，我都不知道，总之我觉得曹雪芹之高明全在《红楼梦》一书，如果获得与他有关的东西，只是增加我们对这位作者的仰慕和纪念。恐怕对于分析研究这部著作很难有直接帮助。当然考古的目的也并不是要从遗物中分析作品，也只是为了纪念作者啊！我是爱读《红楼梦》的，因此我对书以外的东西，便有些关心不够了。

同年夏

致黄苗子函：

芳嘉主人（王世襄）近日想已暑假，不知出游名山否？下周中，两公何时有暇，俱可奉陪，如蒙指示，当即遵约。以弟建议，仍如前次之城市山林为妙。且以集体做东为"雅"（此钱玄同先生之典故，每谓让账为不雅，故常以聚餐为雅）。又西直门外白石桥、紫竹院有一活鱼食堂，如非星期，游人甚少，天棚之下，颇为舒适。前临湖水，空气亦属澄鲜。芳嘉主人游踪甚广，不知曾到否？又上次北海分手后，弟夜间腹颇不适，不悉吾兄尊体何如？弟在家与内子谈及，颇为愚系，然竟忘奉询。兹方作书时，内子提及，忽然忆起，可知弟近日之神经衰弱矣。

同年秋

王伯祥老先生的公子王湜华，携家藏神州国光社印本《董其昌草书琵琶行》请先生欣赏，并求为其临写一份。先生欣然同意，当即濡毫挥笔，不到一月即完成巨卷，"满纸龙蛇飞动，又如烟霞舒卷"。次年夏日伯祥先生见到手卷后拍案称绝，曾有题赞：

董玄宰草书琵琶行，以醉素笔意写白傅清狂诗境，可称具美。此卷出近代影印，自当下真迹数等。而笔势书卷，墨色枯浓，均尚不失形神交孚之趣。每于晴窗展玩，辄觉逸兴遄飞，庋诸敝笥亦既有年。甲寅之秋，湜儿持以谒范北，承为挥毫照临一过，尽十五纸，长达六七丈。予初未之知，及持归见告，则挟卷如束素，褒然巨观矣！亟为铺接连读，笔酣墨舞，一气贯注，岂止毫发无憾，抑且饶冰蓝之姿，不禁叫绝！拜受之余，深责湜之无知，容易干求。因谋所以筹之用付装池，乃时代不同，此道竟废。不但厂肆无此设备，即精工良材亦难副所望，嗒然而止，徒滋愧叹！只能留以有待偿愿异日耳，以此识痛，奈何！奈何！乙卯夏日，八十六畸叟灟盲漫书。

有人对这一巨卷曾有评说：

先生书法风行宇内数十年，求者如潮，生平赠送友朋的书作何止万千？但是如此巨制，堪称仅见，更承载着两代学人的世交深情，正是名士以翰寄怀的最佳例识，展观此卷，如天风海涛，感慨无尽，称为海内第一启书，实不为过。

同年冬

夫人章宝琛旧病复发，再次住进北大医院。

同年

过眼碑帖有《刘碑造像记》《王居士砖塔铭》《旧拓瘗鹤铭》《泰山刻石》《多宝塔感应碑》，为《岔曲集》作跋。

1975 年（乙卯）63 岁

3 月 26 日

先生的夫人章宝琛因病逝世。夫人逝世后，他感谢了前来慰问的亲友，对他们说，自己想单独和她再待一会儿。当病房里只剩下他们一生一死两个人的时候，启功先生把房门关紧，绕着夫人的遗体，为她念了多遍"往生咒"，并焚烧了亲手写的一部经文。

夫人去世以后，先生伤怆至深，为了纪念她，曾把夫人生前替他收藏起来的水墨精品装订成册页，又在册页上手书悼亡诗《痛心篇》20 首。据其序所记：

> 先妻讳宝琛（初作宝璋），姓章佳氏。长功两岁，年二十三与功结缡。一九七一年重病几殆。一九七四年复病，缠绵百日，终于不起，时在一九七五年夏历花朝前夕（民俗相传，农历二月十二日或十五日为百花生日）。是为诞生第六十六年，初逾六十四周岁也。

4 月 24 日

致韩继东函：

> 来信好久了，迟复为歉，原因是先因我的爱人患病住院，每天需要在那里护理，后来她走了，我的精神刺激很大，至今并未恢复。
>
> 你结婚之前，许嘉璐同志来谈，说你将回京结婚，后来并无消息，接到来信，才知即在东北结婚。未能参加庆祝，只有将来补送一点纪念品。但目前我的纸、笔、手，俱不听我使唤，主要由于心、脑、眼未恢复，所以竟写画不出什么来，想你一定会谅解的。
>
> 北京历史博物馆展览了各地的重要文物，其中有法库一座辽墓中的东西，有两幅画，是在墓壁上挂着的，一丝没损坏，非常奇特，一幅画的山水，一幅画的竹丛上有三只麻雀，下有两只兔子，将来也可能发表，你如到京来，咱们去看看。
>
> 章景恩调到北京西南郊一个中学教书，现在忙得奇特，每天回来很晚。现在他在南屋睡觉，陪着我，我们常谈起你，他嘱我代为祝贺。

我现在眼睛迷糊，写信到这里已然迷糊了，可能是散光又深了，有人说是流泪过多，也不知是不是。

6 月

上海《文汇报》一位名叫郑重的记者，带着谢稚柳先生给他画的《塞上牧马图》请先生题跋。先生在卷上题了一首诗：

> 大漠云开晓气澄，粘天草色胜青陵。
> 平生肺腑今无恙，老骥堪追万马腾。

诗后又有跋语：

> 谢公稚柳余故人也，不晤已逾十载，1975 年 6 月获观近作马图，笔思精妙，题尾犹见超逸绝尘之致，因次韵一首，就正郑重同志并发稚老一笑。

先生题"次韵"，是因谢先生在画卷之尾，有自己的诗：

> 天地四野碧虚澄，碱草萋萋翠似陵。
> 极目平原向空阔，如云骏马气骁腾。

谢先生看到启先生对他卷尾书法的评语后，高兴而带着几分感慨地说："启功也说我的字写得超逸绝尘了。"

据郑重回忆：

> 谢先生很看重启先生对他书法的评价，其中有更深一层的意思，是由于二位先生对唐《张旭古诗四帖》不同的看法引起的。谢鉴定《张旭古诗四帖》为唐张旭的真迹，由此引发了他的书风变化，由崇尚陈老莲转而崇尚张旭。启先生则从避讳学、文献学鉴定此帖为宋真宗（1012 年）以后的作品，两者相差数百年。两位先生各持己见，但并不影响他们的友谊，若不是他们虚怀若谷，是无法做到的。

（郑重：《回忆启功先生》）

启功先生在小乘巷

7月24日

致林散之感谢函：

> 累奉惠赐书画，敬悬斗室壁间，起居瞻对，如承提命，攻错他山，获益深厚。且蒙以长句赐题大作，讽诵回环，精醇莫喻，此种分量求之元明诸家，无可擅相比拟者，有清六家更无论矣。敬肃寸笺由韩瀚、田原同志代呈。

10月7日

致南京青年学者徐利明函，谈写好楷书的六点意见。

10月18日

收到徐利明临写先生书法一册，即回信劝其不要再临他的字，耐心回答了徐的提问，指导他如何执笔、选帖、临帖。先生在回信中诚恳地告诫说：千万不要再临了，"取法乎上，仅得其中，取法其中，斯为下矣"，希望他"学古代高手，避时人习气"。

自此以后至1977年和1978年多次信函往返与徐利明交流心得，耐心指导。徐每次来京，也必往小乘巷寓舍聆听先生面教，结下忘年之交。

同年夏

王伯祥先生补辑《乾隆以来系年要录》请先生题跋，当时先生正在校点《清史稿》，对治史有他独到的见解，即兴作跋：

> 史官为帝王所雇佣，其所书自必隐恶扬善，歌功颂德。春秋董狐之笔，不过一时一事，其前其后，固不俱书赵盾弑其君也。后世秉笔记帝王事迹之书，号曰"实录"，命名已堪失笑。夫人每日饮食，未闻言吃真饭喝真水，以其无待申明，而人所共知其非伪者。史书自名"实录"，盖已先恐人疑其不实矣。又，"实录"开卷之始，首书帝王之徽号，昏庸者亦曰"神圣"，童骏者亦曰"文武"，是自第一行即已示人以不实矣。虽然，未尝无真实者在，事迹排比，欢者自得，纵经讳饰，亦足心照；讳雹者称为"硬雨"，讳蝗者称为"不食禾稼"，而为雹为蝗，人无不喻。故排比得法，阳秋具于皮里者，即为良史。

同年夏

致王湜华函：

失迎为歉！老伯手录一本；弘一大师墨迹两种；印弘一大师写经咒三本；弘一大师遗像一纸，在药师经册内；拙临董书一卷，请便中带回，容日奉诣，即致敬礼。

1976 年（丙辰）64 岁

是年春

应宣武区（今西城区）文化馆邀请，为该区职工业余文化活动讲书法，讲课后耐心回答职工们提问，工人们说"这个教授没有一点架子"。

6 月

继续在中华书局点校《清史稿》，工作已近尾声，能有时间更多地研究碑帖，如6 月至 8 月利用点校之余临写《宋拓怀仁集王书圣教序》，并作校订与跋文。6 月 5 日至 16 日临写全碑一通，记有：

> 自廿二岁初见此碑后，不时临习，但从未临成一通。临成一通者，应自兹计，吾年六十五矣。

7 月 30 日临毕第二通。8 月 12 日又记：

> 临帖如饮食，贵能吸收消化，始收营养之益。昔片段临习，常见效于腕底；今临全碑，首尾无遗，已两遍矣，似仍无所进，固由年老顽钝，亦有自炫之意存焉。或问，何以知其然也？应之曰，昔临片断者，随手毁弃，已无一存，今此二通装订成册，且常随手持以示人，非其证欤！

在两次临写过程中，先生对全文作了校订，于眉端用朱批订正 16 处。

7 月 15 日

在故宫博物院获观院藏《大观帖》第二卷，又作短跋。

7 月 28 日 3 时 42 分

唐山市发生 7.8 级大地震。震后多日余震不断。先生的眩晕症又旧病复发。

一日外出时，突然晕倒在小乘巷口，幸无大碍，苏醒后回家曾自题对联一副：

　　小乘廿番春，四壁如人扶又倒；

　　浮生余几日，一身随意去还来。

当时居室屋檐的墙壁也坏了，墙上还挂着他写的草书条幅，见此景又生感慨之情，随即集唐宋人的名句自嘲：

　　草圣数行留坏壁；（刘禹锡句）

　　故人不用赋招魂。（苏东坡句）

同年秋

又获观《龙藏寺碑》，并为之作跋。

10 月 6 日

"四人帮"被粉碎，举国欢庆。先生数次向朋友说起：

　　听到四人势败，我心里的感觉，跟听到日本投降的消息差不多。

10 月 10 日

先生有信致黄苗子。

　　法曲拜诵，沁人心脾！妙语回环，后无来者。此题此事，恰发高吟，信今传后，允称诗史！小子亦曾拈一律，然粗鄙叫嚚，极伤雅道，勉录举似，略见心情之舒畅耳。拙句附呈：

　　叛徒粉碎不成帮，意外听来喜欲狂。

　　转眼狐臊难再冒，当心狗腿未全光。

　　四人一瓮登时捉，八蛋同宗本姓忘。

　　从此更须齐努力，莫随东郭放豺狼。

10 月 16 日

再致黄苗子函。

　　钟敬老来，闻将组一局，公祝夏瞿翁寿，弟极赞成……拙作小册，闻蒙赐墨，真可谓"存殁均感"……前在高斋获见诸友佳什，尤以广东某公咏杨太真之作为压卷。是日归来，曾作小诗八首，琐事牵连，未及呈写。兹附寸笺，敬求斧削：

于友人案上见传抄咏杨太真诗，所以讽"四人帮"者，但恨今雌不称耳。因抒鄙见，得短句八首：

东施蒙不洁，丑秽加一倍。妙句咏蝇蛆，可惜它不配。

鼙鼓动地来，蛾眉马前死。倒霉杨太真，遇上陈玄礼。

一架西洋镜，中间四个人。如今拆下了，不值半分文。

只批四个人，打击不扩大。帮人如治帮，刀自帮外下。

连天鞭炮响，又是一年春。昔日同帮者，应悲少四人。

被逼男为盗，因贫女作娼。莫将两好字，抬举四人帮。

四个教唆犯，要使天下乱。忽然被隔离，四个大笨蛋。

臭下几万代，相形粪亦香。从今惜文字，不咏坏婆娘。

同年发表的主要著作有：

《论书绝句》在香港《大公报》连载。

1977 年（丁巳）65 岁

1 月

获观《董其昌临蔡苏黄米四家书字册》，于册后作跋：

香光多见历代法书真迹，发于笔端，虽至不经意之作，亦足使人寻味无尽。此册临宋四家书。譬如良工写真，观者如闻謦欬，正不在耳目口鼻之间也。纸墨相发，神观飞越，把玩竟日，因识其后。

4 月

获观《宋拓争座位帖》，作长跋。

7 月

再为《宋拓争座位帖》作跋。

9 月

先生结束在中华书局标点《清史稿》的工作，自本学期起回到北京师范大学中文系。

10 月 12 日

国务院批转教育部《关于 1977 年高等学校招生工作的意见》及《关于高等学校招收研究生的意见》，改革招生制度，不再采取推荐办法。北京师范大学的招生工作按文件规定，在本年第四季度开始招收四年制的本科生，新生将于 1978 年春季入学。这一时期，先生在中文系参加对原工农兵学员的教学工作及改革招生制度的准备工作。

同月

于友人思政（欧初）处获观《董其昌行书小赤壁册》，即临写一本并跋于真迹之后：

> 香光书不于结构争紧严，不于点画争富丽，博综古法，以就我腕，故不触不背，神存于心手之间。若以唐宋名家面目绳之，则所谓"蚊子叮铁牛，无渠下嘴处"。其敢与赵松雪校短长者，自持正在于此。或有病其滑易者，盖酬应既多，潦草诚或不免。然善观者必观其率意处，方见其不为法缚之妙也。此金笺上书小赤壁诗，纸滑笔柔，无意求工，而浩浩然任笔之所之，具见心在得失之外，亦书人之乐境也。

思政先生藏有《明赵左溪山无尽图卷》真迹，先生观后一并作跋。

12 月

致辽宁省博物馆馆长杨仁恺函：

> 舍下存文物数种，都成"包袱"，既蒙尊馆慨予收存，真所为"存殁均感"。存者小弟，殁者乃我先人及已故之乡贤也，兹将大约数种，列具于后，乞为过目，如符入藏之例，如何交接，请赐明示。

同年出版的主要著作有：

《诗文声律论稿》由中华书局出版。

1978 年（戊午）66 岁

1 月 12 日

致杨仁恺函：

> 前时又获大函，言收理捐件，尚待台从便中同行，敬悉一切。……近日拙
> 著《诗文声律论稿》幸获出版，其中尚有误字，谨寄呈一册，恳求指教。

1 月 17 日

先生将所藏《年羹尧题墨竹横幅》（一件）、《和亲王行书中堂》（三件）、《毓隆楷书七言联》（一副）、《启功书萧次瞻烈士诗轴》（两件）、《启功仿元人山水立轴》（一件）、《启功江干秋色图立轴》（一件）、《启功草书信札》（一件）、《启功题字》（一件）以及康熙曾用砚、雍正制"玉音"端砚、和亲王弘昼鎏金如意、竹雕笔筒、田黄石引首印等共计 19 件文物捐交给辽宁省博物馆。杨仁恺见先生案头留有一件《溥心畲山水小卷》，要求带走，先生同意一并捐出。

2 月 2 日

复程毅中函，与程先生探讨古体诗的音律、新诗的成就以及新诗吸收旧诗营养，如何解决古为今用等问题。

2 月 7 日

先生到荣宝斋参观新春书画展，并在签名册首页题："一九七八年春节荣宝斋举行历代书画展来宾签名　启功参观并识"。

2 月 24 日

再致杨仁恺函：

> 节前奉到手教，又接博物馆保管部寄来捐件清单，盖章后挂号寄回。……
> 又以宣纸小笺敬复垂问，并说明弟对怀素《山水帖》（又名《论书帖》）的管见，
> 亦承下问者。……大作《论怀素帖》文，已否脱稿？刊登何处？闻吉林将有大
> 刊物发行，包罗名作甚广，弟曾闻有拟目，尚未获见。又闻于老为编委，其阵
> 容可想而见，必有异彩焕然。

同月

为绍武、黄会林编著的《梅岭星火》改编为电影，题写片名《梅花国》，并书陈毅元帅梅岭诗一首，又附诗一首赠绍武、黄会林。陈毅原诗为：

断头今日意如何，创业艰难百战多。

此去泉台招旧部，旌旗十万斩阎罗。

先生在陈毅诗后题写：

是非当日已分明，创业奇勋久策成。

一事元戎犹有恨，未能亲见捉江青。

先生还藏有篆刻家曹辛之赠给他的一本用宣纸印的、曹亲自篆刻的陈毅《满庭芳》，封面为茅盾题签。先生一并转赠给绍武和黄会林，并特在封面左侧题写：

绍武、会林同志编《梅岭星火》剧本，颂扬陈毅元帅者也，特此转赠以为纪念。

3月

全国政协五届一次会议召开，先生任第五届全国政协委员。

4月3日

给全校文科学生讲书法大课。他边讲边用毛笔蘸水在黑板上示范写出，学生们听得津津有味。他从汉字形体结构、书法要领到书写工具、纸张选用等多方面给学生作了简单介绍。课后，又在大厅挥毫为大家展示起笔、运笔和连书的技巧，指导学生进行书法练习。

5月24日

晚，荣宝斋米景扬、雷振方送先生至北京站，坐火车去沈阳辽宁省博物馆。

先生应辽宁省博物馆的邀请，由杨仁恺陪同，参观了沈阳故宫、北陵、东陵、大连和旅顺，曾于31日登旅顺白玉山观日俄战迹，留有诗句：

斑斑冠迹昔年留，易世登临愤未休。

绝顶征衣还自傲，海波无际拥金瓯。

同月

思政自粤来，携《明钟礼八仙图卷》请先生鉴赏，先生观后作跋。称"此卷钟钦礼画八仙精工俊爽，毫无拖沓之习，盖用意之作，非率尔应酬之笔也"。

6月16日

致杨仁恺函：

《平复帖》临本上如何题写尚祈见告。又三件名画签题，谨当遵命书写，惟卷有高矮，签有长短，不便随意裁纸，仍请以普通纸略画尺寸，并求写明哪一条写什么画题，庶可不误也。……北京文化文物方面之事，颇有可喜起色。荣宝斋已归文化部领导，并且由黄部长直接抓，其精神面目，自然可以想见。

9月

自本年度起，北京师范大学恢复招收研究生，78级共招收研究生123名，其中中文系古代文学专业首批招收研究生9名，成立了研究生班。先生是该研究生班的导师之一。这9名研究生是：赵仁珪、柴剑虹、林邦钧、万光治、吕伯涛、熊宪光、樊善国、于天池、陈鸿彝。

11月29日

中国古文字研究会在长春南湖宾馆召开成立大会，先生出席。在会议休息期间，他居住的套间气氛活跃，有求墨宝的，有侃大山的，也有向他请安的，络绎不绝。他在房间铺纸挥毫一直写到晚上11时，人手一卷皆大欢喜。

会议期间，曾去吉林大学参观哲里木盟（今通辽市）出土的铜器，有诗赞颂：

阆门如镜沐晨光，更见朱申世望长。

我愧中阳旧鸡犬，身来故邑似他乡。

中华文物灿商周，远自毡乡暨粤陬。

宝历四千人一体，有谁斗胆伺金瓯。

12月1日

致刘乃和函：因赴辽宁、吉林开会，"未获相晤，归后当趋高斋畅谈"。信中求乃和先生为《论书绝句一百首》题写书签。

同年

为中华书局的编辑开了关于八股文的学术讲座。

同年

致杨仁恺函：感谢赐题《双蛙图》等。

同年

宝古斋出版《宝古斋画集》，先生为画集撰写前言。

同年

文物商店收购先生书法作品 41 件，付给先生 328 元。

据有关资料记，当年文物商店收购名家作品最高级别每平方尺 15 元，收董寿平 45 件付 912 元，李苦禅 50 件付 7100 元，李可染 3 件付 650 元。

同年

先生以他特有的风趣、大度和幽默，用略带自嘲的口吻，自撰《墓志铭》一首：

中学生，副教授。博不精，专不透。

名虽扬，实不够。高不成，低不就。

瘫趋左，派曾右。面微圆，皮曾厚。

妻已亡，并无后。丧犹新，病照旧。

六十六，非不寿。八宝山，渐相凑。

计平生，谥曰陋。身与名，一齐臭。

寥寥 72 字，简洁朴实，生动传神地自述了一生坎坷遭遇，也表达了对人生的态度。他的好友黄苗子读后赞曰：

嵇、阮之俦，石、八之流。寄情八法，写乐写忧。万人趋之，转为桎囚。天马伏厩，孰纵之游。唯启老之懿范，将仰止乎千秋。

同月

题谢稚柳夫人作《双蛙图》。先生与谢稚柳先生同为鉴定大家，于鉴定中为辨真伪时有争议，谢夫人嬉作《双蛙图》，先生观后题《南乡子》一首：

青草一池宽，鼓吹声高雨后天。恰遇南楼工写照，空前。兄弟图成貌一般。相对语悠然，论画评书富胜缘。共祝江湖多岁月，加餐。白出从今总不翻。

并于词后附记：

仆与谢兄稚柳鼓腹而嬉，有双蛙之目，谢嫂陈夫人作此图，因题《南乡子》一首，"蛙翻白出阔"宋人句也。

1979 年（己未）67 岁

1 月 17 日

下午小雨，雷振方来送稿费，先生颇有兴致，画墨笔山水小幅以赠。画毕，洪钧陶来说《草字编》事。

1 月 27 日

北京师范大学中文系党总支书记刘漠找先生谈话，传达北师大党委《关于 1958 年启功被错划为"右派分子"的改正意见》。据改正意见表上记载："根据党中央 1978 年 55 号文件精神，对启功副教授 1958 年定为"右派分子"的问题进行了复审，启功没有反党反社会主义言行，原结论应予改正，并恢复四级副教授级别。"先生在"本人意见"栏内填写"至诚感戴党的鼓励教育，谨此同意"并签名。至本年 4 月 25 日，经中共北京市委批准予以改正，恢复其原级别及职称，并正式在校内公布。

在这之前，早先生一步"改正右派"的傅璇琮先生给先生写了两封信，告诉先生自己的问题已解决，并转来山东大学王仲荦教授的一封信，对先生是否落实政策表示关切。先生在春节后即给傅先生回函，披露了自己"转以喜极而无言"的心境，信中有这样两段话：

春节前，弟系领导来，告以弟事亦解决，"没有右派言论"，予以改正。校党委已批准，由弟签字后呈报市委，批下即算生效。待遇由五级恢复为四级。地厚天高，雷霆雨露，转觉绵薄无可报称耳。凭空忽添三十元，书店、画店、碑帖店均无物可售。血压过高，已不敢饮酒，身老体衰，更无复温柔乡可住。如所补过多，则只有捐献以供现代化之需矣。

"年寿有时而尽，荣乐止乎其身，二者必至之常期，未若文章之无穷。"曹子桓之语，最为坦率，亦真理也。尚望时赐策励，以为四化添砖添瓦，添螺丝钉也。

1月29日

荣宝斋举办春节书画展，专题展出李初梨、徐平羽二人古代书画藏品，先生前往参观。

2月2日

荣宝斋书画展览结束，上午撤展前，特请先生到场为职工点评展品，先生深入浅出，对每幅作品作了讲述，在场人员都受教至深。

2月8日

荣宝斋业务科准备开展收购工作，下午，雷振方来请先生题写牌匾，写到"古今名人法书绘画"时，特意指出，如写"书法"是不对的，"书法"是指书写方法，"法书"才是作品。荣宝斋将先生题字用楠木刻成挂牌，至今仍悬挂门前。

3月9日

根据教育部关于"确定与提升教授职务"的通知，经北京市委教育工作部申报，"北京市革命委员会"批准，"同意提升启功同志为教授"。

同月

出席北京师范大学"纪念陈垣校长诞辰一百周年筹备委员会"会议，任委员。

1980年11月12日是陈垣先生诞生100周年，北京师范大学决定届时隆重举行纪念活动。为提前做好准备工作，成立筹备委员会，白寿彝、钟敬文、启功、汪堃仁、周廷儒、郭预衡、刘乃和等多位老教授被聘为筹委会委员。筹委会讨论决定，纪念活动安排3件事：（1）召开学术讨论会；（2）重印《励耘书屋丛刻》；（3）编辑出版《陈垣校长诞辰一百周年纪念文集》和《纪念陈垣校长诞辰一百周年学术论文集》。

会议还决定，请白寿彝、启功、刘乃和三位先生负责两本文集的征稿、审稿、编辑工作。为了争取时间，三位先生分头向陈垣先生的弟子和生前友好发函、发电约稿，又采取流水作业的办法审稿，最后由先生统稿后付印。先生为纪念文集撰写了《夫子循循然善诱人》一篇专稿。

《励耘书屋丛刻》是1934年（民国廿三年）陈垣先生指导刻印的，原版已遵陈垣先生遗嘱捐赠北京图书馆。为了重印这部巨著，先生亲自带领工作人员与北京图书馆联系，北京图书馆同意将原版移交给北京师范大学。又在大兴县（今大兴区）找到当年为陈校长印书的已年逾八旬的王志鹏老先生，用了近一年的时间，重印100部，于1980年11月提供学术讨论会使用。

是年春

应北京电影学院邀请，为该院78级学生讲书法。

4月5日至5月17日

给中文系古典文学专业研究生班讲"唐代文学"，这是先生正式恢复给学生讲课后的第一课（共分六讲）。

因为教研部门仍按老办法将中国古代文学分成先秦、汉魏、唐宋、元明清四段，让教师各讲一段，学生亦各攻一段。先生很不赞成这种"分段教学法"，认为不科学，局限大。他说文学的发展常常随着历史的标志为标志……其实文学和历史并非双轨同步。文学家们并非在"开国时"一齐"下凡"，亡国时一道"殉节"。因而先生在给学生讲课时，不仅常常有意突破"唐宋"这个小框框，还常常突破"文学史"这个大框框，深受大家欢迎。

4月11日和12日

先生发现所撰《读王朝闻〈论凤姐〉》诗中有重韵及应改的字，连续两次给《文物》杂志编辑周雷先生致信，重抄诗稿请周更正。

5月4日

北京师范大学学术委员会成立。首届学术委员会由白寿彝、钟敬文、启功、汪堃仁、周廷儒、朱智贤、张禾瑞、陶大镛、陈光旭等90位老教授、老专家和有一定水平的中青年骨干教师组成。该委员会的主要任务是在校长（或副校长）领导与支持下，指导全校的学术活动，审议重大的学术成果，并对教学和科学研究及其他有关工作的重大问题，提出意见和建议。

5月22日

上午雷振方来，谈到《红楼梦》，先生为其讲解书中典故，并对新发现的曹雪芹遗物、遗迹提出疑问。

5月24日和31日

讲完"唐代文学"以后，又为研究生班的学生加讲"八股文"和"古诗词作法"。

关于八股文，先生则从毛泽东视察陕西时找《制艺丛话》讲起，先探究八股文的来源，分析八股文的弊端，然后提问："那么八股文为什么能通行六百多年？"接着便从八股文的逻辑、语言特色及所要求的义理、词章、考据学问等方面提出了自己的见解。这次讲课内容后来扩展为他的专著《说八股》。

后来他仍感到言犹未尽，于是在本年秋季（10月9日至12月26日），又每星期到研究生宿舍讲课一次，给学生讲了"明清诗文"和"书目答问"。

同月

琉璃厂宝古斋为向广大读者介绍我国历代书画名家名作，决定出版《宝古斋》画刊，特邀先生担任主编。先生不仅为画刊的出版考证真伪，还撰写了介绍文章《中国书画的优良传统》。

同月

受聘任文化部艺术研究院主办的《红楼梦学刊》编委。

5月28日

先生上午到荣宝斋，为职工讲解石章印文。

6月1日

上午到荣宝斋，看新收购的《淳化阁帖》拓本，先生指出为明肃府本的清初拓本，又称《兰州帖》，并讲《淳化阁帖》鉴定知识。

6月7日

上午，为促进中日文化交流，荣宝斋邀请著名书画家与日本西武百货店相关人员座谈，先生同叶浅予、李可染、蒋兆和、董寿平、黄胄、李苦禅、王雪涛等人参加会见，并且题字。

7月

暑期，华君武先生牵头，邀请在京的书画名家在颐和园藻鉴堂创作书画。先生也应邀参加，并在那里居了一周，作有《藻鉴堂即事十二首》。他在附言中说：

> 颐和园西南角有藻鉴堂，前有石凿方池，殆堂所由名也。堂构已拆，改建小楼，妖姬曾踞之，踔远可辨。今改招待所。一九七九年酷暑，余借寓数日，苦蚊不寐，口占短咏。

8月

由文化部艺术研究院主办的《红楼梦学刊》创刊，先生为《红楼梦学刊》题写了刊名。

同月

团中央在东四附近建有一招待所，院内有两株松树，时任团中央书记处书记的李瑞环派陈岩来请先生题"双松园"。先生对陈说："题匾没有问题，我给你们改一改怎么样？叫双松园有点直白，你看叫侣松园好不好？"陈岩当即给李瑞环打电话，李瑞环一听就说："你看看启先生是真有学问，听启先生的，就叫侣松园。"

9月

关良、黎雄才等画家在陈英的积翠园雅集，合作一幅《野猪林》，先生为其题诗一首：

> 醉打山门鲁智深，又飞禅杖野猪林。
> 要知起义英雄汉，没有争权好色心。

同月

为《师大教学（国庆专刊）》题诗：

> 卅载开基远，三秋拨乱多。
> 工农增事业，学校盛弦歌。
> 永断遮天手，同持返日戈。
> 欣逢更化际，珍重好山河。

10月9日

给研究生讲"明清诗文"第一讲。

10月16日

讲"书目问答"第一讲。

10月

有友人自太原携铁岭高且园先生《松鹤图》来访，先生鉴赏后识为真迹并作跋。

11月21日

讲"明清诗文"第二讲。

11月23日

讲"明清诗文"第三讲。

11月24日

讲"书目问答"第二讲。

12月5日

先生赴广州参加"中国文字研究会第二届年会"，住流花宾馆，鉴定《郑谷口隶书麻姑传》，作跋，称"此卷尤为谷口用意之作"。会后专程去中山大学会晤老友容庚教授。

12 月 26 日

讲"书目问答"第三讲。

12 月 27 日

当日下午，先生同事的小孙子（8 岁，小学生）被人拐骗，放学未归，后被歹徒残忍杀害。先生除安慰关照同事夫妇外，曾在政协会议上提出 656 号提案，呼吁警方尽快破案，保护少年儿童。后经警方大力侦破，罪犯被抓获并绳之以法。

12 月

时值西泠印社建社 75 周年，印社举行"文化大革命"后第一次大型庆祝活动。先生应沙孟海先生的邀请，赴杭州参加庆祝大会。在理事会上，沙老被选为社长，先生被选为副社长，从此与西泠印社结缘。

西泠印社庆祝会在花港饭店举办。会议期间，有一场笔会，先生写了不少字。最后又写好 4 幅字，特请郁重今先生分别转交客房的两位服务员和餐厅的两位服务员，以表谢意。

同年

有吴镜汀先生的后人携吴先生无款山水画遗作 7 件来访，经先生鉴定为吴先生"冠年之作"，称"真迹精妙""一点一拂莫非石谷真谛"，并赋诗赞颂。

同年冬

跋《刘元稷画册》。1977 年他在欧初先生处曾见此册，因对元稷生平不详，曾题诗 8 首。今冬重观此册，欧初见告画人小传，先生补题：

> 元稷姓刘氏，吴人，字子毅，一作紫谷。于是疑滞豁然，且愧前岁之检书不广也。

同年

任九三学社第六届中央委员会委员。

同年

日本筑波大学今井凌雪教授的学生中村申夫在中央美术学院进修，希望学习中国书法。中央美术学院特聘请先生专为外国留学生讲《中国书法史》，每周一次。共讲过 8 次。通过书法交流，先生和今井结下深厚友谊。

与此同时，先生还为中央美术学院中国画研究生班讲古典文学和诗词。同学们反映："先生学问渊博，治学严谨，教学认真，旁征博引，风趣生动，我们受益良多，大家都十分敬重先生。"

同年

山东省掖县（今莱州市）制笔厂青年制笔师傅李兆志与先生相识，以后经常向先生请教有关文房四宝知识，共同研究改进制笔工艺，成为忘年之交。先生给他讲解历史文献中关于毛笔的记载，已经出土的毛笔和国外毛笔的生产情况，并结合自己多年来使用毛笔的体会，对毛笔的制作提出了改进的意见。先生还鼓励他写点东西，总结制笔的经验。经过多年努力，李兆志完成了《中国毛笔》一书并正式出版。先生为他写了 2000 多字的序言给予鼓励。

同年出版的主要著作有：

参与写作的《笔谈建国三十年来的文物考古工作》发表于《文物》1979 年第10 期。

《中国书画的优良传统》发表于 1979 年 5 月出版的《宝古斋》画集。

1980 年（庚申）68 岁

1 月

致金煜函：

> 前承示金禹民先生嘱代撰悼叶恭绰先生挽联，兹得一对，即请转达禹老，联云：
>
> 文苑艺林永垂不朽；寰中海外共仰先型。

1 月 7 日

给研究生讲"明清诗文"第四讲。

是年春

唐长孺先生藏有朱竹垞（彝尊）《应博学鸿词科前后之家报》及《昆田稻孙之家禀》合装一卷，属先生作跋。先生对竹垞及康熙之治有评说：

竹垞早年曾参与复明之举，中岁之后应鸿博之征，吏议以孔目待诏用，特简拔为检讨，置之史局，进而为南书房行走。后人曾无责竹垞失据而议圣祖失察者，盖征者应者相忘于大化之中，亦足觇夫时势已。史册无情，口碑有据，康熙之治，今更为人艳说，岂偶然哉！

2 月 20 日

大年初五，先生到荣宝斋参观"近百年十大家书画展"，遇张伯驹、潘素夫妇，互致问候。

2 月 27 日

早晨先生同徐邦达先生乘火车，去天津艺术博物馆（今天津博物馆）看古代书画，杨新、杨臣彬、王连起、苏士澍、庞书田、雷振方等人陪同。后到艺林阁、杨柳青画店参观，晚回。陈英同去。

3 月 1 日

启功先生讲述以下往事：

1. 1957 年反右派时，邵宇认定叶恭绰是"右派"。叶老与毛主席是老友，经毛主席邀请，叶老从香港回来，并常有来往。周总理告诉画院，叶老不能划"右派"，邵宇阳奉阴违给叶老内定"右派"，毛主席和周总理始终不知。逢年过节，毛主席还是邀请叶老到家做客，互赠书画，情谊如常。叶老死后才在档案中发现内定"右派"的材料。

2. 邵宇认定启功是叶老请来的人，也应该是"右派"。

4 月 7 日

改革开放以后，学校为教职工调工资。先生听说也有他的名额，便致函党总支书记刘漠，提出请先照顾最需要的人。他在信中诚恳地表示："我得到党和国家的鼓励已经很多，生活上没有更多的需要。"他还表示："不是不要，只求缓给，因为需要调的人很多，以便领导有回旋余地。"

4 月 9 日

先生与刘乃和、侯刚研究编汇"陈垣学术著作集"。先生认为后半部分不宜出版，如出版则可定名为"陈垣革命文选"，著者为陈垣、刘乃和。最后决定这部分不出了。

4 月 14 日

上午先生到荣宝斋，在业务科为大家讲解结字黄金律，听者都感受极深。

4 月 23 日

先生偕侯刚、胡云富于当日上午去华侨大厦看望自香港来京出席全国政协会议的牟润孙先生，约牟撰写纪念陈垣先生的稿子，并邀请他届时参加纪念会。

4月28日

上午到荣宝斋，在业务科人员陪同下亲自到雷振方家，赠送为他结婚所画朱竹，以表祝贺。

4月30日

下午，启功先生再访牟润孙，谈书法九宫格的局限，互忆陈垣先生学术成就。

5月6日

晚，先生与刘乃和、侯刚、胡云富研究编写纪念陈垣百年诞辰文集，决定所有征集来的稿件先由白寿彝、启功、刘乃和分别看过，提出意见夹一小条，最后由启功定稿。

5月26日

先生与刘乃和再谈陈垣纪念文集事（看来稿后交换意见）。

6月3日

先生和刘乃和、侯刚、胡云富再谈纪念陈垣百年诞辰筹备工作。

6月16日

荣宝斋举行"荣宝斋新记营业三十周年"庆典，先生出席庆贺。他还撰写《我和荣宝斋》一文回忆与荣宝斋的交往：

从我开始到荣宝斋来，至今已五十四年了，这中间荣宝斋也经历了无限沧桑，我自己，从当年在荣宝斋拿到几元钱，所谓卖画的"润笔"，出门来又送进书店，抱着几本书回家去的情形，到今天亲眼见到我的笔迹赫然挂在中堂之上，这怎么能不感谢人民给我的荣誉，怎么能不感谢这个曾起过导师作用的"艺术博物馆"！

6月18日

先生和白寿彝先生研究纪念陈垣先生有关事项。

6月20日

先生出席纪念陈垣百年诞辰筹备会议。会议再次就以下三件事进行了研究：

1. 出版《陈垣校长诞辰一百周年纪念文集》；
2. 出版《陈垣先生史学论文集》；
3. 重印《励耘书屋丛刻》。

9月

新学年开始，学校作出了《关于加强基础课教学的暂行规定》。其主要内容是要求业务水平较高、教学经验丰富的讲师和教授担任本科生的基础课教学任务，主讲教师要对所开课程的教学质量全面负责。

先生积极响应，虽年近古稀，体弱多病，仍以顽强的精神与青年教师一起"争分夺秒"，为恢复教学秩序而无私奉献。他不仅担任了本科生的教学任务，还担任了"夜大"的教学任务，他以高度负责的精神和热情，帮助耽误了学业的一代青年夺回失去的时间。他给当年入学新生写的一首《共勉》诗，表达了自己的心情：

《共勉》一首致新同学：

学高人之师，身正人之范。顾我百无成，但患人之患。（注一）

二十课童蒙，三十逢抗战。四十得解放，天地重旋转。

院系调整初，登此新坛坫。也曾编讲章，也曾评试卷。

谁知心目中，懵然无灼见。职衔逐步加，名器徒叨滥。

粉碎"四人帮"，日月当头换。政策解倒悬，科学归实践。（注二）

长征踏新途，四化争贡献。自问我何能，恧然增愧汗。

寄语入学人，寸阴应系念。三育德智体，莫作等闲看。

学位与学分，岂为撑门面。祖国当中兴，我辈肩有担。

注一：《孟子》："人之患，在好为人师。"指自充有学识的人，喜好随便指导旁人的那种毛病。

注二："践"字在这里借作去声。

9月23日

当日为中秋节，学校党委统战部邀请民主党派人士和台籍师生，在主楼八层大厅举行中秋赏月晚会。会上除文娱节目外，还举行了笔会。先生当场挥毫作诗奉怀台湾同胞：

骨肉分携岁屡经，团圞佳节倍关情。

今秋大地新更化，天际冰轮分外明。

同月

先生出席在四川大学召开的中国古文字学研究会第三届年会，并有诗作赞颂：

千载扬雄道不孤，文光彪炳聚成都。

骈阗龙水云亭路，尽是耆英问字车。

辽海珠江两会才，蜀山今雨八方来。

古文字比群芳艳，寰宇同春处处开。

10 月 10 日

学校研究为先生解决住房问题。

10 月 19 日

先生和刘乃和、白寿彝再研究纪念陈垣大会问题。

10 月 21 日

师大党委向一些老教授征求对肖璋先生入党的意见时，启先生说：肖是个老实人，听党的话，但是如果让他做老知识分子的工作，如同一个离心力，别人都要躲开。

10 月 27—31 日

先生参加荣宝斋新记 30 周年纪念活动，参观在中国美术馆举办的荣宝斋 30 周年纪念藏品、木版水印展览。还参加了在西苑饭店举办的画家笔会。

11 月 10 日

纪念陈垣校长诞生 100 周年大会将在全国政协礼堂举行，需写 1 米直径的大字会标，筹备组的同学去小乘巷寓所求先生书写。先生居住的南房不足 10 平方米，家中也没有大书案和大抓笔。他曾想去荣宝斋借用荣宝斋的抓笔和书案书写，又怕给人家添麻烦。情急之中让同学把 4 尺整纸铺在地上，团起毛巾制成一支特殊的抓笔，双膝跪地写了起来。在一旁帮忙的同学感动地说："先生怎么下跪了？"先生答道："给老师下跪有什么不对呢！"由于房间小，写的字太大，只能写一张拿到院里晾一张。"纪念陈垣校长诞生一百周年" 12 个充满墨香的大字，整整写了一个上午，字字凝结着先生对恩师的一片崇敬之情。

11 月 12 日

纪念陈垣校长诞生 100 周年大会在全国政协礼堂举行。国务院副总理方毅、教育部部长何东昌以及社会科学院的专家、陈垣先生的家属、北师大党政领导、师生代表 400 余人出席纪念会。白寿彝代表筹委会介绍了陈垣先生的学术成就和教育思想，启功、刘乃和发言，追思陈垣先生对自己的教导和恩泽。学生代表发言，表示要继承和发扬援庵先生的励耘精神，使自己成为合格的人民教师。

11 月 24 日

上午，先生去荣宝斋购买文具并观赏字画，荣宝斋的经理拿出多幅董其昌的字，请先生鉴别真假。先生说，董其昌写字一气呵成，气脉相通，自然连贯，而假的董其昌的字只是像，局限很大。

中午在西四同和居偶遇牟小东。牟介绍人民出版社一位陈姓编辑拟写介绍启先生的文章，先生婉谢，建议他可以写一篇介绍王世襄的稿子，因为王先生是一位鉴定家和收藏家，是一位"怪人"。

12 月 4 日

北京师范大学电化教育摄制组借用荣宝斋接待室，给先生拍摄书法教学视频，先生当场挥毫书写 8 平方尺大字"鹅"。

12 月 10 日

先生在北京展览馆门口摔了一跤，左额碰破流血，肿了起来。

同年

杭州园林、文物部门恢复古建的楹联，先生为西湖题写了"平湖秋月"，在岳坟、玉泉等风景点也留下了手迹，尤以玉泉的"鱼乐园"中的"鱼乐人亦乐；泉清心共清"最为著名。

同年底

致杨仁恺函：

> 一事敬求分神赐为一询：报刊报道辽宁省图书馆收得罗振玉旧藏旧抄《阳春白雪》，其中有许多未曾发现过之作品。弟有好友适研究元曲并有著述极有价值。希望能帮助查询此资料。

1981 年（辛酉）69 岁

1 月 8 日

上午，先生与侯刚、胡云富研究出版纪念陈垣校长百年诞辰学术论文集的编排问题。先生谈及陈垣青年时代参加过科举考试，讲了许多清末科举考试中的典故。

下午接待云南校友会会长杨春洲，杨为云南省政协副主席，民革中央委员，1926 年曾经过"三一八"惨案，"三一八"惨案当天在铁狮子胡同拍照了军警向示威群众开枪的实况。临别时，启老为杨老赠条幅。

2 月 28 日

先生给友人讲练习书法要临帖，不能只看帖，可以用铅笔在透明的纸上划出字的结构，再描，就能体会到结构的奥妙。

谈论间，先生兴起，讲他最近填了几首词，随即读给在座的友人，计有《鹧鸪天》八首（略）。这几首词是记录了社会现实和人民生活中常遇到的事（描写市民乘公交车的困难），他善于观察，同时也反映了先生豁达乐观、开朗幽默的性格。

3 月 10 日

学校为解决先生上班路途远，乘车困难，暂时为其安排了住所，其内侄章景怀夫妇同住。先生想把章景怀夫妇户口也迁入学校，经与邵人伟联系，开了准迁证。

同日

致函赵仁珪，指导论文写作。

3 月 21 日

先生出席学校召开的庆祝建校 80 周年校庆筹备会。

4 月 9 日

学校领导拟请先生任图书馆馆长，先生婉辞，他对党委书记聂菊荪和副校长肖敬若讲："不是客气，是从学校的声誉出发。"

关于取回吴承仕著作手稿事，先生与中华书局赵守俨联系，中华书局同意取回。

4 月 20 日

由北师大现代化教育研究所与日本索尼公司合作拍摄的"启功讲书法"样片完成，请启功先生审看。此是教学片，尚未剪接，共分三部分：

1. 字体的变迁；

2. 书写方法和结字原理：执笔、运笔、结字；

3. 怎样练习写字。

同月

为祝贺《陆俨少画集》出版，题诗一首：

云委山弥峻，秋深树未黄。

俨翁吾所敬，画笔最清苍。

5 月 5 日至 9 日

中国书法家第一次全国代表大会在北京举行，中国书法家协会成立。先生被选为中国书法家协会副主席。

5 月 19 日

先生去中国美术馆参观日本书法绘画摄影展。

5 月 21 日

今日有五批客人来访，闲谈中有人讲日本人的画不如书法引人入胜，绘画的色彩多暗淡。启先生说："不可厚非，创作态度是认真的，比我们有些人随便乱画要好得多。"经启先生指点，大家还知道了日本书法中的淡墨字，是先把宣纸打湿，沾浅墨写出来的。在座先后有故宫博物院、荣宝斋、口腔医院的来访者及傅熹年先生。

5 月 28 日

北京市政府外事办公室要请启功先生参加北京市对外友协的工作，先生到校长办公室提出，希望学校领导出面，反映他的意见，难以接受这项任务，以减轻他的负担。

6 月 2 日

洋河大曲酒厂来人请启功先生题词，先生赠《南乡子》一首：

> 携手上层楼。柳暗花明四望收。主客殷勤高举起，金瓯。共祝当筵寿有秋。
> 古酒说青州。今日洋河酿倍优。潋滟十分香十里，涎流。细品精尝莫饮牛。
>
> 南乡子一首奉题洋河佳酿，
> 一九八一年六月二日，启功题。

6 月 3 日

1984 年 3 月是北师大教授、经学大师吴承仕（检斋）诞辰 100 周年，学校决定届时举行纪念活动、出版他的遗著。校党委书记聂菊荪与启功先生商量，请启功先生负责主持整理出版吴承仕遗著，可以组织历史系、中文系懂经学的教师参加，请启功先生提出名单组织起来。启功先生提出校内除他本人外，再请陆宗达、肖璋、曹述敬等人参加，并提出特邀福建师范大学黄寿祺先生来京共同主持这项工作，黄先生是吴先生在中国大学执教时的弟子，找他必肯出力。启先生讲，黄先生来后即可组成编辑组开始工作。启先生选了最难点校的《章炳麟论学手札》开始点校。

7 月 12 日

下午，为爱好书法的本科生讲书法课。

7 月 15 日

先生为学生讲写字的常识，强调结字的重要。又讲颜字与柳字的特点，柳字奔放，颜字方正。

7月17日

中央要求中华书局标点、校勘、注释、翻译整理出版古籍，启功先生在座谈会上讲，青年学者中古典文学的基本功不够，他主张培养这方面务实的研究生，以解决整理古籍的实际问题。他又说："学习古典文学，如能读通王力的《古代汉语》则水平不在研究生以下，此即基本功也。"

7月19日

启功先生接待项武义夫妇，项武义是美籍数学家和数学教育家。

同月

出席中国书法家协会主办的"庆祝中国共产党诞辰60周年书法展览"开幕式。

8月18日

启功先生先点校《章炳麟论学手札》，在家中查阅章太炎致吴承仕手札稿，将已校点的手稿摊在桌上、床上，按时间、类别编排。先生谈他点校中的感想：章太炎是资产阶级学者，对新文化运动——五四运动是否定的，是反对赤化的，这有他的历史局限，可以回避不谈；章先生研究学术重考证，但有些烦琐的考证没有必要，如他考努尔哈赤的墓在何处，里面埋的是谁。其实努尔哈赤的墓在沈阳，是个衣冠冢，根本没有尸体，也不知道尸体在哪里，考他有什么用？又如都都查可木与蒙哥帖木儿就是一个人，只是译音的不同，他非考成两个人，没有必要。先生说章太炎给吴承仕关于音韵和古韵的几封信是完美无缺的，是有学术价值的。

他先把信按类分开，如谈《尚书》的、谈清室的、谈音韵的等，然后进一步查出年代，逐步点校。他准备在20号以前完成分类。

启功先生谈到毓林初先生的一段故事。毓林初是溥雪斋的儿子，与启功先生有亲戚关系，青年时就读于辅仁大学数学系，数学很好，但他不按教师的思路演题，因而两年连续不合格。他很聪明，古琴弹得很好，记忆力很好，一次到小饭馆吃饭后结账，他给服务员五元钱，服务员按一元找给零钱，他说：我给你的是五元钱。服务员不承认，他当即背出钱的号码让服务员找出来，服务员只好把钱退给他。

8月20日

接待日本书道访中团，并一同去曲阜参观汉碑。同去的还有舒同、陈叔亮、王靖宪等书法家。在曲阜为日本书法家举办了讲座，启先生讲了"玉虹楼刻帖研究"，舒同、王靖宪也分别讲了书法和碑帖。后又陪同日本书法家到泰安看北齐刻经，到济南游大明湖。

8 月 27 日

致吴小如函:

19 日枉驾失迓, 20 日赐宴又承虚候, 歉仄之情, 匪言可喻! 惟其间尚有曲折: 功受文联之任, 陪同 "全日本书道联盟中国书道研究会第一回访问团" 到山东参观汉碑, 并由三人为之讲课, 弟居其一, 于 20 日下午首途……当二公鹄候时, 弟已在火车站矣! ……稿两份, 论吴趼人一篇, 系弟系一中年女教师, 颇勤劬, 材料为其自己翻检为多, 闻南方有人同研吴氏生平, 彼固未见其稿, 未知异同如何焉? 又庾信一稿, 其作者并非弟之研究生, 然曾向弟谈其观点, 弟亦曾告以参考材料, 因见曹君有论庾之文, 故投之凑趣。……《元略志》去岁得于厂肆, 即为奉呈而买者, 以居心言, 不为不诚矣, 然非预为奉酬阅稿之劳者, 以买帖在先也。弟于《元略》一志, 坦白言之, 实无所解, 非遇九鼎, 焉能见赏于骊黄之外耶。

8 月 29 日

刘淑度出版印集, 请启功先生写书签, 为表示对启先生的感谢, 刘先生拟为启先生治印, 征求启功先生意见。先生说: "元白" 二字就好, 刘先生年逾八旬的老人了, 能刻二字印很不易了。

启先生已校点完《章炳麟论学手札》, 拟再请肖璋、曹述敬二位先生审阅并提出修改意见。

同月

为中国书店《影刊宋金元明本词五十种》题签作序。

9 月 17 日

中共中央发出《关于整理我国古籍的指示》后, 教育部副部长周林到北京师范大学与白寿彝、启功先生座谈关于整理古籍的问题, 听取意见。此后白寿彝、启功被聘请为国务院古籍整理规划领导小组的成员。

9 月 21 日

上午, 启功先生亲自到校长办公室与侯刚说, 近些日子较忙, 要去钓鱼台帮助鉴定古建筑并给钓鱼台写字。随即偕侯刚同往肖璋先生家, 送去章太炎致吴承仕手札校点稿, 请肖先生审阅, 并约定 10 月底看完。

10 月 6 日

上午, 聂菊荪召开老教师座谈会, 研究如何贯彻中央 37 号文件整理古籍的问题，出席会议的有白寿彝、启功、钟敬文、陆宗达、肖璋、赵光贤、何兹全、刘乃和、陈宪章、王于畊、胡敩赟。

关于校内整理古籍的问题，中文、历史两系各有计划，启功先生提出全校应统一规划。

11 月 5 日

国家文物局举办的"全国书画鉴定提高班"在河北蓟县（今天津市蓟州区）盘山举行开学典礼。该班学习期限为一个月，学员是来自全国各地从事书画鉴定的年轻专家和书画工作者。启功、谢稚柳、徐邦达、张慈生、刘光启、刘九庵等著名专家应邀讲课。学习期间启先生一直与学员共同活动。26 日该班结业前，他还偕同该班学员同游盘山。

11 月 12 日

启功先生去河北蓟县（今天津市蓟州区）讲课两天。因惦记着吴承仕遗著书稿，今日返京，向侯刚了解吴承仕遗著整理进展情况。得知肖璋先生已将章太炎致吴承仕手札审阅完毕，立即让送来他再看看。先生又顺便介绍了当前古籍整理的动向，并将他收到的中华书局关于古籍整理工作的简报拿给工作人员传阅，并嘱将北师大的进展写一简报反映给中华书局。

先生讲了他的"功在禹下"印的寓意：一是谦虚之意；二是因禹之子名启，寓意启功在禹之下。

《浙江画报》刊登了启功先生为杭州西湖管理处写的一幅"平湖秋月"石碑照片，将原来的四字横幅改为直书，并把启功的印放在字的上方，如同乾隆御碑一样，字迹放大也走了样。启先生看后说："他们这种做法很不妥。"

11 月 26 日

晚七时余，侯刚、胡敏到小乘巷启功先生家中，通知先生赴香港讲学及举办书法展的手续已办妥。同时送来刘淑度先生致先生的便函及刻好的"元白"印，刘先生希望启先生写几个小斗方，她用以赠弟子鼓励他们努力进取。先生即整理桌面铺好毡子，用他保存的红格纸写了起来，有"谁知圣人意，不在古书中""自强不息""学无止境"等，其间友人袁行云来访求字，并以泸州大曲一瓶相赠，先生热情地招呼后仍未停笔，怕袁先生久等耽误末班车回不了家，听袁先生说了要求后请他改日再来，又继续写完给刘先生的斗方，一一加印完毕，时间已到晚 11 时半。

11 月 29 日

北京师范大学现代化教育技术研究所与日本索尼公司签订协议，合作制作电化教学录像片《启功书法研究》。先生接见中日双方代表。后因有人挪用此项经费，致使拍摄工作不了了之。

同月

中国文学艺术界联合会增补先生为该会全国委员会委员（"文化大革命"前即为委员，被错划为"右派"后除名）。

同年秋

致傅璇琮函：一、推荐杭州美院研究班朱关田撰写的论文《李邕行年考》；二、请评定研究生柴剑虹的毕业论文并参与答辩。后又推荐柴剑虹到中华书局任编辑。

为陈少梅作《钟馗醉酒图》题诗：

> 运毫何殊运斤，著墨即是明人。
>
> 梅老已成千古，钟公铁面长春。

同年

文物出版社《书法丛刊》创刊，请启功先生任主编。先生欣然接受，此后每有重大学术问题，先生便组织有关专家座谈，亲自约稿、撰稿，如《秦汉简帛晋唐文书专辑引言》《书画鉴定三议》等。

同年冬

为"费新我先生墨宝展"题诗祝贺：

> 秀逸天成郑遂昌，胶西金铁共森翔。
>
> 新翁左臂新生面，草势分情韵倍长。

同年

学校为了解决老教师工作和生活中的困难，由主管教学后勤和人事部门的负责人组成"教师工作组"，针对不同对象解决困难。工作组开始提出给启先生配助手。他知道后坚决不同意，说"不能因为帮我办事，耽误了年轻人的学业和前途"，而婉言谢绝了。后来考虑到先生的安全和工作方便，临时在职工宿舍"工11楼"（现乐育7楼）找了一套一间半居室。由小乘巷搬入北师大居住。章景怀、郑喆夫妇随来照顾起居。于次年迁入红六楼。

先生作为少数民族知名人士，又是政协委员，除日常繁忙的教学工作外，还有参政议政及各种社会活动，每日往返在小乘巷和学校之间，先是骑车，后来改乘公交车。由于"文化大革命"期间市政建设停顿，公交车少、路窄，交通十分不便，尤其上下班高峰时，乘车十分困难。年初一次回家正准备下车时，到车门口还未站稳，一个年轻小伙子从后面撞了过来（其实他也是被后面人挤的），把老先生挤到车下，摔得鼻青脸肿，眼镜也抛到了一边，幸好没有骨折，十分危险。他曾作有《鹧鸪天八首——乘公共交通车》，其中一首就是记述这次遭遇的：

入站之前挤到门，前回经验要重温。

谁知背后彪形汉，直撞横冲往外奔。

门有缝，脚无根，四肢着地眼全昏。

行人问我寻何物？近视先生看草根。

同年发表的主要著作有：

《鉴定书画二三例》发表于《文物》1981 年第 6 期。

《启功丛稿》由中华书局出版。

《〈影刊宋金元明本词五十种〉序》随书 1981 年 8 月由中国书店出版。

12 月 27 日

启功先生撰毕《章太炎致吴承仕书札》前言，并书写书名，交北师大出版社付印。

1982 年（壬戌）70 岁

1 月 22 日

上午，白寿彝、启功接待教育部周林副部长，再商谈古籍整理问题，启功先生带来给肖岩、李群等友人写的条幅。

1 月 28 日

启功先生再为刘淑度题写印集名签《刘淑度刻石残存集》。

2 月 1 日

上午，聂菊荪、白寿彝主持北师大古籍整理座谈会。会后，启功、郭预衡、刘乃和、谢芳春当场挥笔迎春。

2 月 2 日

启功先生再与中华书局赵守俨先生等商谈北师大出版社与中华书局联合出版吴

承仕遗著及分工原则。

1. 出版吴承仕文集，其中凡音韵、训诂、小学类的著作，均由中华书局负责出版。

2. 出版的版式、封面装帧等两家一致，由启功负责题签。

3. 书籍出版时，统一附出版前言、吴承仕小传。

启先生还提出由北师大收藏这批遗著，中华书局表示同意。先生又提出吴鸿迈及其夫人保管这批遗著是有贡献的，应前去拜访表示感谢。

2月9日

北京师范大学建校 80 周年纪念。

五四运动参加者，九三学社创始人之一，老校友初大告为祝贺母校北京师范大学建校 80 周年，作诗一首，寄来请先生"斧正"。

巍峨庠序建功长，培育英才秉义方。

识博德高师道重，乐群敬业学风昌。

毅推万众臻克舜，筹运百科跻富强。

慈范光荣登八秩，莱衣拜祝寿无疆。

一九二六年北京师大第一届英语研究科毕业生初大告敬献。

启功先生读初老诗后，即复信如下：

尊敬的大老先生：

侯胡二位同志转来华章，拜读之作。

仰见雅音高迈，逸韵宏深，且于母校之感情真挚，于此可征先生树人育才之意与振兴文化之心，与山岳齐崇焉！

钧作谨请重挥椽笔，再付我校同志，印入纪念刊物，俾得流传永永，无任欣怀，企盼之至！春寒未减，伏惟千万珍摄！专肃敬颂，

撰安！

后学启功敬上

一九八二、二、九

2月17日

下午，出席校庆筹备会后在家中为学校作书画礼品，共计 12 幅。又为郭敬、王

振稼、李双利书条幅，再为赵庆海夫妇作《春风和煦图》一幅，至晚7时才完毕。

先生详细交代工作人员去找荣宝斋装裱，随即给荣宝斋业务科写便函：

各件请裱镜心式，略薄软些，绫或锦图，最外请加小窄旧色纸套边。如有糊成的纸盒，请选几件，按裱成的纸圈横度，装得下即可。如有各色丝带，各附一条更好。致

荣宝斋业务科各位局长大人。

启功敬上

二月十七日

2月19日

胡敏通知，因英国驻华大使馆的刁难拖延，启功先生赴港签证今日未能拿到，行程需推迟。先生嘱给牟润孙、马国权发电报。

2月20日

因赴港推迟，先生决定去荣宝斋。

在荣宝斋业务室，受到米景扬、雷振方等友人的热情接待，他们拿出几件藏品请启功先生鉴赏。

先拿出一幅王铎的书法条幅，先生一眼就看出是假的，周围的人有些不解，先生开玩笑说："它要不是假的，我就是假的了。"然后详细讲为什么是假的，他说："字的肩架结构一点也不能含糊，这幅字是描的，他描的时候心里不踏实，手上就犹豫不决，于是在字上就表现出来了，当即指出几个字，大家果然看出了破绽，十分佩服。

雷先生又取出一幅画，启功先生看了上、中、下三段题字后又说："这张画也是假的。"大家请先生讲讲为什么假。

先生说，这画上的题跋是竖长的，上半段的字看上去还差不多，这中间的字就看出破绽，是作假者弄巧成拙，原题字是短行的，他做假移到这张画上变为竖长的，短行的每行第一个字较大，写到下边就小了，改为竖长以后，接连处突然变小，破坏了原题字的气势，不能连贯下来，所以一看便知这幅画是假的，因此印章也是假造的。

有两位年青师傅合作了一幅画，请先生题词，先生看过后在画上加点了几笔，写下了一首四言诗：

旷宇天开，瀑吼如雷。我加尘点，聊代青苔。

白晓天山合笔，启功僭书借石。

由于原画充满了稿纸，先生的题字写在山水画下方的石头上，故曰："僭书借石"。从这四句诗中可以看出老先生对年青学者的关怀与支持，也看到老先生的谦和美德。

由荣宝斋出来，先生又去一得阁墨汁厂买墨汁。在门市部的工艺品中有十二属相，先生很喜欢，买了一只小鼠。先生说："我是属鼠的，把它带回家吧。"在四楼接待室，四壁挂满了名家试墨时所作的书画，启功先生题写的一得阁厂名和题词"一得经始，墨林快事"也在其中。

在回师大的路上，遇到实验小学校长尤素香，提出邀请启先生给书法小组讲讲书法常识，启先生很高兴地答应说，在去香港之前就可以去讲。

3月1日

启功先生赴港讲学的签证及机票今日才办妥，胡敏送来。

海军郭晋仁政委晚上来看先生，他喜爱书法、绘画，赠先生一幅小画：一个方形的花瓶中有一枝梅，上有一朵红梅花，题曰："一点红"。

启功先生讲张伯驹先生坎坷，反右派时，被划为"右派"。后来陈毅给他摘了帽子，任辽宁博物馆副馆长。好景不长，"文化大革命"中又被揪出来挨批斗后下放到农村劳动改造，社员认为他不会劳动只分口粮不要他，无他生存之地，只好到西安投靠女儿，后来辗转回到北京，一无户口二无口粮三无钱，穷困中靠朋友接济钱粮。陈毅逝世他大胆地写了一副挽联。夫人潘素告诫他说："你还不老实点，还写什么呀。"他性格耿直，说"不怕"，恰巧这副挽联被毛主席看见了，问这是谁写的，周总理介绍了张伯驹的简况，并说："他想到文史馆工作。"毛主席说"很好"。不料工作人员调查他为何落魄到如此，又追查他为何写陈毅的挽联，可吓坏了潘素。他也是提心吊胆，过了不久，传来了喜讯，有了户口和口粮，工作也有了，但是人已老弱多病，最终病故，终年85岁，启先生亲自前往吊唁。

3月3日至4月6日

应香港中文大学邀请，赴香港讲学。

3月3日上午6时，启功先生由学校出发赴香港讲学，李双利、王宪达、郭玉秀、侯刚及先生内侄章景怀去机场送行，7时办理海关手续，因先生是著名书法家，海关工作人员检查严格，对先生说："您带字画了吗？"先生幽默地说："我只带了两只手。"对先生带的十六方印也一一看过。

候机时，先生谈了他与牟润孙多年的友谊。

上午离京，下午抵港。老友牟润孙及许礼平、马国权、常宗豪等到机场迎接，住中文大学雅礼宾馆，晤文学院院长刘殿爵。1980 年启先生与牟老在京相见后再次相会，分外亲切。当晚作《喜晤牟润老》庆贺：

> 早岁虬髯意气豪，市楼谈吐静群嚣。
>
> 卅年屐履回尘迹，一帙文章压海涛。
>
> 把臂国门头共白，掬膺时事目无蒿。
>
> 励耘著籍人余几，敢附青云效羽毛。

初到香港的十数日有以下一些活动：

往新华社香港分社拜会王匡社长。

到集古斋访书画，会见各界的新老朋友，其间曾与常宗豪畅谈"关于语言之管见，常极相赞许"，并获观几位朋友藏画；在李启严家看其藏品三种："文衡山小楷古诗十九首及陶诗数页最佳，古缘著录者；《黄庭经》有王弇州跋，涂笔作双钩；《张猛龙碑》平平。"在香港《大公报》李侠文处观其藏画两件："罗汉图甚古不减宋，似北作，南田松石是临本。"看到荣森藏品："文徵明《落花诗》是真迹，其余俱假。"

到大业书店购书，计有日本印的文与可作品两种，王石谷山水及《温泉铭》《化度寺碑》各一册。

3 月 17 日

启先生开始讲课。下午 4 时讲书法常识，听众甚多。讲一小时，与听众交谈半小时。

3 月 24 日下午

启先生讲《曹雪芹笔下的真假——论〈红楼梦〉生活的背景》。他在讲演中旁征博引，畅谈他对《红楼梦》研究的见解。

他的主要观点是谈曹雪芹笔下的真真假假，即所谓"真事隐去，假语村言"，是因为曹雪芹在他所处的时代背景和家庭背景下，不可能容许他直言无隐地去描述一切，因此他需要用"假作真时真亦假"的高超艺术手法，故意去混淆真假虚实。这是研究书中所谓"真人真事"时所要弄清楚的根本观念，否则很可能钻进了牛角尖，越"考"越白费心机。先生在讲演中也举了很多例子说明曹雪芹是如何"处心积虑"地弄虚作假。书中所出现的地名、官职、礼节、服饰、称谓等,都是明清两代或更早以前一直沿用的,单是清朝才有的名称,一个也没有出现。也就是说,曹雪芹把一切有清朝标志的真事都隐去了,以避免触及当朝的忌讳。但是书中对封建社会官僚家庭的生活、结构以及人与人之间关系的描写,却是最大的真实。

启先生还认为,研究"红学"应该从研究书中的结构和关系入手,比考据真人真事更为重要。了解曹雪芹笔下真假掺杂的原因,分辨出哪些是真哪些是假,对曹雪芹的艺术手法和成就才会有进一步的了解。

对于有人提出高鹗、程伟元续《红楼梦》后四十回的真伪问题,启功先生反对某些人把续书贬得太低的说法。启功先生认为高、程不可能凭空捏造后四十回。启功先生怀疑《红楼梦》一百二十回本原来是全的,只是后四十回烂掉的比较多,是高、程在原著残本上添补增订而成。

3月29日

下午再作关于《红楼梦》的专题讲演《我对红学研究的管见》。香港学者评论:"启功这次演讲,对于《红楼梦》研究具有与众不同的独到见解。"

4月6日

今日返京。讲学期间参观了香港中文大学图书馆、中文大学新亚书院,为中文大学留下墨宝和诗作。

4月20日

聂菊荪约启功先生、胡恒立、武静寰、侯刚再商谈吴承仕遗著出版事,最后决定应在明年吴老百年诞辰时完成,请出版社作为重点项目来落实。

4月23日

上午先生到荣宝斋交印石给雷振方,请顿立夫治印二方。

4月27日

启功先生为外事处写几幅作品作为礼品,陈仲文请教几首词不明白处,先生作答如下:

(一)汪颂文《琴台铭》语,实出《洛阳伽蓝记》而益加超妙焉。汪颂文名汪中,清朝的学者。伽蓝即佛寺,又译作僧伽蓝,沙门修行的地方。《洛阳伽蓝记》是北魏杨衒之撰写。北魏时尊重佛教,在洛阳修建寺庙一千余座,后毁于兵灾,杨衒之在灾后重游洛阳,恐日后无传,采拾旧闻,追述故迹,撰写了

《洛阳伽蓝记》，是北魏流传下来的一部历史名著。

（二）沉寥明月夜，淡泊早秋天。这是南宋一张画上的题款，画面上一个大船停泊在河边，船比较高大，岸上一段城墙，天上一轮明月，诗不知道是谁作的，描写的是秋天景色。

（三）福履绥之，此语出于《孟子》，意幸福的精神可以维持。春孟即孟春也。

（四）柳叶乱飘千尺雨，桃花深带一溪烟。这是清人吴梅村长诗《鸳鸯湖曲》中的两名句，写嘉兴南湖的美丽风光。

（五）山一程，水一程，身向榆关那畔行。夜深千帐灯。此句是纳兰性德《长相思》的上半阕，是作者随康熙巡视北方时作。其下半阕是：风一更，雪一更，聒得乡心梦不成。故园无此声。（据清名家词本通志堂词）

5月2日

学校邀请福建师大副校长黄寿祺教授来京与启功先生共同主持整理吴承仕遗著，黄教授和他的研究生张善文、王小倩一行三人今日到京。下午四时，启功先生与聂菊荪、王于畊同去招待所看黄先生。晚王于畊在家中宴请启功和黄寿祺二位先生。

5月3日

上午启功、黄寿祺主持召开吴承仕遗著编委会，成员除二位先生外，还有龚兆吉、周纪彬、曹述敬、辛志贤、武静寰、胡云富、侯刚。经研究决定在吴承仕百年诞辰纪念会前，先出版《吴承仕文录》《检斋读书笔记》《群书检要》《淮南旧注校理》《纪念吴承仕诞辰百年文集》《章炳麟论学手札》六种。中华书局负责《经籍旧音序录》《经籍旧音辨证》《经典释文序录疏证》三种。

5月15日

下午雷振方来送顿立夫治好之印，先生和他谈起写字临帖，嘱他多临圣教序帖。

5月27日

下午，在校主楼八层大厅举行书法笔会，为校庆拍摄影片。邀请校内书法家和书法爱好者出席。启功、郭预衡、刘乃和、谢芳春、贾书圣、张守常、秦永龙、冯文若、胡云富九位出席挥笔。

5月28日

北京农业大学邀请启功先生去该校报告香港之行的感想，中午李开鼎派人来接先生。

6 月 7 日

先生因犯心脏病住进北大医院，在病中有诗：

> 已经七十付东流，遑计余生尚几秋。
>
> 写字行成身后债，卧床聊试死前休。
>
> 且听鸟语呼归去，莫惜蚕丝吐到头。
>
> 如此胜缘真可纪，病房无恙我重游。

先生放心不下傅熹年请他题跋的字画，在医院致函傅熹年：

> 弟心脏病发，小乘巷存重要稿件等请先生带回，弟如出院，可再题写；此保险之法，万勿稍有客气。（附有清单。）

6 月 10 日

启功先生因患心肌梗塞住北大医院，庄医生说病情稳定，需要好好休息，不可再劳累。

6 月 15 日

启功先生病愈出院。

7 月 9 日

北京师范大学古籍研究所成立，白寿彝任所长，启功、郭预衡、刘淑娟任副所长。并决定招收 14 名古籍专业研究生。

7 月 19 日至 24 日

启功先生去洛阳拍摄书法碑帖教学片。为拍摄碑帖教学片，偕师大电教摄制组成员乘火车赴洛阳拍摄实景。先生拒绝了为他购买软卧车票的提议。先到偃师县（今洛阳市偃师区）缑山拍《升仙太子碑》，继乘汽车赴少林寺，拍裴漼书碑、赵书《裕公和尚碑》、董书碑、王知敬书《武后诗》小碑、蔡京书"面壁之塔" 4 个字，拍每件古碑时先生都有详细现场讲解。

据相关日记，具体行程如下：

> 7 月 19 日　星期一　雨
>
> 12 次列车 15 车厢，晚 8 点 22 分赴洛阳。

7月20日　星期二　多云

上午10点32分到达洛阳，两辆上海、一辆吉普来接站。经过多天的准备，为拍摄书法片携带了大量设备。

住在市委招待所，下午休息。

7月21日　星期三　阵雨

250元租了一辆日本小面包车，一天跑了260公里。

早7点30分出发。

先到偃师县《升仙太子碑》拍摄，后到少林寺，一路由文管所同志陪同，可以按需要随便拍摄。

中午在登封县城吃饭。

下午去告成镇石淙涧拍摄。

回路去观星台和中岳庙。

7月22日　星期四　阵雨

上午拍摄龙门石窟，所长带领拍古阳洞"龙门二十品"。

中午在西山的香山宾馆吃午饭。下午去关林，5点回招待所。

7月23日　星期五　多云转晴

上午去北邙拍摄，有东汉、曹魏、西晋、北魏四朝十几个帝王的陵墓。

在黄河大桥观黄河，水势宽广浩荡。

中午去孟津王铎（明清之际著名的书法家）别墅。

下午去白马寺。方丈请我们吃自己种的葡萄。

回招待所后接学校电话通知全体回校，原因不明。

7月24日　星期六　雨

上午10点，8次特快成都—北京，一路下雨，晚22点43分到京。

7月

连云港征题，先生为其书"连云港"大字，又撰联：

游连云港福如东海；吃猕猴桃寿比南山。

同月底

《福州晚报》记者何云来请先生为该报副刊《兰花圃》题字，8月17日，福州解放 33 周年的专刊正式刊用了先生的题字。

据何云回忆：

> 当见到先生说明来意时，先生并没有直接表达是否同意题写，而是说："我去过福州，福州有许多木头房子。记得有一条街，全是木头店面，有的还歪歪斜斜地用木头顶着，斜度挺大却几十年不倒，这可是一大景观，不亚于比萨斜塔。"说完放声大笑。又说："福州有座鼓山，在半山腰有块碑，刻着'欲罢不能'，这碑文用得好，我那时登到这块半山碑时，确实感受到欲罢不能的滋味。"先生还说："好友王世襄就是福州人，是玩物有志、玩物博学的大家，现在住在北京，我跟福州有这么多的缘分，理当题个签。"先生当时创作情绪极好，于是整理桌面铺开宣纸题写起来，一连写了好几张，有的从左到右，有的从右到左，最后选了从左到右和从右到左各一张给了我。

> （何云：《忆求墨宝兰花圃》）

8 月 2 日

致熊宪光函：

> 承询有关训诂一字，今日提笔作笺时，又寻来书不着，其案头之乱，足下不难想象。但有一个印象，即是训诂问题向何处去找，兹敬依浅薄之见，略陈一二，虽不记得某字，但此法可自参考。

先生随后介绍了《经籍籑诂》《说文通训定声》《康熙字典》《说文解字诂林》等训诂典籍及用法。

8 月 14 日

启先生接到政协 654 号提案办理情况的通知。

先生曾与胡絜青、陶大镛、严梅和诸先生在全国政协会上提出 654 号提案，建议在和平门外北京师范大学旧址建李大钊纪念馆，并利用旧址建成北京师范大学分校。

经教育部会同国家文物局和北京市政府研究后函复办理结果：

> 1963 年根据周恩来总理指示，该处校舍拨交给北京市办中小学使用，北京

师大和北京师范学院培养的学生已可满足北京地区中学所需师资，北京师范大学不需要再办分校；考虑到李大钊同志工作和从事革命活动的地方很多，是否要建纪念馆，在何处建，应由党中央和国务院统一研究决定。

8月20日

致刘涛函：关于怎样写字的问题，"昨晚所谈不能详，现在补充奉告几点"。共列出5点应注意之处。

8月21日

文化部授权文化部文物局，组成"文博干部学术、业务职称评定委员会"，先生被聘请为委员。该委员会的任务是负责部属各单位文博干部副研究员以上高级职称的评定，并指导全国文博干部学术、业务职称的评定工作。

8月23日

启功先生今日迁入红六楼，中文系、校长办公室一些同志祝贺先生迁入新居及七十寿辰。

为了改善先生的居住和工作环境，学校给先生分配了小红楼六栋一套宿舍。这是20世纪50年代为苏联专家建造的两层宿舍楼，上下层各住两家。先生住楼上西侧四间。虽然设备落后，楼体陈旧，但比起小乘巷的两间小南房要好多了。楼前原有一棵高大的绒花树，后改种法国梧桐。树冠随风而动，夕阳西下时阳光透过缝隙从窗前一掠而过，先生感叹时光流逝很快，就把这座楼称作"浮光掠影楼"。他谦虚地说：自己研究学问不深入，所学所知像浮光掠影一样，是表面的。

自本年起，启先生读书、备课、作书、作画，接待朋友，给研究生上课都在这"浮光掠影楼"里。但是随着先生声名越来越高，慕名前来索字、请教的人越来越多，早晚宾客盈门，使他无法静下心来思考、研究。他为了把自己一生研究学习的心得留给后人，经常在晚上整理论文和书稿，为了不打断思路，"浮光掠影楼"的灯光经常是通宵达旦地亮着，直至他离世。先生曾书有联语：

一生荡气回肠命；小住浮光掠影楼。

8月28日

下午荣宝斋卢华唐、米景扬、雷振方来，和先生商定明年去日本书展具体时间安排，先生表示同意，说抓紧时间准备作品。

9月9日

中国书法家协会在北京国际俱乐部召开在京会员座谈会，庆祝党的十二大的胜利召开。舒同、启功、周而复、董寿平、史进前、康殷、杨仁恺等书画家在会上发言，他们一致赞颂党的十二大是光辉的里程碑，为全面开创社会主义现代化建设新局面指出了方向，并制订了具体措施，描绘了一幅光辉灿烂的社会主义建设的宏图。

9月15日至24日

中国美术馆举办了《庆祝党的十二大书法篆刻作品展》，先生有书法参展。

9月21日至27日

启功先生去西安拍摄书法碑帖教学片。据相关日记，其行程如下：

9月21日　星期二　雨

35次列车8点09分到达西安，住在陕西师范大学招待所。

9月22日　星期三　阴间晴

上午在碑林拍摄到12点30分。

下午去民主党派陕西省部。稍后去鼓楼、西门城墙上参观。

最后参观清真寺。

9月23日　星期四　阴间晴转小雨

上午到乾陵，下午去昭陵拍了点片子。

9月24日　星期五　阴有小雨

上午去华清池，参观兵马俑后到大雁塔拍摄。回招待所后又去看小雁塔。

9月25日　星期六　小雨

今天原要去楼观台，临时变计划又去秦俑博物馆，参观铜车马。晚上看易俗社的秦腔《龙虎风云》。

9月26日　星期日　阴有阵雨

去楼观台，回程到重阳宫（户县祖庵碑林）。到西安转向南郊去兴教寺。

9月27日　星期一　晴

180次列车早8时离开西安。

9月

根据启先生的建议，北京师范大学创办"古典文献学专业"硕士点，自本学期开始招生，先生被聘为导师。

是年秋

青年教师秦永龙获得去中山大学古文字研究室进修的机会，他深感"文化大革命"耽误了学习，学习古文有困难。先生得知他有畏难情绪，给他讲了一个故事：有一青年要为父报仇，拜一位武艺高强的人为师。说明来意后，师傅指着院里大树说：你明天起去晃那大树。晃了三天后他求师傅教本领。师父说：你接着去晃。此后他连晃三年，大树倾倒。他对师傅说：您该教给我本事了吧！师傅笑着回答：你的本事学好了，这么大的树你都晃倒了，天下还有谁是你的对手？秦永龙于是暗下决心，用小伙子晃树的劲头去啃古文字，经多年刻苦钻研终成专家。后来他请启先生为他写了"撼树"二字。秦永龙曾说："师恩重如山，这两个极普通的字就是师恩的见证，这两个字还会激励我走完人生的路！"

同年秋

启先生应苏州博物馆的邀请去苏州鉴定书画。他先到南京，短暂停留后去扬州，为扬州外办、扬州园林局等单位写了许多字，又对扬州中学收藏的 100 多件藏品作了鉴定。其中有一件名为王石谷的画，先生认为应是王翚的真迹，他作了跋。在苏州博物馆遇王靖宪，又同行到镇江博物馆看了"东林党人"的作品，后经上海返京。

10 月

北京师范大学建校 80 周年，于国庆节期间举行庆典活动一周，接待历届校友返校，先生作贺诗一首：

> 八十春秋屈指经，一堂新进接耆英。
>
> 高才历历偕谋国，嘉树欣欣荫广庭。
>
> 作范群伦兼德艺，夺标四化奋仪型。
>
> 弦歌便奏倾杯乐，请听敲金戛玉声。

10 月 17 日

启功先生讲：练习写字时，不要学现代人的字，否则将来想摆脱都摆脱不掉，他建议要有自己独特的风格。

11 月 2 日至 8 日

启功先生赴浙江拍摄书法碑帖教学片。据同行人的日记，其行程如下：

11 月 2 日　星期二　晴

119 次列车 4 车厢，晚 7 点 10 分赴杭州。

启先生 10 月 29 日坐飞机已先期到达。

11 月 3 日　星期三　阴

晚 9 点 40 分到达杭州，西泠印社的车来接我们。

住宿在杭州美术学院留学生楼。启先生已经在此。

11 月 4 日　星期四　晴　傍晚转小雨

早 6 点多去绍兴，车行两个小时左右。

参观鲁迅纪念馆、三味书屋、青藤书屋、秋瑾故居。

到咸亨酒店，大家兴致很高，买了酒和茴香豆，一片笑语欢声。

中饭在福山饭店。

下午在王羲之鹅池拍摄。

11 月 5 日　星期五　小雨

到西泠印社一直等雨小。

午饭在楼外楼。

雨小些后在雨中拍摄"三老堂"。

到灵隐寺、植物园、玉泉、六和塔拍摄外景。

11 月 6 日　星期六　阴

上午在柳浪闻莺。

下午在三潭印月、花港观鱼。

11 月 7 日　星期日　阴有小雨

早上送启先生乘飞机返京。

拍摄些外景。

11 月 8 日　星期一　阴

早 8 点 120 次火车离杭州，9 日 11 点 03 分到京。

11 月 13 日

下午聂菊荪看望启功、黄寿祺二位先生，谈整理吴承仕遗著和纪念吴承仕诞生 100 周年的计划。

11 月 17 日

北京师范大学和中国作家协会共同举办纪念李白诞辰 1220 年大会，臧克家、冯至、艾青、钟敬文、启功、郭预衡、邓魁英及中文系师生出席。

11 月 15 日

先生与钟敬文先生都很喜欢绿云楼绝句，钟老在赴上海开会期间，在古籍书店购得韩衍韩著伯遗著《绿云楼诗存》，喜出望外，即复印全书并作绝句二首，一并赠先生，诗曰：

> 扫除天下英雄志，铁弹无情巨栋摧。
> 自是胸中富灵气，嘘成朵朵彩云飞。
> 昔日连城窥片羽，奇情壮采拨心弦。
> 申江今喜收全豹，不负穷搜过卅年。

先生读后重录，跋曰：

> 余与敬老同爱绿云绝句，求其集苦不可得，敬老一旦获此，欣喜欲狂，以题句见示，因为录之。

随后先生又将他搜得的未入此集的《示蒯若木》《寄张季直师》《砚铭》三首抄赠钟老以补缺，并注："以上三首，见 1935 年王灵皋所撰文中，并云未收入雁门世兄所编遗著，雁门者蓍伯之子也。"先生还对全书作了校订，有 9 处更正，以朱笔批于书眉，一并奉呈钟老。

同年

获观宋刻苏帖四种：《洋州园池诗》《中山松醪赋》《阳羡帖》《种橘帖》。为之题签，发现册尾失一帖，因补录帖文：

> 柳十九仲矩自共城来，持太官米作饭食我，且言百泉之奇胜，劝我卜邻，此心飘然已在太行之麓矣。三月十七日东坡居士书。

同年发表的主要著作有：

《〈金禹民印存〉序》，该书 1982 年 8 月出版。

《启功先生讲书法》（录像带）由北京师范大学与日本索尼公司联合制作。

12 月 17 日

上午与李修生谈古籍所的工作后又为萨哈瓦特夫妇作画。选用日本色纸，开始用朱笔画竹，又画兰草、山石，完成一幅之后，又取一纸，先用淡墨勾出假山，然后又用朱笔画幼竹兰草，用笔潇洒自如。

下午又为校内聂菊荪、张厥元等友人写条幅 8 幅，其中有一幅赠一位友人的孩子。

1983 年（癸亥）71 岁

1 月 5 日

上午到赵朴初先生家拜访，雷振方陪同。二位先生见面，互相问好，促膝畅谈，先生请赵朴老为他赴日展览图册作序并题签，赵朴老欣然应允。不久赵朴老便写好三百多字的祝词及《启功书作展》图册签。

1 月 17 日

上午启先生到荣宝斋，为去日展品中的临阁帖和草书作品审定释文，用于出版图册。

1 月 21 日

上午先生到荣宝斋又送 4 张书画卡纸。此次先生特别创作了 9 幅绘画作品，是先生多年来首次对外展出自己的绘画。先生明言，此画只供展览，不出售。至此赴日展品已全部完成。

2 月春节前夕

北师大党委统战部举办"庆新春话统一"茶话会，各民主党派成员及一些老教授雅聚赏月，当场又举行笔会。先生与谢芳春、刘乃和、郭预衡等即席挥毫，先生作十六字令并书条幅：

> 花，骨肉同根各一涯。游子愿，何日早还家。

老校友、齐白石的女弟子篆刻家刘淑度，当年已 86 岁高龄，读这首词后，即以词句治印一方，留赠母校，并有边款：

> 秋病起，读师大校报后，刊元白先生词句，愿祖国统一大业早日实现。

同月

临八大山人画猫，为夏衍祝贺春节并题："夏老爱猫成癖，不减杜征南之于左传。偶见八大山人此本，因临之以助守书藏，并乞教正。"

2月28日至3月29日

先生与董寿平、黄苗子一起，28日出发赴日本先出席日本雪江堂举办的"现代中国著名书家书画展"。这次展览是日本雪江堂和日本中国文化交流协会主办。先生和董寿平、黄苗子都有作品参展，这是先生首次在日本举办书法展。参展作品各有专集出版。中国驻日本大使宋之光，文化参赞蔡子民、文迟出席开幕式。逗留几日后，先生又出席了荣宝斋和西武百货联合举办的"启功书作展"，并于3月29日回国。以下为期间具体行程。

3月1日

先生一行出席了日本书法家"宇野雪村书业展"，并为书业展剪彩。先生写十六字令祝贺：

豪，五岳遥齐富士高。兄弟谊，晨夕海通潮。

3月2日

参观雪江堂，推董老致辞，雪江夫人请吃午餐、互赠礼品，先生用日本色纸作书10幅。

3月3日

参观中村不折旧居书道博物馆，访问日中友好协会，并与黄苗子一起为中国驻日本大使馆写字数张。

3月5日

赴京都，参观金阁寺（又名鹿苑寺）、天满宫和京都国立博物馆。在博物馆，饶有兴趣地看了该馆收藏的中国书画。当看到该馆存有一件《郑板桥画竹》册页时，十分高兴。该册共11开，每开都有题诗，随即全文抄录下来，准备收入他所搜集的郑板桥遗诗《击脑编》中。

1. 谁家新笋破新泥，昨夜春风到竹西。借问竹西何限竹，万竿转眼上云梯。板桥

2. 短节直干如地下之鞭，忽飞腾于地上，然则地上之竹独不可飞腾于天上邪？高卑固无一定也。板桥

3. 雨中听竹知秋意，秋在书窗小榻边。板桥

4. 水竹不如山竹劲，画来须向石边青。板桥居士

5. 竹林七竹如何六？两阮原应共一枝。板桥（六竿竹）

6. 竹中有竹，竹外有竹，渭川千亩，此为巨族。乾隆辛巳板桥道人画并题

7. 莫漫除荆棘，由他与竹高，西铭原有说，万物总同胞。板桥

8. 不是春风，不是秋风，新篁初放，在夏月中。能驱吾暑，能豁吾胸，君子之德，大王之雄。板桥道人

9. 一阵狂风倒卷来，竹枝翻回向天开。扫云扫雾真吾事，岂屑区区扫地埃。板桥

10. 一枝偶向崖边出，便晓山中筱簜多。寄语采樵人莫美，留他君子在岩阿。板桥

11. 忽焉而淡忽焉而浓，究其胸次万象皆空。板桥

3月6日

赴奈良参观招提寺、东大寺。

3月9日

董寿平、黄苗子先期回国，先生留下又出席在西武公司的书展，并与索尼公司研究拍摄书法教学片事，至3月27日结束。其间游浅草寺，会见上条信山，赴长崎参观原子弹爆炸纪念馆，最后参观大阪市容，并拜访伊藤东海先生。

王玉英是长崎西武公司员工，给先生当翻译，书写作品以表谢意。

3月18日

上午10：45"启功书作展"开幕，中国驻日本大使宋之光和夫人、大使馆武官等参加。宋大使、先生、西武百货池袋店长致辞。到场的日本书法家有青山杉雨、宇野雪村等。荣宝斋副经理蓝若天与雷振方出席，蓝代表荣宝斋致辞。

下午到东京国立博物馆参观，先生点题看黄庭坚"王长者、史诗老墓志铭稿卷"，米芾"行书秘玩、李太师、张季明帖卷"，梁楷"六祖斫竹图"，及传梁楷"雪景山水""李白行吟图"等，同观有王学仲、雷振方等。

3月19日

先生一天在展场。

3月21日

上午先生一行到中国大使馆向宋之光大使辞别，晚，上条信山请餐，约先生写纪念张裕钊文。

3 月 22 日

先生一行上午到向阳社，后乘新干线到大阪，住西武招待所。

3 月 23 日

上午由大阪飞长崎，中午与西武翻译王玉英胞兄王国雄在"江山楼"用餐，饭后游原子弹爆炸展览馆、孔庙、唐人馆。晤华侨会长林其根，晚在"江山楼"同林等用餐。后，先生为饭店题字：

> 江山楼。
>
> 中华儿女多奇志；天下江山第一楼。
>
> 江海聚英贤，门迓高轩，樽盈美酒；
>
> 山川钟秀色，遑开广座，宾上层楼。

3 月 24 日

上午，先生在旅馆休息，中午在江山楼用餐，下午飞回大阪。启先生先后为长崎"江山楼"酒楼题字多幅，题抱柱："江海贸迁，嘉业兴隆传世代；山川楼阁，雄观人地两峥嵘。"

3 月 25 日

西武高摵书展开幕，先生出席开幕式，并拜访高摵市市长，赋诗写条幅一件：

> 为鉴云书风信帖，自携拙笔过瀛东。
>
> 春迟未饱看花眼，遍地繁樱一萼红。

当晚出席高槻市长宴会。

3 月 26 日

上午游大阪天王寺，下午拜访 90 岁日本书法家伊藤东海。先生和伊藤谈论对书法的见解，伊藤的汉学知识渊博，对当下日本现代书法颇有微词。先生与他交谈十分融洽。

3 月 27 日

一天游奈良，去了法隆寺、招提寺、药师寺。

3 月 28 日

一天游京都，去了三十三间房、清水寺、金阁寺。

3 月 29 日

下午 4 时，由大阪经上海乘机返回北京，并用这次书展卖字的全部收入在日本购买复印机一台带回，送给中文系。

同月

钟敬文先生八旬晋一大寿，先生作朱笔松竹图，为钟先生祝寿，题诗：

> 双松堂堂，修竹苍苍。
>
> 齐眉之寿，水永山长。

4 月

国家文物局发出"〔83〕文物字 160 号"文件，聘请先生为"文化部文博干部高级职称评定委员会"委员。该委员会对全国文博系统的副研究员以上的职称，在省级组织评定之后和授予之前进行综合评定。

在评职称期间，当时的中国历史博物馆有人对史树青先生评为研究员有不同意见，征询启功先生意见。先生说："贵单位名博物馆，他占一博字，实属不易，当评。"

同月

国家文物局在北京召开了"全国古代书画巡回鉴定专家座谈会"，研究了在全国范围内对现存的古代书画进行全面、系统的考察和鉴定工作。中共中央书记处书记邓力群和文化部代部长周巍峙出席了会议，认为这是一项功在千秋有意义的大好事。在会上正式成立了由谢稚柳、启功、徐邦达、杨仁恺、刘九庵、傅熹年、谢辰生 7 人组成的"中国古代书画鉴定组"，同时通过协商，推举谢老和启老并列为组长。

4 月 8 日

先生家因修房，致米景扬函：西武书展后，遗留展品，希望退回几件，以应来索字者：

> 桌上毫无隙地，笔砚无法摊开，而索字者并不原谅，希望这次展后余件，掷下数幅，庶几搪塞一番。
>
> 又检箧后得知抽画数幅尚未附还，此物毫无足存，但以验西武信用，并以存小子之诺言。……如被对方卖出，使人觉弟之不卖画，只不过是"半掩门"岂不冤哉！挑剔者又可说，国内不卖，待卖国外，问题则更严重矣！王荆公诗云"人生乐在相知心"，此心里话只能与我公道之耳。

国家文物局七人鉴定组合影

自左至右：谢辰生、刘九庵、杨仁恺、谢稚柳、启功、徐邦达、傅熹年

4 月 12 日

启功先生主持吴承仕著作整理分工之事，建议成立编委会，请周纪彬、曹述敬参加整理。

4 月 19 日

上午某部长的夫人带某部长手书条幅数张，请启功先生选出几张较好者，拟送去参加书展，先生选了几张，夫人认为先生选的和另一位书法家选的不一样，启功先生讲了他的道理，她又强调别人的理由，启先生说："那你就送那几条吧！"

4 月 30 日

启功先生为感谢贾鸿年拍摄《启功书法作品选》的作品，特写条幅一件，亲自赠给贾先生，并在出版前言中写道："贾鸿年同志为作品摄影，随有随摄，付出了辛勤劳动，衷心铭谢！"

5 月 4 日

启功先生对李修生《卢疏斋集辑本》写评语：

关于《卢疏斋集辑本》的意见

卢疏斋是元代作家中一个有影响的人物，由于作品流传不多，所以被人忽略很久了。

这本稿子是从多方面搜集而成的，费得工夫相当大，是一本有用的辑本。"辑失"是古籍整理中一个重要环节。清代四库馆从永乐大典等书中辑出不少已佚的古书，但元人的著作，尤其是词曲方面，都不被重视。这稿从残存的大典中辑出不少卢氏作品，想见清代如果着手辑它，更会比现在还要丰富。这稿问世，也可以使读者注意到大典中还存留许多材料，应该整理。那么，这稿除了它本身的价值之外，还有示范的作用。

这稿不但辑了作品，还编订了许多有关卢氏的资料。如年谱中不仅编排年岁，还考订了卢氏生平、交游等的资料，作了传记。作品不但加了标点，还加了注释，考了曲子的正字衬字，也是一般"曲集"中所少见的。

总之，我觉得本稿值得出版。它也是师大整理古籍、学术研究方面的一个有分量的成绩。

启功

1983.5.4

5 月

中共中央统战部和九三学社邀请一批专家学者，组成"智力支边团"，到内蒙古自治区、宁夏回族自治区、甘肃省、青海省、新疆维吾尔自治区等地讲学，进行科普宣传。当年先生已年过七旬，也报了名，不辞辛苦长途跋涉参加了这次活动。具体行程如下。

5 月初由北京出发，先到呼和浩特，活动 7 天，讲课 4 次。12 日离开呼市，13 日到达银川，在银川活动 6 天。5 月 17 日在银川有信给侯刚说："在呼市和银川见到许多师大毕业同学，都是服从分配来的，见面后特别亲切，还开了座谈会。""我的身体尚好，只是咳嗽，到了银川好了一些。九三学社从北京打来两次电话问我身体，如不适应可先回去，我答以很好，争取坚持完成任务。"20 日到达兰州，6 月初到达乌鲁木齐。6 月 4 日在乌鲁木齐市的新疆维吾尔自治区礼堂作了题为《少数民族与中华民族文化的关系》的讲演。先生在讲演中热情颂扬各少数民族对中华文化作出的贡献，以生动的事例，阐述了民族大团结的重要意义。

5 月 20 日

致章景怀、郑喆平安家信，讲赴西北讲学情况。信中特别提道："小章正的托儿事如何？乐嘉去了没有？王悦考得如何？我心中总有这么三件事！"

6 月

中共中央宣传部下发文件，要求各地有关部门在各自职能范围内，对古代书画的鉴定工作给予支持。文件指出，这次鉴定的目的和作用有四：

一是考察全国各文物部门和文化教育机关团体所存历代书画的情形；

二是协助各单位鉴定藏品，分出精粗真伪；

三是对部分私人藏品也给予评定；

四是由此而基本鉴定出书画的真伪，品定等级，从而有利于文物保护，为美术史研究者提供丰富的材料，提高研究的科学性，并拟通过此举由专家带领培养出一部分中青年专业人员，建立起书画鉴定队伍。

在鉴定小组成立的会上还决定在鉴定之外完成两项任务：一是把鉴定的成果落实在出版物上，传之后代。每鉴定一个阶段，凡是真品，就出版一册文字目录，是为《中国古代书画目录》。二是选择其中佳品，出版一部每件作品都附图版的图录，是为《中国古代书画图目》。其中最佳品编为大型彩色图录，是为《中国古代书画精品录》。

6 月 26 日

启功先生偕武静寰、胡云富、侯刚赴中华书局与赵守俨、张力伟研究出版吴著的统一版式及订正《吴检斋遗著编纂缘起》。

7 月 2 日

启功先生为郑华炽教授八十寿辰作《松鹤图》。

7 月 26 日

上午雷振方来，先生写怀素《自叙帖》论文，对雷讲解文章大意，告之《自叙帖》乃摹本，再次告诫他，学书勿学近现当代人。

8 月 1 日

致傅璇琮函，邀请傅先生参加九三学社。信中说：

> 先生学林望重，著述宏多，凤夕宣劳，朋修甚仰，非弟一人之私言也！……九三学社者，革命知识分子团体之一，每于佳时胜日，促膝谈心，以有共同语言，倍感披襟之乐，况复虚心集益，更收切磋之效。……九三当四化需才之时，更有学术开济之重任。是以伫盼高踪，久深殷望，倘荷惠然贲临，使白莲之社不独渊明增重，宁非今日之佳话乎？

同月

全国政协六届一次会议召开，先生任第六届全国政协常委。

8 月 13 日

上午，荣宝斋来人送日本展览售出画作稿费，先生拒收（因先生事前言明展览中画作不出售），后写致米景扬信：

> 今早萨同志来，以收据命签，弟谨表寸呈，不敢具领。……饱则懒作，寒乞骨相，今稍温饱，遂不敢率尔拜赐。拙作如为尊号赐存，更属荣幸，如真为国外人购去，可增宝号外汇，绵薄可贡，亦是自慰！唯尊号账目如无着落，弟可敬具捐献书以明手续。他日退闲，以拙画谋生，衣食之源，仍当敬丐尊号之赐焉。陈少梅画册序，拙腕稍稳，立即写呈。

8 月 16 日

出席在中国美术馆举办的日本书法家宇野雪村书法展览。

8 月

书画鉴定工作首先从北京开始，直至 1984 年年末，先后分两批对北京地区故宫

九三学社"智力支边团"合影（局部）。前排中为启功先生

博物院、中国历史博物馆、中国美术馆、北京市文物局、首都博物馆、北京画院、中央美术学院、中央工艺美术学院、中国文物商店总店、北京市工艺品进出口公司、荣宝斋和北京市文物商店共 12 个文物部门的古代书画进行了鉴定。对故宫博物院的藏品分两批鉴定，第一批是"文化大革命"中被抄家的私人藏品。第二批为馆藏品。共过目 8330 件，有 6866 件选入《中国古代书画目录》、2381 件选入《中国古代书画图目》。其他单位的藏品，共过目书画 4810 件，其中 3314 件编入《中国古代书画目录》；又选佳作 1020 件，编入《中国古代书画图目》。先生参加了在北京鉴定的全过程，并作有摘记。

8 月 30 日

启功先生应邀任新闻专科学校顾问，并于 9 月 1 日出席该校在政协礼堂举办的开学典礼。

9 月 16 日

致米景扬函：

《〈陈少梅先生画册〉序》已拟出，请过目。如果版面许可，我当然仍愿用毛笔抄写全文。

9 月 20 日、21 日

出席北京市书法家协会第一次代表大会，祝贺北京市书法家协会成立并当选主席。

10 月

应全国古籍整理研究与出版委员会之聘，任该委员会委员。

同月

先生与黎雄才、谢稚柳等友人相聚于陈英、金岚夫妇的翠花西园，先生历经 4 年，完成巨幅山水《松泉高士图》（约 9.5 平方尺），并有题识"此景旋点旋辍已四年矣"！此为著者所见先生新中国成立后最大的山水画作品。

同月

致黄苗子函：

昨电话滥索八大资料，不顾几上是否尚作披阅，思之十分歉仄！诚因有人约撰一篇八大书法小文，几种手边资料有不敷用处，乃出此"坐索"下策耳。……

昨日《台声》杂志嘱题一诗，录呈一粲：

> 峡水中分骨肉亲，星移可望得回春。
>
> 一邦两制相携手，共作欢天喜地人。

今日狗嘴忽然吐出象牙，岂能不举似印可耶？

同月

致王世襄函：

> "空招"一晤，归来想李苦禅挽联事，今晨始得两句，写呈一观。
>
> 半世历颓波，饱阅人情，几度横眉遭众妒；
>
> 一瞑堪自慰，重苏画笔，八旬摩眼见中兴。
>
> 先有下句，强配上句，诸公务为斧削；……敬尊寓，以求转呈苗公诸老也。

同年秋

去广州参观，同行者有中央文史研究馆馆员刘继英及内侄章景怀、郑喆夫妇。在广州期间，适逢肇庆举办文化节，先生一行又应邀参加了肇庆文化节开幕式，作有《肇庆杂诗四首》。

10 月 9 日

上午出席新华书店科技图书博览会，下午去刘淑度先生家看望老先生。

11 月 10 日

吴承仕著作整理工作基本完成，黄寿祺教授即将返福州，学校宴请黄先生及其助手张善文、王小倩，启功先生及纵瑞堂、胡恒立、武静寰等出席。

11 月 11、12、14、15 日（13 日休息）

先生同古书画鉴定组诸先生在荣宝斋鉴定古代书画四日。因琉璃厂改建，地点改在天坛公园荣宝斋临时藏画库。

12 月

任九三学社第七届中央委员会委员。

12 月 31 日

接杨宪益先生来函：

> 启功大哥，一直想请你来玩，无奈得了"左"倾幼稚病，躺了两三天，现

在又是新年了，进城叫车困难，家里阿姨又要放假，无人做饭，因此只好等过完年再约了，只好在纸上拜年。昨晚在敏如家过生日（今年我和沛霖都在同一天），她谈起你看到我的一首打油诗，今再补上几首聊供新春笑料，其中有一首属于"黄色文艺"范围，请勿外传，以免太太小姐们看见。

信中附诗四首此处录其一首：

左倾幼稚寻常病，（偶患眩晕，见物都向左转，此乃左倾幼稚病也）

乐得清闲且赋诗。

致仕悬车开会少，（古人云七十为悬车致仕之年）

入冬贪睡起床迟。

青山踏遍人将老，（才从英国回来，三月又将去印度）

黄叶声多酒不辞。（此是古人旧句，偶然想起，与批判"黄色文艺"无关，特此声明）

久惯张弛文武通，（一张一弛文武之道，毛主席早有明训）

花开花落两由之。（末句是鲁迅的话，敝人概不负责）

同年冬

题黄胄先生画驴图。本年外交部请一些著名画家作画，集中住在东交民巷一个宾馆，先生也被邀。一日黄胄画有十几头驴，先生题曰：

倒骑张果唐宫选，笑堕陈抟宋鼎初。

同年发表的主要著作有：

《坚净居随笔》发表于《学林漫录》第 7 集，中华书局 1983 年出版。

《杆儿》发表于《文史》第 19 辑，中华书局 1983 年出版。

《〈欧斋石墨题跋〉序》发表于《故宫博物院院刊》1983 年第 3 期。

《也谈王勃〈杜少府之任蜀州〉诗》发表于《文学遗产》1983 年第 4 期。

《论怀素〈自叙帖〉墨迹本》发表于《文物》1983 年第 12 期。

《蓝玉崧书法艺术的解剖》发表于《新华日报》1983 年 12 月 7 日（1984 年 2 月 20 日《人民日报》转载，改题《蓝玉崧的书法艺术》，有删增）。

1984 年（甲子）72 岁

2 月

先生为魏广洲《临赵孟頫道德经》题字。

> 松雪好书道德经，如王子敬写洛神赋，人间留传何止数本，此京师白云观刻本，煊赫有名。广洲先生获其佳拓铅椠，馀閒时时临写，今原石久佚，见此如还旧观，因书册后亦足为开年之庆。

> 甲子正月，启功。

2 月 15 日

元宵节前夕，校医院宋大夫诊视，发现先生心脏病加剧，"主动脉如墙壁声，则距梗死不远"。向学校建议应当控制先生的活动，并由中文系安排研究生值班。

2 月 26 日

先生说"睡以医乏，究不如不过疲"。为刘凌沧题《捣练图卷》小字长跋。

2 月 29 日

拟《古典文学进修要求》，宋大夫来，量血压 160/80 mmHg 余，心脏亦好转，研究生值班取消。

3 月 1 日

赵鹏飞、崔月英夫妇来看望先生，询问写字的方法，与先生交谈甚久，先生手书册页相赠。

3 月 3 日

先生笔记一则：

> 昨夜思及九年前今日老妻病逝，吟诗一首，汪然出涕，天明四时，始蒙眬入睡。九时余起，到校医院作心电图。郭慕启来取为题之画卷。川大骆女士来，忘其名，其人为佛教徒，来京为访赵朴老有所求，在川开会时，渠为研究生，今已留校，以我为佛教徒，而有同道之感，余深愧其误认也。下午柴剑虹偕刘新光来，同在实习餐厅晚餐，晚启骧来，袁行云一家来。

> 镜尘一首：

> 凋零镜匣忍轻开，一闭何殊昨夕才。
>
> 照我惭愧无赖住，念君英识几番来。
>
> 绵绵青草回泉路，寸寸枯肠入酒杯。
>
> 莫拂十年尘土厚，千重梦影此中埋。

（此诗收入《韵语集》时，第一句中"轻"字改为"重"，第三句中"惭愧"改为"孤魂"；第四句中"英识"改为"八识"。）

3月5日

下午偕侯刚、胡云富、邓若翔访虞愚，未遇，以吴检斋稿留请审阅。参观法源寺。夜找拍照书法插图资料，李一氓赠书。

3月12日

出席在中国美术馆举行的日本书法家"渡边寒鸥论书百绝诗书展"开幕式。

3月上旬

连续多日拍照书法插图资料，并试验以黑纸为底以白粉书写，效果近似旧拓帖，先生称极妙，嘱编辑书法集时可用。

同月中

先生身体逐渐恢复，有时睡眠极差，晚饭后虽倦，但睡一二小时即醒，必至晨4时后始再入睡，终日精神不振。晚上不能入睡时则作书、作诗。白天则每日有友人来访谈。

3月17日

谢辰生、郑广荣来，言今年的书画鉴定又将开始了。

3月23日

上午去政协礼堂开常委会，下午与聂菊荪等谈吴检斋遗著整理出版事。

同月

中国古代书画鉴定组继续上年在北京地区的鉴定工作。为了不影响进度，凡对作品真伪评价看法不一致时，在组内不作争论，而把各自的意见分别作为附注，发表在出版物上，标明某专家有某意见，充分体现了鉴定专家们在学术问题上严肃认真、实事求是的科学态度，也充分体现了鉴定组认真贯彻"双百"方针，发扬学术民主的精神。

先生和鉴定组成员一起，本着"去伪存真，去粗取精"的精神，认真工作，他有一个记事的小本，对过眼的重要书画，都有简要的记载。

3 月 26 日至 4 月 24 日

在中国历史博物馆鉴定古代书画，每隔三两天工作一天，先后共计 14 天。据小本上所记共过眼书画 440 余件，凡过眼书画均简记标题，并偶有小注如：（真）、（伪）或画（√）、（×）等符号。例如：

郑板桥"织就湘帘使美人"（伪）谢说（真）

吴历书条幅陶诗（目）

西游记画册（好）

米万钟山水（代笔）

……

偶遇他喜欢的诗句还随时作笔录。他平时爱搜集郑板桥轶诗，在鉴定时见到即随时记录：如：

一片青山一片兰，傍添几笔翠琅玕。

老天本是琼林客，只画春风不画寒。

板桥居士郑燮并题。

石不足以兰补之，兰不足以竹补之，竹不足以题句补之。

燮又记，乾隆二十九年腊月十一日。

4 月 16 日

应王大山所求，为香港、深圳博雅艺术公司庆祝活动书对联"博收艺海珍奇品；雅称文林赞誉声。"并为香港兰真、智鸿先生书条幅，交雷振方带回转交。

4 月 28 日至 5 月 11 日

在首都博物馆（今国子监旁孔庙）鉴定古代书画，先后工作 6 天，过眼书画 300 余件。

5 月 14 日

看徐悲鸿藏品《八十七神仙图》等 20 余件。

5 月 17 日至 21 日

在故宫博物院鉴定书画，先后工作 12 天，过眼书画 340 余件。

6 月 12 日

出席标准草书学社成立会。

6 月 23 日至 26 日

出席第二届全国书展、担任评委。

7 月 9 日

获观无所住斋主人藏《游似兰亭卷》，为之作跋：

> 汴宋既屋，定武帖石，亦入金源，而原石拓本，片纸竟重兼金。于是南渡鉴家，转相摹刻。赵子昂谓士大夫家刻一石，虽未必然，顾亦足征翻刻之广矣。其时丞相游似，尤好收众本，今日所见，可知为游氏藏者，已不下十本。其装卷率有定式，大约用蓝牋为前后隔水，题以编号之数，并标明某某本。卷中时存游似名印。其后隔水上每有赵孟林印，盖装池手也。其所收之本，并不限定武一类，若所谓褚派者，亦时有之。惟定武翻本为多，而精粗并陈，殆以取备种数耳。此卷盖南宋重刻定武之本，观其金龟针孔、八阔九修，凡定武之异征，此中悉具，且肥瘦得宜，点画风神不失，远在玉泉、王沇诸本之上，信为摹本中之上驷。卷末游似一印、秋壑一印，皆确凿无讹，所惜某号某本之标题及赵孟林印，俱随蓝纸隔水同佚。然游相遗珍，从此又增一卷，是弥堪庆幸者也。

7 月 15 日

先生写一便笺致雷振方：

> 荣宝斋：
>
> 兹有字画请为装裱，此是功送同学结婚的礼物，将来由功付款。请示知去人刘永泰同学，何日去取。此上，
>
> 雷振方同志一阅。
>
> 启功
>
> 一九八五、七、十五

7 月 21 日至 26 日

住进京西宾馆写稿（《启功书法集》序、《董寿平书画展》前言等），其间曾于 24 日看望马焕然。马先生手术后癌已扩散，肝上已有五六个小点，先生感叹："人生不过如此！"

7 月 26 日

致杨仁恺函，为董晓萍报考钟敬文先生研究生之事，及金煜的友人拟出售旧画

之事。

8 月 25 日

出席欢迎第 23 届奥运会代表团归来大会，并书赠条幅：中华健儿奋进腾飞，奥运拼搏四海扬威。

8 月 26 日

与赵朴初、沙孟海、林散之等 54 位书法家一起参加"爱我中华　修我长城"书法捐献活动，先生捐献新作。

9 月 1 日

出席全国第二届书法篆刻展。

9 月中

先生为荣宝斋新记 35 周年写对联一副：

荣宝斋重张三十五周年纪念

荣誉重书林，三十五年推雅望；

宝藏增艺圃，百千万品聚奇珍。

启功书贺，时年周七十又三。

又题诗一首：

老店增新貌，於今卅五年。荣名长不减，宝货积尤全。

装裱神工妙，经营众力贤。画图傅抱石，最值远洋钱。

荣宝斋重张三十五周年，副经理同志徵诗，并言傅氏画价最高也。

启功。

9 月 30 日

出席全国政协国庆节联欢会，即席献颂：

卅五周星际，旌旗赤满空。

化纤超世代，绩著胜天公。

地貌新增绿，人心几倍红。

腾欢遍十亿，个个主人翁。

同月

北京海淀老年大学成立，先生应邀去讲书法课，并即兴赋诗一首书于四尺整纸之上：

画里春长在，书中气倍豪。满堂诸大老，山岳寿同高。

11 月 5 日

应中央广播电视大学邀请，启先生前往西单大木仓胡同教育部地下室，为电大"古代文化史讲座"录像授课，题目是《金石书画漫谈》，讲课录音后经董琨、吴鸿清整理成文，收入《启功全集》第 4 卷。

11 月 6 日

赴成都出席四川省诗书画院成立大会，赋诗二首庆贺：

艺绝诗书画，行成言德功。
渊源溯巴蜀，文物最葱茏。

祖国崇光日，文明大有年。
丹毫书宝历，椽笔赖群贤。

11 月 9 日

致章景怀、郑喆函，报告几天来在成都情况。离京仓促，在国务院第一招待所开会时留有许多东西，内有衣物字条文具等，嘱去收拾。特别提到有傅熹年先生的纸夹、照片，重要。

12 月 15 日

北京师范大学王梓坤校长召开座谈会，倡议由国家确定每年九月在全国开展"尊师重教月"活动，并将该月的某一天定为教师节。启功、钟敬文、陶大镛、朱智贤、赵擎寰、黄济等老教授出席了座谈会。大家发言更加完善了这项建议。次日《人民日报》《北京日报》对这项建议作了报道。

同年春

北京琉璃厂文化街正式建成。宝古斋、韵古斋、庆云堂、荣宝斋、中国书店等著名的老店恢复营业，并举行庆祝会。先生应邀出席了庆祝会。

同年秋

北京师范大学古典文献专业被国务院批准为博士点。先生被聘为博士研究生导师，开始招收古典文献专业的博士研究生。

同年秋

再为中央美术学院学生讲《中国书法史》，每周一次，此项讲座一直延续到1985 年年初。

据薄松年先生回忆，每次讲课先生都要带许多珍贵的资料，供学生观摩。一次讲课后，学生正在传看一篇唐人写经真迹，兴致极高，先生就说："留下来让他们看吧！"薄松年怕损坏或丢失不想留，先生坚持留下来给学生们看。过了几天薄松年送还资料时，误将这篇写经夹在一本书里，到了先生家当面清点时却不见了唐人写经。薄松年急出了汗。先生在一旁开导说："丢了没关系，我早就不想要了，丢了东西是小事，急坏了身体是大事。"后来经仔细翻找，在书中找了出来，薄松年才放下心来。（见薄松年先生访谈录）

同年

复杨仁恺函：关于杨稿《十竹斋之说明》一稿读后的"一孔之愚"。"以为有见必陈，庶尽仰答垂询之谊也。"先生详列 9 条意见后，又曰"总之此稿不似出自斲轮老手，门下起草，老师必宜严格把关，小弟久病头昏，易生妄论，伏乞鉴察，并求教言"。

同年发表的主要著作有：

《〈碑别字新编〉序》，1984 年 1 月出版。

《坚净居随笔》发表于中华书局《学林漫录》第九集。

《〈陈少梅画集〉序》，1984 年出版。

1985 年（乙丑）73 岁

1 月 1 日

元旦获观《刘墉小楷字帖》，"真行草三体俱备，尤称精品"，先生称为"开发之眼福"，欣然作跋：

本其庭训，卷摺功深，故小楷为胜，行草但师阁帖，其遒劲处，皆北宋枣板之真面，缩行草于卷面行中，弥有深厚之致。

同日

中国书法家协会与农民日报社邀请在京的书法家在劳动人民文化宫举办迎春书画会，书写春联，为全国农民祝贺新年。先生撰春联一副：

> 横批：万象更新。
>
> 牛羊并壮猪盈圈；鸡鸭成群鱼满塘。

1月5日

在全国政协六届三次会议上，决定成立政协书画室，开展"以画会友 翰墨传情"的艺术活动，先生应邀出席大会。

1月15日

《启功书法作品选》已定稿，开始付印。

2月

北师大山东菏泽校友会给母校北京师范大学赠牡丹，在主楼（原楼已拆除）北建牡丹园，先生题诗：

> 小诗寄题曹州牡丹，牡丹古称木芍药，谢灵运诗中始称牡丹。
>
> 木芍药发沉香亭。谢客题诗早正名。
>
> 众卉任教南土盛，花王北国擅芳馨。

2月3日

启功先生为吴承仕著作题写书签：《检斋读书提要》《检斋读书记》。

又为《教育研究》题签。

启先生出席李金恺汉字改革鉴定会。

2月12日

先生为装裱师常师傅及其徒弟写条幅，对他们装裱条幅表示感谢。

先生赴广州、深圳。

2月28日

先生自广州归。

3 月 1 日至 5 日

辅仁大学校友会接待校友柯哲澄、陈丰祐,启功先生出席并为他们赠条幅。

期间,王光美、王梓坤、方福康、金永龄、孟英等出席答谢宴会,启先生婉辞,未出席。

3 月 11 日

北京师范大学校友会主办的"老年大学"成立,举行开学典礼。先生出席,并题:"老人都是寿星,自有广阔天地。"开讲"老年人学书法"专题讲座。还为老年大学写了校牌。校友会原拟请先生写"北京老年大学",先生加了一个"人"字,即"北京老年人大学"并说:"这样感到亲切。"

同月

在故宫博物院参加海外回流文物王安石《楞严经要旨》卷及宋龙舒本《王文公文集》的鉴定。

4 月 19 日

出席日本书法展开幕式,并在书法家协会演讲。

4 月 20 日

有不识者电话,先生拒之。夜间睡眠较差,启先生梦见了母亲。

4 月 21 日

上午张应流约先生吃午饭,启先生肚腹不佳,婉谢。午后翟印堂介绍先生去做几身衣服,又有黄胄约启先生去北京饭店一起招待马临等。夜焚楮。

4 月 22 日

夜泻肚,上午宋大夫来。叶嘉莹来校,公宴,辞之。午后国家教委来人求书画。这几日天天来人不断,启先生晚睡尚好,但心情不佳。

4 月 22 日至 29 日

中国书法家协会召开第二次代表大会,先生因病未出席。在会上启功先生当选为中国书法家协会第二届主席,先生事后戏言:"此乃缺席审判。"

4 月 24 日

浙江美术学院王冬龄带领 9 名外国留学生来访,先生会面接待,为他们简介了中国书画的特色和传统。

4 月 25 日

为国家教委画礼品画 4 幅,写字 5 幅。

4 月 26 日

应北师大校友会老年大学之邀,先生去作书法讲座,讲座的题目是"和老年朋友谈书法"。

4月28日

晨2时起床，写《忆恩师》一篇，又写书法数件。

4月29日至5月7日

古代书画鉴定组自3月中旬开始至5月初结束，又从10月中旬开始直到1986年1月中旬，分两次对上海博物馆的书画进行了鉴定。共过目4780件，选其中3200余件佳作，编入《中国古代书画图目》。先生参加了鉴定活动。

5月5日

启功先生自己设计名片：正面手书启功二字。背面竖排宋体：北京师范大学教授。

5月7日

上午启先生结束上海的鉴定返京。下午出席钱学森和数学系汪培庄教授发起的"模糊数学讨论会"。先生说"很有启发"。

5月10日

先生右脚拇指病，走路困难。近一周来，在家中接待来访者，又因右手拇指亦被感染脚气病，手指、脚指俱痛，不能执笔，仍为多人勉强写字。

5月13日

致美国大都会博物馆方闻函，因身体原因不能参加学术盛会，"勉草发言稿一篇（《谈诗书画的关系》），已求故宫博物院杨伯达院长代呈，其后发现脱误敬此补为更正……"

5月15日

到中日友好医院检查身体，发现胆有结石一块，脑供血不足，肺部有不清处，疑肺旧病灶复活。

5月21日

致雷明函：

《书法欣赏》合订本即将出版，至为欣慰，命写叙言，谨遵命拟一草稿，专呈求教。（附叙言）

5月27日

傅璇琮读了先生在北师大学报发表的《有关文言文中的一些现象、困难和设想》

后，来信说："学术论文能写到像您那样既有独到的见解，又妙趣横生引人入胜，琼以为达到了炉火纯青的地步。""琼自以为是您论点的拥护者。可能限于刊物篇幅，有些论点似还未充分发挥。"他建议"还可多举一些例子索性再列一些章节，写成一本专著"。

5月31日

新加坡潘受先生偕书法代表团来访，并举办"中国新加坡书法艺术交流展"。沈鹏、刘艺同来，先生因身体不适，开幕式及宴会皆请假。先生有作品参加该交流展。

5月31日

上午刘淑度外甥宋致中来访，看望启功先生。刘先生有留存的一些刻石，经北京图书馆印出特送启老一部。先生交侯刚转赠学校图书馆。

启先生讲，齐白石的印谱都是亲自看别人装订的，怕人家偷他印谱，一次齐对来访人员说："本来要请你们吃饭，今天不去了。我要看着他们装订印谱，不然他们偷我的印草。"先生说："其实谁偷他这个。"

同日

下午，北京师范大学学生书法学会发起"书画献英雄"活动，拟于8月1日建军节慰问解放军。先生参加了学生的笔会，挥毫写了"保卫边疆"4个大字。回家后又用日本色纸画了朱笔兰竹，并题："献给保卫祖国的英雄们。"本月先生身体不好，须经常术疗，自己也练习做气功。为了减轻先生接待来访的负担，特别是不速之客的干扰，王振稼副校长与先生商量后，由校长办公室在先生家门口贴出通知，上午先生不接待来访，有事须事先到校长办公室联系，统一安排。

6月4日

启功先生到校长办公室讲了几件事，请校办协助他办。

1. 校医院宋大夫在校外住，中午没有个休息的地方，黄药眠写了书面材料，呼吁学校解决休息条件，要老教师签名，启先生也签了名，先生说这情况属实。

2. 刘淑度刻了一方印，是启先生的一首十六字令《花》（花，骨肉分离各一崖。游子愿，何日早还家），先生转送给学校。

3. 《论衡索引》是日本人送的，只此一部，是珍贵的资料，先生建议让图书馆复制一份，最好古籍小组能争取出版。

4. 先生又说："教育部文科教材办公室李进才昨天找我，让我主持编一套给大学和中小学教师用的书法教材，包括通论和作品欣赏。此事一个人不好办，拟先想一个提纲，然后请部里审查。同意后，找一批人征求他们工作单位的意见，请部里主持开个会组成一个班子，做这件事。"

5. 日本友人今井凌雪请启功先生去日本讲学一年或二年。先生了解每周安排 12 节课（先生在师大每周还没有 12 节课，况且身体也不允许），要校办写封信婉辞。

6. 霍英东主办的香港文化促进中心 9 月要举办书法展，提出要先生写 40 张作品。先生答应写论书绝句 20 张，论画绝句 20 张。先生提出作品可以出版但不出卖，至于 9 月身体是否允许出行，届时视情况再定。

6 月 5 日

先生晨 3 时起，作气功十分钟，写字。谢稼来求字，王振稼来谈养病谢客法。午饭后启先生回访潘受，并到日坛术疗，约五时到琉璃厂买书，在孔膳堂吃饭后回家。陈荣琚、苏士澍、王仪生夫妇、雅纸厂人（曾树成）、万光治之姐来，旋即睡，约九时。

6 月 9 日

启功先生为"北京师范大学研究生院"写院牌。

6 月 21 日

为"中国航空运输服务公司"写匾牌。

6 月 26 日至 28 日

主持中国书法家协会第二届常务理事会。

6 月 28 日

日本书法家上条信山来函，感谢先生对他访问北京、保定、石家庄时给予的热情帮助。上条信山是日本近代诗文书法大家宫岛咏士的入室弟子，而宫岛咏士又在中国得到了张廉卿先生的亲授。这次上条信山来访，就是准备在保定莲池书院为恩师宫岛咏士和师祖张廉卿建纪念碑。此事得到了保定有关部门的支持。先生承诺为纪念碑撰写碑文，题写碑额师祖。

6 月 29 日

辅仁大学校友会马英林访问启功先生，畅谈辅仁往事，并请启功先生为赫哲族题写："赫哲之乡""赫哲之乡文化宫"。

又题写书签《辅仁校友通讯》《风云录》。

7 月

启先生偕人民美术出版社社长邵宇，到中宣部出版局与许力以局长商谈《中国美术全集》的编辑出版事宜。先生早在 60 卷美术全集启动时就关注美术全集的编撰问题，他认为 60 卷难以包含中国五千年来博大精深的艺术杰作，应出更大更全的美术全集。他也曾给中共中央书记处书记邓力群写信，提出了《中国美术全集》的建议（同时也有许多专家有此建议）。邓接受他的建议，责成中宣部出版局和文化部出版局召开会议进行研究作出计划。这才有了《中国美术全集》这个宏伟工程。以后先生又出席了《中国美术全集》的编辑工作会议，并被聘为主编。

同月

为原北京师范学院 1955 级校友会题：

尽心教育事业，不负祖国栽培。

7 月 8 日

在故宫博物院参观了日本二玄社复制的"台北故宫博物院藏书法绘画展"后，在《瞭望》杂志上发表《观后感言》：

期望进一步创造条件，使两岸原迹有并肩展出的机会，再进一步使两岸骨肉有并肩观看展品的机会。

同月

与吴冠中、黄胄、吴祖光、张君秋、白雪石、丁聪、齐良迟等 20 多位书画家、政协委员，在政协二次会议上提出 1822 号提案："建议齐白石故居应早日加以保护、修缮并向群众开放。"

7 月至 8 月

全国人大于 1 月 21 日通过决议，确定 9 月 10 日为教师节。为迎接教师节，先生在暑假里挤出时间，作了巨幅《竹石图》（72 厘米×415 厘米）。画上书："奉为第一届教师节。"图中巨石岿然，瀑布倾泻，新竹拔节，枝繁叶茂，象征着人民教师高洁无私的奉献精神。

8 月 9 日

牟润孙先生来函：

读尊作《〈台静农书艺集〉后》漫成绝句，即祈教正为幸，顺颂著祺：
翰册堪疏相念情，长安旧梦记秋明。
偏推侧媚王文治，底事先生枉自轻。

犹忆沈尹默先生有集名《秋明》，不知是否有误。

8 月 15 日

牟润孙先生再来函：

> 日前寄呈俚句，殊惭拙劳。寄出后觉首句不妥尤甚，改之如下：
>
> 矗矗平生久要情。
>
> 谨录呈教正，我公当益笑其愚陋也。

8 月 17 日

致雷明函：商谈马国权为香港《书谱杂志》求稿，拟转载《书法鉴赏》稿事。

8 月 18 日

致日本筑波大学今井凌雪函：

> 功近一年来，婴心脏病，最近诊视，病势仍不乐观，尤其时间较长之工作，更不允许。……至于贵校延聘之讲座，不宜久虚，窃念功有老友杭州艺专（今称浙江美术学院）教授刘江先生，曾受教于沙孟海先生等诸老宿，于金石书法篆刻俱有成就，现任其校中国画系主任。人品朴实，教学极其尽责。用敢奉荐，伏乞裁酌，倘荷延揽，于文化艺术交流大业，定有增进。

8 月 20 日

赴保定莲池书院出席张廉卿、宫岛咏士纪念碑落成典礼。纪念碑由先生撰文。上条信山书丹。先生在碑文中称赞了他们三代师生在中日两国文坛书苑留下了可歌可泣的佳话和尊师重教的高尚情谊，赞曰：

> 一衣带水，双系华瀛。文化友谊，松柏长青。
> 诗文书道，无间淄渑。师生之谊，骨肉之情。
> 艺方江海，名昭日星。敢告百世，视此先型。

先生还亲笔书写了碑额上的 4 个大字："谊深学海"。当日还为纪念碑落成吟诗一首，并书成条幅留给莲池书院：

　　　　讲筵畿辅首莲池，鄂诸文宗艺苑师。

　　　　薪火百年传海澨，贞珉仰止寄遥思。

同月

复杨仁恺函，谈关于董晓萍拟报考钟敬文先生研究生事。

同月

致史世奇函：

　　　　拙书十二幅奉上，另包寄去，其中十幅是完成任务的，另二幅有错字，点去重写，有添字，即以奉赠，可以转赠友人，又兄嫂合款一小幅。

8 月 26 日

先生拟"书法讲座提纲"。

9 月 5 日

启功先生启程赴香港举办"启功书法展"。

9 月 7 日至 11 日

应香港中华文化促进中心的邀请，赴香港举办"启功书法展"。共展出作品 40 件，内容均为自作诗，其中论词绝句 20 首，题画诗 20 首。展览结束后论词绝句留赠香港中华文化促进中心，题画诗带回，现由北京师范大学档案馆珍藏。

9 月 8 日

举行"书法艺术"讲座，当讲座开始，主持人"请启老谈谈书法经验"时，先生笑称："我的书法是 50 年来写黑板字的副产品，谈谈学习书法的经过可以，但不是经验；经验是成熟的，而我自己没有按部就班地接受训练，都是长年累月写黑板字的体会。"他强调了"结字"的重要，详细讲解了"黄金律"的结字规律，将赵孟頫说的"书法以用笔为上，而结字亦须用功"略改二字成为："书法以用笔为次，而结字必须用功。"

9 月 12 日至 15 日

应《澳门日报》主编李鹏翥先生的邀请去澳门访问，12 日黄昏乘快船抵达澳门。在澳门期间，除由李鹏翥先生陪同拜访名流好友外，还由报社同事陪同，游览了妈祖阁、西望洋山、大三巴牌坊和普济禅院等名胜古迹。

9 月 14 日

下午在《澳门日报》七楼会议厅讲书法。澳门文艺界名流和书法爱好者 150 多人参加听讲。会议厅座无虚席，连通道和窗外都挤满了热心听众。

先生在繁忙的酬酢活动中，曾与文艺界长老梁披云唱和四首。在《澳门日报》的欢迎会上，梁先生首先题赠《启老法书香港展出谨赋志佩》七绝一首：

瘦硬通神孰比伦，骚坛月旦更精淳。

兴来能事成三绝，上苑花开海国春。

先生接过来稿，略一沉吟，立即援笔疾书：

敬次披云先生赐诗元韵

雅座书坛迈等伦，德成为上艺深淳。

行来南国瞻光霁，喜沐清风四座春。

在应许世元先生的欢迎宴上，梁老先生诗兴又发，提笔再赋：

许君欢宴启老席上

式燕嘉宾碧玉杯，镜湖秋色海天开。

笔谈妙绝诗书画，都讲元从上苑来。

启老接赋：

席上尝新敬次披翁元韵

酒令如军数举杯，清尊北海绮筵开。

北人初识奇珍味，异错疑从异域来。

澳门著名画家、书画收藏家、颐园书画会会长崔德祺先生请启功先生鉴定他收藏的溥心畬《张勺圃溥心畬书画合册》及溥心畬图卷《指画秋风放牧图》。启老对溥先生书画风格了然于胸，甫一展观，立刻断为不可多得之作，随即题识五绝一首：

昔写阴山春，今闻玉佩寒。

西州门咫尺，东海路修漫。

在澳门期间，还为南光公司及其下属公司题写了牌匾，为澳门日报社及一些挚友留下了墨宝。

9 月 16 日

启功先生访问香港、澳门后回到北京。

历史学家孙毓棠（1910—1985）逝世，先生送挽联：

> 立身光明磊落，不卑不亢，长垂遗范足千秋；
>
> 治学勤苦认真，爱国爱人，自秉忠心昭一世。

10 月

先生被文化部聘请为国家文物鉴定委员会委员。

10 月 12 日

启功先生主持召开书法教材编委会会议，先生特邀书法界专家谢冰岩、王靖宪参加，出席编委会的成员有苏士澍、谷谿、庞书田、马樟根、郭静嫒、胡云富、秦永龙、侯刚，会上研究了启功先生拟出的编写大纲，执笔人按章节分工，分头草拟初稿。

11 月 12 日

接溥佐函：

> 今夏得盘桓数日，是我今生最幸福之日也，何乐如之！印泥及对联都收到。今天，天津市市长李瑞环同志派人来，求我转求您写四个字，借此拟去北京一游，定于 15 日下午到府。……又原有个设想，即请您再来津住几日，并请家兄松窗一起来天津艺林阁，想借此收购点作品。

11 月 26 日

谢辰生、高履芳来谈到上海鉴定事。先生拟于 1 月份赴沪。复李鹏翥函，寄赠《书法作品选》3 册（赠与李鹏翥、许礼平、饶宗颐）。

11 月 28 日

先生应邀去功德林吃素餐，兴到之处作打油诗：

> 禅家公案，穿衣吃饭。自度度人，进步罗汉。

待客伊蒲，珍逾美馔。宾至如归，财源千万。

11 月 29 日

先生昨夜未眠，晨 5 时睡，午 1 时起。先生说：

自 26 日即不快，夜梦多，梦先慈、梦先妻多日，知必病。每梦先亲愈真则病愈厉害。

连日读孙子书（楷第）《沧州后集》，字字读过，此君真学者也。

12 月 2 日

先生看李修生注释稿，看完携走。先生亲自到新街口复印稿子（《读艺集》《金禹民印集序》），"挤车甚疲"。

连日来求字者纷然。

12 月 6 日

先生在咸亨酒店请客，范用、黄苗子、王世襄、牟小东等诸先生出席，席间谈及为夏衍先生祝贺寿辰，先生作《十六字令·猫》，征询意见：

夏衍同志老先生八十有五揽揆之辰，敬赋小词，为华筵之侑。维我夏翁，望高神岳，兴富童心，雅好之中，猫为尤最。猫之于翁，亦性命相依。小词五首，拟以寿夏翁者，先抄出求赐斧削：

猫，性命相依品最高。须眉气，不在一身毛。

猫，公正无私迈贼曹。仓廪内，鼠雀耗全消。

猫，履险如夷意自豪。乔柯上，猛虎不能骄。

猫，护得琅嬛万卷牢。尊文化，试问有谁教。

猫，玉雪波斯万里遥。来异域，介寿胜蟠桃。

12 月 9 日至 10 日

连日去故宫博物院鉴定澳门捐来的画。先生记：

看《枯松图》，对印章，真。看王晋卿词《蝶恋花》，卷后苏、黄、蔡跋，蔡草书只一襄字，可疑。又看赵书五律，绢书幅影片，真，半疑赵无大书幅，此却真。

同月

出席中国书法家协会主办的"中国书法艺术"系列讲座，先生讲"诗词与书法"专题。

是年

为董寿平水墨画展作序。

同年

南京大学学者卞孝萱研究郑板桥，收集到一些资料，向先生谈起拟编辑《郑板桥全集》，得到了先生的热情支持和帮助。先生主动把自己多年收集抄录的板桥集外集诗文——《击脑编》提供给卞孝萱，促成了这件好事。

同年

中国书法家协会与中国残疾人协会、中国美术馆发起为中国残疾人福利基金会捐赠书画活动，先生捐出多幅书作。

同年

致王靖宪函，因香港商务印书馆出版《论书绝句》尚缺插图，请王先生帮助搜集、拍照。

同年发表的主要著作有：

《创造性的新诗子弟书》发表于《文史》第23辑。

《记饮水词人夫妇墓志铭》发表于《文史》第24辑。

《谈诗书画的关系》发表于《美术文集》。

《上大学》发表于北京师范大学出版社出版的《风云录》。

《坚净居随笔·杜家立成杂书要略、东海渔歌书后》发表于中华书局《学林漫录》第10集。

《坚净居随笔·新名词、捅马蜂窝、云汉、言法华、金圣叹文、汪客甫先生遗文、高且元先生诗》发表于中华书局《学林漫录》第11集。

《有关文言文中的一些现象、困难和设想》发表于《北京师范大学学报》1985年第2期。

《读〈静农书艺集〉》发表于1985年8月14日《人民日报》海外版。

《"秦汉简帛晋唐文书"专辑引言》发表于《书法丛刊》1985年第10辑。

《我教唐宋段文学的失败》发表于《唐代文学研究年鉴》1985 年版。

《论书绝句一百首》由香港商务印书馆出版。

《启功书法选》由人民美术出版社出版。

《启功书法作品选》由北京师范大学出版社出版。

《台北故宫博物院藏书法绘画作品展观后感言》发表于《瞭望》杂志。

1986 年（丙寅）74 岁

1 月

中国古代书画鉴定组继续上年工作，对上海画院、上海美术馆、中国美术家协会上海分会、上海友谊商店古玩分店、朵云轩、上海工艺品进出口公司、上海古籍书店、上海友谊商店、上海文物商店等 11 家单位的古代书画进行了鉴定，共过目 2269 件作品。先生因身体和工作原因，参加了部分鉴定。

1 月 28 日

春节前夕，应中央电视台的要求，作《苍松新箨图》，并接受中央电视台的采访，向全国教师祝贺节日。先生在图上题："向为培养新一代而辛勤劳动的教师、职工和未来即将从事教育工作的青年们祝贺节日！"图中红松苍劲挺拔，丛丛新笋拔地而起，象征着教育事业兴旺发达，后继有人。（画作现由北师大档案馆收藏）先生在画上题诗一首：

> 从来造化本无私，喜见松苍竹茂时。
>
> 抱雪凌阳嘉荫远，好培修箨长新枝。

此事王梓坤校长很支持，并亲自向启功先生谈了中央电视台的意见。作画休息时，先生即兴挥毫作诗一首：

> 闲饮三杯酒，忙挥一兔毫。人间有此乐，远胜大熊猫。

采访录像在北师大电化教育演播室进行，自上午 10 时开始直到中午 12 时才结束。

1 月 30 日

李嘉诚来函：

李祖泽先生转来阁下手书大作《痛心篇》二十首，深感阁下言辞恳挚，情感动人。素知阁下深研佛法，多有参悟，当明白一切皆空，诚如苏轼所言，我等若"寄蜉蝣于天地"而已。世事如幻，宜勿再扰心头，豁达自持。

2 月 3 日

下午为聂菊荪的朋友写字。

又为郑喆写联语：

饮来有兴呼添酒；读日无多戒买书。

2 月 11 日

春节期间，国务院副总理兼国家教委主任李鹏到北师大召开教师座谈会，欢度春节并看望老教师，座谈会后分别到白寿彝、启功、汪堃仁家中看望。李鹏在到先生家拜年时，向先生请教书法。先生谈结字要点。何东昌、彭珮云等在座。

2 月 12 日

致西泠印社函，荐金煜加入印社。

2 月 13 日

下午先生观看荣宝斋丙寅新春藏书画展。

2 月 21 日

启功先生将他在香港展出的题画诗 20 幅作品赠给北师大（均为四尺三载，由北师大档案馆收藏）。

又为赵鹏飞夫妇写完一本册页。

2 月 24 日

出席首届全国妇女书法篆刻展，先生剪彩并致开幕词。

3 月 9 日

撰写完成书法教材编写提纲，分别送交各编委。

3 月 14 日

辅仁大学校友会举办夜大书法班，征求先生意见。先生复函给胡恒立，提出讲座式和讲课式两种方案，供校友会参考选定。他答应可讲一两次。

是年春

致许礼平函，祝贺旅行结婚归来。寄新出版的《启功书画作品选》，"又写山水一幅，惟不敢付邮，待有便人再托带去，以表贺忱"。

同月

撰写论文《恽南田的书髓文心——记恽南田赠王石谷杂书册》已完稿，请他的研究生提意见。

古代书画鉴定组自3月初开始至7月下旬结束，又从9月中旬开始至11月下旬结束，分两批对江苏地区的南京博物院、苏州博物院、苏州灵岩寺、苏州文物商店、常熟文物管理委员会、吴江县（今苏州市吴江区）博物馆、无锡市博物馆、无锡市文物商店、南通博物苑、扬州市博物馆、扬州市文物商店、泰州市博物馆、镇江市博物馆、镇江市文物商店、常州市博物馆、常州市文物商店、徐州市博物馆、南京大学、江苏省美术馆、南京市博物馆、南京市文物商店等24个单位收藏的古代书画进行了鉴定，共过目7636件。选其中4466件入《中国古代书画目录》，988件佳品入《中国古代书画图目》。先生参加了部分单位的鉴定。

3月18日

北师大新生去石家庄陆军学院参加军训。团委和学生会请启功先生写有关共建精神文明的横幅带去作礼品。

3月28日

启功先生主持书法教材编委会，讨论编写工作的细节，统一体例，确定书名为《书法概论》，参加者是几位执笔人，有苏士澍、秦永龙、胡云富、谷谿、庞书田、侯刚。

4月5日

致黄苗子函，谈读诗书画刊后的感想，曾谈及悼念聂绀弩：

> 绀翁逝世，弟撰一联，已写出送去，……联云：
>
> 革命抱忠心，何意门中遭毒手；
>
> 吟诗惊绝调，每从弦外发奇音。

4月7日

启功先生主持书法教材编委会会议，讨论并选定所附碑帖图版。

晚上启功先生又为"中国教育国际交流协会""山西电视大学""国营五二三厂"写牌匾及条幅。

4月15日

上午启功先生主持书法教材《书法概论》定稿会，出席的书法家有谢冰岩、沈鹏、王靖宪和国家教委教材办的李进才以及全体编写人员，经过讨论基本同意出版。

4 月 16 日

晚侯刚、胡云富在先生家与先生一起，据定稿会上专家们的意见和建议修改《书法概论》的书稿，至晚 11 时完毕。

4 月 19 日

出席北京市政协组织的"书法家谈汉字规范化"座谈会。

4 月 21 日

国家教委主任何东昌将出访日本，请启先生写字作礼品。

4 月 24 日

师大留学生部请启功先生给外国留学生讲书法艺术之美。

沙孟海先生介绍一位青年来看望启功先生，先生热情接待，交谈许久。

4 月 29 日

启功先生赴上海鉴定蔡元培手迹等文物字画。

宋致中（刘淑度的学生）来取走他收藏的两幅杨守敬的对联，此对联经启功先生鉴定，认为是扬之真迹。

5 月 4 日

致函侯刚，谈在上海的鉴定情况，并约定回京日期。

5 月 8 日

启功先生自上海返京。

数学系汪培庄教授主持召开模糊数学学术会，启功先生前去参加，钱学森出席会议。

5 月 12 日

何东昌索要的字已写好，先生通知他派人取回，为国家教委办公厅的题词一并写好。

5 月 17 日

出席在中国美术馆举办的"国际和平年美术、摄影、书法展览"开幕式。

5 月 18 日

《人民日报》第八版发表黄苗子文章《保护稀有活人歌》。起因是自 20 世纪 80 年代以来，先生声名日高，开会、应酬、演讲、出访日不暇给，还带有研究生要上课，而慕名来访的人更是门庭若市。先生在宿舍门外贴过"启功谢客""大熊猫病了，谢绝参观"都无济于事，北师大校长办公室也贴过正式公告"启老因病不能会客"也都无效，先生老友苗子先生目睹心焦，作了此歌：

国子先生醒破晓，不为惜花春起早，只因剥啄叩门声，"免战"牌悬当不了。入门下马气如虹，嘘寒问暖兼鞠躬，纷纷挨个程门立，列队已过三刻钟。先生歉言此地非菜市，不卖黄瓜西红柿，诸公误入"白虎堂"，不如趁早奔菜场。众客纷纷前致辞，愿求墨宝书唐诗，立等可取固所愿，待一二日不为迟。或云夫子文章伯，敝刊渴望登鸿词；或云小号新门面，招牌挥写非公谁；或云研究生，考卷待审批，三四十卷先生优为之；或云书画诗词设讲座，启迪后进唯公宜；或云学术会议意义重，请君讨论《红楼梦》；或云区区集邮最热衷，敢乞大名签署首日封；纷吆未已叩门急，社长驾到兼编辑，一言清样需审阅，过期罚款载合约；一言本社庆祝卅周年，再拜叩首求楹联……蜂衔鹊市仍未已，先生小命其休矣。早堂钟响惕然惊，未盥未溲未漱齿。渔阳三挝门又开，鉴定书画公车来，国宝月旦岂儿戏，剑及履及溜之哉！吁嗟夫，骅骝骐骥世所少，故伯乐常有而千里马不常有，百千伯乐一骏牵，甲日挽轭、乙日犁地、丙日使牵盐。马思边草拳毛动（用刘禹锡句），不料诸公偏起哄，五马分尸喻未当，尸分一马终何用？大熊猫，白鳍豚，稀有动物争护珍，但愿稀有活人亦如此，不动之物不活之人何从保护起？作此长歌献君子！

5 月 23 日

启功先生犯心脏病，约大夫与郑喆研究病情。

5 月 24 日

研究启功先生病情后决定：

1. 联系北大医院住院。

2. 郑喆的工作调整，下午负责陪伴照顾启功先生。

5 月 27 日

出席在中国美术馆举办的"吴玉如先生遗作展"。

同年夏

为《万岁通天帖》影印本作跋。《万岁通天帖》勾摹王羲之家族多人的法书，摹拓于唐武则天万岁通天二年，故名。后曾摹刻于明代华氏《真赏斋帖》，现藏于辽宁省博物馆。先生于 1978 年秋详观原本，原本中有烧残之字，亦有剥落之处。1978 年冬，又获观《真赏斋帖火前本》，细校原帖，并据《真赏斋帖》中完整之字，用小纸双勾，粘贴在影印本之眉端，可见烧前之面貌。此后，先生又于1988年撰写了论文《万岁通天帖考》。

6 月 2 日

启功先生病未痊愈，下午到八宝山，参加荣宝斋书法、篆刻家徐之谦的遗体告别仪式，他说："对荣宝斋我有特殊的感情，为了表示对老师傅的尊敬，我一定要去送一送他。"

6 月 5 日

致侯刚函，对书法教材编写提纲进行修改，嘱打印后分送各编委着手编写。

6 月 5 日

启功先生病愈回家，王振稼副校长看望，适逢北京工业学院副院长谢篍在座求字，此先生曾到校办谈过要启先生写字，因先生有病被谢绝，不想他等不及自找上门了。

6 月 14 日

有特异功能的张宝胜来给启功先生治病。

启功先生再为何东昌访日重写一幅，上款为芋诚思。

7、8 月

暑假期间，先生指导编写书法教材《书法概论》。启先生1986年8月应时任烟台市委书记董传周的邀请赴烟台度假。当时的市委接待处处长（市委副秘书长）王韶华全程陪同，游历了烟台市区、蓬莱市区和长山列岛。

7 月 1 日

国家教委主任何东昌来校看望启功、黄药眠二位先生。

7 月 8 日

启功先生到校长办公室，亲自送来为学校写的聘书、荣誉证书、毕业证书等封皮的手稿。他给学校领导提出请求，把古籍研究所副所长的头衔辞掉。

7 月 15 日

启功先生为"延安化工总厂"题写厂名，此厂与北师大化工厂有联系，自然科学处派人送去。

9 月 1 日

先生为海军老干部"郭竟仁画展"撰写引言，首写"功成身退，范水模山，笔歌墨舞，行健之端"。画展9月9日上午在军事博物馆举行，先生参加开幕式。

9 月 2 日

先生为上海"建承中学"题写校名。

9 月 3 日

先生再为教师节题词。

9 月 10 日

教师节设立一周年，师大校友会请先生赠言，先生题：

> 树人之功，化雨春风。年周令节，庆洽欢同。

又题：

> 百年树人，沾溉莘莘。民彝国脉，嘉业长春。

辅仁大学校友会在定阜大街原辅仁大学旧址举行老校友返校聚会，先生出席，并为校友会题词：

> 树人如计，英叟敛之。
> 其成伟业，新会吾师。
> 士有未仁，友以辅之。
> 凡我校友，会兹在兹。

9 月 11 日

到西泠印社参观，听印社负责同志介绍印社近年情况，欣然为开办不久的《西泠艺报》题词：

> 湖山胜慨首西泠，石好金佳备艺能。
> 岂独越中增纸价，寰区同与播芳馨。

9 月 29 日

荣宝斋国庆节举办藏画展，下午先生先行去看布展。

10 月 7 日

国家教委组织赴朝鲜访问团，请启功先生写字作礼品。

为人民大学的教授来汉宣、郭鑫二人各写条幅一件。

10 月 10 日

胡恒立看望启功先生，谈辅仁校友会的情况。

10 月 15 日

上午先生到荣宝斋，装裱为许德珩老人九十七寿所书贺辞。

10 月 25 日

启功先生上午到主楼校长办公室讲了三件事，让学校了解他的近况：

1. 纪大夫找先生为别人求写字，先生没有写，在她所持的信上写了"近来身体不佳，容后再谈"。让她找侯刚联系。

2. 霍英东的二太太来北京住在北京饭店，请客吃饭，启先生也应约出席，席间她讲霍英东为教育界捐款，也有北师大。启先生表示感谢、欢迎，并说他为霍先生写了一首诗，拟于霍英东访问北师大时赠送给他。

3. 中国人民对外友好协会（以下简称对外友协）表示，日本书法家宇野雪村想邀请启功先生去日本办书展，新加坡也邀请启先生去办书法展，现已准备了些作品。

10 月 26 日

党委书记周之良看望启功先生，先生谈他最近的苦衷。

启先生说，有些人向他要字是拿着字去找别人讨好。有一位女同志，当面说："欧阳中石想见见您。"但是到了欧阳处又说："启功想见见您。"

启先生给周之良再谈对外友协安排启先生与宇野雪村办书法展和新加坡办书法展的详细情况。与宇野雪村办书法展，是为了祝西园寺公一先生 75 岁寿辰，启先生和宇野雪村共作 75 幅，每人 37 件，再有一件是二人合作，共计 75 幅。

去新加坡举办书法展，是中央统战部部长严明复建议先生去海外办展览，可以传播我们中国的文化，扩大统战工作的影响。这次与潘絜兹先生联合展出，潘作画，先生准备 60～70 幅作品。

10 月 29 日

北师大社会科学处建议举办书法教师讲习班，请启功先生和书法教材的编写者讲书法知识，上午启功先生与胡云富、郭静媛、侯刚研究决定明年暑假举办。

11 月 2 日

启功先生为《学生之友》、"潍坊教育学院""教师奖励基金会"题写牌匾和书签。

柴德赓夫人去世，其子女来看启功先生。先生表示悼念并安慰他们。

11 月 3 日

侯刚陪同启功先生去陶然亭裱画厂装裱准备出展的作品。此裱画厂是荣宝斋退休老师傅（姓常）为街道办的，常师傅已 70 多岁，技术精湛，先生认识这位老师傅，亲自去见他委托装裱。

从陶然亭返回，又到琉璃厂宝古斋、荣宝斋参观，看望那里的朋友。

11 月 5 日

致中国书法家协会陆石函，转呈我国驻朝鲜大使馆文化参赞申请参加书法家协会的申请书。

11 月 13 日

陶然亭裱画厂给启功先生送来已裱好的作品 37 件（去日本参展用），先生给常师傅写条幅表示感谢。

11 月 20 日

一位记者来访启功先生，要求先生对"现代书法"给予评价，意思是要请先生支持，先生答曰：

"百花齐放，百家争鸣"是我国的文艺方针，符合者即现代派、现代精神，不符合者，即不是现代精神。不论谁写字，要让人能认识，能看懂。

山东省书协书法家魏启后来看启先生，邹德忠陪同，请启先生为魏的书法集题签。

11 月 22 日

湖南邵阳为匡互生先生建纪念碑，请启功先生书丹，碑文由叶圣陶撰写，启功先生审阅后，稍作修改，答应可以给写。

11 月 27 日

上午启功先生主持《书法概论》编委会会议，听取几位老先生对该书的意见，刘乃和、王靖宪、谢芳春、郭预衡及国家教委徐汝京等对整书给予了肯定评价，也对排版、校对不仔细等提出不少意见和建议，徐汝京提出希望师大能出一套书法录像教材。

会上又谈到现代派书法问题。启先生说：有人来访问我，问我对时代精神怎么看。我就回答："什么是时代精神？党中央提出百花齐放，百家争鸣的方针，已经执行了三十年，有效，这是我国文化政策中很重要的思想，这是最根本的，也就是我们的时代精神。今天我们还是贯彻这个方针。在学术问题上，甲派不能勒令乙派同意甲派的意见，乙派也不能勒令甲派同意乙派的意见，这就叫时代精神，谁发出勒令都不对。在艺术上贯彻双百方针，谁违反双百方针，谁就不符合时代精神。"

11 月 28 日

读张中行著《负暄琐话》后致张中行函：

> 捧读回环，不能释手。……此书小中见大，淡中见浓，摸老虎屁股如摸小儿肌肤（此喻不全，应增解剖狮子如解剖虱子耳）。……人生年岁，各有其数，北大先师寿夭不齐，每以某人为玉尺。谓某人长其一岁，某人少其二年，则未见近乎以某人为中心之嫌矣！夫某人固有其佳处，如弟子最爱狗，如不知其为猎狗时，无不可爱，然当其在鹰下奔驰，深承猎人叱斥时，则但虎其肉之香，而不见其皮之光泽矣！……书中多弟子亲炙承教之人，讽读高言，未免使人肝肠易位，其中果位不同，所致言者，无佛则已；如有佛而可以人身成者唯李夫人王氏一人而已。……纸短情多，诸容续具，谨求棒喝。恳勿示人。

同月

中华书局 75 周年纪念征题，先生口占奉贺：

> 文明教育藉缥缃，懋绩丰功世不忘。
>
> 七十五年人共寿，瑯函如海业辉煌。

11 月 30 日

启功先生为匡互生生平纪念碑书写碑文完成，交邵阳文史馆建碑。

12 月 2 日

再致张中行函：

> 昨上芜笺，有迁怒处，在海印光中，自惭形秽矣！
>
> 是史是诗，是诗是史，怎说都行，仍不得已而借引得烂了的一句话："元韵离骚。"其意可取，其辞已被引腐，不以辞害可乎？
>
> 一块发硬处，亦实是骨鲠在喉，不得不吐者，唯"信而好古"一章。
>
> 前函妄评无佛则已，有佛为此李夫人王氏。今补一句云：无仙则已，有则必为中翁大德也。……

12 月 6 日

今日有亲戚来访。

启功先生讲：来访的亲戚是他六叔离婚的妻子和他的儿子启桓。启功先生讲：他的爷爷共兄弟六个，六叔是六爷爷之子，在他们家破产之时，六爷爷曾为争家产大吵大闹，提出父亲把家产都给了大哥（即启功祖父），要求分家产。其实当时已经破产，只剩下一所房子，准备变卖之后还债。六爷指着墙上挂的一幅画说："那不是还有一张画？"（按照启功先生回忆，那是一张假画），就让人把那张画取走了。当时大爷爷气愤至极，对他说："我只一个孙子，你有一个儿子，如果我说假话，让我的孙子命短（当时启功 11 岁），你要做对不起祖宗的事，让你的儿子命短。"六爷走后，祖父对启先生说："我和你六爷打赌了，你要是不争气，我死不瞑目。"

启先生讲：我的六叔非常不争气，抽大烟，吃喝嫖赌，穷得没有办法，比我只大四岁，就找我来要钱，我的爱人说这钱不能给他。我两头受埋怨。后来他的岳丈介绍他去当国民党特务，他也没有好好给人家干，还是来信找我要钱，后来我当了"右派"，他再来要钱，我就问系里该怎么办，系里说他有他的生活来源，你不能管他，我也就不敢再给他寄钱了。

六叔这个太太跟他离婚了。我怎么接待呢？不能叫你六婶，也不能叫你郭大姐，同他来的青年叫启桓，是他的儿子，几十年没有见了，突然来又为什么？看来是见启某现在又人五人六了，要攀这个启字，其实这个启字又有什么（启先生随即用笔把桌子上一个写有启功的信封上的启字涂去又打上×）。

启功先生说，那位老太太还有三个女儿，大女儿在天津，二女儿在国家教委，叫金×林，三女儿在师大二附中，叫金惠林。

启先生谈到旗人的名字，爱新觉罗这个姓，是从来不用的，只是溥仪在苏联被囚时，苏联人问他叫什么，他写爱新觉罗·溥仪，在名字上加了圆点。我从来没有这样用过，我就姓启，中国人的名字，为什么要加个圆点？香港又要搞什么爱新觉罗家族书画展，要我出作品，我没有参与。

为说明此事，他又举毓逖姓氏，逖启骧。又举阿桂就叫阿桂，实际是章佳、佟佳都没有加上去。

12 月 10 日

先生在荣宝斋购张伯英字对一副，雷振方送来。

12 月 12 日

三致张中行函，谈出版物中误字多：

以小子观之，印出来即是上等，即使二百处，不过二百条勘误表，又有何难载！……周正逵同志见访，言及我公将鄙札置之镜框中示众，谨此叩求赶紧撤下，则"福聚海无量"矣！其中颇有"不妥"之语。如在"革"中，便是"不法"，安有人而敢于以身试法乎？

12 月 12 日

沈鹏来访启功先生，请先生为书法家协会写条幅，启先生将新出版的《书法概论》交沈鹏，请提意见。

12 月 15 日

国家教委"为了加强对各级各类学校美育工作的宏观指导，推动学校美育的实施和发展，决定成立艺术教育方面的咨询机构——艺术教育委员会"，特聘请先生为该委员会的委员。

12 月 27 日

先生委托雷振方请人篆刻"丁卯""索书者赠"等印，刻好送来。

同月

香港爱国人士霍英东先生慷捐 500 万美元，为北京师范大学建教育大楼。捐款仪式在人民大会堂香港厅举行，由国家教委主任李鹏主持。先生应邀出席并手书六尺整张中堂一幅赠霍先生：

> 嘉树长垂万亩阴，育才从古胜簏金。
>
> 杜陵广厦峥嵘际，最见怀乡爱国心。

同年

中文系教授谭得伶去苏联参加纪念乌克兰诗人谢甫琴科的活动，请先生作画一幅，并题："诗卷长留天地间。"谭先生作为礼品带去祝贺，该画现藏于乌克兰基辅纪念馆。

同年

荣宝斋赴日本举办秘藏美术品展，先生为题贺词：

> 荣宝斋中多宝藏，明清妙迹尤辉煌。
>
> 携来瀛海经梯航，奇珍异品相评量。

同年

获观傅增湘先生收藏的《汪容甫先生手札》，捧读之后敬识册尾："此汪容甫先生手札七通，藏园老人所收。陈援庵先生借阅时，详考其具书年月及寄发之地，记于小笺，以便检索。老人遂并原札七通，共存之于斯。具见援庵先生于学者遗文，虽往还笺牍，莫不究其原委。而藏园老人笃于朋旧，即片纸只字，亦必粘存。况此攸关掌故者，足与七札并重者乎。"先生以此跋"告后之览者，俾知所服膺焉！"

同年冬

又见董其昌草书中堂，题诗一首：

怀素终朝醉，松间挂一壶。

千年论草圣，有此嗣音无。

又获观黄均山水扇面，为之题跋。

同年冬

为日本书法家渡边寒鸥的诗集作序。

同年发表的主要著作有：

《〈陈少梅画集〉序》发表于《迎春花》1986 年第 1 期。

《记我的几位恩师》发表于香港《文汇报》1986 年 5 月 30 日。

《书画鉴定三议》发表于《文物与考古论集》1986 年版。

《书法概论》（主编）由北京师范大学出版社出版。

1987 年（丁卯）75 岁

1 月 9 日

启功先生住钓鱼台，为钓鱼台写字，休息。

1 月 21 日

国家教委正式聘请启功先生担任艺术教育委员会委员，与先生通电话，先生表示："同意教委的安排。"

1 月 24 日

全国政协举办春节联欢笔会，先生与黄苗子、董寿平、白雪石、胡絜青等在京书画家出席。

同月

国家教委于新春之际，为离退休干部建活动室命名"和乐堂"，请先生题赠。先生书自作诗祝贺：

万紫千红好景光，天行不息致康疆。

胜缘今日堪珍惜，首聚心同和乐堂。

同月

香港爱国人士邵逸夫慨捐一千万港元为北京师范大学扩建图书馆，先生书自作诗条幅赠邵先生：

不须顶礼焫名香，广厦长袤即道场。

典籍有归真幸事，文明增重好资粮。

百明建阁供专用，万卷开缄出秘藏。

欲写寸心拈颂语，祝君福德海无量。

1 月 26 日

春节前，国家教委办公厅领导来看望启功先生，贺节。

2 月 5 日

全国政协书画室为政协委员及政协工作人员举办书法讲座，董寿平主持，先生授课。

2 月 7 日

先生为老年学会书写条幅十一条。

2 月 10 日

雷振方陪北京友谊医院王宝恩院长等人到访。

2 月 25 日

先生为王宁世、纵瑞堂、沈裕之等书赠条幅。

3 月

中国古代书画鉴定组自 3 月上旬至 7 月中旬鉴定了浙江省博物馆、浙江省图书馆、浙江美术学院、西泠印社，以及浙江省内有关市（县）博物馆、文物馆纪念馆共 41 个单位保管的古代书画 4000 余件，共选出 2185 件入《中国古代书画目录》，又选 938 件佳品入《中国古代书画图目》。先生参加了部分鉴定工作。

3 月 4 日

出席在中国美术馆举办的"中日妇女书法交流展"开幕式并剪彩。

3 月 12 日至 14 日

出席中国书法家协会第二届第五次常务理事会。

3 月 13 日

对外友协叶东海来访，与启先生商谈"启功、宇野雪村二巨匠书法展"的具体安排。启功先生书屈原《离骚》诗中兹兰树蕙一首赠侯刚。

同月

在杭州西泠印社对印社所藏古玺印与明清流派的印章进行了认真核实鉴定，并分列国家一级、二级、三级文物。

3 月 16 日

启功先生最近在研究现代汉语语法结构问题，他认为汉语的组成分四个阶，是可以分的四部分，每两个字为一个组，二进位，可以输入计算机。

为化学系、应用化学研究所及华北教育干部培训中心写匾牌。

3 月 17 日

先生想书写"百家姓"，请雷振方帮助找到，上午送来。

3 月 22 日

王振稼与启功先生谈"二巨匠书法展"的落实事宜，启先生讲了举行这次书展的缘起：

宇野雪村曾帮助过西园寺公一，因西园是日共的左派，宇野受到他党派内的排斥，西园帮他来中国时与启功相识。西园的妻子雪江是艺妓，西园为了娶她而不要爵位，甚可佩服。因与西园的关系，而同意与宇野办展。西园与中国友好，两个孩子都在中国长大，对中国的感情很深，长子是中日友好协会的主要负责人之一。

3 月 30 日

章文晋接待日本书法家宇野雪村一行，在北京饭店宴请日本访华代表团，请启先生作陪，晚 8 时才回家。

3 月 31 日

由中国人民对外友好协会和日本每日新闻社联合举办的"启功・宇野雪村书法巨匠作品展"在中国美术馆开幕。全国人大常委会副委员长楚图南主持并剪彩，全国政协副主席吕正操，中国人民对外友协会长章文晋，著名书画家董寿平、黄苗子、韩美林、黄胄以及日本驻华大使、首都各界人士 200 余人出席了开幕式。先生和宇野雪村还当场挥毫互赠墨宝。

以两国的巨匠联袂的形式举办书画展，在中日书法史上还是第一次，加之两位老人都正值 75 岁，他们各出作品 37 件，又合作扇面一幅，共同展出 75 件，又决定分别在两国的首都展出，成为中日书坛的佳话。

同月

应日本日中友好组织邀请为东京成田山新胜寺开山 1050 周年题诗：

> 正脉山阴风信书，金刚秘印证真如。
>
> 我闻灌顶拨灯法，毫杵平生勉未辜。

4月4日

上午，"启功·宇野雪村书法讲演会"在对外友协会议室举行，由宇野雪村介绍日本的书派情况，启功先生出席。

4月5日

启功先生为日本亚西亚大学和山口肥佐书写条幅。

为石化附中书写书签。

4月6日

先生由北京出发前往浙江杭州参加鉴定活动。

4月11日

先生在杭州鉴定期间参加了"第三届兰亭书法节"和"1987 年兰亭书会"，因惦记编辑书法教学参考帖事，致侯刚一函：

> 功自七日飞抵杭州，住在新新饭店。九日开研讨会，下午到绍兴，十日上午到兰亭，先写字，后在曲水边上搞流觞赋诗，大有新儒林外史之意，但较胜者，在座有外国人。
>
> 折腾两天，今早回杭州。明日投入书画鉴定工作。此次无甚佳品。沙孟海老先生云，有些好书画暂先勿看，待启功来再看，恐功失去看的机会，因此不能随便大溜回京，只好看完一段。
>
> 鉴定工作，约在五月中旬杭州之物可看完，即推到安徽。功拟在五月初旬

启功先生笔会挥毫

提前回京，办完"参考帖册"再赴合肥。看来功之来去，彼亦不便苦留也。

在"第三届兰亭书法节"上，集兰亭之字，口占绝句一首，以示祝贺：

> 临风朗咏畅怀人，情有同欣会有因。
>
> 可比诸贤清兴咏，水流无尽岁长春。

4月12日

致范用函：

> 闻《论书绝句》插图当有短缺，望告知缺何图，在杭州就地拍照，因兰亭
> 会后仍参加鉴定，二周后方可回京，则又需时日了。

4月17日

致王靖宪、谷溪函，告知王、谷兰亭会毕，即加入鉴定活动，大约月底始完，归京后研究书法教材，再往安徽。在杭州见到杨仁恺先生，提起先生撰写的《万岁通天帖考》一文，拟收入辽博《藏宝录》，嘱寄给启先生一份。

同月

接待了上海《写字》丛书的编辑，为该丛书题写了刊名《写字》，希望他们编好这份普及写字知识的群众性刊物。

4月28日

为纪念北京师范大学校友、五四时期火烧赵家楼的勇士、教育家匡互生逝世54周年，湖南省在邵阳市新建匡互生墓，举行新墓落成仪式。墓碑由叶圣陶撰文，先生书丹。

4月

1937年创建于延安清凉山的中国新华书店在本月迎来建店50周年，该店经理请先生题词，并向先生历数多年来艰苦创业的成就，先生即席撰句，书成条幅相赠：

> 创建五十年，业大功劳大。印刷有数量，发行有规划。
>
> 读者要啥书，不用多说话。新华书店中，全是新文化。

5 月 5 日

启功先生自杭州回，准备 8 月去日本出席二巨匠展，9 月去新加坡参加书展。

为日本友人井深大题词：

亲手树人真事业；良材一寸比兼金。

为《研究生报》书写马克思名句。

为华北油田学校写报头。

为刘文占、李顺兴、孙树礼诸友人写条幅。

5 月 18 日

启功先生主持书法教材编委会会议，与几位同志研究利用暑假举办书法教师讲习班事宜，定于 7 月 27 日至 8 月 15 日举办。

研究书法参考资料出版问题，《书法概论》应继续写好第二册、第三册的问题，并谈了第二册、第三册的提纲。

6 月 1 日

启功先生主持召开书法教材编委碰头会，研究讲课专题分工。

6 月 3 日

先生为"徽州胡开文墨厂"题匾。

6 月 6 日、19 日

再开书法教材编委会会议，启功先生建议出版社应把教材问题作为重点抓好。

启功先生为聂卫平题诗一首：

朱家帝业湖楼局，谢傅勋名山望扞。

今日围棋能跨国，五连胜处是真赢。

6 月 30 日

启功先生为石家庄陆军学院题字。

同月

先生随同中国古代书画鉴定组对安徽省博物馆、安徽省文物商店、黄山市博物馆、歙县博物馆、桐城博物馆、巢湖地区文物管理所、休宁县博物馆、寿县博物馆、怀宁县博物馆 9 个单位收藏的古代书画进行鉴定，过眼作品 3000 余件。选出 1850

件编入《中国古代书画目录》，又选 1132 件佳品编入《中国古代书画图目》。

7 月 3 日

启功先生为中国医科大学和北京经济学校写校牌、校风、校训。先生谈他写作之苦，他写《诗文声律论稿》自 1964 年开始，一直到 1974 年才出版，那时是"右派"，后来又遇到"文化大革命"，白天工作、劳动，只能在业余时间和晚上偷偷写一点。一怕被作为集体创作成为大家的成果，二怕被批判。这本书中举例就没敢引用毛主席的诗句，怕别人批判"割裂毛主席诗词"，因为王力就挨过这样的批判。

7 月 28 日至 8 月 10 日

受国家教委的委托，北京师范大学举办"全国书法教师第一期讲习班"，有来自各省市教委和部分中小学的书法教师 100 余人参加学习，为期两周。由先生主讲，青年书法家苏士澍、谷溪、庞书田、秦永龙、胡云富也参加了讲授。在此期间，先生亲自带领全体学员去故宫博物院书画馆参观古代书画和碑帖，又去北海阅古楼参观三希堂帖石，在参观过程中详细解答学员的提问。在阅古楼参观帖石后即席题诗二首：

> 今朝琼岛正轻阴，阅古楼中墨胜金。
>
> 揽古喜偿双眼福，不暇应接字如林。
>
> 钟王八法昔传衣，枣木频翻貌已非。
>
> 幸得良工勒贞石，学人常获见三希。

讲课期间，还抽出半天时间举行笔会，先生挥毫示范，学员也即兴作书。有位老师带来 10 岁女儿也当场写"松风"二字，受到学员们的夸奖，先生也给予鼓励，在她的作品旁工整地写了 16 个字："学业本根，数理语文，身强体健，行正品敦。"勉励小朋友首先要学好功课。

结业时，应学员们的要求，为每位学员赠送了一本新出版的《启功书法选》，并为每位学员题款钤印，学员们高兴地回到各自工作岗位。

7 月 29 日

北师大举办"全国书法教师第一期讲习班"期间，先生邀荣宝斋来校设小卖部，方便学员购买文具。

8 月 9 日

书法讲习班举行结业笔会，启功先生出席并当场挥笔，书"鹅群"等三幅大字。先生正在八楼大厅写字，中央电视台赵忠祥等找到八楼，请先生写一幅八尺整纸的

启功先生主讲书法讲习班留影

大字，被先生婉拒。

8 月 13 日

由侯刚陪同去拜访凌青，谈去日本举办与宇野雪村书法合展事。

8 月 17 日

启功先生为宋代皇陵题诗：

> 伊洛高陵汴宋都，也曾一代诩雄图。几千百年置棋劫，二十四部相斫书。
>
> 挂斧声戚流水逝，石麟寂寞夕阳疏。当时执梃降王长，地下重逢感不孤。
>
> 北宋古迹征题，启功。

又为河北正定县政协、山东校友山东大学校长余修题书签。

为严驳非写条幅。

今日先生检查身体，将证明送对外友协，因身体原因不能去日本。

8 月 24 日

霍英东夫人赠启功先生荷花一幅，并表示近期将举办霍英东捐款仪式。

8 月 25 日

下午 5 时在人民大会堂香港厅举行霍英东向北京师范大学捐赠款项仪式，启功先生书写中堂一幅，赠给霍英东先生，国家教委主任李鹏出席。

8 月 28 日

先生下午到荣宝斋拍电视片，董寿平同在。

8 月 30 日

王振稼陪同美籍华人李华元、李恺（师大校友）看望启功先生，谈请启功先生去美国办书法展览事。启功先生很谦虚地谈了他的意见，他说为了改革开放，扩大北师大的影响，为学校筹集资金，等于用一些书法作礼品向海外华侨和友人化缘，希望能得到他们的理解和帮助。他愿意尽力，此事应有人筹划并作好准备。

启先生谈到了美国有他的熟人，如翁万戈，是翁同龢的孙子辈，比自己小 4 岁，是他小时在汇文学校的同学，现在美国搞文物鉴定。

先生又谈他小时候在河北易县度过，8 岁离开易县再没回去过，赵鹏飞也是河北易县人，他的祖先是守陵的护军，他算是陵户后代。

是年夏

某拍卖公司拍品中有潘莲巢居士山水短卷一件，极为精美，周启晋很喜爱，请先生鉴赏。先生指出，此乃张大千先生游戏之作，建议他买下，并为他作跋：

> 右潘莲巢所画短卷，盖大千居士游戏之作。公输技痒，偶雕楮叶，所谓忍俊不禁也。此实先有梦楼诗卷，大千翁即其尾纸作图，而重装于前，题字犹是曾李余风，通天神狐，醉则露尾，观之令人为之拍案。今张公往矣，遗墨价过兼金，虽十卷莲巢，殆不可易，世人每以真伪二字论值，于斯绝品，又将如何评估耶！

大手笔仿冒小名头的游戏被先生看穿了。

同年夏

又获观《八大山人海棠春秋图轴》，为之作跋。

中国古代书画鉴定组于 9 月上旬至 12 月下旬对河北省博物馆、河北省石家庄文物管理所、河北省承德避暑山庄博物馆、河北蔚县文化馆、河北省文物商店、河北省唐山市博物馆、河北省北戴河文物管理所、河北师范学院、河北省沧县文化馆、河南省博物馆、郑州市博物馆、河南省新乡博物馆、河南省安阳博物馆、山西省博物馆、山西省晋祠文物管理处、山西省祁县博物馆、天津市文化局文物管理处、天津市历史博物馆、天津美术学院、天津人民美术出版社、天津杨柳青画社、天津市文物公司、天津市艺术博物馆 23 个单位收藏的古代书画进行了鉴定。共过目古代书画藏品 5690 件，选其中 3070 件编入《中国古代书画目录》。先生参加了部分鉴定工作。

在天津参加鉴定期间，曾游黄崖关长城遗址，题诗一首：

> 黄崖关口势峥嵘，名胜昭垂史册青。
> 不朽元戎戚元敬，千秋硕画仰干城。

9 月

先生曾为荣宝斋香港有限公司开业题字：

> 虹光宝气不胜收，绘妙书精尽上游。
> 久立中区腾雅誉，又推馀馥溉南陬。
> 绘妙书精之评谓诸贤也，拙笔不在其内，启功自注。
>
> 荣宝斋香港有限公司开业志庆。
>
> 一九八七年秋日，启功书於浮光掠影楼。

9 月 6 日

孙大光、张刚夫妇将他们收藏的书画捐赠安徽省博物馆，又把奖金捐给寿县兴学，启功先生为其书赞：

寿春孙大光同志艰辛革命数十年，平生无所嗜，惟以书画自怡。与夫人张刚同志偕搜明清名人真迹于纷放之余，积百数十件，一九八七年夏举以捐赠安徽省博物馆，以其奖金总数为寿县兴学之资。博物馆造砚勒铭，以志盛事，属功为之记，且为赞曰：

笔精墨妙推前修，法书名画重千秋。

历经劫火稀传流，寿州伉俪勤搜求。

朝披暮卷欣忘犹，盈箱溢筐何胜收。

不甘自秘韫匮留，遥为桑梓琼瑶投。

树人之资贻远谋，与众同赏诚嘉猷。

昔人妙迹幸有记，贤无今古堪相俦。

启功并书。

9 月 16 日

为美籍华人女画家曾佑和（幼荷）的书画集作跋，对曾博士"在书体与绘画的关系，书家成就的因素，传统和变革的取舍，历史和时代的因革，东西文化的异同，姊妹艺术的借鉴等方面"的探讨和成就，给予极高的评价。

9 月

九三学社应新加坡书法协会的邀请，组织代表团访问新加坡，举办"启功、潘洁兹书画展"，这是先生首次访问新加坡，同时被新加坡书协聘为海外顾问。

牟小东先生和章景怀先生陪同先生前往新加坡，牟先生曾有记述：

1987 年 9 月，我陪同元白先生、潘洁兹先生赴新加坡举办书画展览，曾与启、潘二位及章景怀先生一同去檐蔔院拜访汉传佛教大德、弘一弟子广洽法师。广老热诚地接待了我们，在瞻仰弘一大师纪念堂时，老法师还向我们讲述了许多他亲近弘一大师以及与丰子恺居士交往的感人事迹。他还结缘给我马一浮居士的写经（影印本）等数种，其中以弘一大师题词、丰子恺居士配画的《护生画集》甚为难得。是书从前只有开明书店出版第一集，其余各集我均未见过，而今一至六集全部得之，欢喜之情溢于言表。

当我们告辞时，广老赠我们每人一个红包。元白先生当即坚辞不受，几经谦让之后，元白先生说："那我就供佛吧！"于是就把红包轻轻地放在供佛的条案上，顶礼璧还。在元白先生高洁风操的带动下，我和潘、章二位也不约而同地将赠给各自的红包恭敬地放在了供佛的条案上，然后向广老道别而出。

（牟小东：《明月一心故人情》）

9 月 18 日

黄药眠先生逝世，在北京医院举行遗体告别，习仲勋、李鹏、楚图南等领导出席，启功先生前往吊唁告别并送挽联：

历尽艰辛归一暝；广评文艺有千秋。

9 月 21 日

先生赴新加坡举办书画展，此展是九三学社应新加坡书法协会邀请举办的。

先生为首届中国艺术节题词：

举国共欢乐，今日艺术节。

书法代讴歌，挥笔忘拙劣。

中国首届艺术节志庆，启功。

10 月 9 日

启功先生自新加坡回国，因王宁世曾帮助师大联系霍英东捐资，先生提出拟请王宁世兄妹吃饭。

10 月 15 日

启功先生在西四同和居请王宁世、王立梅兄妹吃饭，王振稼、吴猛、林璧君、胡敏、侯刚陪同。

10 月 19 日

启功先生为北京师大一附中、北京十一学校题写校训。

10 月 27 日

先生为北京师范大学图书馆、北京师范学院（现首都师范大学）图书馆及北京

启功先生在书画香港义卖展开幕式上讲话

舞蹈学院题字。

11 月 5 日

先生为海外校友联谊会题字。

11 月 10 日

先生为广东省老干部活动中心题诗：

> 书画益身心，有乐无烦恼。点笔日临池，能使朱颜保。
>
> 操觚肢力活，不用策扶老。敢告体育家，行健斯为保。
>
> 一九八七年初冬书奉广东省老干部活动中心补壁，启功。

11 月 11 日

北京电影学院陈荣琚申报副教授职称，先生为其写学术成就评语，充分肯定陈在中华传统艺术方面的修养和创新方面的经验。陈晋升副教授。

11 月 12 日

荣宝斋香港公司成立开业，先生应邀赴港祝贺。

在港期间获观董思翁行书杂临诸帖，曾赞其"流美之中有酣畅之致"，"绢细笔柔墨润，在此类短卷中实推上乘。"

又为《八大山人海棠春秋图》真迹题跋。

11 月 28 日

先生曾请荣宝斋老师傅张贵桐装裱家中旧扇面，裱成册后，是日雷振方送来，先生甚满意，交一千元给他，转付张师傅。

12 月 4 日

聂石樵先生看望启先生，谈及郭预衡先生患恶性耳瘤，二位先生关心郭先生病情。

为武汉大学写条幅唐诗一首，题款赠邵逸夫先生：

> 邵逸夫先生惠存，武汉大学敬赠。
>
> 一九八七年冬，启功书。

为霍英东教育基金会纪念专利题名签。

12 月 6 日

启功先生讲了两个笑话：

一个人给朋友送了篓元鱼，到朋友家打开一看，全死了。朋友问怎么全死了，送者说："在路上你挤我，我挤你，全挤死了。"主人赶紧说："有你没我，有我没你。"

又一个人和朋友谈话，问对方：你们那里猴子多，有多大？对方说大的像大人。"大人"刚说出口，主人有点不悦，客人赶紧改口，说小的像卑职。其实他是想说大的像大人，小的像小孩，见"大人"不悦，随机应变改口为卑职，可见此人之圆滑。

启先生给贾鸿年收藏的一张画题诗一首，可见先生对丑倭之厌恶：

深秋月应吼生风，狐兔全输大泽雄。

我愿出山游闹市，顿教丑倭一时空。

辛酉马云画虎，启功题。

12月13日

启功先生接待霍英东的郭秘书及王宁世、王立梅兄妹，同来还有一位台湾商人何兴华。何很能谈，对文字改革很有意见。他说大陆的交通不便，是因把"車"改成车，牛车怎么能走快；生产上不去，是把"產"字里的生字去掉了，不生如何产？又举启字去了文，不要文了。启功先生对曰："古代最早的启字就这样写，可谓既复古又革新。"他再不说什么了。

郭秘书带来陈大军的一幅画，有梅花、牡丹及蝴蝶等，请启功先生题字，先生题：

富贵花开喜一堂，

岭梅齐寿发真香。

画图满载春风至，

蝴蝶飞来比翼长。

一九八七年冬至，启功题。

饭后启功先生谈及拟为学校筹集资金的原意，请他们出出主意，王宁世等提出可由香港书协邀请启功先生去香港办书展，由霍英东赞助。请香港新华社帮助宣传，王、郭等负责联络工作。

最后启功先生为王宁世兄妹及郭、何各作朱竹一幅，并赠《古代字体论稿》《启功宇野雪村书画册》各一册。

12 月 28 日

启功先生赴汕头，吴南生曾集韩愈的字刻有石碑，启功先生题有碑记。现碑已刻好，吴约先生前往。又因吴南生是汕头大学董事，洽逢开董事会，可与启先生见面。

同年冬

荣宝斋经理王大山陪同先生再去肇庆。在端州一路荣林砚厂参观制砚过程，先生为该厂题写了厂名，留有墨宝。与该厂厂长黄东荣结识后，先生对他的经营提出很好的建议，如提出常用砚与观赏砚不同，要讲实用，不要追求繁杂的雕饰，要考虑到使用者买得起，用时清洗方便，等等。以后黄东荣每来京办事，都来看望先生，结为忘年之交。他看见先生案头常用的一方小砚裂了纹有点渗墨，想给先生换一方，先生说："我这小砚下墨很好，舍不得丢弃，最好能修一修。"他按先生的要求拿回去粘好送来。先生非常高兴，当即磨墨试笔，写下"破砚重粘，依然瓦全，磨墨而书，吾神来也"。并写一条幅赠他，以表感谢。

同年

为青年画家夏天星题词：

> 无生活则无画境，无技术则难表达。技术旧则如陈词滥调；自创多则常如语出杜撰，他人不解。必使技术来自生活，密合客观物象，而又以提炼出之，始称佳作。

同年

应天津艺术博物馆（今天津博物馆）的邀请，赴天津出席该馆 30 周年馆庆，并为该馆赠诗一首：

> 沽水无从问草堂，墨缘重得汇缥缃。
>
> 卅年擘划初基好，会见腾飞胜业长。

同年冬

获观刘墉书《老子道德经》小卷，并为之作跋：

> 诸城书全出其庭训，未见文正之笔者莫证何源所自也。其临阁本法帖俱是以自家笔法录枣板上，语于六朝、唐人所关知少，尝见其题吴甡庵书。谓与东

坡没交涉。讵知自临阁帖亦无交涉也，惟以矮纸杂书诗文，常有胜处。盖以无法可拘且又有词可赏，是以足珍如斯小卷是已。一九八七年冬至，获观因书纸尾。启功。

同年发表的主要著作有：

《文言文中"句""词"的一些现象》发表于《北京师范大学学报》1987 年第 5 期。

《恽南田的书髓文心——记恽南田赠王石谷杂书册》发表于上海《博物馆集刊》1987 年第 4 期。

《论笔顺、结字及琐谈五则》发表于香港《书谱》1987 年第 5 期。

1988 年（戊辰）76 岁

1 月

应吴南生的邀请，前往汕头访问。其间曾在汕头大学讲书法。

据刘启林教授回忆：

> 演讲那天，能容纳几百人的大讲堂一下子挤得水泄不通。——因为校内的师生绝大多数不是来听他讲书法的，而是来瞻仰"国宝"的。他幽默与深入浅出的演讲，常常引发一阵阵的哄堂大笑。他讲了自己学书法的过程，讲了人们因受教条主义影响而养成的不良写字习惯，非常发人深省。

在汕头时，先生还专程到潮州谒韩文公祠，并题诗一首：

> 宪宗迎舍利，影骨原非真。
> 退之谏愚夫，贬逐临其身。
> 鳄鱼有利齿，驱于一祭文。
> 愚夫望福报，弑于刑余人。

1 月 10 日

美国麻州大学教授郑清茂（时在台湾）来看望启功先生，先生作扇面三幅，上画朱竹一幅赠郑先生，另两幅请转台静农先生。先生留郑先生共进晚餐。

1月15日

下午荣宝斋经理蔡金鹏和雷振方来拜访，为戊辰年春节展览事请先生帮助出主意，先生当即提出"同好艺展"一名，意邀书画家共同参加展览，并题写"荣宝斋同好艺展"标题。

1月16日

启先生介绍了英敛之及一些类书的情况。

英敛之，旗人，信天主教，接受新思想，民国初年任议员，创立了《大公报副刊》，研究宗教史和耶律可温考。陈垣校长是新教徒（基督徒），两人关系极好。英把他研究宗教史的资料全给了陈校长，对陈校长帮助极大。英晚年认为应当坚持自己的民族立场，为了保存民族习惯，他穿长袍，抽旱烟，认为这是民族特点。英太太是江西人，英先生坚持让她旗人装束，英先生的旗姓是赫舍里氏，阿什烈·英华。

英敛之的功劳是创立了辅仁社。他以教民的身份，给教皇写了一封信，希望以教会的名义办教育，但辅仁大学成立后，他就去世了。在中国教育的发展史上，英先生是有一定地位的，引进教皇的势力，有合资思想。

启先生又介绍了一些类书的存书情况：

《山堂肆考》《山堂考索》明刻本，师大图书馆有。

《玉海》，台湾有。

《锦绣万花谷》，北图有。

《醉菩提传》，《济公传》的前身，图书馆有。

1月19日

上午启功先生主持书法教材编委会会议，研究编辑书法教材参考资料第二集，苏士澍、谷谿、庞书田、秦永龙、胡云富、侯刚出席，陈荣琚未到。

下午启功先生为在深圳举办的《红楼梦》新书及群籍联合书展题词：

> 红楼书韵发奇香，
>
> 文苑新开万顷堂。
>
> 四部如今收不尽，
>
> 梯山航海看琳琅。
>
> 红楼梦新书及群籍联合展志庆，
>
> 一九八八年春日，启功书于北京师范大学。

写完后先生朗读一遍，说：我有得意之作，即"书于北京师范大学"意为此书展是我师范大学力主举办的，以此为师大扬名。可见老先生对师大的关爱之心。该事件的起因是先生参与并指导校注的程甲本《红楼梦》（以北京师范大学图书馆馆藏的程甲本为底本）由北京师范大学出版社出版，先生为该书作序。

全国政协秘书处来函，称陈丕显将出访泰国，请启功先生写字赠泰国国王，提出要称"国王陛下"。先生不愿称"陛下"，又不好谢绝陈丕显，怎么办？先生稍加思索，想了个好主意，他写了一句佛经，命侯刚拿到荣宝斋裱好，又在绫子边上写上"国王陛下"，落款写"陈丕显赠"，先生说："让他去称'陛下'吧！"

1 月 21 日

下午米景杨、雷振方来，先生交给他们写好的展览启事。

荣宝斋同好艺展启事

敝斋为书画篆刻作品汇萃之区，亦为诸名家聚首谈艺之所久矣。今值一九八八年春节，于本斋楼上再辟画廊，展陈最新精品，俾得欣赏交流；并设文房几案以供兴到试笔。暂拟简章附呈　台览。原出二三同好偶然面商，未及广泛征求高朋意见。敬候　各书画家、鉴赏家光临指导，无任盼祷之至！

荣宝斋启。

启功书。

1 月 25 日

先生写信给荣宝斋："雷振方同志：兹有国家教委送礼的礼品，希要较快裱得，因二月五日要送去，请您多多偏劳，求裱工师傅加快些，款由教委直接付，此致敬礼！　功一九八八，一，廿五。"当日派人连裱件一并送荣宝斋交雷振方。

同日

国家教委外事办（港澳办）王福荪来看望启先生，提出霍英东捐资建造的广州白天鹅宾馆五周年了，要举行庆典，教委拟送礼庆贺，请启功先生写字，先生答应写好送去。

先生为白天鹅宾馆五周年题词：

故乡水浴白天鹅，

春水先从岭上过。

珍金五周佳岁月，

年丰人和寿政通。

霍英东博士捐建白天鹅宾馆五周年纪念。

一九八八年二月，国家教育委员会敬贺，启功撰书。

启先生又为溥心畬遗作展书一条幅：

心翁画笔见天渊，

妙笔常同膺鼎联。

展出一堂君请看

毫端原自有嫸妍

溥心畬先生遗作展，启功。

先生又为周恩来总理九十诞辰题诗：

岳降生民幸，岩尧九十春。缅怀周总理，革命第一人。

周恩来总理诞生九十周年纪念，启功敬贺。

1月26日

先生为支持荣宝斋的"同好艺展"，特选手卷、册页供陈列展出，又书对联四幅为爱好者选购。下午交雷振方带回。

2月2日

出席中国书法家协会第二届第五次主席团会议。

2月5日

启功先生应邀去广州出席白天鹅宾馆落成五周年庆典，苗中正随行。

2月7日

启功先生自广州返京，陈荣琚陪山东博物馆馆长来看望启先生。

启先生为北海植物园题写园名。

文物出版社一位女青年送还故宫博物院藏画集二函，请启先生讲如何鉴赏古画。先生讲了三点：

1. 看画家作品的框架，重点部位应在 5：8 处。先生顺手画图。

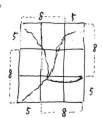

2. 作者的意境入画层次分明。

3. 笔法有序。

先生讲，古画中的人名，多为后人所加，只能分出何朝所作，甚至人名都难以确认。而那许多仿作，即能体会当时原作者风格者，到今天也为很珍贵的作品了。比如湖北汉墓出土之作品，如不是出土物，谁也不敢确认那就是汉代的作品，因为它已经相当精致了。

2 月 13 日

启功先生春节为《中外产品报》题一"龙"字。

　　　　　　　　　　　　　　龙

　　　　　　　　一九八八年岁在戊辰，新春试笔，启功。

2 月 19 日

戊辰正月初三，上午车接先生到荣宝斋参加"同好艺展"开幕。

2 月 25 日

下午，先生到荣宝斋书写赠李德生等领导条幅。

同日

师大出版社请启功先生出席深圳举办的《红楼梦》新书展，与先生研究书展准备情况。

3 月 1 日

为筹备黎锦照先生诞辰 100 周年纪念活动。启功先生与九三学社中央联系并提出建议，北京师大应与中央统战部、全国政协共同举办，并宣传黎先生为普及国语，派学生去台湾推广国语，为海峡两岸的统一做出的努力。

启先生提出，他写字收到的钱，由北京师大财务处立个户头，积少成多，以备用在需要的事业上。

3 月 3 日

启功先生身体不适，血压 200 以上，休息。

3 月 5 日

启功先生生病，血压 210，恶心，拉肚子。

3 月 7 日

启先生继续休息不再会客，决定不去深圳了。

3 月 15 日

先生下午到中国美术馆参观黄养辉画展，遇雷振方，又同看四川八人画展，并同四川青年画家刘朴合影。

3 月 28 日

启功先生会见日本书法家高桥广峰，下午在北师大主楼 321 会议室举行笔会，高桥作画，启功先生题跋。谢方春、刘乃和、郭预衡及师大部分书法爱好者出席。北京师大授予高桥客座教授称号，并于晚上宴请高桥。

3 月 29 日

继续书画雅会，高桥广峰发表讲演，启功先生出席，并且出席晚上高桥广峰在国际大厦的宴请，晚 10 时才归。

4 月 4 日

启功先生去数学系看汪培庄先生主持的模糊推理机，此项科研成果是计标机的初级阶段，很有价值。

4 月 5 日

北师大出版社武静寰来访启功先生，征询先生对出版社今后发展的意见，武表示《红楼梦》书展扩大了师大出版社的影响，有新加坡的书商希望建立经常联系，常供书刊。启先生说：现在也有消息，台湾方面也同意两岸开展文化艺术交流。如果现在还不能通信，可以通过红十字会交换，台湾方面希望获取他们缺少的素材，而我们有他们没有的素材，可以通过书籍将研究成果带素材出版。

武静寰又向先生询问一些古籍可否出版。

武问：图书馆有袁好问《袁一山集》，有批注，可否影印出版？启先生说：钱间义《别朝诗集》实为明朝各代，如洪武、永乐各朝的诗，钱注有真伪，此书可出。启先生说他到时候可以给鉴别真伪。

武问：御批《周易折中》可翻印否？

启先生说：此为清朝的官书。当年康熙发兵征准噶尔，让李光地先行占卜一卦，李不想让康熙打仗，便说，此卦不好，要败。康熙对曰：对呀！是他要败！仍决定出兵，此为折中。实则《周易折中》中有各家注的《易经》。有宋朝人的《周易集传》《古易往汇编》，还有来保（文端）注的《来注易经》。主要是教导让人为善，劝世为善的。

启先生说：图书馆有图书提要，台湾没有的我们可以印。东京有条神田街上有一家东海书店，全是台湾的书。周玉良（图书馆周络良之兄）在新加坡开书店，周络良等人搞的《近代清人手札》，就很好。但涉及到怎么解释的问题，因为有注才有意思。你们印这，我们印那，出版社不要跟着别人走。现在印刷出版界很混乱，照此下去《房中术》也要出来了。

同月

全国政协七届一次会议召开，先生继任第七届全国政协常委。

同月

先生出席在故宫博物院开幕的"日本现代书法艺术北京展"。

同月

北京市军队离退休干部成立铁流美术书法研究会，并在中国美术馆举办"铁流书法美术作品展"。先生应邀出席，并题诗祝贺：

墨汁回环作铁流，镕金铸玉庆丰收。

一张白纸千般彩，健腕柔毫各有秋。

4月10日

章文晋主持欢迎并宴请日本现代书法展代表团，启功先生因故请假未出席。

4月11日

上午"日本现代书法艺术北京展"在故宫博物院乾清宫展出，启功先生出席开幕式，剪彩后几位记者围住先生要采访，先生谢绝。

之后先生应刘九庵的邀请在故宫博物院书画部看了四幅旧字画，都是赝品。如周浔的墨龙，从题款看出周浔的名字是别人后补的，写法不对，龙字写得也不像。谈到落款，启先生说：道教的弟子跟师父的姓，师父的室内有一个红帐子，非入堂弟子，不可入后堂，即不可过红帐，此即"登堂入室"一语之来源也。有时一些画家不愿写老师的名字，就写××氏，如公羊传何休写何氏学。"枝山老人"，不是枝山祝允明的题款，本人不会题"老人"，只写枝山祝氏或枝山道人。很明显，这是其弟子王崇临写祝允明的字，落款时没有注意，写了"枝山老人"，反倒给我们留下了破绽。

先生又看一长条幅，有"沴霜毫"三字，沴＝染，先生说"古时沴即染也"。

同日

下午胡敩赟带《钓业》查伊璜手抄本来请教启功先生可否出版。书中有一张小纸条，启先生一眼就认出是"明查继佐钓史草稿"，是陶襄之仵陶伯明（陶祖克）所写。启先生说：

伯明又号伯铭、北溟（他的九叔名陶诛）。此人非常高傲，有钱就买书，写得一手好字，狂傲之极。敌伪时有位王适景，买书就找他；古玩书店都怕他，因为他可辨真伪，也怕他欠账。后来他穷困潦倒。他曾购得武则天印"天周国玺""金伦精舍"，后来也卖掉了。新中国成立后没什么办法，科学院图书馆请他去工作，因心脏病发作，死在电车上。他的书也卖光了，姨太太也上吊死了。

《钓业》一书是伊璜手稿，可以出版，因为：

1. 当时是有名的书家；

2. 是清代的禁书，因查伊璜写作明史触犯了清廷，他所有著作都被列为禁书；

3. 是作者自己的手稿。

查伊璜都干过什么，有年谱、有专论可查，查为大力将军，聊斋中有记载。《觚圣》中也有记载。所以文章是挤出来的，不挤白不挤。

4月18日

启功先生接待加拿大籍华人教授贾福，启先生赠他条幅，他说他见到了真正的书法家。

4月19日

鉴定保卫处保管的一些旧字画，原为"文化大革命"中抄家物资无人认领的。有杨守敬的字，杨是民国初年的人，研究《水经注》。有王维珍的一副五字联，先生说两个小对联不错，至少是完整的。有徐悲鸿的马，是荣宝斋的水印画。

4月22日

启功先生参加中国文化书院讲演团，即将应香港大学和香港中文大学的邀请去香港讲学。启功先生戏称：我们这是马戏团共七人。有贾兰坡、黄苗子夫妇、王世襄和牟小东夫妇。这是受中央统战部之托，做统战工作的外围，经费由统战部出。

文化书院是汤一介发起的，曾为冯友兰开纪念会。

4月23日

启功先生与侯刚研究基金会的问题。先生希望明确他承担的任务是哪些，他有意把已有作品和继续创作的部分作品共100幅字10幅画捐献出来拍卖后成立基金会。建议基金会先搞奖学金，建房在次。

先生也提出了两个担心：

1. 学校官方干预，将钱挪作他用，或混在其他基金中吃大锅饭；

2. 基金的使用不愿扩大范围，不要扩大到辅仁校友会。

4 月 24 日

启功先生在休息时，想出了几条关于捐基金的原则：

1. 捐出书法作品 100 件绘画 10 件，1988 年完成；

2. 为应社会所求捐出 100 件书法，作完为止；

3. 捐存款 1 万元作装裱费，1988 年交清；

4. 不同意以启功名义筹集基金，以纪念陈垣校长的名义为妥。

4 月 28 日

辅仁大学校友会美术研究会来请启先生担任顾问，来到家敲门，一位看见门上贴的条子，说不要敲门了，没用。正说间门开了，启先生说有用。先生说上午是工作时间，但有人敲门，一定开门，并向他们说明情况，不能久待。

进门后他们向启功先生说请当顾问，先生说：我现在要辞去书法家协会主席，退休。因此任何职务不能再担任，否则国家的退了又给其他组织担任职务，不合适。我退后还要发声明，一切以我的名义的组织我都不承认。辅仁校友会有些人我不认识，也不知他们干什么，因此校友会的活动我也不参加了。

4 月 29 日

上午启功先生接待西德科隆东亚艺术博物馆的海克·考茨博格女士。海克认识黄苗子先生和夫人郁风，是郁风介绍她来访问启功的。

海克说汉语，启功先生夸她讲得好。她说自己十多年前开始研究古典文学，汉语还讲得不好，启功先生说：中国的口语和书面语言的距离很大。

启功先生与海克交流了东亚艺术博物馆的藏品，并问博物馆收藏中国的东西有多少。海克说有中国画，书法作品不多，也有日本的作品。海克提出希望借启功先生五张作品，先生表示同意。先生与海克谈到与艾克在辅仁大学是同事，与他的夫人曾佑和也曾为同事，很熟，海克说她跟曾佑和也很熟。

海克说东亚艺术博物馆的馆长也是位书法家，曾写了关于孙过庭《书谱》的论文，启先生说，我也写了孙过庭的论文，海克说馆长读过您的论文并作了笔记。就这样，上午在愉快地交谈中度过。

4 月 30 日

先生上午参观夏天星画展。

5月8日

为永久纪念恩师陈垣先生，感谢恩师对自己的培养，先生决定为北京师范大学筹集一笔奖助基金。这项基金以先师"励耘书屋"中的"励耘"二字命名，作为对励耘书屋主人陈垣先生的感恩与回报。启先生把亲自起草的一份书面计划呈送给校长王梓坤，立即得到王校长的支持。校长指示办公室协助先生落实。

先生的计划分两部分：一是创作书法作品100幅，绘画作品10幅，举行义卖，将义卖所得全部捐出；二是平时社会各界人士来求题字，学校代收的题字稿费也全部捐出。另外再自己拿出现金1万元，作为展出前的装裱费。

为了筹备义卖展的展品，自本年暑假开始，先生除了给研究生上课和参加必需的社会活动之外，其余时间全部用来写字。经常是凌晨起来，趁安静之时，聚精会神地书写，真是"手不停挥"。但是有时刚刚写好几幅，就被来访的朋友看见拿走。后来为了躲开外界干扰，先生曾先后躲进专家楼、管理学院的学员宿舍。他还一再叮嘱工作人员，借住这些地方的房钱，一定要由自己支付，不能因为给学校办点事，就占公家的便宜。

准备展品的工作断断续续进行了两年，从已写好的300余幅作品中，选出100幅书法、10幅绘画，于1990年去香港举办义卖展。

5月9日

启功先生上午写字，计有：

为北京铁路局题词；

北京商用汽车制造厂、北京假肢厂厂牌；

《红楼梦诗词》《汉语词典》题签；

清华大学分校、兰化一中校训；

为张厥元、车敏樵、高克、鲍普生、吴增乐、李德方写条幅。

5月12日

启功先生给出版社题书签：

《钧业手稿本》《春在堂随笔》

为北师大团委举办的"读书、求知、成才"活动题词：

知所以学，学方有用。读有用书，人始足重。

5 月 13 日

贾鸿年请启功先生写"首都大学生摄影艺术展"会标。

5 月 14 日

启功先生和贾兰坡等七位老人正式出发赴香港讲学，一行七人，竟没有一个年轻人员随行。

5 月 16 日

启功先生年事已高，为保证他外出期间的健康，学校给中央统战部发出请示报告，建议凡因工作外出，应有家属或年轻工作人员陪同。

5 月 30 日

启功先生回京，在从机场回校的行车中，问这些天学校有什么事时，得知副校长王正之病故，他很怀念，并决定下车后先去王家看望家属。他说："这个老头很好，很平易近人，令人怀念。人就是这样，有人死了令人怀念，有人死了也就死了，有人死了则是活该。"

5 月

北京铁路局为了丰富铁路职工的业余生活，提高对书画的欣赏和创作水平，举办书法美术展览，派工会负责人刘文彬来请先生为他们的展览题词。先生和他们聊天说："我也经常坐火车，平稳、安全、守时，铁路工人很辛苦。"边聊边铺纸动笔，先为铁路职工题：

铁路神工，事业兴隆。巨人祖国，百脉相通。

又为铁路系统离退休干部题：

笔奋墨放，纵情歌唱。行健多方，老当益壮。

最后又写了"第四届全国铁路职工书法美术展览"展标，字字寄托着先生对铁路职工们的深情。

6 月 3 日

出席在中国革命博物馆举办的"舒同书法作品展"。

同日

下午，先生在荣宝斋接待新加坡客人黄葆芳、潘绶等人，并邀同看荣宝斋书画藏品。雷振方陪同。

同月

先生随同中国古代书画鉴定组去辽宁博物馆和沈阳博物院鉴定古代书画，过目书画 2000 余件，有 1193 件入《中国古代书画目录》，916 件佳作入《中国古代书画图目》。

6 月 13 日

先生重申基金会不以启功的名义出现。

为北师大实验小学写校名、校训。

6 月 23 日

先生为北师大实验小学建校三十周年题词：

养正始蒙童，人师教育功。卅年勤探索，实验绩恢宏。

6 月 25 日

先生为《中国人口报》题报头。

陆石来访启功先生，谈编书法教材的问题，并带来他主持编的一套教材，要请先生参加编委。启先生不同意任编委，指出他们选出的字不好。陆石解释说，不好的字都是从字帖上选择的。启先生则对曰："字帖上有许多字，你们为什么选坏字？"

7 月 7 日

文化名人梁漱溟先生 6 月 23 日在北京逝世，7 月 7 日在北京医院举行遗体告别仪式。先生前往医院告别并撰挽联：

绍先德不朽芳徽，初无意，作之君作之师，甘心自附独行传；

愍民生多般苦谛，任有时，呼为牛呼为马，辣手唯留兼爱篇。

7 月 8 日

启先生给金州酒厂题词：

昔说金州旧战场，

曾闻美酒发奇香。

宿醒未解共颂赞，

辜负流杯琥珀光。

金州麦曲酒赞，启功。

7 月 9 日

启功先生赴辽宁参加书画鉴定。

7 月 20 日

启功先生自辽宁归，此次去东北因下台阶不慎，腿部受伤行动不便，学校拟请先生在小汤山休养，先生不愿去，只在家中休息。

7 月 20 日

为张中行《禅外说禅》作序，题《禅外说禅读后记》。并附信寄张中行。

7 月 26 日

今日《人民日报》发表藏书家黄裳的文章，讲《四库全书》在 20 世纪 30 年代就为印行有过争论，如今又为经济效益要影印，他表示此书错误太多，不宜影印。

启功先生说：此书是乾隆皇帝派人抄的，错字甚多，且有修改，明人对满族的不恭之意改过，从学术上讲没有影印的价值。但是台湾影印了故宫博物院的藏本，外国人争相购买。大陆考虑到经济效益，也决定出版，李一泯对此事也不同意，征求过自己的意见，自己也认为不必印。但是，这件事是阻止不了的，因为大陆也有人要买，倒爷、个体书商，甚至结婚的书架子上也要摆二十四史，不是为了读。有人认为这四库全书一摆有多气派，其实他们不懂。

山东掖县（今莱州市）制笔厂原厂长李兆志来请启先生题写"山东莱州制笔厂"的牌子。李兆志数年前认识启先生后，先生在制笔工艺上曾经给他有过建议，他曾为启先生试制麻丝笔（笔毛中掺有麻丝）。

同月

胶州博物馆郑文光先生作《东北竹枝词》77 首来为先生祝寿，先生称好，当即援笔挥毫为郑先生书写条幅回赠：

鲸鱼碧海诗才富，凤羽丹林赋笔奇。

8 月 11 日

上午，雷振方来送稿费，先生立即拿出一千元交他，请转交近日故去的张贵桐师傅家属，以致慰问。

8月22日

方福康、李英民去日本访问，请启先生写字作礼品。

8月25日

延安地区（今延安市）物资技术交流公司来人请启功先生写牌匾，先生当即为他们写好带走。

8月29日

为"第一华南财团有限公司"写牌匾。

先生写好捐献书画筹集励耘奖学助学基金的计划，提出请学校领导及见证人签字正式生效。

8月31日

下午侯刚、胡云富陪同王振稼副校长看望启功先生，王副校长代表学校接受启功先生的捐献计划。对启先生表示感谢，启先生对捐献事又作了说明：

> 以"励耘"的名义捐献，是我的心愿，从旧中国到新中国，没有老校长的一手教导，我不知会成什么样子，现在还冒充专家；没有老校长一手掰着教，我什么也不会，这是我的心里话。领导夸奖我，说用捐的钱想要搞个"启功艺术楼"或者什么，我认为这个万万搞不得。一切荣誉应该归于老校长。

先生又讲他为什么将捐款定为"励耘教学科研奖励辅助基金"。

> "教学"，是教好学好，教师教得好，学生学得好，都可以奖励。"科研"指科研有成果。"辅助"，盖个教室，也叫辅助，辅助教学和科研；钱如果多，盖楼也可叫辅助；钱少，添把椅子，买点仪器也叫辅助。怎么用法就无所谓了。钱到位后，一切用途我都不管，奖励给谁，不给谁，我也不管，一切全由学校决定，我只希望公之于众。

王宁世说，应该搞个基金会，先生说："如果有基金会，我也不参加，我把钱交给学校，任务书完成了，我就安心了。就是希望把数字公布一下，让大家知道有这么回事。没有名利思想也不是，'南京路上好八连'的光荣也是名誉问题。"王宁世还说，明年去香港展览霍英东带个头，向家兄弟也愿意帮忙，但是海外对陈校长的印象不太好，说他"媚共"。先生说："他不但媚共，还是共产党员呢，他媚自己有什么不好，不管怎样他是我的恩师，我就应该这样办。""至于去香港展览不一定用励耘的名义，可以叫"启功书画展"，因为展出的没有别人的东西，而可以说明这次展出义卖的钱如数捐给北京师范大学作为励耘奖励教学、科研、助学之用。钱有了，回来之后我们用什么名义奖学，用什么名义盖房，别人就无权干涉了，因是捐给师范大学的基金，如何处理是具体的技术问题。义卖捐款如数归师大。"

9月5日

上午周绍良先生找启老，请启先生给霍英东写封信，建议霍先生捐款印云居石经，启先生当即写信给王宁世，请周先生先与王宁世讲明意思，并告周先生将此信复印留个底稿。晚上为几个单位写字，均为牌匾，计有：

美林学校、武汉大学人文科学馆、武汉大学半山楼宾馆。

9月12日

致中央统战部阎明复函，信中汇报了3件事：（1）赴新加坡、香港办展讲学情况；（2）敬求鼎力赐助，解脱书协主席之职；（3）有名杜全兴者，在董寿平家索字，称北京成立书法学院，已经乌兰夫批准，并任命启功为院长。请予详查，切勿使人随意伪冒骗取首长批示。

9月

适值柴德赓先生80诞辰，其子女集柴先生遗墨及其平日珍藏之师友墨迹，合印为纪念册。先生为纪念册题识，并撰挽联：

> 节概见生平，业广三余，众里推君才学识；
>
> 切磋真苑友，心伤永诀，梦中索我画书诗。

10月1日

为国庆节祝词：

> 人才为本，教育为先。
>
> 国之大业，亿万斯年。

同年夏

与王世襄先生应香港城市大学邀请，去城市大学讲《红楼梦》。

在港期间会见许多新老朋友，鉴赏书画多有题跋，如观《邓钺仿沈石田山水画卷》后即有一长跋，称此卷有石田款，然画笔实出捉刀人。今见邓氏此卷，于石翁画本之捉刀人又得一证，并告诫藏家，宜存沈款，俾后之鉴者知此公案。先生在跋后小注："获观此卷豁然心胸为之大快，为今岁南游之第一快事。"先生在港还获观《邢侗自书诗稿卷》《翁方纲信札卷》《黄石谷画雪景》《姚鼐书法卷》《文徵明墨笔山水》《司马绣谷花鸟图》《董香光画册》《明清书画杂册》《覃溪真迹》等，均有即兴题跋。

同年秋

国庆节后，江西大茅山综合垦殖场派代表看望先生，谈林垦事业发展的喜人成就，请先生题赠。先生作诗一首并书成 6 尺整纸条幅：

种树谁知最苦辛，十年未必可成林。

全民有责珍生态，盗伐人来并力擒。

来人赠先生雕花樟木箱，先生说"樟木箱可以防虫蛀"，命人转赠给学校档案馆。

10 月 8 日

启功先生为第一届酒节题词。

10 月 12 日

安徽濉（suī）溪县请启先生写"淮海战役前总指挥部旧址"。

10 月 28 日

晚上陈荣琚来访。

师大出版社请启功先生看《启功韵语》清样，先生很高兴，当晚即审阅修改。

启先生为"老干部之家""江西教育报"题字。

又为蔡世亮、刘凤林、向旭、叶金刚写条幅。

北京市老年书法研究会举办成立活动，启功先生和董寿平先生参加，王照华、王宪也到场。

10 月 30 日

日本书法代表团渡边寒鸥一行 6 人，于上午 10：30 来访问启功先生。

11 月 1 日

《荣宝斋画谱》拟出版先生恩师吴镜汀卷，先生用毛笔为恩师书写了一千多字的"吴镜汀先生示范画稿后记"，是日交雷振方带回转出版社。

11 月 6 日

今晚启先生写几个单位求写的字：

玫瑰花屋（师大绿园）。

邯郸师专校风：尊师乐学，团结创优。

中国师范教育（杂志）。

中国内地大学出版社图书展。

北京市华丽家具厂。

11月8日

出席全国文艺界第五次文代会。

11月21日

牟润孙先生在香港逝世，启先生打电话给侯刚，口述电文稿，要侯刚代他发电报给牟老家属。

电文如下：

　　香港新华社转牟润孙教授治丧会并转牟夫人：润老仙逝，深表至痛，愿吴姐保重。启功。

先生又嘱师大校友会亦应发唁电，电文由校办草拟。

　　惊悉润老仙逝，深致哀悼，愿牟夫人节哀保重。北京师范大学暨辅仁大学校友会。

11月24日

先生为荣宝斋香港有限公司开业一周年纪念册题字："荣宝斋香港有限公司成立一周年纪念　启功题"。

同日

启功先生为中央广播电视大学题牌匾，为《中国电大教育》《海南电大教育》题刊名。

11月26日

启功先生赴天津，出席书法家协会的会议。

11月28日

启功先生回京，接到了新加坡书协邀请函。下午去荣宝斋购纸。

启功先生为澳门一位医生画小册页共三十二开，送贾鸿年拍照。

11 月 29 日

先生的研究生熊宪光写《战国策研究与选译》，由重庆出版社出版，启先生为他题写书签。但是该社编辑把启先生的字修改了，笔锋没有了，字完全变了样，但还说明是启功题签，还寄了一封道歉信。吕东秀表示要给四川书协主席写信，启先生劝阻了，说写了道歉信就算了。

12 月 3 日

启先生为连云港题字：

连云港（牌匾）

游连云港福如东海；吃猕猴桃寿比南山。（对联）

12 月 8 日

北京师范大学学生社团活动活跃，启先生为他们题词：

结社团，集同窗。进德修业，争寸长。

12 月 10 日

为北京晚报题写：欢度春节。

12 月 8 日至 15 日

应新加坡中华书学会的邀请，与陆石、佟韦赴新加坡参加该学会成立 20 周年庆典活动。牟小东、章景怀陪同前往。行前，中国书协特请北京画院院长吴休和书协理事刘炳森各作国画一幅，请先生题句。先生在吴休大作上题：

古干如龙自屈盘，凌霄老柏长风烟。

书林四海人同寿，喜见新葩二十年。

在刘炳森的大作上题：

千尺长松，枝茂叶丰。

凌霄不老，先生之风。

这两件作品，作为中国书协的礼品，赠给新加坡书学会和主席陈声桂。

在 12 月 10 日举行的庆祝会上，先生一行与台湾书法学会理事廖祯祥、监事释广元，香港书道协会梁钧庸、叶连清以及日本、马来西亚、韩国的同行们欢聚一堂。先生又即兴贺诗一首：

何分海角与天涯，寰宇文明本一家。

可喜狮城参盛聚，廿年书学赞中华。

12 月 11 日

举行了国际书法家庭的建立仪式并召开了书法艺术交流研讨会，先生在会上赞扬了新加坡书协 20 年来在书法普及、研究探讨、观摩欣赏、编辑出版、对外交流等各方面取得的成绩。当地新闻媒体特别报道了祖国大陆和台湾地区的书法家首次在新加坡碰面的消息。陈声桂还特别安排先生一行和台湾地区代表乘一辆专车游览了飞禽公园、圣陶沙、植物园，到乌节路参观迎新年和春节的灯会，度过了有意义且难忘的一周。

同月

自狮城返京时，启先生又在香港短暂停留，会见友人并鉴赏书画，曾过目《唐摹本永师真草千字文》《王石谷狮子林图》《董其昌书法卷》，均有鉴别题跋或诗赞。

同年发表的主要著作有：

《坚净居随笔·曾浓髯藏伪本〈定武兰亭〉、会文山房刻〈子弟书〉等三种、〈王渔洋手稿册〉跋》发表于中华书局《学林漫录》第 12 集。

《说〈千字文〉》发表于《文物》1988 年第 7 期。

《〈叶遐庵先生书画集〉跋》发表于香港《书谱》1988 年第 4 期。

《〈唐万岁通天帖〉书后》发表于《辽海文物学刊》1988 年第 1 期。

《书法教学》（录像带）由北京师范大学出版社出版。

《旧题唐张旭草书古诗帖辨》。

1989 年（己巳）77 岁

1 月 10 日

启功先生谈了编写中小学生书法教材的意见：

> 图多于文；书的页码少些，定价低些，练习的空地多些；文字要浅显活泼，指导写字方法的图像多些，少搞些碑帖。

1 月 22 日

北师大低能核物理研究所已成立 10 年，金永龄所长来请启功先生题词，先生作诗祝贺并书成条幅：

> 和平利用核功能，
> 生活生产同步增。
> 奉献不惜有牺牲，
> 团结一体轻利名。
> 十年辛苦见少成，
> 举国内外闻颂声。
> 从今发扬日光大，
> 世界从此先驱型。
>
> 低能核物理研究所成立十周年纪念。
>
> 一九八九年春日，启功题颂。

1 月 24 日

中央统战部来人与启功先生谈话，拟请他担任中央文史研究馆副馆长，先生表示同意。最近先生在集中精力修改诗稿编《启功韵语集》。

1 月 25 日

为集中精力整理韵语书稿，启功先生决定近期暂停应酬写字。写了一个条："因有重要的科研任务，暂停写字，急需者请与校长办公室侯刚联系"。

先生自己设计封面，用"遥山书雁"画，浅色印制。正文前加几幅彩色插页手书诗原文墨迹。（注：《启功韵语》第一版于1989年8月出版，因印刷技术问题，封面上遥山书雁不明显，一排雁群看不见，山也看不清，效果不好，先生不满意。后决定改用他收藏的漫画《青蛙娶亲》中的一只青蛙。并用闲印"蛤蟆禅"意为蛤蟆叫。）

1月31日

启功先生草拟了一个告示让校办盖章后贴在门上：

　　　　启功有病，有事请与校长办公室联系。

2月16日

启功先生为了尽快完成捐给师大的作品，决定在专家楼租一间房子，集中精力写字，并对胡敏讲房子找僻静一些的，不影响外事处的接待。先生决定先作画，后写字，随作随裱。

周振甫、杨伯峻二位学者来看望启先生，拿出两个书名向启功先生请教：《铜钵柳》《紫台醉》，先生说这是《金瓶梅》和《红楼梦》。

2月21日

下午，先生为香港义卖书画展，请雷振方送来加工宣纸和大红洒金纸，用于创作不同内容的画。谈到学习绘画，先生对雷说，学字、学画一样，学生学老师，要跟着老师不断变化地学，不能死学一个方法，更不能学毛病，老师也在变，学生要跟着老师变，这才是上乘的徒弟。

3月5日

学校为给启功先生创造稍安静些的环境，请先生入住管理学院，他在那里写字、作画。

3月7日

先生在管理学院创作，因用东西不方便，又搬回家中。先生创作义卖书画，非常认真也非常辛苦，先画了一幅墨笔葡萄，觉得不满意，又画了一幅着色的，淡雅清新，末题"一九八九年春夜漫笔"，并题诗三处，这在先生的画作中是很少见的。雷振方来，先生对他说，这幅画从昨夜十一点画到凌晨五点。后将此幅同墨笔芭蕉、红纸金松及自存的朱栏"月圆花好路平驰"诗笺等，交给他带回托裱。

同日

日本人上条信山和宫岛大八在保定莲池书院为其老师张廉卿先生立碑。请启先生写碑文、题词，并分别在东京和北京举行书法展。他们邀请启先生于四月份去日本参加开幕式，约章景怀和书协张源陪同，启先生拟撰写祝词。

3月10日

下午海军某司令的太太找启功先生写字，不小心书包带把先生绊倒了，脸部摔肿了。宋大夫看后又找三院的大夫来检查，字也没有写成。《科技报》的记者要求采访先生也被推辞谢绝了。

启功先生要师大图书馆馆长金宏达提供图书馆沿革资料，准备为图书馆草拟新馆建馆记事。

3月12日

启功先生为张九龄纪念馆题词，寄给张九龄纪念馆。

> 丹橘江南实满林，
>
> 诗成感遇寄遥深。
>
> 何须赘笔规昏主，
>
> 蜀道三郎自死心。
>
> 一九八九年春日寄题张九龄纪念馆。
>
> 启功。时居北京。

3月13日

先生提起年青时在荣宝斋遇到肖愻，教自己画法，说肖先生随手用毛笔蘸水就在桌垫上示范，荣宝斋王毓如忙说，我那桌垫还要呢。先生又提到寿石工，看了自己写的字。先生说自己写得不好，寿石工说：你虽然年青，何必薄己，看不起自己呢。那时的老先生对一个小孩子这样的关爱，这样的打气鼓励，给他的影响很大，终生难忘。

3月19日

应日本书法界邀请，出席日本著名书法家上条信山从事书法艺术60年纪念活动。先生是与上条信山交谊20年的老朋友，在庆祝会上他致辞说："我是专程又专诚来参加这个盛会的。"他介绍了上条信山与中国书法的历史渊源，颂扬了上条信山、宫岛咏士和中国的张廉卿先生中日三代师生的真挚感情和动人事迹。

3月22日

沈晓峰的夫人住院，向启先生求字送医生，先生用花笺纸写唐诗一首相赠。

又为《高等学校年轻学者名录》一书题签。

3 月 23 日

肖璋先生八十寿辰，学校请启功先生画朱竹、红松并题诗祝寿，王振稼副校长代表学校去肖先生家中贺寿，送去题诗：

> 远瞻前程，革命激情。八旬初度，松竹同青。

3 月 27 日

启功先生已完成 4 幅画，他很高兴。他计划先把 10 幅画画完，再完成 90 幅书法，还打算写一些对联，用四尺三裁的条幅。

3 月 28 日

下午有一外地来京的青年，去敲启先生的门，先生向他解释因有公事不能接待，他赖着不走，最后到无理取闹的程度。先生给校长办公室打电话"求救"，苗中正、傅占武前去把该青年劝走。

3 月 30 日

先生为荣宝斋木版印刷的壶形图案信笺题签"诗心茗趣笺"。

4 月 2 日

启功先生受聘为中央文史研究馆副馆长，萧乾为馆长。

4 月 3 日

启功先生打电话，让侯刚取已完成的绘画三幅去装裱。

4 月 4 日

校医院宋大夫反映，启功先生的住所中书太多，灰尘影响他的健康，建议学校能改善他的住房条件，人书分离。又建议新图书馆落成之后最好能给他一个开阔的工作间。

4 月 5 日

为临时躲避来访者，胡敏安排请启先生入住专家楼 3216、3217，以便快点把手头要干的事完成。先生又交代，住专家楼一定要付房费。

4 月 7 日

启功先生又完成红纸金松一幅。

4 月 8 日

郝德元给启先生打电话约见，欲请启先生为汇文中学写校牌，先生以身体欠佳婉辞。

4月10日

为建承中学、北京六中题写校牌和校训。

又为新侨饭店题字。

在南京工作的几位毕业生来看启先生，送给启先生雨花石，先生看后十分高兴，兴致勃勃地把他以前收藏的雨花石也拿出来给大家欣赏，真是千姿百态五颜六色，有各种自然花纹和透明的。大家玩赏一番，先生心情舒畅，与同学们谈笑多时。

4月11日

《启功韵语》的校样再送先生审阅，他很高兴地说："今晚又有夜宵了。"

4月14日

谷牧召开政协书画室主任会，先生及华君武、黄胄、黄苗子、董寿平出席，总结和肯定了书画室成立以来所做的工作和成绩。

同日

上午，张旭来访启先生（张曾任宣武区区委书记，后又任北京市书法家协会主席），谈到台湾一商人出资在西郊购一大块山地建三国城，搞碑刻、碑林、雕塑，并拟出资10万元搞一个书法大奖赛，请启功先生担任主评委，启先生婉辞。他问张旭："这位台湾人是什么背景您知道吗？他怎么评选您也不知道，他要评状元、榜眼、探花怎么办？"说得张旭无话可说了。

4月18日

晚上，启功先生再与陈宪章（北师大图书馆副馆长）、周骡良谈《清代名人书札》中有假，自林则徐以前都是假的，并说他藏有清末人的墨迹，如再版时可以撤换。

4月19日

谷谿来请启先生写"冶金机械厂"的牌匾。

4月21日

王梓坤校长即将面临换届。启功先生说，捐款设立奖学金的事应该抓紧办理，否则，新校长上任后还不知道把这笔钱如何处理。启先生说："我不是舍不得这钱，大家共同辛辛苦苦弄来，放在财务处的创收当中，随便花掉也说不定。"先生还谈到一任领导有一任的做法，这笔钱从王于畊在任时就在谈，金永龄又在谈，最后王振稼代表王梓坤校长来同意办这件事，决定真正用在困难学生的身上，应该尽快落实。

4月24日

启先生最近身体不好，力不从心，脾气变得不好，有时对很好的朋友或家人也不客气，但对一般的客人还是非常客气。

4月25日

上午启功先生出席故宫博物院举办的临淄齐国故都出土文物展开幕式。会后，先生与故宫博物院王景富商谈接待邵逸夫参观故宫博物院的事情，王同意按启先生建议安排接待（事后王景福决定在漱芳斋接待，此斋是乾隆当太子时学习居住的地方。现为接待国家元首时休息的地方；如要看字画，请启先生点名即可）。

4月26日

启功先生起程赴日本，访问京都小川氏家。

4月29日

在日本京都小川氏家，获观《唐摹本永师真草千字文》，并留有题跋：

笔肥墨重处，墨痕凝于点画之内，如聚黍而发光，决非勾填所能致。纸薄而脆，面上呈淡褐色。敦煌一种硬黄，经水褾后，即有此色。装褾粗略，似光绪间之工，当即其时装册者。此迹今为日本小川为次郎之子（名正字广己）嗣守。

5月1日

启功先生自日本回国，艺苑的于经理、政协的田凤立等来师大会合后去机场接先生。回校路上，先生说，回来抓紧时间完成要捐献的100幅作品。

5月6日

中国美术馆拟请启先生先在美术馆展出书画，先生未同意，他意仍按原计划先去香港举办义卖展，有可能再去台湾，回来可在荣宝斋展。

5月8日

国务委员兼国务院秘书长罗干宴请先生荣任中央文史研究馆副馆长，国务院参事室主任吴庆彤、副主任王海容出席。

5月9日

出席在中国美术馆举办的"首届国际青年书法展"开幕式。

5月11日

顾明远副校长介绍深圳市教育局局长李荫华来见启功先生，请先生去惠州出席纪念苏东坡逝世888周年书画家雅聚。先生不愿去，说："我现在最怕出去。"答应写一幅字给他们。（惠州也曾请海军郭晋仁来请先生出席聚会）。（注：先生为惠州作九言诗一首，后几日陈荣琚又为此事来见先生，先生即请陈把作品带回惠州）

东坡自叹命宫坐摩羯。

无论洛闽贤愚皆题杀（注：出版时此句改为"遂令洛下诸愚皆欲杀)

贬逐黄州儋州与惠州，

星殒年周八百八十八。

近复扬法批儒笑柄腾，

何损经天无尽日与月。

一九八九年惠州征题。

东坡苏公逝世八百八十八年纪念，因赋一首，启功。

同日

中央文史馆举行招待会欢迎先生任副馆长。馆长萧乾及国务院参事、文史馆馆员出席。

5月15日

启功先生再住进专家楼写字。

5月16日

启功先生完成最后一批书法作品，义卖展的作品已备齐。

同日

出席陶博吾书画展。

5月22日

1. 日本书法家村上山岛约启功先生吃饭，先生婉谢了，而是去北京饭店拜访了他，并出席了故宫博物院的接待活动。

2. 上海教委编的一套小学生用的柳体书法教材今日在国家教委开发布会，请启先生出席，先生因去故宫博物院接待日本客人请假未去。

5月27日

军事博物馆李洪海来为朋友求启功先生写牌匾。

5月29日

书法家协会张源来请启先生给北武当山风景区真武庙重写旧对联，先生看了原对联，认为这幅对联不好，原对联是：

逞披发仗剑威风仙佛焉耳矣；

有降龙伏虎手段龟蛇云手哉。

先生修改后书写如下：

> 有披发仗剑神威见仙踪神迹；
>
> 具降龙伏虎法力仰地轴天关。

先生解释地轴即龟，天关即蛇。

今日又为山东临沂地区写书法大赛的会标一幅。

徐文请启先生为"中国教育服务中心"写标牌。

5月至6月、9月至10月

随同中国古代书画鉴定组分两次对四川省博物馆、四川大学、成都市博物馆、杜甫草堂、四川文物商店、眉山三苏博物馆、重庆市博物馆、重庆市图书馆、四川美术学院9个单位收藏的古代书画进行了鉴定，共过目古代书画作品3463件，选拔其中1082件入《中国古代书画目录》，816件佳品入《中国古代书画图录》。

6月7日

为张中行《负暄续话》作序，题为《读〈负暄续话〉》。

6月9日

嵩山少林寺一居士请启先生题字，先生写对联：

> 指心一念归空寂；
>
> 面壁无言作祖师。
>
> 　　　　　　嵩山勒祖道场征题，启功和南。
>
> 　　　　（注：先生解释"和南"即敬礼的意思）

又为嵩山碑林题诗：

> 一苇西来愿不违，
>
> 千年东土仰威仪。
>
> 巍巍中镇标神岳，
>
> 误被人传出武师。
>
> 公元一九八九年夏日，应嵩山少林寺碑林征题，启功具草。

6 月 14 日

启先生为"青岛钢管厂"写牌匾，又为《家庭教育系列讲座》一书题签。

最近一段时间，启先生在临帖。已临苏东坡的书札，共 36 页，又开始临写《千字文》。

同日

中央文史馆副馆长吴空看望先生，并传达邓小平同志关于安定大局的讲话。启先生风趣地说："悟空领导了沙僧和八戒，我是沙僧，萧乾乃八戒也。"

6 月 17 日

苏士澍请先生为"烟台啤酒厂""醴泉啤酒厂"写牌匾。

同月

北京师范大学新图书馆落成，国家教委港澳办的王福荪建议命名为逸夫图书馆，以示对邵逸夫先生感谢。向先生说明此意后，先生说不妥，邵先生捐款只够建楼的一半，怎能命名逸夫图书馆呢？不如实事求是写个建楼缘起。最后，5 个字的"逸夫图书馆"没有写，却写了 190 字的《北京师范大学图书馆新楼缘起》，其中写道："……本校原有之图书馆已不敷用，香港爱国人士邵逸夫先生慨捐港币一千万元，国家教育委员会复为补助人民币四百九十万元，共建新楼。……具见我国教育事业之新貌，及香港同胞之热忱，谨志缘起，以资纪念。"学校据先生的建议，刻碑立于图书馆大厅，实事求是地肯定了邵先生的爱国热忱。

7 月 4 日

启功先生近日在学习中央四中全会文件，并于 7 日到九三学社参加讨论会。

7 月 12 日

先生由傅春然陪同赴西安参加中央及北方十个省区市（山西、内蒙古、河南、甘肃、新疆、宁夏、天津、沈阳、西安、陕西）文史研究馆建馆 40 周年座谈会和举办馆员书画展事宜。约去一周。

同日

启功先生住专家楼，应胡敏要求，为专家楼的客房作书法小品十幅，均为格言或诗句。

为赴日本琦玉县九段画廊举办师友书画展的图册撰写了前言，这次参加展出的有启功先生和苏士澍、谷谿、庞书田、胡云富 5 人，先生在行文中称四位为"友"，十分谦虚。

7 月 25 日

上午，贾靖宏来请启先生为"中信兴业公司"写牌匾。

　　下午，哲学系周桂钿来请启先生为他写董仲舒的两句话：正其道不谋其利，修其理不急其功。

8月1日

　　《启功韵语》经先生亲自校过后，今日签字付印，封面用"遥山书雁"图。

8月5日

　　出席并主持中国书法家协会庆祝新中国成立40周年活动筹备会议，研究筹备工作。

8月15日

　　先生为南京秦剑铭东方艺术公司制紫砂壶题字"清心""逸兴"，"赵州云，吃茶去，使我心，识真趣"。

同日

　　中国人民解放军军事科学院一名记者来请启先生为《军事知识》杂志题词，此人在先生处左磨右泡要立等取走，为先生可厌，无奈中提笔写下：

> 我闻先哲有言，
>
> 知识就是力量。
>
> 又闻小米步枪，
>
> 曾打革命胜仗。
>
> 　　　　　《军事知识》杂志嘱题，启功。

8月20日

　　黄会林请启先生给她的朋友写了三幅字，两幅为"自强不息"，一幅为"腾飞"二字。

8月22日

　　先生上午参加荣宝斋组织的墨厂试墨会。

　　启功先生接待陈香梅，并赠条幅一件。许嘉璐副校长陪同接待，代表学校赠《红楼梦》《北京师范大学校史》《台湾地名印谱》。

8月28日至29日

　　应澳门南光集团公司的邀请，先生专程赴澳门出席南光贸易公司成立40周年庆典。在澳门期间会见了《澳门日报》总编辑李鹏翥等一些友好，并将先生本人题签、冯其庸先生主编的《脂砚斋重评石头记汇校》一套赠李鹏翥，一套赠《澳门日报》

社社长李成俊。

同月

《启功韵语》出版后，先生托一位赴台的朋友带给台静农一册。台先生看了这些诗，高兴地说："他还是那么淘气啊！"特地临写了苏东坡的《黄州寒食诗》二首，托朋友送交先生，并跋曰："东坡此书，去年私家以钜金归（台北）故宫博物院，试临一过即奉苑北吾兄存念。岁值苍龙，静者八十矣，昏眊如在雾中落笔。"先生读后，深以为忧。又在卷后题诗一首云：

> 剚犀笔势倪鸿宝，踵武才学台龙坡。
>
> 写得眉山绝世句，虹光腾上九霄多。

并跋曰：

> 静翁书直逼晚明诸贤，沉雄郁勃，尤近倪鸿宝，好写前代名句，所选皆意致精深，何啻六经注我，拈于卷尾，宁负丰干之过。启功敬识。

9月2日

启功先生自澳门返京。

9月6日

出席中央文史馆举办的全国文史馆馆员书画联展（展览在故宫博物院绘画馆）。

9月13日

启先生应故宫博物院的邀请，前去看修复后的"兰亭八柱之二"。此件是故宫博物院的一级藏品，1983年被工作人员不慎撕断，经过几年的研究，文物局批准修复，现经故宫博物院装裱工精心修理完成（张铁生的杰作），如不看原破损的照片，则不知断在何处。出席的专家还有徐邦达、刘九庵。

启先生还看董其昌的画稿一卷，此卷是画家作画前的练习稿。有工作人员建议将此提为一级品，启先生说："这也算一级品的话，那就太差了。"

工作人员又拿了一件草书卷，其中有四个字缺失了，有人说拟描出来补上四字，征求先生意见，启先生说："补上是补者的不是作者的，以不补为好。"徐邦达也表示不补为妥，刘九庵也在场。

9月14日

出席中央统战部举办的中秋招待会。

9 月 16 日

全国妇联和妇女报社为全国中小学举办书法大赛，请启先生担任评委或名誉顾问，先生说，妇联主持举办，不是什么公司一类搞比赛，应该支持，同意任名誉顾问。

9 月 18 日

荣宝斋的雷振方来看启先生，请先生再给荣宝斋写字，并送来装裱好的白轴。

同日

"庆祝人民政协成立四十周年书画展"在全国政协礼堂开幕，先生与常书鸿、白雪石等在京的书画家及王任重、方毅等领导人和各界人士 400 余人出席开幕式，先生有多幅作品展出。

9 月 22 日

为徐诵明百岁寿辰作礼品，画朱笔松柏。

为十三中学（原辅仁大学附中）写校训"公诚勤朴"。

为美术馆后街离退休老师活动室写诗品一首。

为西安市翠宝金店写门匾。

9 月 25 日

下午去 301 医院看浦安修。

9 月 27 日

台湾锦绣出版社曾翻印《中国美术全集》，改为繁体字出版，印 3000 部，已销出 1700 部，又拟翻印《大藏经》，拟请启先生和王世襄去台湾访问，台湾联系人名那志贤。

启先生说，台北故宫博物院的珍宝，在他三十多岁时运往台湾之前都看过，现在愿意重见"老友"，并表示："若以故宫博物院的名义邀请可以去"（因启先生曾在新中国成立前任故宫博物院专门委员，在文献馆审定文书，在古物馆鉴定字画，新中国成立后任故宫博物院顾问）。

9 月 30 日

为写字方便，启功先生搬入留学生楼 3204 房间。

苏士澍来访，请先生给"北京京旅旅游公司"写匾牌。

为《光明日报》题字，用简体字楷体书写：

四十周年国庆，十一亿人欢声。

首都佳气为首，光明日报增明。

一九八九年国庆，书与光明日报及广大读者共庆。

启功敬颂，时居首都。

又为《光明日报》"艺术"专栏题字"艺术"。

10月2日

荣宝斋为庆祝中华人民共和国成立四十周年，举办斋藏书法欣赏会，先生到场。

10月5日

启先生为《中老年保健》杂志题：

中华老年行健当先，自强不息乾象为天。

为武警"橄榄林与祖国明天摄影展"题写会牌。

10月9日

启先生自留学生楼搬入管理学院居住。此处较留学生楼安静，可以集中精力尽快完成义卖展的作品。

10月12日

深圳微型中华旅游公司姜继能来请启功先生题字。先生撰写一副对联：

锦绣江山归一览；中华文化聚微型。

全国政协书画室田凤立来看先生，带来黄苗子给先生的信，黄老在澳门讲学，痛风病又犯了，近期即回北京，特向启老问候。

（注：启先生说，大概海鲜吃多了，曾有诗记黄老痛风病。）

10月17日

深圳微型中华旅游公司姜继能再请先生书写香港马志明为微缩景观所作的联语，联的内容如下：

一目望全收千世中华文化；

半天游可遍万重锦绣河山。

同月

接待《中国书法》杂志记者张铁英，谈话记录被整理为《启功先生谈书法》，在该刊当年第 4 期发表。先生在谈话中特别指出："书法在中国被当成美术品、艺术品来创造、被欣赏，至少已有两千年的历史，应该成为艺术品，这是事实，是历史。""书法艺术有无限的生命力。"

同月

北师大低能核物理研究所成立 10 周年，美籍物理学家丁肇中、邓昌黎来访，启功先生陪同参观，客人对和平利用成果给予好评。先生即兴赋诗祝贺。

同月

国庆节后，为筹备励耘奖学基金，准备义卖展的作品。先生专门住进教育管理学院的宿舍写字、作画。一日，心脏病突发，幸章景怀送饭时发现，急送北医三院抢救，并住院治疗。章景怀和先生的研究生轮流到医院陪同。在病榻上，他想到在夫人生前他们二人玩笑赌下的"输赢账"。夫人在重病时曾对他说过："我死后一定有人给你找对象。"先生持否定态度，表示矢志不再娶，并把自己的话，当作军令状。这次自身处于急救治疗当中，心却已进入与老妻赌输赢的情景之中，在病榻上作了古体诗《赌赢歌》。

先生住院期间许多友人、学生都去探视。

是年秋

西泠印社举行建社 85 周年大会。先生因公不能出席，特撰贺词并书以敬颂：

> 万缘西泠，金石为馨。
>
> 八秩有五，竹寿松青。

11 月 2 日

最近启先生本应赴湖北参加对湖北省博物馆收藏品的鉴定，却因病不能出席了。先生嘱为湖北省博物馆发电报请假，口述电文："谢辰生一行启功患心肌梗塞住院治疗，此次旷工。"

11 月 4 日

启先生病情稍有好转，可以下地活动，吃饭也增多了些，愿意和探视者闲谈。

启先生一生从未为个人的事给领导写信讲情，但对学生的困难却尽量给予帮助。中文系学生陈启智，毕业后分配在河北青县马厂，后工作调动到了天津铁路中学，但是户口一直未能入天津，启先生找到了他认识的天津市文化局局长（也是市委宣传部部长），谈了陈的困难，希望能不能帮助解决户口入津问题。该局长了解后，知他入津手续不符，未能解决。启先生又给天津市市长李瑞环写了信，希望他关心教育。若能为此人解决困难则是教师及孩子们的大幸也。因为教师安心工作必然给孩子们学习带来好处，李瑞环批示解决了陈启智的困难。

11月6日

今日先生在医院精神更好，给探视者讲故事：

智永是王羲之后人，收藏有《兰亭序》真迹，唐太宗派人去征集，智永不肯交出来。来人装作文弱书生，并拿出两卷王羲之书法做诱饵，引诱和尚拿出《兰亭序》原物。来人说"你这是假的"以激起和尚的好奇，和他们比较，并存放在一起。来人趁和尚不在之际把真迹窃去，到驿馆拿出皇帝的敕文，命驿员把真迹送出了驿站，后得到太宗的嘉奖。先生说："此乃古代之间谍也。"

谈话间护士来抽血并进行常规检查，边抽血边对先生说："看您这血多黏，少吃点肉吧。"正在说时门外传来一位老人的声音："谁在说启老呀！我吃了一辈子素，血浓度也很高啊。"原来是赵朴初先生到医院看启先生，启先生起身迎接，二老亲切地交谈起来。启功先生随手拿起刚刚由朋友送来的他和玩具小动物在一起的照片赠给朴老。后来赵朴老还作诗一首差秘书送到启老的病房：

忘年忘我物能齐，

情怀无情共乐嬉。

绿虎兔鸡登几榻，

老翁真个似童儿。

一九八九年十一月六日，北京医科大学第三医院访元白翁，翁赠以近照戏题一绝，录呈现粲正。朴初。

11月7日

聂菊荪到北医三院看望启先生，他建议为先生转医疗关系到友谊医院住院，先生表示感谢，但不同意转院。

11月11日

王宪达等到医院看望启先生，先生对王说，现身体已经好转，自明日起不要再安排陪住，以免影响大家的工作和休息。

11 月 12 日

赵朴初派秘书送一封信给启先生，称他刚从安徽福建归来，为"扬圣谛有益世风"，请先生书佛教嘉言一二幅。

11 月 14 日

李书来医院看启先生，李书是李长之的女儿，李长之是启功先生尊敬的老先生之一。李长之有两个女儿，长女名李诗。先生为了帮助李书解决工作问题，找牟小东介绍李书到九三学社工作。

有人问叶恭绰与叶公超的关系。先生回答：叶公超是国民党的高级官员，"国大代表"，携其婶婶去了台湾，其叔叔是叶恭绰，其姑姑是叶恭绍。

11 月 22 日

今日到医院看望先生的客人络绎不绝，先后有校内外十多位。

副校长王振稼、工会主席刘亚埙，由中文系办公室主任王宪达陪同，主要是谈先生回家后的休息问题。

荣宝斋刘师傅夫妇、吕东秀、启骧及赵光贤夫妇先后到医院探视，先生给赵先生讲建立励耘奖学助学基金事，请赵先生担任理事会理事，赵先生欣然答应。

11 月 25 日

中央文史馆与先生商量给先生拍录像的事，先生决定出院后到文史馆去拍。

11 月 26 日

上午先生由医院去中央文史馆拍录像，中午 12 点以前返回医院。

11 月 28 日

启功先生打电话给侯刚、王宪达，请他们明天到医院谈出院之事。

11 月 29 日

北医三院丛医生说，12 月 1 日（星期五）可以接启功先生出院。院方提出了三点意见：

1. 出院后安排地方静养，少接待或不接待客人。

2. 不要参加宴会。

3. 遇有不适立即到医院检查，不要耽搁。

下午学校经与管理学院、外事处研究，决定先生出院后住专家楼，不再回管理学院，先生特别交代住专家楼期间，一定要用他写字收入交住宿费。

12 月 1 日

启功先生出院。

12 月 2 日

启功先生接新加坡林仰波电话，询问何时在香港办书法义卖展，表示愿购买展品，并希望这些作品也到新加坡展出。启先生说：此公曾为中国捐赠一颗卫星。

12 月 4 日

傅熹年先生到访，请启先生看新出版的家藏玉器图册，雷振方后到。

12 月 5 日

吴空（中央文史馆副馆长）来看望启功先生，请先生写"文苑聚耆英"，并为中小学教材办公室书写赠特级教师斯霞的礼品。

12 月 9 日

中央文史馆邀请京、津、沪 3 地文史馆的领导来京商谈编辑《文史笔记》事宜，先生出席座谈会。

12 月 11 日

中央文史馆吴空副馆长再次来看启功先生。

郑振铎之子赠给启功先生影印的《郑振铎书信集》。

12 月 12 日

王立梅介绍日本某船王的女儿周小姐，提出希望启先生去日本办书法展，先生考虑到谈话比较轻松，请王立梅先在其家中单独接待。

下午中国书协梁扬、张铁英来请启先生谈谈身世。

12 月 16 日

启功先生给"海关俱乐部""鼓楼电器商店"题匾。

又给童庆禧、丘宝剑及日本友人宇木明写条幅。

12 月 21 日

启先生得山东笔工李兆志制白云毛笔一批，先生很高兴，分赠给在场的王宪达、胡云富、侯刚各两支。

苏士澍偕日本友人来访。

12 月 22 日

刘炳森来看启先生并带来他的书法作品挂历一包，先生命侯刚拿去分赠给校长办公室经常帮他打字办事的"小朋友们"。

12 月 23 日

美籍华人陈香梅为感谢启功先生接见并赠条幅，派人送来礼品，并提出想请先生再给同仁堂题字。

先生命侯刚和李双利给陈女士讲明励耘奖学金筹款办法：

1. 为商业部门写匾要为奖学金捐款。

2. 为同仁堂写字，要有同仁堂的文字委托或有同仁堂的人来说明情况，不是任何人委托即可为国内一家名店写招牌的。

12 月 25 日

启功先生接到台湾台静农先生托人带来的信，内容如下。

> 苑北吾兄赐鉴：转来校友会画谨悉，弟近来衰老日甚（今年 88 岁），平日居家不出门，犹不免跌倒，更不能远行也。草草即询珍重，弟静农顿首，廿四。

启先生不知何人给台先生去信，即打电话询问刘乃和先生。刘答：台湾辅仁大学文学院院长张培东因孔子诞辰 2540 年学术会议来北京，曾谈及台静农，在座谈时刘曾提及请台先生来参加纪念陈垣诞辰 110 周年纪念活动。刘先生还说，台静农去台湾前，她曾给台先生写过一条幅，台称刘乃和学米南宫，几年前台曾托人给刘乃和带来一条幅。

师大图书馆拟请启功和钟敬文诸位老先生参观图书馆，并为图书馆题字。先生说，过年后整理自己的图书交图书馆。他曾搜集了一批关于八股文的图书，编目录后也准备给图书馆。

元旦将近，启先生给国内外友人发贺年卡一批。

12 月 27 日

中央文史馆副馆长吴空来给启先生拜年。

12 月 30 日

李铎来看启功先生，并请先生给黄鹤楼题字。

同年

先生任九三学社中央参议委员会委员、副主任。

为陕西省文史馆庆祝中华人民共和国成立 40 周年盛会题词：

> 关中文化溯周秦，
>
> 解放新天又日新。
>
> 四秩喜逢开国庆，
>
> 赓歌高馆聚耆绅。

同年出版的主要著作有：

《启功韵语》，由北京师范大学出版社出版。

1990 年（庚午）78 岁

1 月

李可染先生逝世。国家文物鉴定委员会就其作品出境管理标准请示先生。先生拟议："李可染画遗留不太多，精品不少，建议放在第一类管理范围之内，即除特许外，一律不许出境。"

1 月 5 日

中央文史馆傅春然来访，请先生书条幅二件。

北医三院大夫来看先生，并检查血压，正常。

1 月 12 日

启先生给北医三院几位为他治病的医生、护士赠条幅。

1 月 13 日

下午王大山、雷振方来，与学校吴校长沟通先生举办义卖展览的具体安排及款项事宜。

1 月 14 日

启功先生给侯刚说了三件事，要求其记下：

1. 捐款之事一定要按照我的意思办，保持我的形象。不能为此向学校要房子，要了房子我也不搬。

2. 有人做许多坏事，但有一件好事。咱们就感谢他一件好事。他为了荣誉状就给他荣誉。官场上的人物各式各样，历来如此，这就叫世情。

3. 我住在这里（专家楼）一定要付费，从我的写字收入付给，这样我才安心。

中午，苏士澍来，请先生为《人民日报（海外版）》题字。

1 月 20 日

启先生为"四川锦江宾馆""海南博物馆"题字。

1 月 25 日

国家教委副主任朱开轩给启先生贺春节。

中国书法家协会佟韦来看先生，祝贺春节。

先生为新华社书画院赴美国展览提供中堂二件、对联一副，由贾靖宏取走。

1 月 30 日

启功先生拟定捐励耘奖学金意向书和协议书草本。

先生又提出赴港的费用问题，要侯刚告诉吴猛，可以从卖字的收入中支出。

2 月 5 日

启先生应科学院要求，为科学院陈进彭教授写歌德的诗八句：辽阔的世界、宏伟的人生、长年累月、真诚勤奋、不断探索、不断创新、常常周而复始、从不停顿（歌德《上帝与世界》中句）。

2 月 6 日

为四川大学写"逸夫楼"和"文科楼"。

为陶大镛写"宾至如归"。

贾鸿年请启先生为田雨霖画册写评语。

2 月 9 日

物理系老教授郑华炽先生逝世。郑先生住红七楼，与启先生是近邻，郑夫人邓仲先是物理学家邓稼先的胞姐，与启先生常有往来。启先生去北医三院与郑先生遗体告别后，又到家中看望邓先生。

2 月 14 日

为新图书馆作朱竹一幅，写诗一首。

2 月 16 日

美国留学生韩苔美要求跟先生学习写字，先生同意接待。

2 月 18 日

启先生与友人关于书法的答问：

问：墓表为什么是书写的？

答：楼兰地区干燥，墓表写在方砖上（绿底红字）埋在地下保存时间很长。

问：《出师表》刻石很精致，是真的吗？

答：河南多有人仿大家的字，字写得很好，但不是真正岳飞、诸葛亮的字，字确实写得好，刻石也好。如今天有这样的人，书协主席就不是我了。

问：历代是否还有人写论书的诗？

答：很多，包世臣、王文治、刘锦，近代人施蛰存、张宗祥等。

我写的有揭人之短的玩笑，如公孙炎就写信给我，不同意我捧郑板桥，"刻舟求剑刘北平……"。又如柳公权讲"心正笔正"，他的名帖是《玄秘塔》和

《神策碑》，可是凤翔和尚却帮皇帝干了许多坏事，太监作恶多端，柳公权为他们写碑，他的心放在何处了？

2 月 20 日

赵光贤先生八十寿辰，启功先生作《朱笔松石图》祝贺。

2 月 21 日

先生出席中央文史馆馆长会议，研究《新编文史笔记》丛书的问题。

2 月 23 日

傅熹年看望启功先生。

2 月 27 日

中文系毕业的校友李月荣在香港开办"三石轩"画廊，请先生题匾；又携一批书画照片，请先生鉴定拟择优者购买。先生看后说：溥心畬的画均为真品，但这批画如何买又如何卖，是否能盈利，不好说。黄君璧的画没接触过，不好说。

3 月 1 日

启功先生为北师大出版社出版《书法教学参考丛帖》之事提供帮助，除在他收藏的帖中选一些合适碑帖外，他有位朋友孟宪章也有好帖，建议去动员他提供。另有徐世昌的孙女也藏有很好的帖，也可以设法联系，请她提供。

3 月 6 日

顾明远副校长看望启先生，请先生为他主编的《教育大辞典》题写书签。

3 月 8 日

上午聂菊荪主持召开纪念陈垣校长诞辰 110 周年筹备会，白寿彝、启功、刘乃和应邀出席。

同日

先生与王遐举、许麟庐、秦岭云、卢光照、溥松窗、孙天牧等文史馆员在中央文史馆作二丈四尺巨幅国画献给亚运会，先生题诗：

> 盛会迎来世纪春，中华万众倍精神。
> 奇松佳卉长流水，共颂承平作幸民。

3 月 19 日

郭静媛求先生写"太虚幻境"，先生说，我不写《红楼梦》里的东西。

3 月 21 日

先生为北方交通大学（今北京交通大学）题"天佑馆"（即该校建的詹天佑纪念馆）。

3 月 24 日

启先生为国务院侨办书写"中国文化中心"。

3 月 25 日

全国政协举办"迎亚运书画联谊会"。方毅、谷牧及著名书画家董寿平、启功、关山月、刘开渠、黎雄才、管桦等出席笔会。

4 月 3 日

先生为荣宝斋举办"第十一届亚运会捐献义卖会"书写两幅作品（四尺半开），参加义卖。一幅为"五柞室前瓦，千秋万岁图。一朝来纸上，却助六朝书。"另一幅为"往岁贪奇赏，今年遂考槃。门前溪一发，我作五湖看。"

4 月 6 日至 21 日

先生出访日本。4 月 14 日重访和田美术馆，先生在欢迎会上即席讲话，并作诗赞赏中日文化交流友谊长存：

> 瀛堧名胜几番游，画境山梨处处楼。
>
> 长寿朱樱能入夏，四时绿树不知秋。
>
> 宏开美育民增福，振奋人文世穷俦。
>
> 二度登临诚幸事，谊联东海近神州。

4 月 21 日

启功先生由日本回到北京。先生说这次去日本先去拜见了杨振亚大使。并且说他去香港，会先去见新华社社长，去新加坡必先见商务代办，表明自己是中国人。

先生说："我对外国人赠给的金钱一律谢绝，此次和田所赠日元，全部转赠陈真（翻译）。上次去新加坡，和尚赠给无法推辞，我在大殿上供奉给如来佛，跪下叩头。随行的牟小东等人也合掌表示诚意，和尚无法，也只好同时叩头。这一举动曾得到赵朴初的赞赏，表示是一大发明，以后他也要学。"

4 月 27 日

先生出席中央文史馆馆长会议，《新编文史笔记》编委会成立，萧乾任主编，先生任副主编。

同日

先生为荣宝斋举办的"肇东画院作品展"书展标，又为荣宝斋藏黄宾虹画册题跋。

5 月 2 日

上午先生参加荣宝斋举办的肇东画院作品展开幕式。

5 月 10 日

全国政协委员中的书画家向第十一届亚运会组委会捐赠书画仪式在政协礼堂举行。先生作诗一首，并当场书成中堂一幅：

> 亚运村开气象新，雄姿竞爽德为邻。
>
> 霍然飞跃天行健，联袂东方起巨人。

5 月 12 日

下午先生先到荣宝斋，后雷振方陪同到朝华出版社门市部看书，看到《董其昌画集》，先生对雷说，董画中有墨笔粗放、黑白分明、多排墨点一类画法的，为僧珂雪代笔。又有青绿山水册，先生说这是董画墨稿，由他人填色而成。先生购《董其昌画集》《高其佩画集》等书回。

5 月 15 日

下午，先生开始给美国留学生韩苔美（女）讲书法。

韩苔美是芝加哥大学博士生，研究中国文化，选中国书法专题。慕名来请启功先生指导毕业论文，历时一年。除听课外，她还随时到家中请教。先生还介绍她去西安碑林、山东曲阜等地学习、访问。回国后她通过了毕业论文答辩。

5 月 20 日

梁斌、黄胄书画展开幕，先生与董寿平前往祝贺。

5 月 31 日至 6 月 10 日

应香港荣宝斋经理王大山邀请，赴香港与友人商谈在港举办书画义卖展，筹集励耘奖学金事宜。先生当日下午即与荣智健、王大山等商谈，得到了他们的热情支持，并落实了由香港荣宝斋来具体承担筹备事宜。

6 月 1 日至 4 日

先生先后会见了在港的朋友王桂鸿、刘作筹、陈万雄。在香港荣宝斋鉴定了《齐白石山水册》（八开），并为每开作有题跋。

6 月 7 日至 10 日

先生拜会了"翰墨轩"主人许礼平，并在许宅与台静农、王静芝通了电话。经许礼平与台湾的一位篆刻家联系，先生终于拨通了台静农的电话，两位老友急切地互诉思念之情，当时的情景催人泪下。两位知交分离半个世纪，始能在电话中申诉衷情，可见现实社会多么残酷。台先生因患食道癌已经不能进食，希望先生去台北看他，在电话中对先生说："我几个月不能吃东西了，咱们一块折腾的没有几个人了，就剩你了，你快来吧，再晚我们就见不到了。"不料通完电话不久，10 月 12 日台先生就病逝了。先生通过图文传真，把亲笔书写的挽联发给台先生的家属：

河岳日星风期无忝；文章翰墨师友平生。

在港期间，启先生于友人欧初处获观董其昌《溪山村舍图》，即题诗一首：

遥山留黛一痕颦，影落秋河夕照滨。
小卷华亭传法脉，愧斋低咏尔何人。

又于友人处获观李可染于 1947 年所作水墨画《薛涛像》，启先生称，此师牛翁40 岁作，极为难得。屡见时贤名作，必推此为翘楚焉。即席作诗赞颂：

积铁为山泼墨余，项容坛坫此翁居。
风规淡远中年笔，却似羲之晚年书。

又观沈周山水小册页两开，即题"钟灵毓秀"并用石田翁原韵和诗二首：

尺幅零玑古，椽笔妙意深。
如闻流水曲，纸上证同心。

有竹师迁笔，清疏点染中。
流传五百载，艺苑宝遗踪。

6 月 16 日

下午雷振方陪周总理前秘书赵茂峰来拜访先生。赵将保存的周总理手迹便条，装裱成册，请先生题字。先生为题"遗爱千秋，周总理墨迹，赵茂峰同志珍藏"，后又书字以赠。

6 月 22 日至 26 日

出席中央文史馆在上海召开的文史笔记丛书编辑会议，全国 16 个省市文史馆负责人参加，统一认识，协同步调，落实计划。先生与萧乾、吴空分别主持了会议。

6 月 30 日

荣宝斋举办演员刘嘉福画展，上午开幕，先生和溥松窗及电影界凌子风、谢添等人到场祝贺。

同月

为中国学生营养促进会题词并作朱竹"新篁千尺"。该会在教育部、卫生部和民政部支持下于 1989 年成立，当一周年之际，为加强学生营养知识宣传，推行学生的营养健康教育，改善学生营养状况，请启功先生题词。

7 月

香港友人霍英东得知先生拟举办义卖展，愿发送邀请，并负担工作人员在港期间的费用。为表示对霍英东的感谢，先生回京后借居京西宾馆，创作了《四季竹四条屏》（春、夏、秋、冬四季的竹图，每幅为八尺整纸）赠霍英东。此图今在北京贵宾楼饭店的竹厅内。

李强与友人合写的《教育实用美术字》一书拟出版。请先生题写书签，先生看稿本后欣然题诗：

> 字形美与丑，观者心中有。直尺与圆规，百花在其手。
>
> 碑额与印章，其妙在结构。古今虽有殊，艺术无先后。
>
> 《教育实用美术字》一书出版在迩，观其稿本，豁然心胸，因为题赞。

7 月 6 日

给留学生韩苔美讲书法。

7 月 22 日

出席全国美术书法摄影创作思想座谈会。

7 月 24 日

出席中央文史馆馆长会议，研究《新编文史笔记》的计划，并商议接待台湾商务印书馆总经理张连生来访事宜。

8 月 3 日

先生与萧乾、吴空及朱家潜、黄墨谷等文史馆员在首都宾馆接待台湾商务印书馆编审代表团，就促进海峡两岸的文化交流和出版事业发展举行座谈。王海容应邀出席。

8月16日

先生与工作人员交待去香港举办书画义卖展应做的准备。前期先生已与香港荣宝斋商定，请代印展会用的图录，定名《启功书画展留影》，自署"启功求教"。

8月17日

上午雷振方陪南京秦剑铭来送紫砂壶，并请先生书扇面，先生题诗一首："逢人便道吃茶去，妙谛何从问赵州。七碗玉川应不契，欲寻桑苎共清游。吃茶去公案久不易参，苦请下转语。启功"，书毕，先生十分得意，笑对雷说，这诗现在可能只有赵朴老、沙老（孟海）能作出了。（诗句《韵语集》中未见）

8月21日

出席中国书法家协会常务理事会。

8月24日

赴山东烟台、蓬莱，主持国家文物鉴定委员会全体会议。

同月

应邀出席邵宇书画展开幕式。

9月7日

在中国历史博物馆参观美籍华人战临川在美国诉讼涉案的文物。同日，复沈玉成函，谈《启功韵语》：

久久不敢拿出，去年大病，自知去路无多，姑且付印，以俟板斧来临时，不意竟获奖励。

9月28日

出席中央文史馆馆长会议，研究庆祝建馆40周年事宜。

9月28日

荣宝斋为第十一届亚运会艺术节，举办斋藏文房四宝展，先生上午去参加开幕式。

10月10日

为学校书写礼品书幅，赠给第十一届亚洲运动会中国田径队，以朱笔题诗一首：

积健雄强，为国增光。

团结友爱，地久天长。

同月

应西昌卫星发射中心展览馆征题馆名：

中国西昌卫星发射中心展览馆

又题诗一首：

人定胜天造卫星，长空无际是前程。
中华儿女多奇志，小小寰球掌内擎。

又为华中师范大学出版社题赠：

文化流通，出版之功。
精刊细校，首数华中。

再为武汉大学出版社建社 10 周年题：

学习书当先，出版仗义贤。
今朝共庆祝，建社十周年。

是年秋

为王大山先生所绘梅花作跋。大山一生与书画结缘，喜欢画梅。先生比较肯定大山的梅花，曾写过："吾友王大山先生赏鉴名家，今之吴用卿也。画梅不减罗两峰，行书直逼朱雪个，又吾太学之不能者。"今秋观大山所作《梅石图》先生又题：

昔人谓"疏影横斜水清浅，暗香浮动月黄昏"，不如"雪后园林才半树，水边篱落忽横枝"，盖以前聊微著记。图正雪后横枝之胜境，宜此妙句题之。

11 月 12 日

上午田凤立拿来杨拯民藏成亲王书横幅请先生题跋，先生题中有"书成亲王为嘉庆改元之后所写……"，雷振方在旁，先生对他说，永瑆在乾隆时写"皇十一子"，嘉庆改元写"成亲王",乾隆六十年退位,对外是嘉庆元年,宫内仍写乾隆六十一年,到六十四年止。这件款写的是辛酉,为嘉庆六年,所以写"成亲王"。

11 月 13 日

上午先生在北师大旧主楼 321 会议室为学校书写丈二纸大字"八仙传说多……",又书八尺纸大字"李唐曾比李思训……"(这两幅字现分别由北师大档案馆和北师大出版社收藏)。

11 月 18 日

在中国历史博物馆鉴定中国古代书画。

12 月 4 日至 8 日

赴香港举办"启功书画义卖展",为北京师范大学筹集励耘奖学金。

经过两年多的精心准备,先生从写出的 300 多幅作品中,选了 100 幅字、10 幅绘画用做义卖展作品。香港霍英东先生得知启功先生的义举,欣然邀请他和展出工作人员一同赴港。香港荣宝斋公司义务承担展览的全部事务。赴港前的出关手续,建立外汇账户的申请,都需先生亲自出面。先生一一周密筹划,认真处理。为昭郑重,亲自致函方福康校长,请方校长一同赴港主持了义展开幕式。处处寄托了启先生对陈垣先生的深情。

作品在香港展出期间,受到香港各界朋友的热情支持。开幕式上新华社香港分社副社长郑华及霍英东、李嘉诚、荣智健,香港荣宝斋经理王大山、王桂鸿共同剪彩,新华社香港分社社长周南亲自到会祝贺。李嘉诚、荣智健购买书画最多,在所筹款项的 248 万港元中占 170 余万港元。经国家外汇局批准,这笔款折合为美元283744 元,在中国银行设专项账户(可折人民币 1481692 元)。此外,平时社会求字,凡得到题字为基金捐款者,均由校长办公室开具正式财务收据,并颁发捐款证书留作纪念,以表对捐款单位支持教育事业的谢忱。到基金会成立为止早已超过100 件,共筹款 15 万元,以上两项共筹款 1631692 元。

12 月 14 日至 21 日

新加坡中华书学协会主办"第一届国际书法交流展",先生应邀赴新加坡出席开幕式,为展会剪彩并有多幅作品参展。启功先生有诗作中堂参展:

名城如画绿云稠,

拔地撑天处处楼。

不枉梯航逾万里,

繁荣锦绣看星洲。

12 月 29 日

先生新著《汉语现象论丛》承香港商务印书馆出版，《说八股》一篇中"试帖诗"一节先生已重写，今日致函总经理陈万雄先生，盼改换校正后重写的"试帖诗"一节。

同年

为顾随先生三十周年忌辰，撰联语：

文苑仰宗师，众失拱辰三十载；

书坛标重望，脉延典午两千秋。

同年出版的主要著作有：

《平生风仪兼师友——怀龙坡翁》发表于《名家翰墨》1990 年第 11 期，香港翰墨轩出版社出版。

《论书绝句一百首》由北京生活·读书·新知三联书店出版。

《说八股》由北京师范大学出版社出版。

《启功草书千字文》由中国和平出版社出版。

1991 年（辛未）79 岁

1 月 3 日

先生为迎新春作诗一首，以申辛未之颂：

迎春开泰兆三阳，万事亨通大吉祥。

龙马精神功已就，长林丰草看群羊。

1 月 7 日

义卖展结束后，途经深圳归京，王大山自香港托运回义卖展的图录《启功书画留影册》1000 册，以备先生分赠友人。

1 月 11 日

荣宝斋米景扬、雷振方来送纸拜访，和先生谈到墨与收藏。先生说他有几样不收藏，一是瓷器，易碎，碎了就无用了。一是古墨，舍不得用，只能是装饰品。一为宋版书，当然也买不起，以单页收藏，更难凑全，如同是一本书，还是看后来翻印本好。又说，他曾捐安徽博物馆一本墨账（当年溥雪斋让他送人，未送），还有一本清翻刻包拯墨迹拓本。

1月19日

发现有人冒先生之名写"宁夏酒厂"的假招牌，先生见到后重新为该厂写过。

为民族文化宫、沈阳和平供电局写字，先生右手仍未痊愈，民族宫的字写了3次都不满意。

嘱咐北师大出版社正在准备出版的《临争坐位帖》，应该按原帖的尺寸制版，保持原大，清样一定要送他本人过目，以减少差错。

1月20日

王大山来看先生，与先生长谈。先生再次感谢在港义卖时王先生的大力支持和帮助。日前先生曾去荣宝斋向王先生致谢。

1月25日

叶挺之子有一幅仇英的画要请先生看。先生说，仇英是明代著名画家，与唐伯虎齐名，画仕女多，他的画在社会上流传很多，但多数是赝品。

1月28日

先生今天与侯刚谈了3件事。

1. 先生再次强调他不参加管理励耘奖学金的意见。他说："我的申请书请两位校长看过，他们怎么组织委员会我不管，但我的意见是要开会宣布，要有记者在场，我写申请时的人要在场，申请书的证明人作证，去香港办展的人王大山、王宁世、王立梅要在场，我要说明承蒙各位同志的帮助，我算是完成了心愿，如何组织我就不管了。我给伍连元讲了，请统战部来，部长来不了可派代表来；应给教委发请柬；我是文史馆的，也请文史馆来人。电视台、新华社由学校请，应公诸社会。我想师大不会拿这钱做别的。"

2. 先生说到参加古代书画鉴定的7位专家有时会对一件作品有不同看法，其中的甘苦很多，所以写了《书画鉴定三议》一文，但谢稚柳看了之后并不以为然。

3. 先生谈到被划"右派"时说：我被划"右派"，是预料中的事。因为我的家庭，我的经历，不配做"左"派。当问到你是不是右派？答是右派。但可怕的是又问你怎么反党的？我就答不上来了。怎么编反党的事实呢？可怕就可怕在这里。

1月30日

北师大出版社拟整理出版《清代名人书札》，请教先生，先生说这些书札是他和陈宪章（原师大图书馆副馆长）的父亲陈玉臣先生到琉璃厂买来的，同时买来的还有许多碑帖和志书。这些信中也有别人代笔的、假的，如第一册里郑板桥的信，就是假的。

先生说：清代科场是留给汉人的，这是清政府的策略，满人单列一榜，后来才允许满汉一齐出榜。但是满人不许中头名，这也是策略。如北京有个麻状元胡同，因为住在那里的状元叫麻拉吉，他是顺治九年壬辰科的满榜状元。清代考场纪律很严，如有人作弊，主考官就要被杀头，因为留给汉人知识分子的就这一条路，出了问题杀头，大家就服了。

同月

致日本东京书道联盟函，介绍夏天星在声乐和书画方面的成就："侧闻尊处颇需这样的书法老师，特竭诚推荐。"

2 月 1 日

先生为《统战报》题词："统战是个宝，革命成功了。教育个个人，思想天天好。"又为新加坡友人潘绥书诗。

2 月 8 日

许礼平请先生鉴定《郑板桥录曲谱》。先生跋曰：

曾见郑板桥先生手写《拾金曲谱》，字旁工尺俱经装裱时挖去，至为可惜，此册抄写虽较《拾金》略草，而工尺板眼具在，但无暇详检，未悉出何传奇耳。

又为题写书签：

《郑板桥录曲谱》路工先生宝藏命题，启功署耑。

2 月 11 日

图书馆一位老师找到先生说，他的朋友原有先生条幅，"文化大革命"时被红卫兵抄家丢失了，希望先生再给写一幅。先生说："写，我给写！红卫兵抄家，我给落实政策，我来赔！"有些无可奈何。

2 月 13 日

早上，柴剑虹等6位研究生来给先生拜年。先生很关心《说八股》一文在学报发表的计划。

教委负责人朱开轩、人事司司长、老干部局局长等 5 人来拜年。先生讲了励耘奖学金要专款专用的问题。

九三学社中央副主席赵伟之来拜年，国家民委派代表来拜年。

先生对国家民委的同志又讲了设立励耘奖学金的情况，强调专款专用，只做奖学金不做他用，已向社会发布。

2 月 17 日

辛未初三，先生到荣宝斋参加王雪涛作品欣赏会开幕式。

2 月 20 日

董寿平给先生打电话说，他有一批在香港展过的画，存在银行，其中有幅丈二匹大画，拟提回放在钓鱼台国宾馆，请先生在画上题字。先生当即问董老："这是您本人的意见还是钓鱼台的意见？"董答："尚未给钓鱼台讲。"先生说："如是钓鱼台提出的，我可以题，如钓鱼台未提，我可以转告董老的意思，如何办看看钓鱼台的决定。"先生对这件事的评说是：董老年纪大了，想把自己的画留在一个永久性的地方，其实没有永久性的地方。一朝天子一朝臣，一个领导换了，那里的布置就可能换，何必为此费脑筋。最后董老还是把这幅巨画留给了钓鱼台。先生在董老的画上题《同乐园中董寿翁画松》四首。

2 月 22 日

下午先生去解放军总医院看浦安修，浦因上次先生去看她时未能进去而不安，多次带话致谢并找一位马大夫给先生看手。

苏士澍带日本友人大野宜白来看先生，大野在四川铸造了一尊大铜佛牛头明王运去日本，来请先生出席开光典礼。

2 月 25 日

上午，先生偕师大校领导方福康、吴猛去荣宝斋，再次对在香港办义展的支持拜见王大山、米景扬，表示感谢。同时参观了荣宝斋水墨印刷车间、装裱车间和营业大厅。中午由荣宝斋返校途中，先生在政协文化餐厅请方、吴吃饭。

2 月 26 日

为中国书法家协会成立 10 周年题词：

> 影响大，机构小。十年之前方针早。
>
> 发展广，成就快。第一届会基础在。
>
> 近五年，我尸位。名虽有"功"实有罪。

千悬捶，辜负笔。写成保守馆阁体。

愿从今，会中人。书法推陈尽出新。

学荀况，赋"成相"。祝同志们寿无量。

中央文史馆馆员孔繁章认为先生的诗有"打油腔""不正统"，建议他改变诗风。先生对孔的看法不以为然，为孔作诗一首：

手回云锦入扁舟，多宝归帆启上游。

勾降星文增匼匝，声驰地籁隐辀轳。

征题雅教惊披雾，和韵余痴剩打油。

问我邯郸成步日，他生未卜此生休。

3月1日

有人向先生请教冯恕为何许人。先生说：冯恕又名冯公度，青年时在琉璃厂学刻图章，字也写得好，以后有了钱，在许多大买卖里都有他的股份，西四羊肉胡同地质部的房子就是他的。我年轻时写草字，冯公度在一旁夸奖："这是懂草书的人写的草书。"当时自己很感动。冯公度还是一位收藏家，家藏碑帖字画很多，他刻有《蕴真斋帖》。

3月2日

主持书法教材编写小组会，详细讲解编写大纲的要点，然后分工每人写一部分草稿，再集思广益讨论修改，定3月底交初稿。苏士澍、庞书田、谷溪、陈荣琚、秦永龙、胡云富、侯刚出席。

王连起来请先生给王朝闻编的《中国美术史稿》提意见，先生写了3页，交王连起。

为人民文学出版社建社30周年题词：

文学创自人民，出版已周卅年。

今值改革开放，百花又见翻新。

3月5日

王世襄先生来函：

拙稿已易名为《说葫芦》，"系而不食"一语亦已加入，承教致感！尊文《读后记》誊清复印，邮呈一份乞过目，不知有误否？只揄扬过实，惭愧殊甚耳，谨此叩谢，敬请道安并颂墨华笔健。

台湾许氏家族 3 人请启功先生为云南昆明圆通寺题写牌匾：圆通禅寺。

3 月 8 日

先生在钓鱼台国宾馆写作。

3 月 11 日至 15 日

中央文史馆在济南召开全国《文史笔记丛书》编辑工作会，先生出席主持并讲话。他特别强调："清末民初的史料要尽快抢救，因为那个年代的人所存不多了，健在的也有百岁了，这是一件很紧迫的事，就是新中国成立前的人和事也应该赶紧来写。"这次会有全国 18 个省市文史馆的负责人和编撰人员参加。

3 月 17 日

先生听说溥松窗病重，一定要见最后一面。上午在雷振方陪同下到北京医院看望病危的松窗先生，看到已上呼吸机的松窗先生他很是伤心。溥松窗小先生一岁，早年同是松风画会成员，很聪明，画得也好，山水、花卉、松、竹、马都能画，本事很大。

3 月 22 日

许宝骙来函，约先生去游富春江。先生复函：

富春江千岛湖之游何其可美！惟功尚在学校招待所中暂住，校医仍时来诊视，旅行游览未被许可，昔人有望洋兴叹之说，功今则望湖兴叹，奈何！奈何！

3 月 23 日

先生约党委书记周之良谈筹备成立励耘奖学助学基金会之事，提出先定方案，起草章程，成立时要有国家教委、统战部、文史馆领导出席，证明此款为奖学助学专用，要公开报道，请有关专家，包括老校长的学生单士元、周绍良担任理事，刘乃和也应参加任理事，他只做名誉主席（后来又增补陈垣先生的嫡孙陈智超、傅增湘的嫡孙傅熹年为理事）。

3 月 31 日

全国政协七届四次会议召开，政协书画室举办人大代表和政协委员书画家联谊活动，全国人大代表关山月、刘文西、常香玉与全国政协委员启功、华君武、韩美林、田世光、李燕等100余人参加笔会。85岁高龄的周怀民和夫人计燕荪合作《梅石翠竹双鸟图》吸引了众人目光，启功先生欣然题词：

梅寿千秋竹茂石幽，和鸣偕老好鸟枝头。

在政协联谊会上，先生遇到刘开渠，二人互相问候，刘说到向先生求书者甚多时，先生摇头一笑而过。后见到潘素，即关心地问她眼睛的病好了没有，潘说用药后好多了。黎雄才画松、关山月画梅，请先生题字，先生当即题七言诗一首，后黄胄又补淡竹，黎雄才题款。先生为香港陈复礼照片题"霜叶红于二月花"小幅。见到溥佐和花小宝与其一起合影，先生对溥提到"佺六"的去世，都很惋惜，溥佐对先生说："在世之满族人，我就佩服您。"先生忙说："岂敢，岂敢。"后又见到齐良迟，谈早年与齐白石的往事，说到当时院中的情景，屋内的摆设、墙上挂的横幅，记得非常清楚。齐良迟说，您的记忆真好，一点不差。谷牧同志也来参加活动，见到先生，二人交谈，看到陈复礼送谷牧同志照片，先生说我回去写副小对送您挂一起，谷牧同志握手感谢。

4月19日

中央文史馆向国务院有关领导报告"建议改善启功副馆长住房条件"。在国务院领导的关心下，国家教委商请北师大给予解决。

4月28日

出席中央文史馆馆长办公会，研究赴香港举办书画展及推荐新馆员事宜。

4月29日

出席中国书法家协会成立10周年庆祝会，在会上表彰了获得"十年工作奖"的工作人员。

5月4日

王大山邀请先生下月去香港看画，先生说他的邀请必须应邀。为了感谢王大山在香港帮助举办义卖展，给王大山画了一横幅朱竹长卷（27厘米×360厘米），并书长诗《自题画朱竹》。

同日

出席中国书法艺术博览会与第二届全国电视书法大赛的新闻发布会。

5月9日

致慕凌飞函：

承命代为研究尊稿画集序言，并命附贱名，无任荣幸。伏读大稿，有数处似可略加柔化，谨遵命略加删简，大胆之处千祈谅鉴！如有不符尊意处，仍请指示，再加改写，勿客气也！

同日

出席中国书法家协会主办的"中国书法国际邀请展"开幕式，这次邀请展有 12 个国家和地区的书法家作品展出。

5 月 13 日

广西都安书画纸厂在人民大会堂举行笔会，请著名书画家挥毫，先生应邀出席，作诗一首：

> 云英妙制胜南朝，工业西南壮与瑶。
>
> 助我狂书三万字，不伤斑管兔千毫。

先生谈了两件事：

王海容建议为先生改善住房，欲在校外为先生解决。先生认为居住主要是要人和，校内都了解他，不愿意搬出师大。去外边虽是两套，但不见得比现在大，还落个占两套房之名，让人说闲话不好。

关于《启功韵语》及《启功书画作品集》再版问题，先生说《启功韵语》有错误，改过后再印。《启功书画作品集》要印薄一些，可以分一、二、三、四册，别人可以选一册也可以买一套，要考虑读者的经济条件和普及的需要。编辑提出拟把赠给霍英东贵宾楼的四季竹收入书画集。先生说那四张已送给他们了，就不要印了。

5 月 19 日

近几日先生早起后心脏不适，章景怀到管理学院陪住。原定 20 日下午到图书馆的专家咨询报告取消。

5 月 29 日

先生为荣智健等人画扇面三个。

6 月 5 日

应王大山邀请赴香港鉴定书画。

6 月 17 日

致王世襄函，谈此次"在港遇到苗公夫妇，同席二次，信称快聚。谆谆嘱代致候。离港日之晨尚接电话，不约而同以'相晤非遥'四字为祝，想见其怀土之心"。"命复印之《王献之帖》，印出即呈"，"拙作《说八股》一文已出版，附呈敬恳再赐教言"。

复王岳函，答复关于有人伪造先生书法问题："功于此事，只持自勉之志，如我写的字都能如二王、颜柳以至苏、黄、赵、董，则作伪者亦必较造启功字难若干倍，其伎俩易于暴露，我亦可省诉讼费用矣。我公高明，以为如何？"……

6 月 19 日

刘石博士毕业，到中华书局工作，先生临别赠言应注意谦虚。告诫他到中华书局之后，要踏踏实实做事，当编辑要尊重作者，不要随便改别人的稿子。

6 月 20 日

出席民主党派庆祝中国共产党建党 71 周年大会，题写了"同舟共济"四字。

6 月 25 日

聂菊荪请先生为湖北的老战友写字 5 幅。先生又为石家庄房地产公司、香港《经济导报》、中国企业家协会、中国李白研究会及援助西藏基金会分别写字。为西藏基金会题诗一首：

> 地脊开仙境，山城涌画图。
>
> 坚诚邀佛佑，大智结心珠。
>
> 讽诵金声振，香灯宝焰浮。
>
> 早生承灌顶，垂老愧凡夫。

6 月 27 日

出席全国政协第七届第十五次常委会。

同年夏

曾获观吴梅村《画中九友歌》《怡园雅集聚众贤精品》并为之作跋。尤忆及恩师戴绥之先生曾馆于怡园，例授女弟子以闺门必读诸蒙书。先生对怡园雅集诸名家杰作年代一一考证，称"此等备文献艺事于一卷者，最称雅玩"。

7 月 1 日

王朝闻读先生新著《说八股》后来函：

拜读大作，深感你对八股文的研究很有深度。如今能像你这样论证它的功过者，恐已难得。你虽没有赶上应试的年龄，但这么实事求是的论述是以充分占有资料为前提的。大作最后对老师的感激，我再一次感到尊师重道的美德。……大作给我增加了不少有关八股文的知识，完全同意你对八股文的方式中的肯定，对利用八股文的统治者的作风的否定。……八股文所体现的逻辑方式不能一棍子打死，其实它也相应地反映着生活自身的逻辑。目前接触到的某些学术著作的纲与目的关系是祖孙三代的辈分，搞得混乱不清。不细分还好，一细分就更加显得缺少点八股性的严格要求。苛刻要求的八股考试是不足的。逻辑混乱的自我意识式主体性实在可厌。

7月11日

学校送先生和钟敬文二老去小汤山疗养。

黄苗子读《启功韵语》后来函：

甫归自港，即由冬冬转到尊作《韵语》，欣喜之余，开卷未能释手，其中多为前未拜诵或知而已忘之作，反复吟诵，其味无穷，赏以乐事莫逾如此。首数页以法书花笺彩印，精美之至，尤为难能，此迫我国印刷最佳之诗集矣。大序谦称《韵语》为"不韵"，并引支道林语，然忆前人笔记小说，亦有床第间事物为"不韵"者（或曰不文），公略而不提，固是集中无半句香奁语，亦无可扫之乎？一笑！

近世诗以打油为高（此亦世风所关），聂散宜翁卓尔不群，而尊作骎骎过之，虽欲学步，而天分学养均逊二公，徒唤奈何而已。必先复谢，他日当作《读后记》以抒鄙见，届时将呈教也。

7月17日

打电话给侯刚说了两件事：

不想在小汤山住了，在那里虽然凉爽，安静，但心中不安，因为有许多事情要做，9月去日本，要准备一些作品。在小汤山几天，《启功絮语》已抄写了一些，抄完再付印，不排字，减少错误。（当日下午接先生回校。）

关于改善住房问题，王海容建议用对门邻居已故周廷儒先生住过的房子。先生说不能同意，不能落个撵人家遗属的名声，愿意在简陋的环境中寻求乐趣。

7月20日

住进管理学院很安静，正在用毛笔抄写《启功絮语》。荣宝斋雷振方打电话来，说南方发水灾，米景扬提议请一些名家出作品为救灾捐款，想请先生作画。先生说除画外再写一张字。

同日

致傅熹年函：

> 在小汤山住了七日，其罪难受，只得复回二窟。连日心绞痛，眼矢极多，终日倦卧，西方正路，即在目前矣。劳继雄的证明，不知应怎样写，随手写了二纸，我公先看看，如果太不行，希见示修改，"成人之美"，不可帮倒忙也。

7 月 23 日

先生出席水灾赈济募捐会，向灾区捐 1 万元，又给荣宝斋画了两幅画（墨竹和朱竹），写了两幅字，捐出救灾，其中一幅为：

> 立民族志，先天下忧。沉灾共淡，风雨同舟。解囊之士，爱国之俦。

后雷振方电话告知，两幅画拍出 2 万 2 千元。

7 月 24 日

马樟根派人送来请先生为巴蜀书社题写"古代文史名著"书签的名单。（今年以来先后送来 3 次共计 60 余种。）

先生去国家文物局看拟收购的宋代郭熙的画。只看了照片。掮客说："画在香港，而人在国内。有可能是贵州省一位副省长的东西，至少要二百万美元。"先生说："画是真的，国库有钱，总理也有权批，但是今天全国受灾，在捐款救灾的情况下，让总理怎么下笔。有人介绍给总理是想要立功。"也有人说让香港的大亨买下捐给国家。先生说："别人给故宫捐了那么多东西，在小条上也没有一个字表明是谁捐的，谁还愿意捐。"文物局又有人说派专家去香港看画。先生说："我不去，你们有没有想一想，去看一下就是给对方抬价，要去就去谈判价格，而不是去看真假，看了不买不是抬价么？"

7 月 31 日

为台湾地区赵翔出版的《论书绝句一百首》一书写自序。原书是香港《大公报》记者马国权以在副刊《艺林》连载为名请先生书写的，后将墨迹原件转手卖给藏家赵翔。赵拟出版后分送友人欣赏，故请先生作序。

8月2日

北师大出版社拟报《书法概论》为优秀教材，请先生介绍去访问王靖宪，请王先生写推荐材料。

先生说："我和王靖宪的关系是非同一般的，划右派时，是邵宇给我划的。那时我住在黑芝麻胡同，王受邵的指示，每晚都去我那里，我们不谈工作，只谈'黑老虎'，以后竟然成为至交，知心朋友。可以带你们去见他。""批判右派时，崔子范批我最积极，事后他很不好意思，我就主动对他说，'就好比唱戏，让你唱诸葛亮，让我唱马谡，也说不定什么时候让你唱这角让我唱那角，戏唱完了就过去了，又好比土改时划什么有一定比例的。'"先生还说："这也是机遇、命运。这命运是由时间、地点、条件组成的机遇。"

8月3日

孙天牧来函：

> 愚于今秋于胶东举行"孙天牧北派山水画展"，拟请老师书写横额，借以增辉，亦望酌情赐以墨宝，望方便时为之，大小随意。

8月6日

先生偕北师大出版社几位编辑去王靖宪先生家访谈一上午，王先生热情地让大家看他收藏的碑帖、古瓶、陶俑。中午，先生请大家吃饭。

8月7日至8日

中央文史馆为向安徽、江苏、河南等十几个省份洪涝灾区捐款，在首都宾馆组织馆员中的书画家义卖，先生和王遐举、孙天牧、卢光照、秦岭云、刘继瑛等挥毫作书画。

8月12日

先生再为中央文史馆写一张字捐款救灾，这是近来为中央文史馆捐写的第五批字。

8月14日

杨国昌副校长要求给几位老教授拍教学纪录片，准备找人写脚本，征求先生意见。先生说：

> 这个脚本越简单越好，包括备课、讲课、辅导、查资料等，找一些同学听

课，有谁算谁。我已十多廿年不上课了，我有什么成绩？都谁是我的学生？我坚决不同意拍我教过谁谁，说张三、李四是启功教出来的，将来会给人家带来污点。研究生是我研究班的同学，本科生是本科同学，留校了是我的同事，出校门了是我的校友，我从来没有说过，某某某是我的学生。

8 月 19 日

日本留学生荻原仲枝来见先生，请教中国书法问题，先生耐心介绍中国书法常识及常用书画工具，谈约 1 小时。

柴剑虹来看先生，请写《李一氓藏画集》，并聊一些李一氓、伍修权、孙冶方等在苏联时的往事。

8 月 20 日

出席中央文史馆馆长办公会，研究庆祝建馆 40 周年活动。

8 月 22 日

出席中央文史馆全体馆员会议。

8 月 29 日

画家何涵宇的家属联系请题《何涵宇画集》。先生写后讲他与何涵宇自幼为友，何涵宇又名何建平。先生有位小学同学名徐希泉，小学毕业后在三洋金店学徒，何涵宇也在三洋金店学徒，也就成了先生的同学。何涵宇随王雪涛学画，新中国成立后曾在地安门一银行鉴别黄金。

8 月 30 日

刘乃和收藏有陈垣校长赠给他的《董其昌临米芾天马赋》长卷，请先生题跋。先生看后，写了跋文，没拟草稿，一气呵成。刘先生说："真是奇人。"

米海岳天马赋墨迹，今世所传多出临仿，三希堂刻本原迹，近岁重现人间，槎枒丑怪，且不及阮玉铉王铎。米老评古人书每称丑怪恶札之祖，三希天马且不中作恶札之孙也。香光此卷自跋得米帖，不类刻本，见其摹勒精工，令人向往，乃知天马一赋世间故有真迹焉。今真迹与精镌俱不可见，香光此卷遂如三生石上精魂不泯，再拜敬观，觉米老去人不远。先师励耘老人于书最好米董二家，宜乎宝惜，斯卷不轻示人，晚年以付高弟乃和学长，如黄梅衣钵，庆得其所。

一九九一年新秋，启功谨识。

9月6日

赵翔拟购书画。先生劝他到香港、台湾去购买，并介绍赵翔去找香港收藏家刘作筹。赵翔请先生写封信。先生当即写了一封短信：

君量先生赐鉴：

今年赴港，值台驾外出，未经瞻谒敬教，兴居增胜为明无量。兹有陈者：功有挚友赵翔先生，亦先生所夙谂，平生最好书画，每往香江，极望得获精品，而苦于飞兔去多珠玉易涸，最盼得教言，以为南车之指。高斋铭心之品，能一寓目，已胜十年读书，况在说论开导之下，宁止提命之教！赵公与我公本为旧交，虑面陈或以过谦，见待乃嘱小弟先容以乞谅其忠恳也！专肃即颂，

大安！

晚学小弟启功敬上

有位台湾学者汪中赠先生诗作，上款写：元白教授正之；落款写：后学汪中拜稿辛未五月。先生把"后学"二字挖下附在回信中，写"尊歉敬璧"。先生讲了个故事："清代许振宜与曾国藩同年，许给曾的信署'晚'字，曾批：'晚从何来，以后不许称晚。'旧时的文人，非对方说不许称晚才可。"

9月11日

起草并书写英东教育楼建设缘起。

9月13日

南光公司来人请先生写牌匾。

陈岩来请写"海王邨"。

先生昨天吃煮老玉米后胃肠不适，又吐又泻。上午在北京工艺美术馆有台湾广元和尚的书画展开幕，先生还是带病出席祝贺。一日未进饮食。

9月16日

出席中央文史馆馆长办公会，研究在甘肃敦煌召开文史馆工作会议问题。

9月20日至9月29日

赴日本访问，20日上午先生一行乘国航抵东京成田机场。

9月21日

上午在山梨县大月市百藏山举行"启功书法艺术馆"开幕典礼，由我国驻日大使杨振亚、山梨县知事大野健、大月市市长蜂须贺和先生剪彩。参加典礼的来宾

100 余人。先生带去书法作品 23 件、画 2 件，并亲笔写了"缘起"，一并赠给该馆。"缘起"全文是：

> 和田至弘先生于拙书独有癖嗜，拟于所建和田美术馆中特辟一室以张之。搜罗得卅余件，未能满四壁。功感其见知盛意，愿捡近作之可观者，二十五件（内画二件）为赠。为充一室不收酬谢。此去年四月在山梨县和田美术馆中所谈者。时杨振亚大使、章金树参赞、陈真教授在座。公元一九九一年九月克践前约，因志缘起，启功并书，时年七十有九。

9 月 22 日

再回百藏山出席和田美术馆成立 3 周年纪念仪式，我国驻日使馆杨振亚大使和文化参赞章金树出席祝贺。

先生当即作诗一首，书为条幅：

> 和田高馆四番游，美奂新增百宝楼。
> 前度繁花春上巳，今番佳景月中秋。
> 山迎裙屐融残雪，树拥轩车护碧油。
> 缟纻新开廿一纪，水天如镜海风柔。

先生的日本友人、书法家上条信山来参观先生的书法展，上条信山 83 岁，二人见面如故，在茶室交谈甚久。

9 月 24 日

上午九时，先生去我国驻日本大使馆回拜杨振亚大使。杨大使对先生说："日本朋友称赞'启功书法艺术馆'的成立，是中国和日本文化交流中的第一个书法艺术馆，对日中文化交流将产生深远影响。"

离开大使馆，前往神田街二玄社看书画，该社美术部部长高岛义彦、常务理事西岛慎一接待，给先生看了最新的几件印品。其中有台北故宫博物院藏的郭熙一幅山水《早春图》，是修版后重印的，比先前送给先生的一幅要精细。先生称赞他们的技术又有提高。

9 月 25 日

下午去"讲谈社"参观。该社是日本印中国书画最早的、最大的出版社，经先生介绍与人民美术出版社、故宫博物院、文物出版社都有协作出版的关系。

9 月 26 日

上午游浅草寺，下午在宿舍休息。先生讲了一些知名老先生晚年被后老伴或孩子们控制的故事。他说："老伴死后，不少人建议我再找一位老伴，我想还是不要自找麻烦。"

9 月 27 日

上午 9 时乘新干线离东京，下午 1 时抵大阪。

下午参观购物市场及商店。

9 月 28 日

参观大阪美术馆。美术馆副馆长野上史郎热情接待，打开库房看了馆藏的 5 件作品：（1）苏轼的《太白仙诗》；（2）宫素然的《明妃出塞图》；（3）《李成、王晓合作观碑图无上神品》；（4）燕文贵《溪风图》；（5）胡舜臣、蔡京合作山水。

先生说："苏轼《太白仙诗》，诗是苏东坡作的，但是伪托太白的诗，是苏东坡游戏之作，故意说李太白神仙来了。用蜡笺纸写的，印的和写的直感不同，这次看得很清楚。"

看燕文贵《溪风图》时，先生指出："宋画栏杆不出头，画得很忠实。"并看出了题款："待诏筠州筠县主簿燕文贵制。"并说这幅画曾在傅增湘手中收藏过。

看宋宫素然《明妃出塞图》时指出："镇阳即河北正定。有人去北方探密，要拿个东西回来证明他真的到了北方，就买镇阳人的画，到了宋与金人交界的地方，过关的时候，关卡在画上打个印，证明此人到了北方，看见了金人。这幅画就是宋派往金国的探子带回的画。"先生说："这幅画上的印的确是北宋时期的印，镇阳即是现在正定白洋淀一带。画盒上写锁阳是错的，因为纸笔的影响，镇字误为锁字。"经先生指出后，美术馆的主人十分感谢。

看宋胡舜臣、蔡京书画合璧时，指出题款人错把王晕写成了王叠，胡舜臣写错了，以后的人全抄错了。

看《李成、王晓合作观碑图无上神品》，先生说人物画得死猫瞪眼不是好画。

9 月 29 日

上午参观大阪市古书街，购书。

下午 3 时乘飞机离开大阪，下午 6 时返回学校。

同月

曾在中国历史博物馆参加涉案文物的鉴定。

10 月 2 日

为总参一位大夫出国作小画二幅，一幅墨竹，一幅朱竹。在墨竹上题诗一首：

可爱玲珑石，宜人窈窕竿。

晴窗朝日好，留影四时看。

一九九一深秋，生于壬子。

10 月 5 日

上午，先生参加荣宝斋举办的颜梅华画展开幕式。

10 月 7 日

副校长吴猛请先生看新落成的英东楼，并研究题字事。先生答应撰写《建英东楼缘起》及题"英东教育楼""英东学术会堂"。吴告诉先生调整先生的住房只有现在这个方案妥善（红六楼楼上一套居住，楼下的一套做工作室），定下来了。

10 月 8 日

上午再到英东楼看《缘起》刻石的位置，并量尺寸，以便书写。

下午出席并主持中央文史馆建馆 40 周年座谈会。座谈会在首都宾馆举行，应邀到会的有党和国家领导人及文学、史学、艺术界知名人士 200 余人。

10 月 12 日

上午在英东楼书写英东楼建设缘起碑文。海军郭晋仁来访。郭原是海军某部政委，善书法，与先生交往很久，去年已离休。先生说："不能慢待他，离休前和离休后总有不同，碑文暂时不写，接待他。"先生还说："人情世故总有恼人之处，郭的心情有些不好，离休后坐车、看病都有变化，今天就是坐公共汽车来找我给朋友求字的。"

先生应他要求写了几件条幅，又留他午餐后安排车送他回家，并亲自送他上了车。先生多次说过："我不巴结当官的，但是对离退休的绝不慢待，因为他已是一般平民了。"这正是先生品格可贵可敬之处。

10 月 14 日

先生给人人大酒楼题诗一首：

美酒如刀解断愁，前贤佳句妙无俦。

如今举世同欢喜，两盏三杯任劝酬。

又为吴作人题诗一首：

> 作家在家，有暇无暇。
>
> 一挥十载，饱学五车。
>
> 年登大耋，名满天涯。
>
> 吾乡之望，祖国之华。

又有商业部汪锡桂为江苏茶文化节求题：

> 中华特产，卢仝七碗。
>
> 赵州一句，大地醒眼。

汪锡桂带来上海制墨厂的新产品墨粉请先生试用，先生调后试写：

> 上海墨粉，功同墨沉。
>
> 不用研磨，颇合标准。

10 月 15 日

出席纪念辛亥革命 80 周年书画展开幕式，与董寿平、黎雄才等在笔会上作画、题诗。

同月

应中央顾问委员会文津书画研究会之邀，为该会会员、离休的老将军、老干部一百余人讲书法。

11 月 1 日

江西省文天祥纪念馆来人，携新发现文天祥后裔所藏有关文天祥文物请先生在中国历史博物馆（今国家博物馆）主持鉴定，其中文天祥手札墨迹最为珍贵，属国家一级文物。

11 月 4 日

先生为《师大周报》第 300 期题字：

> 师生喉舌有周报，刊三百期显光耀。

教学相长日日新，万里前程此大道。

11 月 9 日

孙玄常（山西运城师专教师）请先生题书法展标，并写贺诗一首：

孙玄常先生著作书画展
耆年饱学工文章，我服海宁孙玄常。
晴窗点染遣余兴，衡山抗手傲香光。

为遥青作对联一副：

得与天下同其乐；不可一日无此君。

11 月 16 日

赵翔在台湾印制的《论书绝句一百首》已印好，给先生送来一箱精装本供赠朋友。

11 月 21 日

致陈万雄函：中华书局拟出版《汉语现象论丛》，征询意见，请求谅解许可。

11 月 22 日

定下周三举行励耘奖学助学基金会成立大会，先生要亲自给几个单位送请柬，下午去九三学社、全国政协、广济寺佛协及单士元家。晚上起草讲话稿及励耘奖学基金发起缘起。

11 月 27 日

在英东教育楼举行励耘奖学助学基金会成立大会。先生声明，他只担任名誉理事，不参与实际管理。理事会的组成除学校有关领导和工作人员，还特聘请陈垣先生的老学生肖璋、周绍良、单士元、白寿彝、赵光贤、刘乃和、郭预衡担任理事。周绍良先生最先到达。先生亲自下楼迎接。黄胄 9 时到，随后单士元、白雪石也来到，赵朴初直接从医院来，校内赵光贤、肖璋、刘乃和、钟敬文、陶大镛诸先生也出席并有发言。国务院副秘书长徐志坚、统战部副部长刘延东、教委主任朱开轩也都相继到达。10 时半举行仪式。先生首先将《励耘奖学助学基金捐赠书》递交给校长方福康，共捐赠人民币 1631692 元。然后在会上讲了捐款设立奖学金的目的是为纪念恩师陈垣先生，所以用老师书斋"励耘"二字命名为"励耘奖学助学基金"。会上还通过了《励耘奖学助学基金章程》和《励耘奖学助学基金优秀青年教师奖、优秀学生奖和优秀学术著作奖暂行实施办法》，通过了基金理事会组成人员和评审委员会成员，决定自 1992 年起，每两年评选一次。赵朴老有诗赞颂：

> 输肝折齿励耕耘，此日逾知师道尊。
>
> 万翼垂天鸾凤起，千秋不倦诲人心。

周绍良先生也赠有诗：

> 犹忆昔日待师门，更喜今朝德泽新。
>
> 行看莘莘诸学子，励耘书屋有传人。

刘乃和先生书条幅祝贺：

> 当日师尊识俊英，今朝彩笔显奇能。
>
> 既精三绝诗书画，又学先师不辍耕。
>
> 建馆设堂非我愿，沾濡渥泽是吾心。
>
> 但求学子争向上，此意拳拳可铄金。

来宾讲话阐明意义表示祝贺，会议十分热烈。会后，先生便宴来宾。饭后来宾到先生家。先生很高兴，取出收藏的许多碑帖与大家一同欣赏。到下午 1 时半大家请先生休息才离开。经过 3 年多的辛劳，今日先生总算了却一桩报答恩师的心愿。

11 月 29 日

徐邦达先生准备去美国举办书法作品展，请先生题词。先生为他作诗一首：

> 法眼燃犀鉴定家，兴来挥笔现龙蛇。
>
> 眉山体势渔阳胆，添得维摩文室花。

周绍良来访，从书包里拿出一张一尺见方的宣纸请先生画两个橘子，并题"江南有丹橘"，说"去朝鲜参观金日成纪念馆，见有你画的丹竹，就想请你画丹橘"。先生风趣地回答说："那是海军李跃文政委访朝时让我给'金慈父'画的丹竹，今天

启功先生为励耘奖获得者授奖

前排右一为袁贵仁，前排右二为董奇

'周慈父'为什么只要橘子?"周先生说:"没有别的意思,因为橘子好画,四笔一勾再画上个把儿即是,你最省事。"

先生又对周老说:"三叔的大作,我天天读到两点,许多问题解决了。'天地交欢,阴阳大乐'是公开在寺庙里唱的,不是偷偷摸摸的。"周老说:"是佛事活动。还有宝眷,是从妓院里找来的。"先生又说:"不看《大品经》,只看《金刚经》莫名其妙。"

二老又谈到赵朴老的身体,先生说:"有次我带笔、纸去见朴老,到他家门口,忽然打喷嚏,不敢再去见他,在门口打电话叫他的秘书下来,写了个小条说明情况,就不上去了。他身体弱,耳又聋,有时猜人讲话。写字仍好,有基本功,脑子也还好。"先生一边聊天一边动笔画橘子,很快画好!时近中午周先生拿着丹橘,再次感谢,高兴地离去。

12月1日

萧乾来函:"今晨从英文《中国日报》上拜悉您捐巨款支援教育的壮举,无任钦佩您的高风亮节。特将该报送上一阅。"

有马宝山的女儿来请先生为马宝山题4个书签:华笺、华笺公司、马宝山画集、东方收藏家。

先生说:马宝山原是琉璃厂卖字画的商人,由于经常接触字画,练就了一手作画的功夫,画得很好。

12月9日

今日中国书法家协会召开领导层会议,决定请先生任名誉主席,先生推邵宇任主席。

12月10日

钱学森八十寿辰,学校拟送礼。先生赶画一幅朱松,上题:

> 如日之升,如月之恒,如南山之不老,如松柏之常青。
>
> 　　　　　　　　　　学森同志老先生八秩大庆,北京师范大学敬颂。

12月14日

中国书法家协会召开第三届代表大会,先生出席致开幕词,会上选先生为名誉主席,邵宇为主席。

12月21日

先生得知王大山和王桂鸿今天自香港返京,决定要亲自去机场迎接,以表对王大山在香港帮助义卖展的感谢。下午 3 点到机场，因飞机晚点，等到 4 点半才接到。又在大三元酒家用餐，晚 7 点半才回到师大。

12 月 31 日

为友人洪钧陶的职称评定问题，致函陈叔亮，请赐评语。

是年

北京市第四十一中学举行建校 70 周年活动，先生作诗祝贺：

> 教育大业，首及齐民。缔造所自，先师励耘。
>
> 树人伟业，垂七十春。培国之栋，作席上珍。

北京四十一中原为陈垣先生创办的平民中学，一贯从严治校，逐渐形成诚毅、勤模的校风。先生题诗的字里行间，流露出对恩师的敬仰及对后辈的殷切希望。

同年冬

致在挪威攻读语言学的内侄孙女王悦函："今天通电话，你问我的问题，我太高兴了，因为你已'进入角色'，对古典文学迈了第一步，这便是可喜的一件事。第一步，趁热打铁。立刻给你写信。"这封 1600 多字的长信，用他发明的截竹竿法，简明地讲解了诗词格律问题。他说："我这个发明（即截竹竿法）已成为这个问题的公认的最根本的公式，再简单不过了，也算找到了诗调的根本来源。"随信附寄了一本他著的《诗文声律论稿》，并说："我可以自豪地说，现在讲诗词格律的书很多，谁也没有这本的概括性强，你一时不懂不要紧，留着有用。"

同年夏天

为钟志森作设色竹石花卉手卷，此卷尺寸 24 厘米×476 厘米，有题记：温故知新。

同年发表的主要著作有：

《坚净居随笔·自讼二则、知了义斋》发表于《学林漫录》第 13 集，中华书局 1991 年出版。

《比喻与用典》发表于《中华书局八十周年纪念专刊》（1991 年）。

《说八股》发表于《北京师范大学学报》1991 年第 3 期。

《〈禅外说禅〉读后记》发表于张中行著、黑龙江人民出版社 1991 年出版的《禅外说禅》。

《汉语现象论丛》由香港商务印书馆出版。

1992 年（壬申）80 岁

1 月 3 日

先生暂住管理学院，给王大山写几个画签：《溪山卧游图》《吴山泛舟图》《徵心堂读画图》《高山云霭图》《卧游图》。

又给赵翔之友开的台湾馥园餐厅写条幅（此诗原为给钓鱼台国宾馆题董寿平画松四首中之二首）：

> 鳞皮磊落禁风雨，坐阅桑田几度新。
>
> 今日高堂扪素壁，分明长寿出天真。
>
> 华构雄都竞入云，名园一角静尘氛。
>
> 金元代代无穷事，且听乔松论与君。

1 月 5 日

北京师范大学聘台湾学者汪中为客座教授。汪中在贵宾楼请客，先生应邀出席作陪，并介绍王大山、雷振方陪同汪中去故宫博物院看了《苕溪诗》《张好好诗》。

王大山讲收购《苕溪诗》的经过：

> 新中国成立初，东北工学院（今东北大学）职工于某，带来家藏的字画一大包到荣宝斋卖，其中有《苕溪诗》。当时见到此物很惊奇，问于怎么没有去东北博物馆。于答他们没有那么多钱。当时怕买惊了，就很平淡地问他要多少钱？于提出要 1500 元。不敢按他提出的价收购，怕他不卖了。就对他说：你先去吃饭，我们也考虑考虑。吃饭回来后，说给 1400 元，最后成交。报告故宫博物院的吴院长，吴说："见到此物，此生足矣！"后来就调拨给故宫博物院，故宫博物院也没给荣宝斋付款。

1 月 6 日

上午，先生为研究八股文，去琉璃厂海王村购线装书五种：《制艺灵枢》《文坛博钞》《名家制艺》《关中书院课士诗》《关中诗赋合刻》，共 260 元。先生说：这都是为学校图书馆暂存的。

1 月 7 日

上午为给先生装修的工作室配家具，征求先生意见，先生看了学校设计图后坚持说："家具以旧的为主，以实用、坚固为好，原来的书架，全部从楼上搬下来，不要做书柜，不要那么多零碎，越简单越好，如果按这张图纸，不解决我的问题，还得找学校要房。要弄成小庙我就不下去了。"

中午，先生和徐邦达共同为雷振方赴港任职、庞书田去新西兰饯行。徐夫人、杨臣彬、杨新、王连起、王卫同在。

下午，为日本学者水上静夫著《甲骨金文辞典》作序。

1 月 9 日

应广东省政协主席吴南生的邀请去广州参加笔会，同去的有刘炳森。20 日自广州归。

1 月 20 日

李鹏总理在人民大会堂河北厅接见国务院参事及文史馆员，先生出席。会后看东方歌舞团演出。

1 月 24 日

荣宝斋米景扬、雷振方来请先生为两个手卷题字。其中西泠印社的一卷是第二次来题。卷首题"西泠鸿雪"，今又即兴作诗一首：

鸿爪当年到处留，西泠旧梦几经秋。

阄簪每忆拈毫乐，一卷琳琅纪胜游。

昔在西泠偶拾素纸僭题引首，岁月不居宝绘遂盈一卷，重观欣得眼福，再玷纸尾。启功。

1 月 25 日

中央统战部和国务院办公厅举行参事、馆员春节招待会，先生代表参事和馆员讲话。

1 月 29 日

先生的工作室装修完工，下午柳斌代表国家教委来给先生拜年，正好启用了楼下工作室。

1 月 31 日

苏士澍和佟韦来给先生拜年，苏谈了谈请先生赴日出席牛头明王开光典礼安排，佟说了请先生讲书法之事。

2月3日

上午，出席全国政协书画室举办的迎春联谊茶话会。

下午周绍良先生来贺节并请先生给北京十四中学写校牌。带来台湾的"腊八豆"，对先生说："多年不做，也没有吃过了。今有台湾的朋友带来两瓶，咱们分而食之。"随后，伍连连一家来聊天。

2月4日

先生谈教育问题，谈到清代教育的失败，八旗子弟只能吃老本，什么也不懂，什么也不会，清代不是亡在洪秀全、孙中山，而是亡在自己。

2月8日

赵翔来请先生写《心经》，他说是为母亲百岁诞辰还愿，先生答应给他写。他又提出请先生作画，他去台湾出版；先生说现在身体不太好，没有答应。

2月11日

郭晋仁因心脏病发于除夕去世，上午先生去郭家慰问家属。

王大山病了，下午又到王大山家看望。先生说："王大山是我的恩人，我为了纪念恩师去香港办义卖展，他帮了大忙，我一辈子都感激王大山。"

2月17日

杭州文化局来人，请先生为张苍水祠写匾，先生题：

> 张公苍水专祠忠烈千秋。

先生又为山东邢侗纪念馆写匾。

傅熹年先生来谈翁万戈邀请先生赴美国纳尔逊博物馆，出席关于董其昌的学术讨论会。翁万戈与先生是世交，先生的曾祖父是翁万戈高祖父的门生，时任江苏学政。翁万戈是翁同龢的第五代孙。美方邀请启功先生的还有曾佑和、梁静莲、梁静荷、谭克润、吴桐夫人金樱（吴桐是溥心畬的学生）。

与傅先生谈及历史学家张政烺。先生说：

> 张政烺很有个性，新中国成立初讲历史分期问题，不同意郭沫若的观点，说："他们那么讲，兄弟认为南北朝。"后来就不让张上讲台了。别人说："张先生，我们帮助帮助你吧！"他拱拱手说："兄弟万事不求人。"

2 月 18 日

为吴镜汀先生的画稿《江山胜揽图卷》写跋。此手卷上已有潘絜兹的长跋，潘也是吴老先生的学生。

先生跋曰：

> 长卷江山胜揽图，层崖险峻树扶疏。
>
> 门生白首瞻遗墨，掩泪难为跋尾书。
>
> 一九九二年新春受业启功敬题，时年八十。

2 月 19 日

王海容来看先生，谈中央文史馆拟去澳门举办书画展，要求文史馆员中的书画家出作品，每人 12 件。先生已完成 6 件。

2 月 20 日

致美国纳尔逊博物馆何惠征函：

> 承邀参加董其昌研讨会，遵命出席，准备论文一篇（《从戏鸿堂帖看董其昌对书法的鉴定》），已寄翁万戈先生，求为请人翻译。……功已与北京故宫一组相约同行。

2 月 29 日至 3 月 6 日

先生赴桂林，应邀出席高校出版协会在桂林举行的向少数民族地区赠书活动。

3 月 2 日

上午先生出席全国大学出版社首次向广西壮族自治区赠书仪式，并发表讲话。他指出："出版教学应用的各门书籍，是学术这架机器的燃烧原料，是师生的精神食粮，出版者应当精心制作。"讲话末尾他吟诵了自作诗句："出版尽香花，没有一根毒草，真好！真好！伟大中华之宝。"对出版工作者寄予厚望。

下午，先生与桂林市政府和教委领导一起去桂林市民族师范学校和回民小学赠书。民族师范学校建于 1932 年，是具有悠久历史和优良传统的师范学校，共有 10 个少数民族的在校学生。在赠书仪式上他颂扬了党的民族政策和民族大团结的可喜形势，又以亲身体会，给未来的教师们谈了教育工作的重要和教育工作者本身的光荣职责，勉励民族师范学校的师生要奋发向上，为发展边疆少数民族文化教育事业作出贡献。最后应该校校长的要求为该校题写了三句话："做民族学生的父母，做民族学生的学生，做民族学生的老师。"在回民小学赠书后，为回民小学题写"知识就是力量"，与孩子们合影，把孩子们献给他的鲜花分成许多小束，一一分送给小学生们。

3月3日

先生由桂林市的同志陪同游漓江。这天天阴，时有细雨飘落。船行江上，他冒着小雨登上船的顶舱，高兴地与大家合影，包括素不相识的游客，只要有要求他从不拒绝。和蔼可亲的长者之风，开朗豁达的笑声，使同船的游人倍感亲切。

先生还参观了桂林市区的风景名胜象鼻山、独秀峰、伏波山、穿山、叠翠山，并在象鼻山前留影，桂林的山水风景给先生留下了美好印象。

3月4日至6日

上午参观了广西师范大学出版社。下午应桂林博物馆罗标元馆长的邀请鉴定该馆的文物字画，共过目明清时期的山水条屏、对联、扇面等50多件。他肯定了其中王国维、江家声的真迹，对署有郑板桥款的条幅赝品也作了鉴别。

先生这次在桂林住松园宾馆，特为松园和桂林博物馆作诗留念：

其一

平生奇绝属兹游，水带山簪太古留。

间气所钟名迹富，人文桂海冠南陬。

一九九二年三月四日奉题桂林博物馆。

其二

八桂七星岩，松园旅客瞻。

漓江涵万象，独秀冠群山。

驿路望秦北，文风兴岭南。

我来三宿后，诗稿压行担。

松园度假村补壁。

5日下午，先生重返民族师范学校和师生座谈，他谈了少数民族受苦受难的历史情况，以及各民族为中华民族大家庭的发展所作的卓越贡献。同时还指出了孙中山、章太炎某些错误的民族问题的观点，被日本侵略者借为口实的情况，表明了他维护民族团结的鲜明立场和观点。

晚上，在松园写字"还债"，先后书写了"桂林市美术馆""广西师范大学出版社"仙鹤碑林""穿山公园"等牌匾，又为友人题写书签"桂林文物古迹""桂林博物馆藏文物精华"，最后为友人留下条幅20余幅，并特意为几天陪同的两位司机各写条幅一件以表谢意。

6日上午接待了桂林电视台记者的采访，下午离开桂林返京。

3月9日

孔繁章代桂林向先生征集楹联，先生写下两联草稿：

烈士墓

取义舍生永垂青史；

经天纬地无愧红星。

古南门

青绿裹山州，造化染成天上色；

方舆标代谢，行人指点宋遗门。

先生写后又在草稿上批注："此二联乃北京孔繁章先生嘱撰，当时面嘱，只拟联文勿书成联，由桂林书家书写，因此不敢违约。"又嘱："不用可以但不能改动。"

3月12日

致翁万戈函，关于美国纳尔逊博物馆邀请之事：

最近复得示回程机票，其中部分尚须向外募集，其艰难可感之处，在萍水之交如功，五内真有不敷铭刻者。敝校已就贱体病况电传于主人……再三筹思，只有先请我公透其最坏之可能。

3月18日

易县砚厂来人带来一方刻有龙马图案的巨砚照片，请先生题字。

先生说："易县出石砚，刻有龙、凤、龟、马等动物，虽然好看但不实用，很难清洗。石头不错，但较软，用时间长了后，就有一个坑。"

先生为石砚题：

八骏百龙砚石之雄，文房巨宝艺苑奇工。

3月20日

先生近来便秘，服泻药又腹泻。今日再去看郭晋仁家属，曾失声痛哭。老朋友去世，老人心情不好，但他又不愿对人讲。

3月21日

先生腹泻，一天3次。

王大山来与先生聊天，谈到不愿领100元画师津贴。先生说："一级画师特殊津贴100元不肯要不合适，如果是1000元、10000元那可以不要，正因为100元拿不出手，你不能不要，否则别人会说你嫌少。"最后说服了王大山。

先生说，在小乘巷住时，有一只鹦鹉因为腿伤了，落在院里的树枝上。先生把它救下来，给它包扎了腿，就留在居室里。吃饭时鹦鹉竟把嘴伸到先生的碗里去吃。那时，王悦还小，常到南屋里来玩。先生说：当时有两个小动物陪伴他，一个是小悦，一个就是鹦鹉。后来鹦鹉的腿好了，冬天生火时装烟筒的洞打开了，它就从烟筒的洞里飞走了，小悦也长大了！

3月24日

谭克润、王世襄、柴剑虹来看先生。

3月25日

胡敏来说先生去香港和美国签证已到。但眼下先生因病不能前往。谭克润拟明年再邀先生访美。

3月27日

先生病情加重，一日如厕四五次。王大山上午来看先生。下午王孝曾大夫给先生看病，打针。先生不愿住院，也不愿打点滴。

3月28日

先生病情仍无大好转，一夜间如厕5次。上午仍坚持服药。

3月30日

今日先生病况转好，思饭，但精神仍不大好。

3月31日

先生病情今日更好，精神也好。孔繁章来看先生，并要求和先生照相，先生同意拍照。

同月

友人携张大千临敦煌经卷附十殿阎王礼佛图请先生鉴定。先生观后作跋："……以绘画功夫而论，此卷底本并不优于今贤临本也。"并于跋尾赋诗一首：

大愿慈悲地藏王，狱空不惜以身偿。

阎罗律例谁曾读，难与人间较短长。

4月5日

今日有某省的一位省长要见先生。先生不认识，没有答应。该省长的秘书说："我们省长不轻易见人。"先生即回答说："我也不轻易会见别人！"

致北师大出版社社长王德胜等函：关于医疗类图书与文学类图书有不同处，翻译的著作，更须认真校对，应由作者译者过目后付印免生医疗事故。

4月7日

北师大出版社王德胜等看望先生，建议出版先生诗、文、书、画4种著作，先生讲了几条意见：

最近出了《说八股》。毛主席"反对党八股"，这几个字我的文章里没有引，免得别人误会，认为借古讽今。按说引是没有什么问题的，我的文章里有这八股，那八股，就是没有党八股。

诗已出了"韵语"，现在又在写"絮语"；书法也已出了一本，而画很少，不够一本，至少要有六十幅，早年的如果能找到，那些作品也不能满意。文章现在已经打散了，还需要整理。考订文物的有几篇，我认为能够站得住脚的也很少。

先生建议出版"师大学术丛书"，他说赵光贤教授的《古史考辨》真好，"是冰糖块"。先生说："老校长（陈垣）曾讲过：'做文章要像熬成硬块的冰糖，冰糖可以化成一大锅糖水。'"先生还举出曹述敬先生著的《钱玄同年谱》《音韵学辞典》都很有特色。先生又提出"师大学术丛书"可以是个人的如白寿彝、刘乃和，也可以是专题的，规格可以一致。谈到这里先生很激动，生气地说：

社会上有些人看不起北师大。黎锦熙发明了注音字母，是个重要贡献，而社会上凡谈汉语的文章，没有人提到黎锦熙，只说据教育部颁布的注音字母如何如何，不提发明人就不公平。社会上还有人说，师大是琉璃窑，烧不出瓷器，只能烧琉璃瓦。有人还公然在一次会上说："你们师大把书教好就行啦，还搞什么科研"，这叫什么话？所以要好好宣传师大。宣传师大的学术成就。我的东西只是师大学术成就中的插图，书画只能是插图。

关于出版陈垣老校长的遗著。先生说：

老校长对出版很慎重，要出自己满意的，内容形式都考虑。如他早期对宗教的研究，曾想出版《宗教四考》，但考虑到前后四篇考证文章写作的风格不统一，就作罢了。老校长有读书笔记，陈智超已经出版了。要想出全集，不统一也就没有什么关系了。老校长是信奉基督教的，所以祀孔他不去，在他的笔记中就有记载。有些文章刘乃和先生没有注意到，但陈智超整理出版了，就很好。有些发言、讲话一类的文章，是刘先生代笔的，他念起来不顺口，因为不是他自己写的，出版要慎重。

先生又说：

我的东西不能成冰糖块，而是乒乓球，一压就下去，比鸡蛋有弹性，但一定要让它像乒乓球一样光洁，不让它出问题，一篇出问题就会影响全局，出了问题就是毒草，不要出毒草。

4 月 9 日

先生检查身体，查肠无肿块，诊断腹泻为受冷所致。

4 月 11 日

先生今日病情好转，前天晚上是症状高峰。在写一篇小文时，一句话尚未写完，即想如厕，心想少等却来不及了，未到厕所即便在裤子里，又换了裤子自己洗过。次日郑喆再洗，黄色洗不掉了，原来是黄连素的颜色。自那以后居然好转。

今日上午出席了日本二玄社在故宫博物院办的书画展剪彩仪式。本来，章景怀等一再动员不要去。但先生很重情，坚持去参加并讲话，站了 30 多分钟没什么问题。回家后有饥饿感，吃了一些东西。

4 月 12 日

杨仁恺来拜访先生，带张大千的画请先生题跋。

4 月 16 日

先生讲了两个故事：

一、小时候随曾祖父及三曾祖去颐和园，曾祖去办事，轿夫就在街上下棋。一老者把老将钉死在棋盘上，以示无人可以胜他。一天有一位高手来一将，他没有退路了，心脏病急性发作死在当场。先生说他对这件事的记忆非常深刻，人不可把退路堵死。

二、一年去济南开会后，顺便去灵岩寺，看见刘海粟为济南灵岩寺明朝塑的佛像写有四句诗：

> 灵岩明塑，天下第一。
> 有血有肉，活灵活现。

先生在每句后面各加一字：

> 灵岩明塑馆，天下第一展。
> 有血有肉身，活灵活现眼。

4月18日

今天刘乃和先生来聊天，谈了3小时，很安静，没人干扰。他们回忆了很多往事。先生感慨地说：熟朋友能在一起聊天的人越来越少了。之前张中行也觉得能一起谈天的人越来越少了。先生为乃和先生写了一个福字，祝她安康。

4月24日至27日

分别致张政烺、金克木、金宏达函：约请3位先生评审博士生吴龙辉毕业论文，并出席答辩会。嘱吴龙辉亲自将论文和信送去。

4月28日

柴剑虹带香港中华书局的一位客人来看先生，并带来20世纪70年代先生给《光明日报》总编张先畴的一封信的复印稿，是先生6首诗稿，以备补入"韵语集"者。

下午王楚光、邵宇先后来看先生。

4月29日

文史馆吴空来看先生，并交谈吟诵古诗问题。先生说：

> 怎样吟诵古诗，艺术研究院有录音带，是60年代在政协礼堂举办过的吟诵古诗活动，当时有陈毅在场，王力、陆宗达、夏承焘、李淑一也都随个人的习惯当场吟唱。

4月30日

到赵光贤先生家，请赵先生主持博士生吴龙辉的毕业论文答辩会。

陈荣琚来，拟请先生任某书法杂志的顾问。先生说："我刚刚辞去一个顾问！"没有答应。

晚 7 时开始写字。为早稻田大学写迎春旧作横幅一件：

> 无限崎岖岁月过，偶逢晴暖幸婆娑。
>
> 停来跋履登山屐，振起灰心对酒歌。
>
> 大地回环新蚁聚，重洋浩渺旧鲸波。
>
> 老夫头白如春雪，但望丰年万事和。
>
> 迎春旧作壬申夏日，早稻田大学惠存。

又为中国历史博物馆 80 周年作贺词：

> 历史不能割断，今古年经亿万。
>
> 文化五千春，处处繁荣灿烂。
>
> 多看，多看，民族光辉无限。
>
> 北黑东青西白，三帝俱成陈迹。
>
> 代表数炎黄，曾以中原为宅。
>
> 改革，改革，子子孙孙有责。
>
> 中国历史博物馆八十周年纪念，启功敬颂。

再为共青团建团 70 周年纪念题词，选用撒金纸，用规范字书写：

> 中国青年，所向无前。
>
> 创伟大业，接革命班。
>
> 组织建设，周七十年。
>
> 人民之望，敬献嘉言。

李强求为知识出版社写社标，写了繁简两种格式。

又为毛主席纪念堂题写书签，直至晚 10 时 30 分。

5 月 4 日

先生赴香港参观并应邀到城市大学讲学。

下午，先生在章景怀陪同下到达香港，王大山等人在机场迎接。

5月5日

上午先生到香港大会堂参观荣宝斋（香港）拍卖展览。

5月6日

早，香港联合出版集团总裁李祖泽邀请先生、章景怀到大屿山宝莲寺瞻仰大佛，王大山、雷振方等人同行。先生一行乘船到大屿山，宝莲寺来车接上山顶，新建的巨大铜坐佛，名天坛大佛，此时尚未全部竣工，先生由宝莲寺愿炯法师陪同步行到大佛前，伏地三拜，礼毕绕大佛莲花宝座一周，后到寺中用斋，斋后在接待室当场书写横幅：

造像度众生，奇功世无比。福聚海无量，是故应顶礼。

公元一九九二年五月启功敬颂。

先生将此幅留赠宝莲寺，后下山乘船返港岛。

5月11日

上午先生在酒店，王大山朋友拿来金农、郑板桥、铁保等9件书画请先生鉴题，先生据实而题。

5月12日、13日

先生应邀去香港城市大学讲课。先生又为港岛黄贵权医生藏朱屺瞻、溥心畬二山水卷题跋。

5月16日

上午王大山陪同先生、章景怀自香港乘机返京。

5月18日

赵朴初来函，并附中央文献研究室公文一页称："中央文献出版社编辑出版《当代著名书法家手书毛泽东诗词》，为纪念毛主席诞辰一百周年之一项有意义的盛事，务企惠予协助。"接信后，先生尊朴老之嘱写了一首《十六字令·山》，寄出。

5月21日

今日北师大出版社文房四宝斋成立，先生出席剪彩，并与白雪石、韩美林、周怀民、计燕荪诸先生挥笔作书画。

5月25日

为吴龙辉毕业论文答辩事，先生亲自到聂石樵先生家，研究答辩会的安排。

5 月 26 日

上午出席中国人民银行总行"银花书法协会"成立大会暨职工书法展开幕式。先生讲怎样学书法一个多小时，并为该书协题词：

> 文化中华盖代雄，民生国计在金融。
>
> 从今笔墨讴歌处，火树银花一样红。

5 月 27 日

上午应邀在北师大图书馆参加专家咨询讲座，与读者座谈，解答疑难，并为图书馆题词：

> 人间福地有娜嬛，坐拥图书即是仙。
>
> 不独其编千万卷，更珍席上聚群贤。
>
> 北京师范大学图书馆藏书丰富，不让首都诸学府，更常举办学术咨询讲座，阖校学风为之一振焉。

6 月 3 日

为祝贺四川省文史馆成立 40 周年，先生题词：

> 蜀中文教首文翁，文史探研有继踪。
>
> 四十周星逢馆庆，笔收墨获乐年丰。

6 月 8 日

上午，先生的博士生吴龙辉毕业论文答辩会在主楼 321 室举行。先生请了张政烺、金克木、金宏达、赵光贤、聂石樵诸先生组成答辩委员会。赵光贤任主席。各位先生对吴的评判甚佳。

6 月 18 日

研究生院请先生写字，引起一段故事：

先生曾请校外专家给研究生讲课，研究生院个别干部不愿付讲课费，还说："我们让他带研究生，他又到外边请人讲课，还要他带干什么？"先生听后很生气，所以吴龙辉的答辩会请专家吃饭也没告诉系里，先生自己掏钱。今天研究生院要请先生写字，先生说："要让研究生院交钱，加倍地收钱!"（这是气话）真生气了。后来又说："不让请外边人来讲课，是否怕他们来了胡说?""我也不必抓住这件小事不放，研究生院要写字还给他们写，让交钱只是笑谈。"

6 月 19 日

先生致台北故宫博物院院长秦孝仪函：

> 张（大千）溥（心畬）二公艺术研讨会猥承惠邀，至深荣幸! 会期已近，得知功之家属不获批准入境。功近年多病，跋涉多艰，一人不克成行，甚辜宠召，实不得已，所幸拙作论文早经寄呈，咎责或邀末减。谨肃寸笺，以申谢悃!

6 月 28 日

先生任北京师范大学校友会会长。

7 月 1 日

出席中央文史馆馆长办公会，议定继续抓紧抓好文史笔记的编辑出版工作。

7 月 3 日

先生发一稿给香港许礼平，题为《亘古无双至宝是宝——记刘钧量先生珍藏的恽王合璧画册》。先生附言："写了一篇谈刘先生藏画的拙文，请指正。"

7 月 12 日

今日是阴历六月十三日，是先生阴历的生日。陶大镛、钟敬文二先生来祝贺生日。陶先生送来新出版的《群言》杂志。

7 月 13 日

国防大学金大夫来为先生贴膏药（民间有偏方，三伏贴膏药可治气管炎）。

7 月 17 日

苏士澍、柴剑虹来看先生，送来新出版的《文史知识》，刊有祝先生寿诞的文章及诗词。

7 月 23 日

医生又来为先生贴膏药治病，因皮肤有破处，未再治疗。

7 月 24 日

中共中央统战部和中央文史馆在统战部礼堂设宴祝先生八十寿辰。中央统战部副部长蒋民宽、刘延东、徐志坚、常捷、王海容、萧乾等出席。先生谦然答谢。

7 月 26 日

为祝贺先生八十寿辰执教六十周年暨北京师范大学建校九十周年，"启功书画展"在政协礼堂隆重开幕。李瑞环、谷牧、钱正英、赵朴初、蒋民宽剪彩，方毅、周培源、霍英东、常书鸿、董寿平、白雪石、张仃、徐邦达、黄胄、尹瘦石、何海霞、王遐举、吴冠中、许麟庐、卢光照、韩美林及各界二百余人出席。此展览由全国政协、中央文史研究馆、荣宝斋和北京师范大学联合主办。

钟敬文先生作诗，祝先生八十诞辰：

> 合从释氏说因缘，卅载京门讲席连。
> 一夕雷霆同劫难，三冬文史各根源。
> 小诗共喜吟红叶，芜语常劳费玉笺。
> 闻道大椿八千岁，吾侪今日只雏年。

先生即次钟韵奉和一首：

> 文字平生信凤缘，毫锥旧业每留连。
> 荣枯弹指何关意，寒燠因时罔溯源。
> 揽胜尚矜堪撰杖，同心可喜入吟笺。
> 樽前莫话明朝事，雨顺风调大有年。

7 月 27 日至 29 日

连日来参观"启功书画展"的观众络绎不绝，每日有四五百人。天津艺术馆要求该展览赴天津展出。日本友人大野宜白自日本专程来参观，先生接待了大野。大野再次邀请先生去日本访问，并出席牛头明王开光大典。先生说：

> 大威德在中国有双身像，对面结合，有妃子名明妃。日本的密宗，是唐时从中国传去的。牛头明王是保护神。中国汉代在坟的四角有像，是护法的意思。古代的风俗很厉害，如避火图家家都有。据说有了避火图失火时火就不会烧过来。佛教是从印度传入中国的，中国有三教：孔子、释家、老子。过去宫中每遇重大典礼，要请三教的人说法。

谈到书画展，先生说，本来此展是为师大 90 年校庆举办的，学校倒过来给我过生日，大家都来祝寿，真不敢当。

启功先生八十华诞，于全国政协礼堂举办书画展览

同月

为王德胜藏王遴曾用砚作铭：

　　明贤遗砚，手泽长新。

　　明霸州王遴，曾以劾魏珰获罪。魏败，累晋兵、工、户尚，世仰遗直。其曾用之砚，铁锅廿八在焉。朴野可敬，其后人球图宝之，宜也。

　　　　　　　　　　　　　　　　　　　　　　一九九二年夏日，启功谨志。

8月2日至5日

"启功书画展"移往历史博物馆展出，先生出席开幕式。

8月初

任继愈来函：

　　为了庆祝北京图书馆建馆80周年暨新馆开馆3周年，并纪念《中华人民共和国学位条例》实施10周年，广泛宣传我国博士学位论文研究状况与成果，恳请为本馆题词，为《中国博士学位论文提要》一书题写书名。

8月11日

先生与刘乃和出席北京图书馆建馆80周年纪念会，会上手书自作诗一首祝贺：

　　国子监，文津街，近逢新厦庆新成。寒暑七十番，我幸三登天禄。

　　刘中垒，纪春帆，今有今贤领今彦。琳琅千万卷，各标一代名山。

　　功年十一，寄寓南学之右，得瞻京师图书馆，后称北京图书馆，今值馆庆八十周年，撰此为颂，启功并书。时年初周八十。

又为《中国博士学位论文提要》题签：

　　　　　　　　　　　　　中国博士学位十年。

题词：

文化欣欣向荣，更喜学术争鸣。

枵腹勉题赞颂，惭为博士先生。

8 月 19 日

"启功书画展"复在天津美术馆举行。上午先生出席开幕式。天津市市长剪彩，天津市政协、文史馆负责人及书画家慕凌飞、溥佐等 200 余人出席。下午《天津日报》及天津电视台记者采访座谈。晚 8 时出发返京，一路顺利，10 时到家。

8 月 21 日

先生在管理学院为文史馆写字，下午 3 点多突然发病，头晕，呕吐，两眼视角不吻合。景怀送饭时才发现，危险至极。请王大夫看，疑为吃东西不合适，吃药休息。次日住进北医三院，开始用流食，至 27 日逐渐好转。

9 月 10 日

今日教师节。上午在学校英东楼举行座谈会，江泽民、李铁映、李锡铭等党和国家领导人来参加教师节座谈会。钟敬文、启功、肖璋、赵光贤、何兹全、陶大镛、黄祖洽等老教师及师生代表 100 余人出席。

9 月 11 日

九三学社为先生和金克木先生举行祝寿活动。

9 月 20 日

王大安来函：

元师来台事已近有成，望早做准备，来时应多带几件书画作品，如感携带不便，生可先托人带来，俾减行程累赘。又生有老友王蔼云先生雅好书画，为台湾大收藏家，鉴力极强，藏元明清各家珍品数百十种，以生之眼力视之，都为真品，实为难得，顷蔼云将于本年十月八日飞北京，蔼云现年八十有五，四体康健，文慕吾师，祈吾师能于十月八日至十日之间约蔼云一晤面时间，不胆企得。

9 月 25 日

先生捐款设立的励耘奖学助学基金会在英东学术会堂举行首次颁奖仪式。董奇、刘永平、韩震等 17 位在教学、科研方面作出突出成绩的青年教师获"优秀青年教师奖"；袁贵仁等 4 位教师的专著获"优秀著作奖"；白明、沈雪松等 32 名品学兼优的博士生、硕士生和本科生获"优秀学生奖"。先生和方福康校长、周之良书记为获奖人员颁发获奖证书和奖金（共发出 3 万元）。先生在讲话中勉励大家"百尺竿头更进一步，使自己成为祖国建设和发展的栋梁之材"。

同月

北京故宫博物院收藏明清绘画在韩国湖岩美术馆展出，先生出席并题诗为颂：

中华艺术久辉煌，宝笈奇珍有旧藏。

不独明清臻上乘，绘林东国共堂堂。

10月1日

重阳初过，先生手书《启功絮语》已完毕，请荣宝斋刘师傅托裱后影印出版。

10月4日至6日

为庆祝建校90周年，学校决定将档案馆藏先生的书画作品在主楼大厅展出3天，组织各系师生分批参观。先生坚持这次展览定名为"师友书画展"。除先生的作品外，还征集了100多件校友和在校师生的作品一同展出。先生亲自出席了开幕式。

10月19日

庞书田来请先生写"逸佛草堂"，并带来大痴山水一幅。先生观后题诗一首：

墨妙耕烟迹最多，元贤矩矱始沤波。

富春胜境今无恙，巨卷长留更不磨。

松雪斋中小学生，大痴翰墨此传灯。

千年复见耕烟叟，草木云山万古青。

沤波行书千文有大痴题尾，云当年亲见公挥洒，松雪斋中小学生。

壬申秋日坚净翁启功。

10月24日

下午，香港许礼平陪刘作筹到访。

10月28日

致日本二玄社高岛义彦函，询问岩本昭典的称谓等事。

是年秋

获观《吴湖帆画册》并作跋，称"湖帆先生画清秀天成，为三百年来吴门六法嫡嗣，其拟大痴，尤见千春衣钵"。又获观《陆俨少梅声轩图》，称为俨翁得意之笔，赋诗二首称颂：

寒灯如豆夜何其，况值阴霾宿雨时。

大地商声听不得，自嘲一叟署骷髅。

黑云如墨满江湖，江草江花望已无。

余悸山翁唯寂坐，画成块垒放怀书。

11月6日

杨仁恺来看先生，并携王季迁山水手卷请题。前已有冯其庸、王世襄二位题诗，先生次冯、王二位韵为王季迁手卷题诗二首：

烟云隔海照金台，一卷奇山入座来。

顿使李成难措手，砚池余沉化崔嵬。

不待刘醇作画评，山川元气暗流行。

辋川去后丹青换，风雨如磐别样情。

壬申秋次冯王二公韵题，启功。

附：冯其庸先生诗：

廿年不到黄金台，故国山河入梦来。

夜雨巴山今隔海，为君前烛画崔嵬。

仁恺先生以季迁先生山水墨妙令题，率成一绝呈教。

壬申钟秋宽堂冯其庸拜题。

王世襄先生诗：

赏析华亭共品评，又挥妙笔送军行。

山如屈铁天无际，写出知交一片情。

仁恺道兄以季迁先生山水卷命题，率成小诗呈教。

壬申秋日畅安王世襄。

11月9日至21日

应大野亮雄（大野宜白之父）之邀请，去日本参加埼玉县饭能市竹寺的牛头明王瑞相开光大典。随去的有章景怀、苏士澍、侯刚、胡云复。9 日晚抵饭能市。次日上午在竹寺参观。竹寺住持大野亮雄举行佛事，为客人求符以保平安。11 日上午举行牛头明王瑞相开光式典，晚上在饭能市举行宴会。12 日回到竹寺，与大野一家聚会，先生和苏士澍、大野宜白等挥毫留念。13 日、14 日返回东京，参观东京博物馆、三省堂、二玄社等。

在东京见到了数学系毕业生何曼，在日本学习已毕业，被一旅游公司招聘为职员，月工资 30 万日元。先生说："这才是为我们争气的好青年。"

11 月 15 日

三井约先生看他所藏中国字画。

11 月 16 日

在二玄社参观，会见高岛义彦。

11 月 17 日

到京都参观比睿山、金阁寺、银阁寺。

11 月 18 日

去奈良参观。

11 月 19 日

返回东京。

11 月 20 日

游浅草寺遇大雨，晚上大野夫妇及其岳父母宴请。

11 月 21 日

下午 8 时返回北京。

11 月 25 日

致高岛义彦函："奉访东瀛名胜，获闻雅教，又承鼎力介绍，得观三井氏秘藏碑帖，眼福无疆，至深感谢！"函中还申明奉赠书法条幅，不受酬谢的缘由。先生在参观二玄社时，曾面呈高岛约稿《喜观二玄社影印宋许道宁渔舟唱晚图卷》，回来后发现仍有错、漏之字，乃在信中附校勘记一纸，希嘱译者更正。

11 月 28 日

上午去民族文化宫出席印刷研究所举行的快速装裱新技术成果鉴定会，这一技术类似日本的机裱技术。

鉴定结束后，先生为该所题写："百花齐放。"

此后不久，先生又为该所试印试裱的《二骏图》题跋：

语云他山之石可以攻玉，况百工技艺未有不旁采众长而能特出济用者，吾老友华君蔚苍偕其同仁引进东瀛印刷及装裱新技术，即以试印试装之《双骏图》见示，纤毫毕见，只觉装池材料微新耳，从此艺苑观摹又多方便，是可庆慰者焉。

12 月 3 日

张铁英携吴徵临张二水阿罗汉册页请先生题：

抱先生艺苑京师，平生好写山川草木，无一懈笔，不独见事之精，且足见临事之敬。有作写意花卉于并时吴（昌硕）齐（白石）之外，独标雅韵。此册临张二水人物，游戏之笔，犹不见潦草之意，足可贵也。诗有误字恐是二水原识之讹，俟见影本校之，下高误下时，藓苔误苏苔，然无碍其为真迹焉。

12 月 4 日

先生为《台声》杂志题词：

台澎金马中华骨肉，声明文扬民族精神。

12 月 7 日

上午先生又写完一批条幅、题册页、牌匾、书签。昨晚一夜未入睡，觉得胸闷，心脏不适，连续服救心丹。郑喆劝他休息。他说还有刘九庵要他写的字尚未完成，要写完：

对刘九庵我是毕恭毕敬的，他出身琉璃厂的学徒，师傅对他很不好，他十多年才出师，后来到了故宫博物院。一般专家看不起人家，我是反其道而行之，虽然人家是学徒出身，但是学问不差，我这一知半解还是在琉璃厂学的。我年轻的时候到琉璃厂，拿个扇面换点钱，再到别的书店买几本书，人家会说，你别买这，这只有8卷，买那10卷本的；或这伪那真，对版本的异同真伪自己就多了一层知识，认识书店老板很有益处，他们很有学问，书店就是一个开架图书馆，让我得到很多知识。都是有琉璃厂这些朋友的热情帮助，所以不能忘记他们。

12 月 8 日

致北京大学中文系博士后流动站负责人函，推荐毕业的博士研究生吴龙辉入站深造，以补读博士学位时所学之不足。

12 月 11 日

上午，苏士澍带台湾书商吕石民来访，柴剑虹带日本客人来访，谈明年暑假一同去敦煌。

12 月 12 日

与刘乃和先生出席"九二东方健康博览会"开幕式，由陈锡联、伍修权剪彩。会上先生书赠：

人法天，天法地，地法道，道法自然。

会场多为老年人，很混乱，未等结束，10 时即归。

12 月 14 日至 25 日

应广东省政协之约，赴广州举办"启功书画展"。14 日至 18 日在岭南画派纪念馆展出，叶选平、吕正操，书画家黎雄才、关山月、赖少其、吴南生及北京书画家代表团全体成员宋文治、尹瘦石、孙英、刘炳森出席开幕式。展览结束后，因广州友人吴南生等挽留，延至 25 日返京。

留在广州期间为一些朋友写字，参观了番禺、佛山陶瓷厂，并去深圳看望王大山先生（王已患病），还应黎雄才的邀请去广州美术学院为国画系教师讲书法绘画课，交流书法、绘画教学的经验。

12 月 23 日

赵朴初来函："所谈设立幼年古典文学学校提案事，已得冰心、夏衍、曹禺、吴冷西、陈荒煤诸君同意签名，兹送上敬乞赐署大名，以为支援，无任企感。"先生当即签名后寄回。

12 月 29 日

赵朴初来函："我和几位友人为支持佛教文化事业，组织一个民间团体'中国禅茶学会'，拟请台端参加发起。""日本茶道系自我国金山寺学得，我国久已失传，而日本大有发展，荣西禅师有'茶禅一味'，私意窃喜之，常与友人言：'与其溺于酒人，不如溺于茶人'，于是发起设立'禅茶学会'，已得民政部批准，惟倡议之初，弟适患大病，未获向公请教，至为歉恨。"先生同意参与发起。

同日

去田凤立同志家拜访，感谢他这次去广州帮助举办书画展。

12 月 30 日

日本同荫学园邀请去日本展出书画，先生表示同意。

同月

适逢《文物保护法》实施 10 周年，国家文物局编辑专刊纪念，请先生题写贺词：

> 保护文物，即是保护民族文化遗产。
>
> 实施法令，即见热爱祖国肝胆。
>
> 历时十年，成效璀璨。
>
> 如有实施未全，及时贯彻未晚。

同年

北京居士林恢复活动，礼请赵朴初为名誉理事长。召开代表大会时，代表们在会上一致要求增补启功居士也任名誉理事长。当牟小东向先生说明此意后，先生当即谢绝。他认为朴老是当代中国佛教领袖，德高望重，自己决不能接受与朴老同级的职位，如让他担任名誉副职尚可考虑，若一定要他担任正职，则必将聘书退回。鉴于先生态度如此恳切、坚决，会议尊重其意见，遂决定"礼请启功居士为北京居士林名誉副理事长"，先生这才接受。先生谦让之风令人钦佩。

同年

西泠印社 90 周年华诞，先生因公未能亲赴杭州参加庆典活动，特书条幅颂贺：

> 西泠结社忆前修，石好金佳九十周。
>
> 无尽湖山人共寿，钱塘江水证长流。

同年发表的主要著作有：

《玩物而不丧志》发表于《读书》1992 年第 2 期。

《有关汉语现象的一些思考》发表于《文史知识》1992 年第 7 期（此为《汉语现象论丛》一书前言，抽刊于《文史知识》，有增补）。

《汪雨盦教授书展书后》发表于台湾地区报纸（名不详）。

《亘古无双至宝是宝——记刘均量先生珍藏的恽王合璧画册》，发表于 1992 年，发表刊物不详。

《从〈戏鸿堂帖〉看董其昌对法书的鉴定》发表于《书法丛刊》1992 年第 3 期。

《启功论书札记》《启功书画留影册》由北京师范大学出版社出版。

1993 年（癸酉）81 岁

1 月 4 日

先生去美术学院附中看"百鸡图"展览。

1 月 8 日

致吴南生函：

献岁新春，恭维阖第万福，高斋藏画各签，写附函呈上，宽度有余，装裱时可按适宜度裁窄，所写如有不合处，请示下即当重写。

1 月 10 日

沙孟海来函：

西湖张苍水先生祠、墓，十年动乱中全毁，现杭州市园林管理局拨款修建，蒙已落成，各负责同志仰慕硕德俊望，虔诚要求椽笔赐题匾额，以壮观瞻，嘱书一言为介。窃思张公虽为抗清尽节，但后来亦邀清廷予谥褒美，今日尚论古人，仍属崇扬之列。敢修芜札代为申请。

1 月 17 日

王海容来看先生，祝贺新年。

1 月 18 日

上午去荣宝斋看近代名家书画展，下午出席中央统战部和国务院办公厅举办的新春招待会。

1 月 19 日

国家教委副主任滕藤来给先生拜年。

王京绪来看先生，谈学习书法之事，先生再讲撼树的故事，说"功夫是积累的"。

1 月 22 日

钱学森派国防科工委一位工作人员给先生送来鲜花，感谢先生赠书法。

故宫博物院、国家文物局来人拜年。

柴剑虹来，说金泳三拟邀请先生去韩国访问，先生请柴剑虹转告他们与学校联系。此事缘由，是中华书局郑仁甲翻译了金泳三一本书，金想要先生的法书，先生就写了一幅字，以郑仁甲的名义送给了金。金提出邀请先生访韩，先生不愿以私人名义接待，所以要求他们与学校联系。

先生说："大夫无境外之交"，"我不能以私人的名义去访问，金泳三当选总统了，更不能以私人名义送给他字。所以替郑仁甲落款，作为郑仁甲的礼品送给他"。

1 月 25 日

致柴剑虹函：《说八股》书稿中"第五股"有误，重抄修改内容，嘱请改正。

2 月 3 日

出席全国政协书画室迎春书画联谊茶话会。赵朴初任书画室名誉主任，启功任主任，增补白雪石、尹瘦石、吴冠中、靳尚谊、韩美林、刘炳森为副主任。

2 月 6 日

国防科工委和炎黄艺术馆联合举行科学家、书画家、文物鉴定家元宵节联欢会，先生应邀前往参加。在会场上先生见到了王大珩先生，两位老先生亲切地拥抱。他们曾是汇文小学的同桌，小学毕业后 70 年未见面，这次见面格外高兴，同在炎黄艺术馆参观了当代中国画展。

2 月 7 日

先生为徐州酒博览会题诗：

名作赞名酒，书画般般有。

博览会中来，人人饮一斗。

2 月 16 日

出席政协常委会。

出版社迁教三楼办公，要拆除东墙，须经规划局同意。王德胜请先生写字，准备赠规划局来人。先生作了数本册页，有兰梅松竹小画和吉语。先生说这小册作礼品比较好。

又为火锅城作诗一首：

巨擘群推涮肉名，茂成大业火锅城。

老饕齿落犹能饱，软嚼宜人此菜羹。

一九九三年春日，启功八十。

2月24日

宁夏回族自治区政府请先生为黄河文化节题词：

常言文化出黄河，浊浪长年万里波。

但愿水清人共寿，小康温饱发高歌。

黄河文化节征题，一九九三年春，启功。

2月26日

为制作挂历，先生用荣宝斋给的色纸作画，还缺 3 幅。今日先生又用日本色纸画墨松、芭蕉、梧桐各一幅，补齐 12 幅。

3月1日

谢辰生这次未能入政协名单，先生致谷牧一信，讲"谢辰生早年参加革命，多年来对文物管理有经验，应给他发挥余热的机会，此事瑞公也知，望能与瑞公商谈……"。

先生于上午 11 时半完成《溥心畬先生南渡前的艺术生涯》一文，共 39 页 16000 余字。

致日本二玄社高岛义彦函，关于高氏藏《麓山寺碑》水湿后重裱事，嘱其入中国海关时应办好登记手续，以备裱好后再带回日本。

3月2日

下午，田本义、刘九庵来访。刘先生带清代画家吴伟业（梅村）的《南湖春雨图》请先生鉴定，先生看后说是真迹。理由：

从题款可以看出。文中有"七贵五侯何足安"，"五侯"二字是把"三公"挖去后补上的。"帆（帆）"字缺"点"，"束（束）"字缺"一"，"绞（绞）"字有"、"不避讳，是在康熙之前。先生又随手查"壬申"，是顺治九年。

先生又说："吴伟业降清后，言论很危险，是陈之森拉吴出山。吴伟业还有一幅《西湖春感》，是怀念明代的，被清代列为禁品，现在此画不知下落。实为康熙保了他，给他的诗集题了书签：《吴梅村先生诗集》，称他先生，并有诗和他。"

刘先生又询问《贰臣传》的问题，先生答："乾隆修《贰臣传》，起因有江南奏销案，……有不少人丢官被杀头。乾隆晚期（乾隆四十年后），自感自己的政权不稳了，就修《贰臣传》，而清初是不用贰臣的。"

康熙曾写"治隆唐宋"，去拜明孝陵，实际上他是为安抚大臣。一些大臣向他谢恩，被康熙数落一番，说："我去拜明孝陵，是尊重这些英雄，你们是我的降臣，来谢我，不是还站在明朝的立场上么？"

3 月 3 日

昨天来人多，先生谈话多，特别是刘九庵来，所提问题是先生熟悉的有兴趣的，所以很兴奋。谈话多了。晚上安士敏、王宪达来都没能接待，很早就睡了。

先生今天规定，今后要求写字的有几点不写：

1. 别人作的诗、词、杂文、小说题签不写。
2. 北京地区的牌匾不再写。
3. 领袖的书名不写。

3 月 9 日

岳枫携其左手草书《杜少陵秋兴八首》长卷来访，请先生指导。先生热情接待了他。岳枫乃叶剑英元帅之子叶选宁，自幼爱好书法，"文化大革命"中参加农业劳动，不幸被拖拉机轧伤右臂，遂用左手练习书法。先生对其不畏艰难勇猛精进之志极为赞赏与鼓励，愿为其作跋：

　　……观其左手所书之字，大不逾二寸，真行草书，随兴挥洒，悬之堂壁，无人识为左笔者。此其足以昂然独出于古今书艺之林。此八首古今书者多矣，明代祝允明草书者尤多，试并观之，时有古今之别，艺无高下之殊。……明人往矣，即以郑元祐以来诸左手书家所作，合观不难，而吾今推重，可知绝非阿其所好也。

3 月 10 日

中央文史馆王楚光副馆长与先生商谈举办纪念毛泽东同志诞辰 100 周年书画展事。

3 月 14 日

全国政协八届一次会议召开，先生任第八届政协常委并兼书画室主任。

3 月 18 日

致国家教委主任李铁映函：北京师范大学获得自己评选博士点梯队的任务，邓魁英教授因年龄只超几个月，其余条件俱备，为确保该博士点，建议特请批准邓先生为博士点导师。

为此事先生还给国务院学位办写信，提出"对助手的博导资格，敢望赐予按特例批办"。不久，领导有了批复。加以当时陆善镇校长的支持，助手的博导资格终于得到解决。在中断数年之后，先生又开始招收博士研究生。

3 月 25 日

下午，《共鸣》杂志社记者方小宁来采访，请先生谈 1990 年为张学良写字的经过。又谈在辅仁大学时与台静农先生的友谊。先生回忆台静农被蒋孝先逮捕后，在台家门外留下了特务，牟润孙连夜去先生家中，告诉先生别去台家，约先生次日 6 点到牟家去，从而避免被捉。台静农和范文澜被捕后，被解往南京，是陈垣校长保释他们回到北京的。

3 月 26 日

出席全国政协八届一次会议闭幕式，当选八届全国政协常委。报纸公布这次政协选举常委的结果，共有 1860 票，先生得 1854 票。

4 月 1 日

致辽宁博物馆姜念思馆长函，先生因撰稿需用前已捐赠给该馆的溥心畲书画各一件，求代为拍反转片。附言：

> 照相工料及馆中应用之手续费用，统求赐示，当即奉呈，万勿客气。

4 月 3 日

题画虎诗两首：

> 动见神威静可驯，斑斓如画出天真。
> 龙行云起谁曾见，武德文雄逊此君。
>
> 画虎从来下笔难，要令猫犬不同看。
> 艺林谁是伐山手，气韵如生此巨观。

4 月 17 日

中山大学王季思教授逝世，先生发唁电，敬祈王先生家属秉承先志节哀报国。

4 月 23 日

致王世襄函，谈读其大作《獾狗篇》后的感想：

在医院顺手间断拜读大作《獾狗篇》，每读无不拍手叫绝。……此稿有动物学的科学性，民族民俗学之学术性，语言笔法生动之文学性，绝不应以小品视之。窃谓蛐蛐有《促织经》，此处"篇"字应易为"经"字，如题为《獾狗经》庶几名副其实焉！

纯粹北京话，今已甚难听到，况在文章中，有人颇事模拟，但看来多不地道。今大作则是生活与语言融合无间，此事物，此生活，其中人物，非如此笔墨不足以透彻表达，其绝大文章。

4月28日

菏（启功先生有注："菏是当地标准写法。"）泽园艺家晁中继来看先生。去年曾在先生窗前植牡丹花6株，因有梧桐树荫遮挡，牡丹花长势不好。先生曾有戏作，今日书赠晁先生：

> 国艳洛阳来，何人去后栽。
> 六窠依次瘦，五朵不同开。
> 月季骄人面，黄杨领众材。
> 寓公晨起早，齐立短墙隈。

见晁君后先生又忆起此非洛阳牡丹，附言：

> 寓前有牡丹六窠，植时仆卧病率而成咏，今思忆及乃山东友人所赠者。

许礼平来电话，刘作筹在新加坡病故。

5月1日

致许礼平函，先生作挽诗请许转交刘府：

获悉刘钧量先生在新加坡病故，弟有悼念钧量翁诗一首，敬求为转到刘翁家眷，并求代申慰问。

敬悼刘钧量先生

> 早钦令闻著南陬，倾盖初逢似旧游。
> 三益他山铭对案，十年高会忆同舟。

奇珍亘古无双迹，卓识当今第一流。

安养道山应自慰，虹光照处即千秋。

同月

中国书法家协会成立书法篆刻培训中心，先生正在住院治病，致信祝贺：

欣闻中国书协成立书法篆刻培训中心，这是普及并提高书法篆刻艺术一件极有意义的事业，功在医院治病期间，未能参予成立开会的盛举，谨此致贺。将来病愈，当效微薄之力，并求教于全体师生同志和进修人员，以收切磋之益。

启功。时在北大医院。

5 月 17 日

高岛义彦从日本带《麓山寺碑》来，与先生商谈修复《麓山寺碑》。此拓片因水灾时被浸坏，已经发霉，先生不顾呛味，坚持一页一页地核对，准备请徐平方找人帮他修理，最后给高岛提出 5 点意见：（1）请徐找专家问一问是否可以修理？（2）如可以修理需要多少钱？（3）要日本钱还是中国钱？（4）高岛是否可以接受？（5）一切得到高岛的确认和答复之后，开始修理。

5 月 26 日

下午为国家教委作诗一首，奉赞"源泉工程"：

自立民族之林，首在培植身心。

童蒙以至成立，教养源远流深。

清泉之水一滴，高价应过千金。

无数栋梁在望，始于寸寸嘉荫。

为翁一铭写禅诗条幅一件：

空手把锄头，步行骑水牛，

人从桥上过，桥流水不流。

先生说，这是唐人傅大士的诗句，见于《传灯录》，傅是一个和尚。

5 月 31 日

体育系有位老师存有三张古画，请先生看后，全是赝品。其中有一张题款"其昌"的山水。先生说："董其昌画不'其昌'，字不'玄宰'。这是他落款的习惯，而且这画上的题字显然不是董的笔迹。鉴定家张葱玉看画，有一次看了多少箱，在最后一箱中才见到一幅精品。"先生有位朋友买了许多字画，说他的藏品真、精、新。先生看了，他的藏品都是赝品，对他说，这里只有"新"没有真。先生说："旧时古董商给你拿东西，先考你的水平，先拿伪品给你看，你以为是真的高兴了，以后永远把这类东西当真的给你，以假乱真，美其名曰'别把他教坏了'。"

同月

为香港翰墨轩藏《吴子玉唐人诗意图》作长跋，称："子玉先生系出筠清，望标南海，博综众艺，世守书香，于六法一道，尤具夙慧。""子玉先生画见者诧其天然，酷似石涛"，"为张内江后独步当代之吴南海欤"！

又为《徐燕孙画集》作序言。

6 月 1 日

致许礼平函，谈出版刘均量先生著作及赴台湾事：

……"虚白斋藏的这卷""虚白斋"上似宜加上"刘氏"二字为妥，以全篇未提虚白斋是刘氏的书斋，这里突然提出未免落空，均以加上"刘氏"二字较妥，尊意以为如何！为了免于牵动一行中字，下边"诸诗"二字可删。

台北之行，看来无缘了，有负我兄与静农殷勤相助之力，弟所负疚，只居其半，他日清明，聚首总当不难也！

刘老诸诗，恐因口述，有些声调未谐处，尚无大碍，惟索耽一卷写经，乃天津一陈某所伪造，其中几项硬伤，刘老为其所欺，发表有损刘老令誉，我公宜酌：①老子的"太上玄元"尊号是唐玄宗所封，以前无有；②《道德经》从汉代即分两卷（《道经》《德经》或《德经》《道经》），此云"道德经一卷"，极不合理；③索氏为河西望族，东吴名人未有索氏一族；④德化李氏藏印一方，与其真者相较，实属仿刻，此日本人已校对过，见于新版之《书道全集》后边的说明；⑤饶公已校入其校录"老子校本"，即未发现，刘老不宜再信之也。

致高岛义彦函：关于重新修复装裱《麓山寺碑》与专家张明善等研究情况，及如何酬谢张明善征询高岛意见。

6月2日

给青岛站、国防科工委等单位写了标牌。

近日睡眠不好，夜里作诗一首，并书成条幅：

> 钞币倾来片片真，未亡人用不须焚。
>
> 一家数米担忧惯，此日摊钱却厌频。
>
> 酒酽花浓行已老，天高地厚报无门。
>
> 吟成七字谁相和，付与寒空雁一群。
>
> 　　中宵不寐，倾箧数钱，凄然有作，一九九三年夏，启功。

又作对联一副：

> 莫明其妙从前事；聊胜于无现在身。

6月4日

为中国新华航空公司开业志庆，作诗一首：

> 瞬息腾飞万里空，九州三岛俯看中。
>
> 山崇水阔何能阻，但乘朝霞旭日红。

6月11日

应卢沟桥建桥 800 周年征题：

> 卢家沟上一桥横，八百年来孔道通。
>
> 史事如尘文物寿，石狮无数拱神京。

6月17日

下午 4 时，《光明日报》记者徐可来访。先生再对他讲：以后不再为私人的古字画鉴定、题字。因为前些日子他看了一批字画，都是赝品，可是过了不久，上面都有了他的题跋，说是真迹。傅熹年先生也曾说：在劲松小区的地摊上，有许多先生的假字。先生说："造我的假字与造鉴定字画的题跋不同，伪造题跋是冒我的名义去欺骗别人，我依法保留追究责任的权利。"

6 月 18 日

上午苏士澍、雷振方来看望先生，先生告诉他们，已在《光明日报》声明不再为私人题跋。

6 月 19 日

浙江有人未经先生同意，与天津古籍出版社签约出版先生手书毛主席诗词 37 首。今日先生委托校长办公室正式发函给天津新闻出版局、天津古籍出版社和收藏者本人，不同意他们出版这些墨迹。

6 月 23 日

天津古籍出版社来信向先生道歉，并决定取消出版计划。

6 月 30 日

给黄药眠先生写挽词：

> 功臣罪在功，败将幸在败。
>
> 酉下考终命，可庆安平泰。

7 月 1 日

新华社拟举办"百名将军支持申办奥运"活动，请先生写签名簿的首页。先生应允了。先生讲：我也真是一名大将军，并且是有诏诰的。那是清廷退出故宫时与民国大总统徐世昌达成的协议，封我为三等奉恩将军诰身，是徐世昌任命的，诏诰在"文化大革命"中遗失了。

7 月 3 日

新闻出版总署杨牧之请先生写《道德经》。先生只选书《道经》中一句。

7 月 8 日

王大山病故，先生去家中吊唁。

7 月 9 日

先生谈收藏古字画有八个字要注意："不要着急，别想配套。"他说："有人急于配套，难免收入赝品。"

7 月 12 日

致王大珩函，荐傅熹年先生为工程院院士之候选人，介绍傅先生在建筑学方面的成就："倘荷鼎力评判，俾我国建筑科技奥秘之探索成绩，又多一次公诸世界科技之林，又不独弟与傅先生之幸也。"

7月17日

为纪念郑板桥诞辰 300 周年撰《我心目中的郑板桥》，并为《书法丛刊》题纪念签。

7月21日

柴剑虹请先生讲禅。

7月24日

国务院参事室主任常捷、副主任王海容，中央文史馆副馆长王楚光到家中看望先生，祝贺八十一寿辰。

7月26日

师大校友会为先生祝贺生日。

先生近日作一副对联：

> 饮余有兴徐添酒；读日无多慎买书。

下联先作"戒买书"，后改"快买书"，最后作"慎买书"。

7月31日

广东中山市为中山纪念室征题，先生题：

> 半封半殖半蹉跎，终赖工农奏凯歌。
> 末学迟生壬子岁，也随诸老颂先河。

同月

为《刘铁宝书法篆刻集》作序。刘铁宝是近代篆刻名家冰庵先生之侄，在艺术上受胞叔影响最深，又从河间郭凤惠先生学书学诗，勤奋攻苦，参各派之长，卓然自立。

8月3日

解放军李真将军来请先生为他书写的"在延安文艺座谈会上的讲话"全文题字。先生身体欠佳，目力不好，未能看完他的作品，勉为作诗一首：

> 李将军，曾射虎，笔作刀枪墨飞舞。

文早读，书初见，洋洋大观一长卷。

名家题，在卷前，拙书俚语居后边。

腕力弱，目力暗，文长难再读一遍。

8月6日

先生说他在"文化大革命"期间作过一副对联：

草屋八九间，三经陶潜，有酒有鸡真富庶；

梨桃数百树，小园于信，何功何德滥吹嘘。

"八九间"是取八与九之间的意思，寓意为"臭老九"。自己还刻过一枚"草屋"二字的印章。落实政策以后消除影响，自己也不能再没有良心，把"草屋"章磨掉了。〔"文化大革命"时讲专政对象有"走资派、特务、叛徒、地、富、反、坏、右、臭老九（即知识分子）"共9种。〕

为《人民日报》社杨红作扇面一件。

8月7日

医生再来给先生贴膏药。

8月22日

褚天寅代友人索画，先生复函：

弟去年病发住院两次，今春又病一次，狼狈不堪，笔墨全废，尊友命画，且将从优付酬，至为悚愧！奈贱体如此，画笔搁置更久，虽思报命，力极不逮。……

8月24日

为曲阜孔庙题牌楼之匾：

参天两地（"十三经"孔颖达《尚书》之序中语）

优入圣域（《孔子庙堂碑》中有此语）

8月25日

为北师大出版社题字，先拟稿："师承教则，范我群伦。"又将前四字改为"师尊教泽"，再改为"师延教则"；再改八字为"师垂典则，范作群伦"。最后书写时定稿为："师垂典则，范示群伦。"

8 月 26 日

天津电影制片厂两名厂长自天津来，请先生为他们拍的电视剧《香二嫂酒店》题写片名。先生笑曰："写了香二嫂酒店，我就变成香二哥了，此片名不可写也！"婉言谢绝。

8 月 28 日

上午 9 时到故宫博物院出席台湾江兆申书法展开幕式。

8 月 30 日

上午，出席江兆申的书法艺术座谈会。

下午，为国家文物局珂罗版印刷术写鉴定书。

9 月 15 日

为《中国高校招生》杂志题词：

改革无限前程，多凭选拔群英。

科考古今不替，一年几度招生。

9 月 28 日

出席中央统战部、国务院办公厅举办的中秋节招待会。

10 月 7 日

上午出席政协会议，在会场心脏病发作。上午去时即感不适，在车中服速效救心丸，到会场后又服硝酸甘油，仍不适，并出现腹部不适，浑身出汗，去厕所时曾摇晃。医生主张住院。先生坚决不同意住院，有人扶他躺下，下午 4 时，送回家中。

10 月 11 日

潘受来函"介绍新加坡青年画家陈克湛晋谒"，并为友人李成智先生代求墨宝。

11 月 8 日

为谷牧收藏的《梅花图》作序。谷牧与夫人牟锋独喜梅花，多年来收集书画界名家笔墨积累百件之多，已裱成 4 卷赠给炎黄艺术馆。馆长黄胄请先生作序，记此盛事。

11 月 12 日

先生讲碑帖：

黄庭坚有一个好帖，叫《阴长生诗》，四川的丰都城是阴王城，是姓阴的王，地阴王长生不老有阴王殿，这帖的字写得很好。

谈到米芾的帖，先生说米芾的帖有很多：

> 《西楼帖》，在天津，后面有汪应辰的跋，很好，是真的。
>
> 《绍兴米帖》，在上海博物馆，有魏泰唱和诗（竹前槐后午阴繁）。
>
> 米帖有很多伪的，台北故宫博物院出了三本，《甘露帖》是描的；《捕蝗帖》是造的，不能要，不相干，不姓米；《鹤林帖》是后人临的。
>
> 宋高宗先学黄庭坚，后学米芾。
>
> 宋徽宗《草书千字文》，六丈长的纸没有接头，上面有黄团龙，很了不起，在东北辽宁博物馆。
>
> 《砥柱铭》，是魏徵的文，薛纯陀书丹。三门峡工程时挖出好些石头，但没有发现石碑。
>
> 《万岁通天帖》，有年月日的只有两个，日本藏一个，有"延历敕定"印，我还为此帖写过专论文章《〈唐摹万岁通天帖〉考》。

11 月 30 日

安徽省马鞍山校友会胡林林及采石矶公园园长来看先生，请先生写"三元洞"，并为校友会写李白诗一首。

吴南生来函：

> 近得俞明（字滁烦又作滁凡）仕女一幅，其画面约三分之二空白待题，识者云：须请启老题诗（大作或前人佳作均可），方能使俞画增辉……题写只署兄长尊名即可，不必落上款，也不必写有弟之贱名，以保持原作风貌。

本月

毛主席纪念堂为纪念毛主席诞辰 100 周年举办书画展征集作品，先生以草书写毛主席词《十六字令·山》应征，并为《毛主席纪念堂珍藏书画集》题写书签。

12 月 3 日

吴空来请先生吟古诗。

12 月 5 日

下午雷振方来，邀请先生明年到香港参加纪念北京荣宝斋一百周年在港活动，先生高兴应允。

12月6日

先生接受教育电视台采访，谈少年时代。

为中国印刷博物馆题字、写碑。

12月7日

为李永悌收藏龙印作花卉长卷题诗一首：

> 百花齐放万年枝，好鸟飞鸣众态奇。
>
> 每见西风吹乱叶，眼明今喜见芳姿。
>
> 小诗奉颂龙印先生画，永悌将军东秀夫人俪属即正。

12月10日

先生因脑供血不足，今日头晕。沈鹏来为筹建书法馆事，请先生在联名建议书上签名，先生婉拒。

12月12日

中央文史馆在民族文化宫举办"纪念毛泽东诞辰100周年诗书画展览"，先生与倪志福、萧乾、石启荣共同剪彩。

12月13日

北京市委统战部办的《诤友》杂志请先生题词，先生作朱竹一小幅。上题：

> 虚心涵瑞露，直节振祥音。
>
> 诤友杂志创刊纪念，启功写祝。

12月19日

欧阳中石来看先生，再谈希望先生带头招收书法博士研究生。先生讲："什么样的标准可以算书法博士？"并讲："我也带不了书法博士。"

12月24日

先生说师大有两件宝，一是历史系的甲骨文，二是图书馆的3000多种志书。这两件宝都是在辅仁大学时，他经手购买的。当时有汪慎生先生的安徽同乡藏有一批甲骨文和志书。汪问到先生，是否学校收购。先生去问余嘉锡老先生。余先生与陈垣校长、沈兼士先生研究后，当即拍板，拿6条黄金（即60两）购买了这些甲骨文和志书。汪慎生为酬劳先生，赠给他一块乾隆时的古墨。

12 月 31 日

上午去中国美术馆出席"韩美林创作雕刻作品艺术展"。韩美林详细介绍了他雕刻作品的创作构思情况，先生热情祝贺。

同年发表的主要著作有：

《溥心畬先生南渡前的艺术生涯》，为 1993 年 6 月 21 日台北故宫博物院召开的"张大千、溥心畬诗书画学术讨论会"提交论文。

《我心目中的郑板桥》发表于《书法丛刊》1993 年第 3 期。

《文徵明的原名和他写的落花诗》发表于《名家翰墨》1993 年第 5 期。

《南朝诗中的次韵问题》发表于《文史知识》1993 年第 7 期。

《荣宝斋画谱第 91 期——山水花卉・启功专集》由荣宝斋出版社出版。

《关于邦普制版印刷工业公司所印古画的评价》（给邦普制版印刷工业公司的鉴定书）。

1994 年（甲戌）82 岁

1 月 3 日

为北师大出版社的大砚题写砚铭：

> 天上紫云割一片，巨匠斫雕成大砚。
>
> 重之不异锦绣段，彩毫濡染星文焕。

先生昨晚一夜未睡，今日头晕，说话舌头发硬，郑喆约章景荣来看。

1 月 5 日

章景荣约请北大医院神经科赵大夫来看先生，赵称是脑供血系统的病变，决定明日打点滴。

1 月 6 日

上午校医院宋院长、王大夫到先生家看病，血压 190/90 mmHg，未打点滴，改为服药静养。

1 月 7 日

先生服药后情况稍好，但讲话仍吐字不清，精神尚好。学校决定在门上贴出谢绝来访的通知。

1 月 8 日

上午先生去北大医院照 CT，结果发现有异常，先生同意住院，但北大医院、北医三院均无床位，决定自星期一开始到北大医院打点滴。

1 月 13 日

今日先生病情好转回家静养。

1 月 15 日

田凤立来向先生汇报政协书画室的事，主要是吴祖光要求在全国政协办书画展受阻。先生答复说："因为有疙瘩，应当先解决疙瘩，展出问题就好解决了，秘书长解决不了，应当报主席。"

1 月 16 日

先生病情又有变化，可能是昨天田凤立来谈话过多，他同意再打点滴。

王海容等人建议给先生转关系到北大医院，因该院有亲属章景荣、王仪生二位大夫，照顾较方便。并请景荣了解转关系的办法。

先生致吴南生函：

前有同志自穗到京，带来俞涤凡仕女图，正在草拟题词。功于三日晨起，忽觉舌根麻木不灵，吐字不清，右手写字极不听使。尤其写字渐写渐坏，俞画题著不太保险。万一写到某处忽生阻碍，非常不好，拟再俟一段时间，略有把握时再写。

1 月 23 日

先生的病情又有好转，休息时再书写《千字文》。拿出吴南生的藏画欲题跋文，又恐中途写不好未下笔，决定俟身体恢复更稳定以后再题写。

1 月 24 日

先生谈他的《诗文声律论稿》如何能在"文化大革命"中保存下来：

是用贵州皮纸手抄的稿子，林彪发出一号命令时，我极力压缩，抄成了六万字，为的是跑的时候别在腰里好带。那时候，提倡让工农兵学员参加集体创作，我想如果让工农兵学员把我这东西拆散，就不成样子了，我是想保留下完整的东西。谢国桢有一本书，就是让工农兵学员参与，还没弄完，谢死了，原书稿也不知下落了。

1 月 28 日

国务院副总理李岚清来师大开座谈会，内容是关于教育改革问题。先生出席，并即席发言，讲了 5 点意见：（1）美育很重要，蔡元培就曾讲过，以美育代宗教，他的话今天还有效；（2）基础教育很重要，青少年在古典文学方面的基础知识缺乏得可怕，一般的文学常识都不知道；（3）关于请校外专家讲学的事，应该支持，谈及他曾请校外专家给研究生讲课，研究生院有人不同意还讲怪话；（4）教师住房问题，举汕头曾有人写对联："翻身不忘共产党，住房不忘□□□"，可怕；（5）写字的问题。

2 月 5 日

上午 10 时，北京师范大学出版社举行《启功絮语》出版首发式，张中行、王世襄、傅璇琮、米景扬、田凤立、钟敬文、刘乃和、赵光贤、陶大镛诸先生出席。

2 月 9 日

阴历除夕。

国务院副总理李岚清派人送信给先生，称："上次会上发言颇受启迪。我虽是外行，但尚知教育之重要，我将全力而为，为中国的教育做些有益之事。""所赠司书要领已经拜读，受益匪浅。"并赠亲笔书写的寿字祝福，对赠给他《絮语》表示感谢。

2 月 10 日 （初一）

全国政协田凤立陪同秘书长朱训来给先生拜年。

2 月 19 日

上午去琉璃厂，先到中华书局门市部，购两本书：《清代古音学》《唐诗汇意象论》；后到荣宝斋西斋，参观油画作品展。约 10 时到东厅二层见米景扬经理，交付为荣宝斋画的色纸画 10 件。先生请米为他保存的达摩册页加封皮，《絮语》的前言再托一层纸。米赠给先生一方"甲戌"印。政协开会用先生的新作已经写好，一并交米，并对米说，田凤立要为这些作品拍照请他关照。此时，先生不舒服，脸色发白。米景扬请他马上坐下，找来硝酸甘油服一片后稍稍缓解。米即陪同先生回师大。

2 月 23 日

荣宝斋米景扬、全国政协田凤立等来给先生祝贺元宵节。先生取新写的大字《千字文》请田凤立带给李瑞环，田公问出版社侯刚是否拍照或复印？先生阻止说：

"不必复印或拍照了，给一些领导人写的字，不好公开印出。"

3月13日

两会期间，全国政协书画室举办政协委员、人大代表中的书画家联谊会，先生出席并主持笔会。

致高岛义彦函，关于为《麓山寺碑》作题跋及日方翻译《论书绝句》等事。

3月19日

致吴南生函：

　　功此次脑血栓症，幸托庇疢可，只是某些字吐音仍不甚灵便，右手写字仍向左歪斜，且愈写愈小，想逐渐可好转。……俞滌烦［凡］先生画，实为精品，谨遵命勉题一段（用铅笔画直阑，轻写字句，然后擦去）。字俗字劣，敢求严格校正。

3月21日

"关山月近作书画展"开幕，先生出席祝贺。

3月28日

到通县（今通州区）齐天乐园出席"日中书法艺术研讨会"。为开幕式剪彩，并在会上讲了中日书法交流的情况。宴请日本书界朋友：西林昭一（迹见学园女子大学教授）、杉村邦彦（京都教育大学教授）、今井润一（筑波大学名誉教授）、大野修竹（京都女子大学副教授）、中村申夫（筑波大学副教授）、大野邦弘（贞香会理事）等人。

韩国总统金泳三要求会见启先生，但时间只定3分钟。先生请李双利了解背景。经李了解主要是有人拟借先生与金泳三会见的机会去见金泳三。李双利与先生商量后，即告知外交部礼宾司，先生因身体不适不能会见金泳三。下午金泳三送鲜花祝先生早日康复。

3月29日

全国政协主席李瑞环召集政协委员中的书画家开座谈会，先生与白雪石、吴冠中、黄胄、韩美林、张君秋、王成喜、尹瘦石出席。

同月

北京师范大学校友会为本届毕业生印纪念卡，请先生题赠：

入学初识门庭，毕业非同学成。

涉世或始今日，立身却在生平。

4月5日

致高岛义彦函，关于大野修作翻译《论书绝句》及修复《麓山寺碑》《龙藏寺碑》等有关事宜与高岛交换意见。

4月7日

先生患肺炎，在家中休息、打针。

4月12日

先生已打针一周，明天最后一次，如仍不好，要打点滴。

4月13日

今日开始打点滴。

4月20日

去八宝山殡仪馆参加原中华书局副总编辑、二十四史整理工作负责人、史学家赵守俨先生的告别仪式。

4月24日

由郑喆陪同，今日赴香港，参加荣宝斋一百周年纪念活动并为香港艺术馆鉴定书画，为期10天。

4月26日

上午，先生到香港艺术馆，看刘作筹捐赠书画藏品。下午，雷振方陪先生到荣宝斋百年纪念展现场参观，晚，看霍宗杰先生藏品董其昌书札册等。

4月27日

上午，先生继续到艺术馆看刘作筹捐书画藏品。

5月2日

晚，看杨永德藏一幅八大与石涛合作竹石。

5月4日

下午，先生一行由香港返京。

在港期间于友人处获观《董其昌书李青莲行书神品》，有跋语评价曰："香光好于绫上作书，如马射冰嬉奇纵万变，愈不经处，愈见灵妙。"观此卷后心情十分愉快，认为是"今岁第一快事"。

又获观《张大千溥心畬合作花卉》，回忆起60多年前张大千访溥心畬先生于萃锦园时的情境，挥毫作跋。又为张大千先生乘兴之作《山水画卷》题诗二首：

> 游屐燕门盛一时，墨华璀璨上林枝。
>
> 最奇一卷空香色，却听声声画里诗。
>
> 寒玉诗怀近六朝，五言佳句咏葡萄。
>
> 当时何惜同挥洒，日观玄珠并一抛。

在港鉴定期间，有位朋友欲购书画，请先生看一件作品的真伪。当时人很多，不好当众揭示真伪，便与朋友握手并左右一摇，说："现在电脑这么发达，你买算盘有多少用处？"那位朋友自然明白了。

5月6日

先生为孙晓郁的朋友作画两幅，朱竹和翠竹各一幅：

朱竹题字：

> 层崖千尺倚青霄，郁郁丹林胄凤毛。
>
> 证得海田年亿万，珊瑚斜插五云高。

翠竹题字：

> 午日初长乍困人，忽逢小雨助精神。
>
> 横挥翠竹留残梦，似遇嘉禾项又新。

5月14日至19日

东北、西北、华北地区的30个文史馆的第三次工作座谈会在北京召开。先生出席开幕式，在会上致辞，对各省市代表到来表示欢迎，同时概述文史馆的历史和为中华民族传统文化的发展，加强海内外文化交流，促进和平大业所起的重要作用，并祝通过这次会议，进一步加强联系、增进友谊、密切合作，取得更大成绩。

5月20日

上午去荣宝斋出席"启功金膺显书法联展"开幕式，方毅、赵朴初、于友先、白介夫及韩国大使和金膺显等人出席。先生有30余件作品（条幅、对联）参展，荣宝斋出版《金膺显启功书法作品集》。先生有参展小言：

北京荣宝斋邀请韩国著名书法家金如初先生膺显展览近作，以启功久寓京华，谊忝东道，嘱以拙作相伴，殊深惭愧。……启功今春剧病，右腕几残，乃去冬之作，以应雅命，藉当鹿鸣笙瑟之奏，以迓嘉宾。

5月28日

上午应邀去假日饭店出席日本人主办的"董风沙龙书道讲座"，先生在会上讲书法两小时。

5月30日

上午王大珩、李海来访。

下午，先生给孙大光、张刚夫妇收藏的两幅画题跋。

一、题谢稚柳、陈佩秋夫妇合作的《青山松寿》长卷：

> 艺苑沤波与道升，一灯双管拔贤声。
> 山明水秀苕溪派，七百年来有代兴。
>
> 摆脱吴装传宋法，唱随心印共新鉴。
> 一函宝轴收双璧，四味书堂有胜缘。

一九九四年夏日，大光、张刚同志出示稚柳、健碧妙绘合卷，因题小诗二首以求俪教，启功俱草，时年八十又二。

二、题李可染《九牛图》：

> 李君画师古，笔端金刚杵。
> 细者如一毛，大者兼二虎。
> 匹夫心匪石，拉转徒自苦。
> 韩滉枉驰名，平生才画五。

昔日友人以可染先生《九牛图》属题，乃掇里谚而成小诗，先生见之大为笑乐，每会晤必及此，于韩滉二句，尤相赞赏，盖九牛一毛，九牛二虎以至九牛拉不转，俱布在人口，偶尔拈来，初未冀得赏音之拊掌也。今见此卷，更胜昔年一本，此乃为大光同志所作，知音相见，故有超乎寻常酬应者。因书旧作，并识往事，可翁不作，题此不免回车腹痛之感，以呈四味书屋主人幸，有以教之。一九九四年夏启功，时年八十又二。

6月1日

先生在撰写《从单字词到旧体诗的修辞》，谈写此文的起因：

> 早在七十年代，在中华书局校订《新华字典》，有人拿了一本书，说单字不是词，那么你、我、他……是什么呢？这些年来酝酿成这样一篇论文，证明单字词的存在。现已写了一万多字，尚缺结尾部分，写完后一定交给学报发表。

6月6日

《从单字词到旧体诗的修辞》一文完稿，复印数份，分送给朋友和学生征求意见。

6月6日

先生为王大山生前与霍宗杰商议出版的《齐白石海外藏珍》撰写序言。

6月8日

先生看到新华彩印厂为他印制的《书画留影册》很满意，决定为傅增湘先生编印诗册，看过清样几次都不满意，得知不是印《书画留影册》的新华彩印厂承印，他说"我的书印得比老师的书好不应该"，决定另找工厂承印。

6月18日

下午，中央军委办公厅派人来，请先生写字布置会议厅，要求用两张四尺宣纸横接写毛主席诗词两幅，四尺整纸写唐诗两首。先生答应在家中写好后通知他们来取，婉拒来人送的酒，让其带走。

6月20日

国家人事部请先生为"中国专家园"题写园名，并为"芙蓉园"题匾，当即写完带走。

6月21日

上午王楚光来，同先生研究文史馆办的杂志《世纪》经费问题，王讲此刊物赔钱。先生问："此刊如此赔下去何时了？"

今日来访客人一批又一批，有刘乃和、柴剑虹带友人，有先生的亲戚数位。

国家教委马樟根转来老中医裴沛然的诗一首，求先生书写。先生一向不抄别人的诗（古诗除外），特和诗一首。

裴沛然原诗：

灯火连宵梦寐长，剑风楼外月如霜。

神州自古多豪杰，祷我炎黄一炷香。

启先生和诗：

夏云如火日偏长，盼彻飞来五月霜。

遥想剑风楼上客，空心祛暑滇岐黄。

一九九四年夏首都酷热，承沛然同志见示上作次韵。启功。

同日

启功先生和小学生讨论书法。

6 月 24 日

下午，张铁英来，带来他在拍卖市场买到的先生 20 世纪 40 年代写给友人方子才的书信两通。先生证实是他所写，并为张铁英写了跋文：

甲戌长夏，张君铁英持此见示，拙札乃致方君懿枚子才者，竟获流传，且蒙赏音存录，愧怍奚似，笔濡颡沨，以志其后。

6 月 25 日

袁贵仁求先生为他的老师王伟夫妇写字，先生录旧作西湖杂诗一首：

细雨入珍丛，群葩乐晓风。

人行双意满，花发十分红。

先生说：

一九八七年，兰亭会后，住杭州葛岭贾似道旧居，早上起来看游人成双成对，十分亲密，作此诗，今录赠王伟夫妇十分合适。

致中央军委派来约写字同志便函：

来示嘱写毛主席答友人和柳亚子七律二首计用四尺纸四张。又开列唐人绝句四首嘱选写其中二首，各用四尺纸一张。以上如约写出请指教，送来白纸，未用，奉还。

6月27日

为北京市第三中学建校270周年题贺词：

> 二百七十载，教泽最绵长。
>
> 远自雍乾世，人才辈辈强。

6月28日

许力以代表中宣部、国家出版总署领导，偕《中国美术全集》办公室主任杨纯如专程来访，请先生担任全集主编。先生表示不能胜任。许力以提出三点：一是先生对书画等艺术有很高的修养，国内外著名，深孚众望；二是此大型图籍，是先生参与首先发动，当初还向邓力群同志写了信，提出建议，理应负责全面推动工作；三是先生可居高临下，只作原则指导，不必过问具体事项，亦不必一一审稿定稿，各分类都有主编负责。许最后说："已经这样定了。"先生说："我还是表明了自己的态度。"

7月1日

先生再去香港讲学，早6时40分出发，10日回京。

7月3日至5日

中央文史馆与山东、江苏、安徽、江西、福建、浙江、上海文史馆在杭州举办书画展，有先生和萧劳、秦岭云等8位书画家作品参展。

7月12日

联系到中医，再为先生贴膏药，治疗咳嗽。民间主张三伏贴药，现为头伏。

7月16日

为《老人天地》杂志题诗：

> 岁月积累多，其人称曰老。
>
> 体力或有衰，经验十分饱。
>
> 引吭歌升平，提笔书春早。

颐养首乐天，阅世现真好。

存心长安详，处事无潦草。

往事不萦怀，斯为寿之宝。

《老人天地》征题，启功拜题。

为李鹏翥所著《濠江文潭》题诗：

濠上濠江地不同，文思相印漆园风。

三巴胜迹行更始，鼓吹南天仰大宗。

7 月 21 日

致文化部刘忠德副部长函：今逢故宫博物院 70 周年院庆，单士元"自青年时即参与故宫建院工作，至今已逾 70 周年，为院中全部历史的见证者。在院庆 70 周年之际，仍此唯一之可称为'活院史文化鉴证人'之单士元同志未知是否有所纪念。又闻单老近将自院中退休……为党和国家文化、文物事业之弘扬着想，对故宫博物院向世界宣传着想，如单老之院史创造者和鉴证者，即留其名义，不作退休，似更有益"。

7 月 28 日

为萧娴的画《秋籁》题跋：

枕琴室主九十五，兴到笔飞而墨舞。

写得一窗秋籁声，驱却炎歊消酷暑。

甲戌仲夏酷热中获观题此，启功。

7 月 29 日

关于先生《絮语》手稿留赠北京师范大学出版社之事，钟敬文、陶大镛二先生都说出版社不应要先生手稿，应退还先生。侯刚下午将手稿送回先生处。先生说："钟、陶二位的意见是他们的意见，我有自主权，我说过给出版社，就要言而有信。"又让侯刚把手稿送回出版社。

先生应邀为台湾师范大学题：

教学相长，师范同存。

为台湾新竹师范大学题：

学而不厌，诲人不倦。

8 月 3 日

先生托牟小东带法书作品到香港，牟同雷振方一起交永惺法师，参加香港义卖。

8 月 18 日至 24 日

中央文史馆与黑龙江文史馆在哈尔滨举办书画展，先生赴哈尔滨出席开幕式并致辞祝贺。

8 月 27 日

许嘉璐夫妇来访，介绍青年画家郁正光拜见先生。先生答应明天可以来见。

8 月 28 日

先生如约接待青年画家郁正光，讲中国画传统画法，对他耐心热情指导，约一小时离去。

9 月 2 日

先生为几家公司、学校写牌匾并为天安门管理处及中国文化中心题字。

下午，侯刚与吴猛一起到先生家，向先生报告励耘奖学基金的管理情况。先生再次明确对吴猛讲：这点基金来之不易，不要挪作他用。吴说："我们一定给您看好这笔钱。"

9 月 6 日至 15 日

今日启程赴韩国，出席荣宝斋举办的"启功金膺显书法联展"，并与韩国书法家进行书法交流。展览间隙应韩国总统金泳三邀请，在青瓦台总统府与金泳三交流书艺。往返计 10 天，于 15 日经天津机场回京。

9 月 16 日

致王悦函，谈古音韵问题，解答疑难。

9 月 19 日

上午先生到中国历史博物馆参观全国政协成立 45 周年书画展。

下午先生去北京电影学院，出席"陈荣琚书画展"开幕式。书画展展出书法及水粉画近百件，还有多幅色纸彩墨画。先生称赞陈荣琚书法有很大进步，这是他刻苦学习的结果。

9 月 20 日

上午石景山发电厂的王同来访，为他女儿的事求见先生。王讲她有个女儿，今已 20 岁，去年开始跟随刘炳森学写字，兴致很高。女儿说"去年国庆节在刘炳森家见到过启功先生和欧阳中石先生，在八大处中学也见到过启功先生"。现想请先生证实一下，有无此事？先生接待了她，告诉她虽与炳森很熟，但没有去过刘家，他住什么地方都不知道，八大处中学也没有去过。先生劝她："不要去管女儿，听其自然，'见怪不怪，怪自败'。为了孩子的健康及全家和谐，不要去阻拦孩子，让她去发展。"先生还说："目前某些不明真相的现象尚未被人了解，所以不必去限制孩子为好。"王同表示受到不少启发。

下午，先生为王也赫家藏溥心畬画猿图题跋：

> 心畬公家藏《宋易元吉聚猿图小卷》，有钱舜举题尾，至精之品也。公喜画猿实有所资，此图放笔自运为多，层岩古柏尤具磊落之致，近见公画多赝本，如此精妙，信属奇珍，藏者宜什袭宝之。启功识。

9 月 22 日

先生与萧乾、王楚光、秦岭云宴请由澳大利亚回国小住的郁风、黄苗子夫妇。

9 月 24 日

刘德水来访。先生为其解说北师大出版社《启功絮语》封面"虾蟆禅"印文：《指月录》记载，北宋刘宜翁与真净禅师辩论不胜，真净说他是"虾蟆禅"（"虾蟆"即"蛤蟆"），只跳得一跳——我没什么本事，就会这么一跳。并说封面画取自日本某画师作品。

晚，读张中行《负暄三话》，复信张中行：

> 中行上师慈鉴：所赐《三话》二册，一册当面为周公绍良索去，另一册略读即失踪，遍翻不见，想又为"不告而取"者所攫。正彷徨间，刘君德水知其苦况，下午即送来一册，乃一气读完，觉得此册之感慨深度，又进一层，读之但觉回肠荡气，不知何故！读至"跋语"之末，一跃而起，拍案叫绝。乃口占打油二首，即呈法训：
>
> 观剧逢其悲，饮酒逢其辣。苦果无回甘，负暄有实话。荡气而回肠，喜读

却又怕。所怕唯一言，"过去由它罢！"

　　譬喻多出奇，不啻宣金口。每读负暄话，拍案不以手。人闻叩击声，知我泥其首。妙语天外来，兔爷笑颤抖。

9 月 25 日

李海上午来访，带来家藏明《史可法与薛韩城牍稿》墨迹请先生鉴赏并请先生作跋。先生答应留下，择日来取。

田宝善师傅为给学校油库进油，来请先生再写字送礼。

9 月 26 日

为南京航空航天大学题字。

9 月 28 日

出席日本大使馆的招待会。

同月

安徽宿州农民画家江绍干来访。先生热情接待他，看了他带来的山水画，特别对他一边劳动一边刻苦自学，取得的好成绩给予鼓励。临近中午，为他赠诗：

　　　　来自农家江绍干，山水风光人乐见。

　　　　天真质朴之画师，自学成才之模范。

10 月 1 日

先生得知北京六中与河北阜平希望学校建立协作关系，捐资支援办学，便从他的稿费中支取 3 万元，委托北京六中代他捐给阜平希望学校。先生说："托了解的人办实际的事，心里踏实。"

10 月 3 日

先生在家接待香港照宣和尚。照宣和尚、台湾广元和尚和新加坡的陈声桂，发起办海峡两岸书画展。先生捐出 20 幅作品参展，照宣特来表示感谢，由牟小东先生、周绍良先生陪同。中午，先生在北太平庄路北新开张的"老员外豆花庄"请照宣一行吃火锅。照宣在 1951 年曾和启先生一道去湖南澧县参加过土改。

10 月 6 日

先生出席全国政协常委会。

10 月 10 日

为天津大学建校 100 周年题词，作为北京师范大学的礼品送天津大学：

沽上耆绅桑梓情，讲筵初启已峥嵘。

百年贤隽呈才众，不负良师作育诚。

坛坫高标百岁周，树人大业见鸿猷。

津沽自昔人文薮，更见江河万古流。

北洋大学——天津大学百年校庆，

北京师范大学敬贺，教授启功撰书。

10 月 14 日

赴无锡，出席荣智健捐建的宝界新桥落成剪彩仪式。宝界原有旧桥，系荣毅仁在其父荣德生六旬华诞时所建，今逢德生先生一百二十诞辰，智健秉父志继建之新桥落成，请先生撰写《宝界双桥记》。先生共起草 A、B 两稿，A 稿字多约 780 字，B 稿字少约 560 字，请荣先生选用。荣先生选用了 B 稿。先生在香港义卖书画筹集奖学金时，荣智健认购最多。先生一再提起荣先生对他的支持，精心书写此碑表示感谢。

10 月 19 日

唐长孺先生逝世，先生发唁电，请武汉大学唐先生治丧委员会代向家属致哀。先生说："我非常佩服唐长孺先生的学问。"

10 月 25 日

致高岛义彦函："尊藏《麓山寺碑》，已由张明善先生精心裱成，敬待台驾光临，亲自检收。……"

10 月 27 日

李鹏总理出访韩国，请先生书写礼品。先生写："岱岳远延邻国曙，汉江清映两家春。"

11 月 7 日

全国政协书画室召开主任会议，研究政协大楼装饰画等有关事宜，先生和白雪石、黄胄、吴冠中、韩美林及政协相关人员参加。

11 月 8 日

杭州一朋友带素册来请先生题字，先生写诗一首：

笔底发高歌，中华瑞气多。

西湖应最美，禹域好山河。

福庭同志自浙来，喜谈西湖发展近况，出册索题，拈此求教，一九九四年深秋，启功。

11 月 10 日

河南郑州铁路工人张书玉带着他在汉砖上的刻字来看先生，先生为其题：

> 磨刀刻汉砖，腕力大无边。
>
> 刻出人民语，拓片传千年。

11 月 11 日

故宫博物院接受国家文物局委托，在文博单位调集了一批有典型代表性的赝品书画（包括著名摹本），举办"中国古代书画作品真伪对比展"。

上午先生去故宫博物院参观书画作品真伪对比展，刘九庵先生接待并全程陪同。中午杨新院长招待先生午餐。

为了提高业内中青年鉴定家的鉴定水平，培养后继人才，在举办对比展的同时开办了书画鉴定高级研讨班，请先生和徐邦达、刘九庵、傅熹年等诸位专家讲课。研讨会生动活泼，学员随时提问，先生当场作答，深受欢迎。特别是外地学员来京，初次目睹先生风采，都无比兴奋。最后故宫博物院把展品编印成图录，专家讲话整理汇编成文集发给学员。

11 月 15 日

日本人谷村雄一偕其子来看望先生，目的是请先生给他搜集的《秦汉印谱》作序，先生应允了。

先生给李海收藏的《史可法与薛韩城牍稿》手迹作长跋。

11 月 25 日

致高岛义彦函，就《麓山寺碑》跋文及《龙藏寺碑》揭裱修复问题，通报情况。

同月

应冶金部邀请，为该部离退休老干部讲书法。

12 月 1 日

李海来取走史可法的墨迹及先生的跋文。

先生与李海长谈，李海给先生讲了他的堂侄兄弟二人相似的传奇经历。一人在台湾，肃反中被捕入狱十年；一人在大陆被划为右派，在北大荒劳动十年。两人又分别平反，一人在台湾做到"部长"，一人在大陆文化部做到副部级。以后又各有不幸的遭遇，李海长叹：人生的所遇何其相似！

12 月 10 日

上午香港朋友钟志森来，先生为他写一横幅斋号"曜斋"；又为澳门友人写一条幅；为赣州宋城文化节题诗一首；为海南二中教师吴某题"自强不息"；为江苏饭店经理题"行成于思"；为万年山禅寺写匾。

12 月 14 日

上午去美术馆出席黎雄才 88 岁从艺 80 周年回顾展。出席祝贺的书画家还有白雪石、董寿平、尹瘦石、刘炳森、田世光、周怀民等。

12 月 20 日

先生给友人讲北京往事：

> 在旧社会，不仅外城有妓院，内城也有，就在砖塔胡同内的口袋胡同内，都是从南方带来的年轻女子，供一些大官来这里找女人。外城的妓院有八大胡同，如石头胡同、李铁拐斜街、陕西巷、韩家潭等。
>
> 韩家潭原来是一个姓韩的大官在那里住，后来李笠翁买了那住宅，编《芥子园画谱》，私人出版。李在那里住时，就有了妓院。李曾作过一副对联："老骥伏枥，流莺毗邻。"
>
> 清代管外城的是巡城御史，管内城的是九门提督。

12 月 22 日

致日本二玄社友人渡边隆男等人函：

> 近日获悉兵库县地震灾害严重，凡我友好之士，莫不深切惊怛！窃念贵社近将出版拙作《论书绝句》，倘有稿酬，全数敬求代捐救灾机关充作捐款。

12 月 29 日

周怀民先生从艺七十周年，夫人计燕荪来请先生为周怀民题字。先生作诗四首，写四尺整纸中堂一幅：

> 闰余成岁九旬人，地上仙踪绘苑春。

草木山川钟秀气，同来腕底助精神。

弱冠从师受艺初，耕烟名迹几番摹。

灵怀法乳通今古，壮岁芦塘似天如。

斧劈成皴笔势工，溪山清远夏家风。

刚柔妙谐能相济，更拟桃源沈士充。

奇花异果入新图，老军纷披兴不孤。

颗颗蒲桃增寿酿，登筵富丽走明珠。

一九九五年新春奉题，

怀民学长从艺七十周年展览，启功。

12 月 30 日

柴剑虹来看先生。

赵仁珪等为先生包饺子，送来饺子 88 个，取吉数拜年。

12 月 31 日

上午 10 时，李岚清副总理来向先生拜年。同来的还有教委主任朱开轩、副市长张百发等。谈话约 20 分钟离去。

启先生再谈有人想要付钱买条幅事。经考虑，如像荣宝斋一样标价不好，如标价低则都来学校索要，将难以应付，所以决定在学校不接待为妥，作品只给荣宝斋。

同年出版的主要著作有：

《从〈戏鸿堂〉看董其昌对书法的鉴定》（修订稿）发表于《中日书法史讨论会论文集》。

《从单字词的灵活性谈到旧体诗的修辞问题》发表于《北京师范大学学报》1994 年第 6 期。

《启功絮语》由北京师范大学出版社和香港虚白斋同时出版。

1995 年（乙亥）83 岁

1 月 1 日

去人民大会堂出席新年茶话会。

1 月 16 日

中国人民抗日战争纪念馆请先生写碑，先生题："民族正气，浩然长存"。该馆请先生题碑的缘起，是旅日福建同乡会林其根会长发起捐款建碑。林原是新四军的旧员，抗日战争胜利后去日本，为中日友好做了不少工作。先生在日本见过此人。

1 月 18 日

出席中共中央统战部和国务院办公厅举办的春节招待会，李岚清副总理在会上通报目前经济形势。

1 月 25 日

全国政协秘书长朱训及国家文物局、中央文史馆、荣宝斋的领导先后来给先生拜年。

中宣部副部长郑必坚来看望先生。

同月

为《书法杂志》创刊 100 期题诗：

书苑萧条久，孤鸣第一声。

刊成一百期，叶叶起飞鸿。

墨守无余地，金针有大功。

绵延更千万，艺海见豪雄。

2 月 9 日

上午去雍和宫参加佛事活动。

2 月 11 日

黄苗子、郁风夫妇书画展开幕，先生前往祝贺。

2 月 13 日

杨国昌副校长拜访先生，主要谈赵朴初等提出建议，从中学起加强古典文学教学，为此事来征求先生意见。先生认为，从小打好古典文学的基础很有必要。

邓小平的家乡来人，请先生写"功在千秋"4个字。先生为他们改写一字，写了"功在千春"。来人很高兴。

有帝豪大酒店要求写招牌。先生说："帝豪"不写了，写"三座大山酒店"不好么？婉言谢绝。

3 月 1 日

中国科学院大气物理研究所，为叶笃正院士庆祝八十华诞，来请先生题词。先生集《诗品》句：

> 神化攸同，走云连风。
>
> 超以象外，积健为雄。

3 月 12 日

八届全国人大三次会议和全国政协八届三次会议举行，先生出席。

两会期间，政协书画室举办政协委员、人大代表中的书画家联谊会，先生出席。

3 月 20 日

上午，教育电视台再来采访先生。

先生近来身体欠佳，傅熹年先生来看先生。

同年春

为重新修复的《麓山寺碑》作跋，日本二玄社重印此碑。

4 月 5 日

王世襄来信：

> 自然科学史研究所及清华大学准备整理编纂《清代匠作则例》，拟向古籍整理出版规划小组申请补助。打印材料属襄转呈，并谓求大力支持，如蒙向匡老进一言，重逾九鼎，尤为感盼。

4 月 9 日

西安碑林出版碑帖集，请先生题签，原要求先生写《西安碑林集粹》。先生说，现在碑林的碑太多了，此语不确切，改题为《西安碑林古刻集粹》，加古刻二字十分妥帖。

先生得知日本书法家宇野雪村逝世、北京师范大学张禾瑞先生逝世。回忆与两位先生的交往说："一九五六年我和张先生一同去南方视察基础教育时住在一起，曾见他写家书，张先生的父亲张心谷，是一位银行家，他家藏有《张猛龙碑》。"先生还说，他年轻时见过此碑。又说："有三个日本人和我同岁，宇野雪村，青山杉雨，村上三岛。"

4月10日至22日

先生陪同人大常委会委员长乔石去日本和韩国访问。先生说：

这次去日本，我只去二玄社谈修复《麓山寺碑》的跋文（先生写的跋文约500字，已用小楷抄清，明天即可带去），其他地方都不去，也不在房内会客，有客人来即在宾馆的接待室会客。因为有病，也不回访，请他们原谅。

4月24日

先生因腿病住院。在去韩国的第二天，因上厕所未拿手杖，地滑右腿再次扭伤。

4月25日

去中国美术馆出席周怀民先生从艺70周年书画展开幕式。

5月10日

先生住北大医院，上午雷振方回京来探望。

5月14日

致湖北美术出版社函，指出该社出版的《中国历代书法家像赞》一书冒启功名义题签，殊属不当。

5月20日

最近先生身体欠佳，为了安静，在门上留了一个小条：

光阴可贵，不能白费。

您只看看，我太受罪。

启功生病，无力酬应。

君子自重，君子自重。

原字条是用毛笔书写，今日已被人揭去，先生换上了圆珠笔书写的，用胶水整体粘在门框上了。

6月14日

吴南生来信：

今年秋冬，望能来粤休息，此间有幽静的别墅，可避俗客，甚宜安居。至盼至盼！另有请者，在兄长精神清爽，且有闲暇时，恳赐书题签二款，对联一副（内容另纸），以作出版书画册之用。

6月17日

为世界反法西斯战争胜利50周年题词：

战胜侵略者，消灭法西斯。

至今九五年，五十年于兹。

普天同庆贺，更要深长思。

前事之不忘，后事之良师。

反法西斯战争胜利五十周年纪念，启功。

6月29日

北师大二附中的校长、书记上午来看先生，聘请先生任文科实验班的顾问。先生同意。先生对他们说，他现在给硕士研究生讲练习文言文的写法，给研究生补古典文学的基础知识，叫"猪跑学"。俗语说："没吃过猪肉，还没有见过猪跑么？"说明打好古典文学的基础很重要，但对中小学生教授古典文学，要循序渐进。

7月17日

先生作《"太白仙诗"辨伪》一文，今日完稿。

7月26日

中央统战部刘小萍、胡治安、郭华及中央文史馆王海容、王楚光等到家中看望先生，祝贺八十三寿辰。

同月

北京师范大学举办"启功语言文字学学术研讨会"，先生在开幕式上作了《秦书八体与书法》专题讲演。

8月1日

北京师范大学举行陆宗达先生诞生90周年学术纪念会。先生作《颂言》二首：

学溯蕲黄承绝诣，微言故训首名家。

后堂丝竹传经乐，多少英贤出绛纱。

回首交期六十春，人间已换几番新。

《汉书》下酒微伤雅，何似擘杯听《说文》。

昔年燕聚必推颖老讲《说文》数字，四座举杯而听，今惟不佞一人在矣。

先生在学术纪念会上作了即席发言：

陆先生算是我的老前辈，比我大 7 岁，管我叫小启。当时在辅仁的青年教师中我也是岁数小的。后来又来了个比我更小的周祖谟，于是他成了小周，我升成中启。对陆老我有几方面的认识，人是最坦率，平易近人，说错了什么，也乐于承认，表里如一。除了人品外，还有学品，特别值得我们纪念，陆先生不摆架子，不摆训诂学家、音韵学家、语言学家的架子，讲一个字不厌其烦，真正诲人不倦，不教会你不罢休。兴趣也广，会唱昆曲，还上过台，唱"游园惊梦"，扮过大花神。通文学，对史学也有研究。记得我们在辅仁教书时一起吃饭，饭前等菜时，陆先生就用饭馆里开菜单的条子，拿笔在上头写写画画地讲《说文》。比如讲"碗"字古时候怎么讲怎么写，"炸"字在古文字里怎么写怎么念，到今天意义有什么变化。不讲几个字，大家不吃饭。所以当时我们都怕早上菜，大伙儿举着杯不喝酒，陆老讲一个字大家喝一杯酒。到而今，当初席面上的那些个人只剩我一个了，所以今天我心里头这酸甜苦辣也说不出个滋味。

8 月 8 日

中文系孙敬同老师的孩子换肾后已第五年，开始排斥，最近又要摘除，每周要透析两三次，每次 400 元，生活困难。先生愿尽量给他一点帮助，便从他的稿费中取 1 万元派人给孙老师送去，并嘱咐不必张扬。孙老师一再表示要来人代他感谢先生的关心。他还说 1985 年先生去日本时也很困难，是向系里借了钱，回来时却用自己的稿费买复印机送给系里。

8 月 17 日

下午深圳汪浩来访，他以 12000 元购得先生 20 世纪 40 年代的折扇一件，请先生证实。

8 月 18 日

人民大会堂请先生为抗日战争胜利 50 周年题词，先生作诗如下：

前事不忘，后事之师。

痛定思痛，念兹在兹。

务必自腐，而后重生。

自强不息，其谁敢欺。

为荣宝斋的大砚题诗二首：

端州石骨发虹光，缭绕松云鹤寿长。

我欲隃麋磨一寸，挥毫题句满高堂。

鹰松谐韵是英雄，山骨端溪錾凿工。

巨手隃麋磨几寸，高挥椽笔写晴空。

8月25日

上午接待高岛义彦，高带来《芥子园画传》及《十竹斋画谱》向先生请教。先生讲有陶兰泉藏书印的本子好，陶是民国初年的收藏家，《画传》不是一个本子，当时（乾隆末嘉庆年间）是畅销书，学画者很难得到，由于需求多，翻刻本就多起来。

随后先生陪同高岛去琉璃厂东南园十四号看望张明善先生，了解被水浸泡过的《麓山寺碑》的修复情况。

8月26日

先生又作诗并写成条幅赠张中行先生，中行老读后对先生讲："英文字母入韵您是第一人"：

卡拉 OK 唱新声，革履西装作客卿。

五亩蚕桑堪暖老，四邻鸡犬乐滋生。

齐王好乐谁参与，姜女同来未可能。

莫笑邹人追现代，半洋半土一寒伧。

有位朋友想出版作品集，带他的书法作品请先生指教，先生指出其中的错字，说：

奉送您一句话，要印作品，就要能在四五年后看到它不觉得后悔才行，你可能太忙，离帖太远了些，要多练习临帖。

9 月 7 日

先生出席中共中央统战部和国务院办公厅举办的中秋招待会。会议由王兆国部长主持，中央书记处书记吴邦国向国务院参事及文史馆员祝贺节日并讲了当前国际、国内形势。

9 月 12 日

先生曾为李铎书写的《孙子兵法》题词。李已刻碑，今日送来拓片。先生题词为：

猿臂伸来录异书，淋漓点画古藤粗。

鸿都门下中郎笔，视此豪情逊不如。

六千文字百余石，信手镌来若等闲。

纵使庞涓逃树下，也难擎此重如山。

9 月 21 日

先生的一位开个体画店的朋友张清晨，早年也曾跟随吴镜汀先生学画，今天带了两件吴先生遗画，请先生题跋：

一、题秦岭青石崖胜景：

吴镜汀先生写生遗作也。山川草木深厚，草滋烟云变幻，境界幽深，赵伯骕《万松金阙图》同此笔趣，不独颉颃大痴，实境古法同备于此，可宝也。启功敬识。

二、题关松房春云晓霭图：

松房先生遗作，景物清新，笔致生动，信可珍也。

9 月 22 日

致史世奇函：

……赐笔四支，实实在在好用极了，可以写寸内小字，圆转应手。这几天被买来的坏笔所困扰，正在恼火中，忽降奇珍，万分高兴。兹特希望能有较小于这种型号者，希望代觅几支，如曷得者，请即寄下，大旱之得甘霖，不是过也！！……又见兄用陈硕先生所刻之印后，即与陈通电话，蒙见告印痕楼代管其刻件，已有三方请其奏刀，明日上午即可拿到，待见印后，仍将求其续刻。此笔此印，切身所需，今得解决，如愈大病。悉出鼎力，感切莫名矣！

9 月 30 日

章沁生来为多位部队首长求字若干。

同月

为民族出版社出版《丝绸之路交通碑铭》题签。

10 月 7 日

先生为"杨健健花卉写生展"题贺词：

> 卉木长新，彩笔回春。
>
> 艺通中外，造化精神。
>
> 乙亥夏日奉题。

10 月 9 日

致好友曹家祺的夫人陈哲如函：

> 曹彦嘱书"捷捷公司"牌匾，兹书成奉上。曹彦经商，功未能有所帮助，区区一个匾额，绝不收任何报酬，请告曹彦更不要客气！曹洁要字一定写，洁既在京，写成可请其到舍下来取。尊体想安胜！曹彦结婚未？俱所驰念！

10 月 11 日

先生出席故宫博物院成立 70 周年纪念会。

10 月 16 日

先生新购《王石谷画册》。他说：

> 此册是王石谷二十岁时作，我学画时在老师家中见过印本，当时就很喜爱。后徐邦达从一位收藏家手中以两条黄金买过，当时还有一个很精致的小木盒，后来不知流入谁手，"文化大革命"中在杭州被抄，现发还给主人，拿出来拍卖，被我买来了。

10 月 18 日

下午，陆善镇校长到先生家，先生谈了励耘奖学助学基金理事会换届之事，建议增加傅熹年、陈智超任理事，并商定适当时候开理事会。

刘乃和先生来找先生聊天，谈及小保姆未打招呼即不辞而别。这几天电话也坏了，不通了，她感到很孤独，伤感地说："十二亿人口的中国，只有我自己孤独。"她来先生家就是想谈谈心，但看见人多，没能详谈即告辞了。

10 月 19 日

致高岛义彦函：

程伯奋先生藏法书集的"题词"一篇，敬请斧削，如有不适宜处，请不客气地修改。此稿奉上，恐已耽搁了时间，请原谅！（后附题词一篇）

10 月 30 日

王遐举先生逝世，先生去八宝山参加遗体告别仪式。

11 月 10 日

先生对《韵语》再版提出建议：

1. 排大些字，不要加格；按他已看过的样子为准。

2. 封面不要用硬精装，封面上用蛤蟆坐禅的图案并用"蛤蟆禅"印章，与《絮语》一致。先生藏有一本蛤蟆坐禅的日本连环画，他比喻自己的本事像蛤蟆只此一跳，并刻有一印章"蛤蟆禅"。

11 月 12 日

先生与萧乾、王楚光到萧劳先生家中向年高德昭与世纪同行的老寿星恭贺百岁华诞。

11 月 14 日至 17 日

出席《中国美术全集》编辑工作会议。

11 月 18 日

先生的《汉语现象论丛》出版后，由于文化积蕴极为丰厚，加之观点新颖、旨意宏远，引起了文学界和语言学界的热烈反响。上午，中文系举行"《汉语现象论丛》学术研讨会"，到会校内外学者有赵诚、陈振寰、董琨、程毅中、李侃、傅璇琮、程正民、童庆炳、赵仁珪、谢思玮等 100 余人。

11 月 20 日

中央电视台录制的《东方之子——启功》专辑今日完成，光盘已送来。开始先生不同意录像，曾开玩笑说："我是东方之孙。"他介绍中央电视台来人先去采访钟敬文先生、张中行先生，最后不得已接待了采访。

11 月 21 日

全国政协副秘书长赵喜明来看望先生。

12 月 13 日

致故宫博物院领导函《敬为国家文物机关收藏文物书画去伪存真而呼吁》，提出：当务之急，是加强鉴别力量，赶紧培养人才。

同月

为王大观绘《旧京环顾图》长卷题："京华岁宴图。"

同年

国家文物局外事处处长王立梅赴美国筹备"中华文明五千年展览"，出发前先生委托她在美国寻访一位名叫安思远的美国人。先生说："他手里有一本宋代真正的祖帖《淳化阁帖》，是我们的国宝，不见此帖，我死不瞑目。"他希望王立梅能够说服安思远，让国宝到北京来展出。王立梅到美国后，多方打听，找到了安先生，并看到了安先生珍藏的、启先生魂萦梦牵的《淳化阁帖》。安先生一口同意，适当时候把《淳化阁帖》拿到中国展出。

同年

获观张大千先生赠陇右进士范远岑的行书中堂，作跋：

此大千先生真迹，时在敦煌摹画，以余墨作书，遂与平日题画之笔微异。

同年

天津《中国书画报》创刊 10 周年，请先生题词：

十年报誉满津沽，书画新闻辟坦途。

今日征诗留纪念，我惭老笔太糊涂。

同年发表的主要著作有：

《故宫博物院古代书画给我的眼福》1995 年 11 月发表于故宫博物院建院 70 周年专刊。

《启功论书绝句一百首》由荣宝斋出版社出版。

《"太白仙诗"辨伪》发表于《传统文化与现代化》。

1996 年（丙子）84 岁

2 月 14 日

出席中共中央统战部和国务院办公厅举行的国务院参事、中央文史馆馆员春节招待会，姜春云副总理代表党中央和国务院恭贺新春并就国内外形势发表讲话。

2 月 22 日

周绍良先生来访。

2 月 26 日

河南青年王天华到先生家求字，自称 1993 年毕业于河南大学，现在浙江一广告公司打工，言其父患肾病，子又患肝病，家中困难，向先生求字，欲去换钱。先生为他写了一副对联。

3 月 10 日

两会期间，全国政协书画室在政协礼堂举办政协委员、人大代表中的书画家联谊会，先生出席。

3 月 11 日

为装饰政协办公大楼，在京书画家作书画，先生写自作诗四条屏，又作六尺整纸葡萄一幅。

3 月 26 日

今天连续接待三批客人：傅熹年、武文祥、苏士澍。又写了一批牌匾。

3 月 28 日

励耘奖学金第三届评审委员会开会，经研究今年把奖金额度适当提高，本科生提高一倍。另据先生提议，自今年起，增设特困生助学金，每年新生入学后发放，共 50 名，每人 500 元。

4 月 2 日

史世奇拿了溥佐画的《山石兰草图》请先生看真伪，画上题："如玉复如金。"先生看后说："字是溥佐写的，画不知是哪个孩子画的。"随手为此图题诗一首：

> 片石似申拳，丛兰踞顶巅。
>
> 隃麋真比玉，一纸值金钱。
>
> 坚净翁启功题。

可爱的启功先生

4月5日至8日

先生在王海容带队下赴杭州出席"中华艺园西湖春会"。这次春会是由中央文史研究馆倡导、由浙江近江集团和杭州二轻平价市场联合举办，邀请北京及香港、台湾、澳门地区并浙江的书画家参加的一次雅集。出席这次雅集的北京书画家还有秦岭云、田世光、刘继瑛、齐良迟，以及香港地区的王子天、赵世光，台湾地区的齐奇等共20余人。书画家们除各自为杭州留下书画墨宝外，还合作了一件巨幅国画。先生有题记：

> 踏清名媛俯清流，共赏湖山卉木稠。
>
> 证得时和共物阜，百昌相颂乐悠悠。

这次恰好柴剑虹也在杭州，陪同先生参观，比较轻松。在杭州还应《浙江日报》的要求，为该报的副刊《周末文荟》题诗一首：

> 周末文荟，众艺之最。
>
> 湖山可钟，群贤所萃。

回到北京以后，先生戏言：这次西湖之行是书画家给乡镇企业写字，乡镇企业给文史馆捐钱。

据柴剑虹回忆，4月7日上午由柴剑虹、章景怀及浙江摄影出版社丁珊陪同观赏龙井，先生兴致勃勃地在"小沧浪"井口观看水揽龙纹，在假山前与陪同人员合影，然后坐下来品茶试茗。下午又到玉泉山小坐，在他为观鱼池书写的"鱼乐人亦乐，泉清心共清"对联旁，兴高采烈地和大家边喝茶边聊天。离开杭州之后，先生还应浙江省政府工作人员的要求，写了"龙井问茶""龙井御茶园"。（摘自柴剑虹《启功品茶》）

4月18日

为博士生谢思炜主持毕业论文答辩会。

王方宇来函：

> 今有方宇学生安思远，美国人，藏有原拓《淳化阁帖》三册，此间拍卖公司推为国之重宝。今经安思远嘱托，修函报告，将于今秋携来国内，在中国北

京故宫博物院展出，希望届时光临指导，并请于出入国门海关有所指示。

先生见信后很高兴，为安思远携国宝来展事，请故宫博物院及海关都能关照。

不久，安思远带着《淳化阁帖》来到北京，经先生与刘九庵等专家仔细鉴定，从印章、题跋的流传有序确定这部《淳化阁帖》就是北宋祖帖。故宫博物院专门举办了"安思远先生珍藏中国文物展"。先生出席并剪彩。

4 月 19 日

上午为弘扬励耘精神，北师大校长主持召开励耘精神座谈会，请先生及刘乃和先生、郭预衡先生、周之良书记等参加座谈。先生在会上回忆了陈垣先生对自己的教育和影响。

4 月 30 日

先生寄给香港马国权的《论书绝句一百首》手稿辗转在北京嘉德拍卖会上出现，先生与拍卖公司谈妥，付人民币 16 万元收回，戏言："别让它再到处流浪了。"即兴赋《南乡子》一首：

> 小笔细涂鸦，百首歪诗哪足夸。老友携归筹旅费，搬家，短册移居海一涯。
> 转舜入京华，拍卖行中又见它。旧迹有情如识我，哎呀，纸价腾飞一倍加。

5 月 1 日

先生去香港访问、讲学，上午出发。预计 10 日回京。

先生下午 4 时半到香港，香港联合出版集团总裁李祖泽接先生一行。

5 月 2 日

上午先生由雷振方等陪同到香港荣宝斋、集古斋参观。

5 月 3 日

上午先生到中银大厦徐展堂文物馆参观，看到有一幅款题"王原丰"的画，钤一"王鹿公"印，先生立即指出："这是王树毅，是华嵒的老师。"

5 月 5 日

上午先生和王悦去讲课并录像。

5 月 6 日

上午先生去中信泰富公司见荣智健。下午先生到香港艺术馆大业书店，会见庄寿仓。

5月7日

上午，先生到香港艺术馆看刘作筹捐赠书画，许礼平、雷振方、钟志森陪同观看。

5月8日

上午，继续到香港艺术馆看藏品。

5月9日

上午去大屿山宝莲寺，先生和智慧法师交谈，询问寺院情况，并当场题写"南无释迦大如来"一幅相赠。后先生在智慧法师陪同下，步行多级石阶拜谒天坛大佛，并沿大佛莲花宝座下行走一周。

5月10日

乘机返回北京。

5月12日

为章沁生写条幅若干条。

5月15日

下午杨国昌、常汝吉看望先生，并再谈请先生担任书法教材顾问。先生婉辞。

5月21日

聂菊荪看望先生，请先生担任教育学院函授部名誉董事长。先生表示同意。

5月22日

华君武的漫画展在炎黄艺术馆开幕，先生前往祝贺。

5月24日

上午10时，先生心脏病犯了，11时送北大医院。

6月11日

印刷博物馆来人，给先生送博物馆成立纪念册，册内印有先生为印刷博物馆书写的纪念碑碑文。

6月

北京广化寺正在编印《广化文库》，牟小东先生建议将广洽法师印行的《护生画集》编入《文库》流通，当即得到该寺住持怡学法师的同意。先生听到这一消息，甚表赞同。他说："弘一大师发愿流布《护生画集》，是以艺术作方便，人道主义为宗趣。必须多注意于未信佛之新学家一方面，推广赠送。所以裱纸与装订，应注意新颖醒目，俾阅者一见裱纸，就知其为新式艺术品，非是旧式的劝善书。"先生还叮嘱说："这是大师的悲心宏愿，我们在重印书的过程中，也应当如法谨遵。"并捐重金资助。在北京广大信众群策群力积极努力下，是书终于在很短时间内问世，广为流通。

7 月 1 日

为北京师范大学艺术系书法专业的学生讲书法。讲演内容后来由秦永龙据录音整理成《破除迷信——和学习书法的青年朋友谈心》，收入《启功讲学录》。

7 月 24 日

致中华书局陈抗函，感谢陈先生送来《诗文声律论稿》再版之校样，并在需加处理之处用红笔画出记号，请陈先生再过目，信中特别感谢陈先生又做过仔细校勘：

今晨承示拙稿，蒙仔细校勘所见诸疵累，既深感荷，又见编辑工作之细入毫发的注意力，不但鄙人衷心佩服，又见无数作者未必俱能亲自体会，而读者草草过眼，又无人能见到、觉到乃至意识到尚有无名英雄在背后曾付出极大精力。而作者争稿酬，出版社扣效益，不知责编获得一句由衷的良心话否？

7 月 26 日

首都精神文明基金会请先生任艺术顾问，并请先生书："精神文明"。

同月

撰写"郑诵先先生法书遗墨汇编跋"。

8 月 4 日、9 日、17 日、24 日、29 日

连续致陈抗函：谈《汉语现象论丛》的校订、修改补充问题。

8 月 10 日

致国家教委朱开轩主任，建议对博士研究生进修科目拓宽，增加文化常识课。信中说：

文化常识不但对整理古籍有用，即在其他社会科学方面，亦有一定之用处；不但博士、硕士乃至本科学生亦俱有充实之需要。因此中文系原有之"古典文献"科目，实有保留之用处。今后培养之内容，更宜扩大，不仅限于古籍，而宜使之先广阔之文化常识，基础既具，则专门学科之深度，不难有所进益。如为内容明显，似可改称为"文化文献"，则标题与内容相应，其范围之扩大，更易为人了解。

8 月 22 日

香港联合出版集团为 1997 年香港回归祖国，策划特区政府礼品，准备请当代著名画家十人各作书画二开，集成一册，彩色宣纸精印，用来赠送参加回归典礼嘉宾。委托博雅艺术公司出版，下午雷振方来，请先生为此册题诗作画。

同月

先生参加鉴定《十咏图》。一位东北老人携一幅宋代《十咏图》来北京拍卖。《十咏图》的作者是北宋词人张先，因画上题有十首诗而得名。画的风格接近于《清明上河图》，具有很高的文物价值。在这幅创作于 900 多年前的画上，可以看到清朝历代皇帝的印鉴。可见此画颇受清皇室的重视。1924 年冯玉祥率兵驱宫时溥仪以赏赐的名义将一批重点国宝偷运出宫，这幅画就是以赏给其弟溥杰为名带出的。经先生与傅熹年、徐邦达、刘九庵等专家鉴定为真品，故宫博物院以 1800 万元收回，流失了近一个世纪的国宝终于回到故宫。

同月

五桂山房主人欧初先生自广州携《刘墉小梅粹金书法卷》《刘墉楷书真迹卷》《查士标临苏东坡墨迹卷》来访，请先生鉴赏。先生鉴定皆为真迹并逐一作跋，赞欧初先生："独具卓识，宝此精品，至堪钦服。"

9 月 6 日

出席中央文史研究馆举行的"全国文史研究馆成果展览"新闻发布会。

9 月 15 日至 10 月 23 日

先生和王世襄、傅熹年、傅太太（李良娱）、章景怀，应荣智健之邀，先赴香港，再由庄寿仓先生陪同，绕游纽约、伦敦、巴黎，参观各著名博物馆，于 10 月 23 日返京。先后历时 38 天。先生说："此行身体很好，无时差感。"

此行乃荣（智健）家为感谢先生书写《宝界双桥记》碑之劳而邀请。

在美国参观了纽约大都会博物馆、华盛顿博物馆、波士顿博物馆、费城博物馆，先后看了宋、元、明和清初名家的极品和精品，鉴赏了收藏家王己千先生许多藏品，特别是看到了与《八十七神仙卷》齐名的北宋武宗元绘制的《朝元仙仗图绢本白描水墨长卷》。他感叹中华文物流失他乡的可悲，又赞叹"洋人"对我国文化瑰宝的尊重与爱护。

在英国参观了大英博物馆，参观该馆时，见到有一件他在敦煌卷中的跋文，有人指为伪作。他当即用另纸著文更正：

一九九六年十月十日下午，获观馆藏敦煌经卷，其中有晚唐五代写经。拙笔所书者，闻有妄人指为伪作，因为志此，以奉告典藏诸君，自古法书有真有伪，而此辈妄人呓语，切莫听也。王世襄、庄寿仓、李良娱、傅熹年、章景怀、启功。

当时先生年已 84 岁，又从英国再飞往法国，已经转了地球大半圈了。

先生一行在巴黎转了一些地方，如卢浮宫、埃菲尔铁塔和凡尔赛宫。

先生腿脚不好，在卢浮宫里是坐着轮椅欣赏油画的。卢浮宫里到处都是裸体画，大部分都是女性的，西方艺术将展现身体美视为绘画的重要部分。先生坐在轮椅里突发奇想，说他明白了为什么那些成名的留法画家回国后喜欢画裸体，却是源自西方。把中国题材的作品，画成裸体，也是为了表现自己素描的功底。

当时代表团的其他人都进凡尔赛宫游览，只是先生不肯进。他说自己走得慢，别影响大家，在外边看看就行了。

后来才知道原来他不肯进去是心中有事，玩兴不高。他到巴黎最想看到的东西既不是卢浮宫的丰富馆藏，也不是巴黎圣母院的庄重，当然也不是凡尔赛宫的辉煌。他欣赏西方的文学艺术，但是他更看重中国的传统文化。

他最想看的是敦煌拓本。

敦煌书简和拓本在 20 世纪初被发现以后，许多文物流落西方。法国人和英国人各掠去了一部分，其中法国人那部分比较多，被一直藏在巴黎的国家图书馆内，就在卢浮宫旁边。法国人为此专门成立了敦煌文件研究小组，召集了为数不少的汉学家，分门别类，将文献保护得比较好。

先生万里迢迢来到法国，心中抱着能够亲眼目睹几件珍宝的愿望。他最想看的是欧阳询的《化度寺塔铭》和唐太宗写的《温泉铭》。

经过努力，巴黎国家图书馆那个举止优雅的女负责人终于破例答应接待先生一行。

那天听说去看拓本，先生心情大振。天还下着小雨，他就像孩子般饭也不想吃，急着招呼大家走。结果一行人冒雨步行去图书馆，在卢浮宫旁边的日本小饭馆草草地吃了碗乌冬面，赶到巴黎国家图书馆时时间正好。负责人亲自等在门口，还是个周末，其他人已经下班了。那位法国女学者特意把先生安排在地下的一个收藏室里面，亲自将这两件珍贵的拓本捧到先生面前，并留出足够的时间给他细细地观看。

先生坐定，把着那两件拓本看了又看，一边摇着头，后来把桌子一拍，大拇指一竖说："好，好，不虚此行啊！"

先生在香港行程：

9月15日

下午，庄寿仓、雷振方等到机场，接先生、章景怀、傅熹年夫妇、王世襄一行到港。住香格里拉饭店，晚，庄寿仓请大家及苏浙同乡会餐。

9月16日

庄寿仓陪先生一行在港活动。

9月17日

启先生、王世襄先生、傅熹年先生夫妇由雷振方陪同，到中环、尖沙咀购物。晚庄寿仓陪各位先生到港丽酒店用餐。

9月18日、19日、20日

先生一行在香港休息、逛书店、逛街。等签证后离港。

10月18日

先生一行回到香港。

10月23日

上午，启先生、傅先生夫妇、章景怀乘飞机回京，庄寿仓、雷振方到机场送行。

10月29日

致陈抗函，谈《汉语现象论丛》的"前言"增改问题。

11月12日

香港钟志森带陆俨少青绿山水和设色山水两个手卷请先生题跋：

陆俨少先生笔俱造化之工，落墨便有宋人之工，元人之韵。仆曾见其写《少陵秋兴八景》小卷，景物变幻，赋色沉古，虽黄鹤山樵不足过也，今复观此双卷，水墨沉厚，源于董巨，青丝秀倩，依稀停云家法，乃知大手笔固无所不能也。前岁骤归道山，其遗迹更为世所珍垂，而飞兔人从而伪，非好事者不能辨，真赏之士愈益求图视之矣，此双卷益其迹之精者，藏家幸什袭焉。

11月15日

李开鼎请先生为《纳兰成德集》题签。

12月9日

北京市希望工程办公室来人，请先生为希望工程题字，带来别人画的一幅长城画，请先生在这幅画上题字，参加义卖，捐助希望工程。先生用另纸题了一首诗：

> 弥天希望大工程，多少儿童待启蒙。
>
> 济困扶贫培国本，非同纸上画长城。

12 月 11 日

庆香港回归画册单页已印好，雷振方同香港来人请先生为所画水仙、部分印刷品签名。此画册中附有十位画家在所画印刷页亲笔签名的珍藏本，赠送贵宾。

12 月 20 日

先生为所印水仙画页亲笔签字 88 张，交雷振方带回香港，与其他各家合装成册。

12 月 25 日

上午曾宪梓来校，为学校捐款建教学楼，校长请先生和钟敬文先生参加接待。在欢迎会上校长将先生题词赠给曾先生留念。

> 科技兴邦，大业无疆。
>
> 德智体美，四育兼长。
>
> 精神文明，民族之光。
>
> 鸿施普教，国本辉煌。
>
> 　　　　　　　　　　　　一九九六年冬启功撰书。
>
> 　　　宪梓先生功在教育奉此留念，北京师范大学敬赠。

同日

晚，汪浩自深圳来，带来他买到的一副先生写的对联，请先生证实真伪。原联内容是："花里帘栊晴放燕，柳边楼阁晓闻莺。"先生说这是他的"拙作"。并在上联右侧题写小字两行：

> 董平先生偏嗜拙书，近收此联，嘱为题识，以定真伪。今有俗谚每曰"伪劣产品"，因敬告之曰：此品不伪而劣，为可愧耳，启功。

本年是商务印书馆创立 100 周年，先生应邀出席纪念会并书赠贺诗一首：

叔世奇勋在启蒙，古今文化得沟通。

十年曾历尘沙劫，终见重光净太空。

商务印书馆创业一百年纪念，是为民族兴隆文明昌盛之庆。一九九六年秋启功敬颂。

同年发表的主要著作有：

《"太白仙诗"辨伪》发表于《传统文化与现代化》1996 年第 2 期。

《〈徐无闻先生著作集〉序》发表于《光明日报》1996 年 5 月 4 日。

《启功韵语》（第二版）由北京师范大学出版社出版。

《真宋本〈淳化阁帖〉的价值》。

《溥心畬先生南渡前的艺术生涯》（为台湾地区学术会议撰写）。

《汉语现象问题讨论论文集》1996 年 7 月由文物出版社出版。

1997 年（丁丑）85 岁

1 月 9 日

全国政协主席李瑞环宴请先生和白雪石、尹瘦石、吴冠中、韩美林、刘炳森等著名书画家，共庆新年。

1 月 10 日

冯亦吾书艺馆来人请先生写"冯亦吾书艺馆"牌匾。先生对来人说，他早就认识冯亦吾。冯是苏北人，原来是位记者，当时先生在辅仁附中教初中语文，高中缺教师，老校长决定招聘，冯亦吾考了个状元，李士琚（号佩寒）考了个第二名，其实一共只招两名。新中国成立后，先生住在小乘巷，曾在西城区业余补校教语文，冯住在东观音胡同，也在业余补校教书，二人曾为同事，先生被划为"右派"后，不再去补校教书了，与冯联系就不多了。

先生还谈到关于"外行领导内行"的问题。先生说：

在艺术界绝对不能由内行领导，我深知其害。新中国成立前余叔岩买马连良的票，送给摆烟摊的、扫马路的去看戏。意思是马连良的戏，只配一般人看。内行之间互不服。我当年被划右派，被批判，就因为有此言论。他们说："你既是右派，就必然有此言论。"

1 月 15 日

先生为国家行政学院题写："滋兰树蕙"。取字人请先生解释，先生说：

> 这是屈原《离骚》中的名句。原文应是"余既滋兰之九畹兮，又树蕙之百亩"。以种植培育香草众多，比喻广育英才。

1 月 23 日

国家教委副主任柳斌来给先生拜年。柳斌 20 世纪 60 年代毕业于北京师范大学中文系。

1 月 24 日

某出版社拟出版《当代名家书法集》，请先生出作品，并请先生题书签。先生说："题写书签可以，但是我不给他们提供作品，我不能自称名家。"最后只题了书签。

1 月 31 日

出席中共中央统战部举办的春节招待会，姜春云副总理在祝词中指出今年是我国发展史上至关重要的一年，面临即将召开党的十五大和恢复对香港行使主权两大喜事。

同月

为沙孟海先生论文集出版贺诗一首：

> 艺圃钦南斗，词林仰大宗。
>
> 襟期同止水，风范比长松。
>
> 绛帐英才聚，霜毫笔陈雄。
>
> 学书求得髓，熟读自登峰。

同月

山东菏泽园艺家晁中继为先生和赵朴老分别送白牡丹一盆祝贺春节，先生次赵朴老韵为晁君作诗致谢：

> 南国水边初一见，燕都今见满园春。
>
> 纷纷黄紫看曾惯，诗老高吟雪色新。

赵朴老原诗：

> 正是一年将尽夜，不期病室现三春。
>
> 感君巧夺天工手，为我争来粉黛新。

2 月 13 日

孟宪章来函，谈自己对《瘗鹤铭帖》考证后所见：

> 春节前一见，谈及《瘗鹤铭》在半"逸"字下未剪余线中有残存笔画识出"諜"字，此册《瘗鹤铭》淡拓无涂未剜，只是次序乱些，已付工重装。
>
> 现存《瘗鹤铭》89 字，此册多"逸""諜""午"三字计 92 字，现存之《瘗鹤铭》几经重剜面目全非了。
>
> 《瘗鹤铭》另有两件未剪本，约嘉道间拓已剜过，以淡拓为佳，二本拓手均佳，都有"天其"二字。此二字似未剜，因斜处下边剜者不以正文视之，故其字只上半不动刀，在剪裱时也以为不是正文，剪弃了，故有此二字之剪本颇少，实鹤州前之精拓者有此"天其"二字，非为王壮弘所说凡有"天其"二字者均明拓也。

2 月 19 日

中央文史馆馆员许麟庐、黄均、刘继瑛为祝贺党的十五大召开合作丈二匹花鸟画一幅，先生为画题诗：

> 春芳多寿接秋客，共倚巍峨不老松。
>
> 皓月经天逢十五，更闻阳律奏黄钟。

3 月 4 日

出席政协会，在小组会上读了庆香港回归的诗文。中央文史馆馆员秦岭云、侯及名、林锴为迎接香港回归，合作丈二山水画《江山万里图》，先生为此图题诗：

> 风高北国矗雄关，珠献南陬合浦还。
>
> 百五十年观版籍，燃然一洒旧容颜。

3月9日

两会期间政协书画室在政协礼堂举行政协委员、人大代表中的书画家联谊会，到会60余位书画家，即兴作书画40多幅。先生与董寿平合作巨幅《松竹图》。

3月22日

新加坡驻华大使馆公使王禄敬宴请中央文史馆赴新加坡代表团成员，先生和王楚光、秦岭云、许麟庐、刘继瑛、林锴、王海容应邀参加。

3月25日

致高岛义彦函：

> 命于拙书（《论书绝句》）小叙中补入译本有关之语，谨当补入补撰，惟最近将随文史馆组团访问新加坡……归后立即着手，稿成即付传真奉上。

3月26日至4月4日

中央文史馆组团出访新加坡，举办中央文史馆馆员书画展，先生任团长，王楚光任副团长，代表团成员有许麟庐、卢光照、刘继瑛、林锴等共10人。展览会期间，先生与新加坡书协主席陈声桂及各界新老朋友相聚，增进了友谊。在这次出访时还获得新加坡书协颁发的"十年金质奖"。

4月13日

收到南开大学来新夏教授寄赠的新著《古典目录学研究》及随笔集《冷眼热心》二书后，给来先生回信，信中两段话对古典目录学提出了自己精辟的见解：

> 《古典目录［学］研究》，深入浅出，于初学、宿学，俱有裨益。盖以往学者于此道有两极端：一者仅视为但备检索之工具；一者又视为自古学术流别之大道。古代不言，至章学诚仍摆起架子，几以斯学道统自任；而余季老（注：余嘉锡字季豫）度越章氏何止百里，而目录学之巨著仍标"发微"二字，以视季老之另一讲义《古籍校读法》（新印本籍改为书字矣），未免一仍章甫在身，一则放下架子矣。尊著独辟蹊径，每发潜幽。弟正读至胡应麟、张宗泰部分，尚未卒业。又略见特拈旧目中涉及自然科学之书，与另册大著《冷眼热心》中之"科普"一条合读，不禁击节称快焉！
>
> 又目录书中，特表彰刘氏父子之大功。其开辟之功何在，似值得详告后学。子政之录只存数篇，已详记之，而子骏之略已另换面目而存，其原作已佚，后

学仍有未知者。尊著既兼为导俗便蒙，则前人已言之事，是否仍以略加启示为宜？又功于别录之"别"字，颇有久蓄之疑，是谓所录别于原书，抑谓进呈帝览之外私存底稿？钱宾四之《年谱》中似亦未有确述，用敢上问，祈便中赐教！

4月16日

故宫博物院刘九庵先生来请先生看画，王海容来看先生。

4月22日

为中央文史馆馆员书画展赴新加坡展出成功，先生在国际大厦主持答谢宴会，招待新加坡驻华大使郑东发先生。

同月

《中国美术全集》陆续出版后，还没有序言。如此宏伟的巨著应有一篇重要的序言，于是许力以请先生动笔。不久，他用毛笔起草了一篇序言，非常认真地写在宣纸上，每字一厘米见方，字体端庄而秀丽，共有1000余字，当即将原文制版，印在每卷的首页，为《全集》大增光辉。

5月6日

先生写萧娴纪念馆、徐国志书画展及《素质教育的思考》一书的书签。

给高岛义彦发传真，询问《论书绝句》日译本清样事。收到高岛义彦寄来的《任询年谱》拓片，先生说此石是近年由香港流至日本的，现在一日本收藏家手中。

5月8日

二玄社翻译《论书绝句一百首》，先生为减少差错要自己校对。发传真给高岛，要他寄书稿。

5月9日

接高岛传真，并发书稿清样来。但先生近日心脏病发，校对工作推迟。

5月12日至13日

连日校《论书绝句》日译本图版。

5月14日

校毕《论书绝句》共指出20多处错讹，给高岛发回传真共44页。

5月15日

先生因心脏病住进北大医院。

5月18日

先生病情好转，为解答《论书绝句》日译本问题，在医院给高岛补发传真。

5 月 23 日

先生心脏病虽未痊愈，但坚持要出院，他说：

1. 在医院，晚上灯像鬼火，不明不暗，睡不着觉也无法看书；2. 上午医生、护士查房、抽血、量血压、吃药，又无法休息；3. 下午探视时间有客人来看望，强打精神接待，实在太累。

最后对大夫说："我出了医院门死了，绝不找你们的麻烦。"这样大夫才允许出来。

5 月 26 日

上海博物馆发来传真，请先生参加鉴定。先生定 6 月 5 日离京，6 月 11 日回京。

5 月 29 日

为庆贺香港回归祖国，香港博雅艺术有限公司策划一组国画《百花争艳庆回归》。先生应邀为组画创作了一幅"水仙"，并附诗二首：

> 金冠玉貌水中央，翡翠衣裳列几行。
>
> 祠庙百年归未得，如今仙子返高堂。
>
> 耄年读史最惊人，踞我封疆一百春。
>
> 望外屏躯八十五，居然重见版图新。

同日

先生上午到京广中心翰海拍卖展场参观。

6 月 2 日

刘乃和先生派研究生送还借先生的书，并请先生为《历史文献研究》题签。先生谈及乃和先生的往事说："刘先生是代表我们这些学生照顾老师立了功的。"先生称他与刘家是世交。

刘乃和先生现在独身生活很困难，先生曾建议乃和先生找位女保姆照顾，乃和先生也不愿意。

先生曾有诗云：

> 历史如长河，人各占一段。
>
> 幸者置升平，不幸遭祸患。
>
> 后人论是非，全凭唇两片。

6 月 12 日

先生病况好转，为刘乃和先生写好了《历史文献研究》书签（横、竖）数条供选用，又为新侨饭店写了牌子。

6 月 13 日

革命老人李淑一逝世，先生前往八宝山参加送别仪式。

6 月 15 日

李岚清副总理来函：

> 您托人所赠书画诗词集均已收到，谢谢。日前在电视上看到您为庆香港回归作书，看上去身体不错，颇感宽慰，望多多保重！

6 月 17 日

收到来新夏寄来的《林则徐年谱新编》，再复信给来新夏：

> 前数日又奉到手教，言《林则徐年谱》已寄出。昨日（六月十六日）始获得邮包，即大著林公年谱。同时又读到《东方文化》杂志中有大笔《捧柴》之文（即林谱序），其中涉及不佞题签事，因及旧谊，并及薛平贵之典故。回忆前尘，几乎堕泪，以不佞亦曾自言"王宝钏也有今日"之语，虽然身世各自不同，而其为患难则一。抵掌印心，倍有感触，半世旧交，弥堪珍重！年谱一厚册，非一夜（昨看了半夜）可竣。容详读后，遇有求教之问题，再行奉询。

来新夏这本《林则徐年谱新编》是先生题写的书签。先生说，香港回归，国家想赠英方一本书作纪念，但又不好与英方搞得太对立，最后就选定了来先生这本《林则徐年谱新编》。

6 月 20 日至 25 日

中央文史馆暨浙江、甘肃、山东省文史馆在济南举办"庆香港回归书画联展"，先生书画作品参展。

6 月 25 日

全国政协举办"庆祝香港回归书画作品展"，先生作条幅"合浦珠还"参加展出。

6 月 27 日

董寿平逝世，米景扬建议不让先生出席告别式，先生还是去了。他说："每次去都有启发，有些人为了名利奔走，死后又有什么？一切都没有了。"又讲了弘一法师的故事。

6月28日

国家教育委员会决定，今后教师必须获得教师资格认证，方可上岗，经国家教育委员会批准，先生获得"认定高等学校教师资格证书"。

7月11日

先生与秦岭云、卢光照、黄均、许麟庐、刘继瑛、杨萱庭、林锴为香港"何梁何利基金会"合作绘画一幅。

朱镕基总理为感谢画家们为香港回归作画，又于9月3日在钓鱼台会见了大家并合影留念。

7月22日

26日为先生生日，今日柳斌代表国家教委来为先生祝寿。

7月27日

致高岛义彦函：（一）答复二玄社拟拍摄故宫博物院藏画事，先生与杨新院长商谈后提出三点意见；（二）翻译《论书绝句》时借用先生的图片资料，请按先生所列清单掷还。

7月29日

为北京师范大学题写校训："学为人师，行为世范。"

今年是北京师范大学建校95周年，学校决定在全校师生中征集校训，把校训作为学校培育人才的指导思想和师生的奋斗目标。袁贵仁校长提出，拟用先生给出版社题写的"师垂典则，范示群伦"作校训，征求先生的意见。先生说："不妥，后面有我启功的落款。另外，那八个字太文了，不够通俗，不宜作校训，容我再想较通俗的语言。"经过思考又提出了"学为人师，行为世范"这八个字，并讲了他对这八个字的理解。先生说："所学足为后辈之师，所行应为世人之范。"又说：学是指每位师生应具有的学问、知识以至技能，仅仅具有还不够，需要达到什么程度？是要能够成为后学的师表。而师表的标准，我们能理解，绝不是"职称""级别"所能衡量和代表的。行，是指每位师生应具有的品行，这包括着思想、行为、待人、对己。方方面面、时时刻刻都光明正大，能够成为世界上、社会中的模范。这种模范不用等待旁人选举出来，自己随时扪心自问，有没有可惭愧的思想行为。校训没有任何人执行考试、考察、判分、评选，但是每位师生，都生活在自己前后左右无数人雪亮而公平的眼睛中。

启功先生被评为北京市职业道德明星

7 月 31 日

为《检察日报》题词：公正廉明，国之柱石。

是年夏

五桂山房主人藏《金俊明墨梅精品册》和《洪吉亮篆书卷》，先生鉴定均为精品应什袭宝之。

8 月 7 日

去国家教委给柳斌送瓷板画（《竹石图》）及赠给柳斌的条幅。因柳斌日前代表教委来为先生祝寿，先生说他是代表国家教委来的，一定要亲自回访。

8 月 13 日

钟敬文先生在西郊整理他的书稿，突然发病。钟少华到校办、校医院都找不到人管，到先生家求援。先生非常着急，打电话找到已退休的王孝曾大夫，并由出版社出车送少华和王大夫去西郊给钟老看病。王连起当时正好在先生家谈事，为此事帮先生支走了几批求字的人。

8 月 22 日

绿园为迎校庆，拟在教七楼北侧装点竹石小景，请先生题几个字。先生题写：

柱石千秋，新篁百尺。师生学行，同此竹石。

8 月 25 日

中央文史馆在中国军事博物馆举办"纪念井冈山革命根据地建立 70 周年书画展"，先生出席开幕式并致辞。

8 月 27 日

应雍和宫副住持胡雪峰邀请，先生与牟小东先生同往承德休息。

9 月 2 日

上午，谢辰生请先生吃饭。

下午 5 时先生刚起床，来了两批客人：

王俊欣带陕西一位画家来访，提出三点要求：见先生一面；要一张先生照片；为先生画一张像。先生说：听你的吩咐。

上海《文汇报》记者采访。

9 月 3 日

为深圳南山公司题字：谊深北国，寿比南山。

9 月 5 日

参观陈英为福建积翠园所捐书画展。

9 月 8 日

出席北京师范大学 1997 级新生开学典礼并讲话。先生事先准备，写了发言提纲，讲了他从小立志向学，在陈垣先生教导下成长的经历，着重介绍了陈垣老校长的教育思想和教育方法以及他总结的 9 条教师须知。

9 月 12 日

上午中共十五大开幕，先生作为特邀来宾出席开幕式。

下午中央电视台来采访，请先生讲"师德"。先生同意接待，开玩笑说"失德"，"王彬把我弄到市工会去，不知说了些什么。被市工会评为师德标兵"。

9 月 15 日

出席中央统战部举办的中秋招待会。

9 月 17 日

教育电视台采访先生，再谈"师德"及师大校训。

9 月 20 日

下午去雍和宫回访，因先生和牟小东去承德，是雍和宫胡雪峰住持邀请，但承德方面收了费，胡雪峰感到不妥，又让承德退回了钱。先生去表示感谢，胡雪峰又请先生吃斋饭。

9 月 21 日

下午，先去中国美术馆看梅墨生及老画家于希宁的画展，后去荣宝斋买纸，去朝花书店看书，在全聚德吃烤鸭。

9 月 23 日

出席全国政协常委会会议。

9 月 28 日

冯其庸来看先生并请先生吃饭，为成都九天楼题字。

9 月 29 日

陈荣琚来访，谈职称评定之事，请先生写职称鉴定评语。

10 月 10 日

启先生曾致函故宫博物院，建议单士元先生不作退休有益："为党和国家文化事业之弘扬着想，为故宫博物院向世界宣传着想，如单老之院史创造者和鉴证者，不作退休似更有益。"故宫博物院采纳了先生的建议。

10 月 20 日至 27 日

先生应香港商务印书馆邀请，赴香港出席庆祝香港回归暨商务印书馆建馆 100 周年活动，为香港回归作书画作品多幅。

10 月 20 日

先生赴港参加商务印书馆庆祝活动，由香港中信泰富荣智健先生安排接待。

10 月 21 日

上午先生、章景怀由雷振方陪同到大业书店看书。

10 月 22 日

上午到许礼平翰墨轩，看所藏书画。

10 月 23 日

上午先生到港岛丽晶酒店，参加商务印书馆开馆 100 周年庆祝酒会。

10 月 24 日

下午，先生和章景怀、雷振方到九龙西方寺，会见照宣住持，先生与照宣是多年老朋友，二人许久未见，此次特来到访，共忆往事，倍感亲切。后与照宣惜惜相别。

10 月 27 日

上午，庄寿仓、雷振方、钟志森到机场送先生、章景怀回京。

11 月 10 日

先生看《文天祥传》后很有感触。他提出打好文化基础很重要，作者本来是好心，但是传记不能写成章回小说，这让人如何相信？

昨天去美术馆看羿良忠的书法展，回来后先生说，羿的字写得很好……但是文化基础较差，作品中就有硬伤。如落款写："小山偶作良忠。"实际应是"小山偶作诗一首，良忠书"。

12 月 10 日

上午人民美术出版社在先生家采访，为出版《美术全集》事拍摄录像。之后故宫博物院杨新、政协田凤立及霍英东的秘书郭先生来看先生。

《古代字体论稿》再版，苏士澍送样书来。

12 月 15 日

先生下午去京广大厦参观翰海拍卖预展，看见两个手卷，非常高兴，当即决定买下。一件是经沈兼士先生收藏过的清人江艮亭的篆书王鸣盛的《窥园图记》，手卷上留有陈垣和章炳麟、黄节、余嘉锡、杨树达、高步瀛等老先生们的题跋，内容是针对王鸣盛的文章各抒己见，加以讨论，而后跋往往驳难前跋，先生说："多有意思啊！"另一件是吴镜汀先生的山水长卷《江山胜览图》（长6丈），作于1932年，先生从吴师学画时，亲眼见老师作这幅画，当时情境仍历历在目，但这幅画完成装裱后就再没有见过。这次见到老师遗作倍感亲切。先生说："吴镜汀先生长我九岁，当年他对我讲：'我正是在十八九岁时用功出成绩，你应当在这时努力打好基础'。""我买这两个手卷不是为了收藏，而是为了纪念老师，是纪念品。"为了让这些墨宝流传后世，先生出资请香港翰墨轩出版公司把两个手卷影印出版。

12月28日

学校为居民更换电线，先生说这件事办得不错，功德无量。

钟敬文先生今年95岁诞辰，作诗一首，颇有凄凉之感，送先生"吟正"。诗云：

> 求仁未得身先老，阅世深来梦易惊。
>
> 此是暮年心痛处，苍茫欲语付谁听？

先生阅后，立即"敬改"8个字，命人送还钟老，博老人一笑：

> 求仁既得身未老，阅世深来梦不惊。
>
> 此是近年心慰处，苍茫一语众人听。

同年

撰文捍卫印刷术发明权。

韩国有学者提出印刷术的发明权在韩国，引发学术界争论。先生撰写了《中朝友好文化交流历史的新鉴证》一文，旗帜鲜明地捍卫了我国印刷术发明权的地位，展现了文史大家以史为证、以理服人的坚定原则与和谐风范。文章指出：

> 中朝人民的友好往来，历史悠久，见于记载的已有3000多年。到了一千余年前，中国的隋、唐时代，文化交流的踪迹更是斑斑可考。——最近我们又得见韩国在古塔中发现木刻本《无垢净光大陀罗尼经》一卷，没有刊刻的年月，既出自韩国的古建筑佛塔中，当然应是韩国的古代刻本，但卷中有武则天自制的新字4个，那么问题就来了。那时的韩国古朝代和唐朝是有外交关系的邻邦，并没有"臣属"的关系，也就没有必要服从武则天的命令使用她所创造的一些

新字的义务。武后新字在当时西域一些分明"臣属"而奉唐朝"正朔"的小国中尚未见强制推行，怎能忽然出现在韩国古代的刻经中呢？这毫无疑问是中土印本流传到当时的韩国古庙中被装入佛塔藏中去的一件法物。——所以我们有充足的理由，十分庆幸中朝友谊和文化交流的悠久灿烂的历史中，又发现了一件宝贵的证据！

同年

有友人携王雪涛先生示范画稿和花卉手卷两小段，无题识，请先生鉴定。先生"观其墨迹当为雪涛先生五十余岁之作，在浩劫中散失，此为劫灰中所得，可宝"。并题诗二首：

　　　　　　　浮生岁月去无方，纸上唯留翰墨光。
　　　　　　　淡泊心胸寥落笔，曾缘咬得菜根香。

　　　　　　　卷中留得好春迟，造化随心各入时。
　　　　　　　五十年前挥翰际，百花将放出墙枝。

同年

国家教委调整学科点，提出把中国古典文献学学科归入中国古代文学学科，把民间文学学科归入中国古代文学学科或中国现代文学学科。学位办有关人士甚至放话，这次要下大决心调整，决不"因人设庙"，言下之意就是你再大的专家我也不让步。对此，高校许多教师很有意见，纷纷向国家教委反映，但效果不明显。这时先生和钟敬文先生据理力争。由于二位先生和有关高校教师的努力争取，学位办终于改变了主意，保住了这两个博士点。

同年出版的主要著作有：

《启功书话》（即《论书绝句一百首》）日文译本由日本二玄社出版。

《论书绝句一百首》（第二版）由北京生活·读书·新知三联书店出版。

《汉语现象论丛》由中华书局出版。

《古代字体论稿》由文物出版社再版。

1998 年（戊寅）86 岁

1 月 1 日

出席全国政协迎春元旦茶话会。

1 月 5 日

王也赫请先生看她家藏的《明妃出塞图》。先生说，《明妃出塞图》的作者叫李维新，道光时的人，不是名家，但作品是清代的应酬之作，即礼品画，很明显是临明代的画法，马的眼睛在正面，不合比例，实际上马的眼睛应是向外侧的。

王又问先生"赐白"是怎么回事。先生说：皇帝赐大臣死，由太监送白绫（实绫内有绳子），拴在屋梁上，说："请大人升天。"然后把上吊之人脚下的凳子撤去，取下吊死的人，验明确实已死，回去向皇帝复命。

1 月 18 日

中央文史馆要举办纪念周恩来总理书法展，请先生出作品。先生写周总理的诗《大江歌罢掉头东》。

1 月 19 日

先生出席全国政协常委会会议。

同月

获观文徵明山水。先生以"千岩竞秀，万壑争流"为韵，作诗 8 首，题于画幅右上角。

同月

适逢《人民日报》创办 50 周年，先生赋诗祝颂：

> 开国半世纪，宏图史册垂。
>
> 邦畿千万里，何处不芳菲。
>
> 唯舌心声畅，欢欣众望归。
>
> 东方狮一醒，指日即腾飞。

同月

贺《文物》月刊出刊 500 期，作诗一首：

文物月刊五百期，史实世事悉观斯，张华博物所未知。

文字久溯秦周商，唐虞夏代如荒芜，龙山汶口次第详。

著于竹帛唯传闻，揭马王堆惊奇文，将无刘歆忙然人。

生今识古真幸福，可惜小报昏左目，里言瞽颂出心腹。

（原载《文物》1998 年第 1 期）

2 月 10 日

出席中国书法家协会在中国美术馆举办的"中国二十世纪书法大展"开幕式。

2 月 12 日

彭德怀传记编写组请先生为彭德怀诞辰 100 周年纪念会写毛主席的诗：《赞彭大将军》。

2 月 13 日

北大来人请先生为北大建校百年的对联集题签"北大百年百联"。先生加了庆祝二字，写："庆祝北大百年百联"。北大某君说：不要"庆祝"二字。先生问他：你知道"百年"是什么意思么？人死称"百年"。

2 月 19 日至 23 日

中央文史馆为纪念周恩来百年华诞，在天津举办纪念活动，先生为书画展提供作品。

2 月 26 日

下午侯刚陪同先生到北医三院看刘乃和。刘先生因心脏发现赘物，情况不好，精神状况也不好，已不太清醒，但仍示意请先生坐，似仍知来人是谁。

同月

适逢张伯驹先生诞辰 100 周年，故宫博物院为纪念他生前将西晋陆机《平复帖》、唐杜牧《张好好诗》等 8 件国宝捐献给国家，表彰老先生的爱国热情和无私的奉献精神，举行纪念会，并出版《张伯驹、潘素捐献收藏书画集》。先生应邀出席座谈会，作了热情感人的发言，并为即将出版的捐献收藏书画集题词：

书画光腾锦绣窠，词人雅好世无多。

陆机短疏三贤问，杜牧长笺一曲歌。

官本春游传有绪，御题归棹鉴非讹。

暮年牖下平安福，怀宝心同胜卞和。

丛碧堂张氏鉴藏捐献法书名画纪念册题后。

3 月 3 日

全国政协九届一次会议开幕，先生出席会议。

3 月 7 日

下午再去北医三院看刘乃和先生，刘先生仍不认识人。刘先生初病时曾对启先生说她是"天涯沦落人"。先生对她说："你尽心照顾老校长，替我们这些弟子们尽孝，万分感谢。"

3 月 8 日

两会期间，全国政协书画室请政协委员、人大代表中的书画家与在京的书画家参加联谊会。先生出席主持并挥毫作书。

3 月 10 日

翰海拍卖公司来人，拿了一件《兰亭序》手卷请先生鉴定。先生看后说是"杂凑"。"兰亭为南宋时拓本，但被人动过手术，兰边纸被裁过，跋语未完，即割去，又补'宋充'印，前边也有迎首，而后边的补印明显作伪。"先生还说："兰亭本为八阔九优金龟针眼本，后面的王羲之像手持的是六角扇，这个人手持四角扇，而清代人的跋、印无疑。"先生又问："徐（邦达）、刘（九庵）二位先生意见如何？"来人回答："二位均称好。"先生又讲："只可自知不可告人也，也不必告诉徐、刘二先生也。"

3 月 11 日

今天是钟敬文先生 96 岁寿辰，先生写好给钟先生祝寿的对联：

> 十年以长公多健；万卷新传自著书。
>
> 静闻先生九旬晋六大庆，后学启功。

复香港钟志森函：

> 拙作书画墨笔小卷，实属劣作，前已当面说过，定以新作品赎回，千万不可"示众"，不知赐照片是否即将付印，特此作速声明，望暂保留，一定赎回也。

3 月 16 日

全国政协九届一次会议结束，先生当选第九届常委。

3 月 29 日

先生再去北医三院看刘乃和先生。刘先生情况已很危险，仍昏迷，随时可能发生问题，要家属留心。回来路上先生对侯刚说："不去看总是一块心病，看了后也很难过。"

3月31日

因领导人出访，田凤立来请先生写了4张字。

又为杭州西泠印社创立95周年题字：

朱辉南国，印重西泠。

4月1日

上午潘伯鹰之子潘铎来访，请先生看谢稚柳墨竹一幅、潘伯鹰条幅两幅、章士钊小条幅一幅，皆为真迹。

下午，王连起带一位客人来见先生。该人购到一本册页，上有先生曾祖父溥良获观的题字。先生看后是真迹，随即题诗一首：

十八明珠出玉台，名流题品免风裁。

莫嫌后落二涯手，幸免沦为浩劫灰。

此册流传有序，今为马君所藏二十余年，前曾为一显宦所掠得，转而逃却浩劫，未始非名迹之幸也。以目疾不能拜书，留此以为左券。一九九八年春，启功。

4月3日

有人在收废品的人手中收回北师大三大麻袋该销毁的过去运动中的"交代材料"，其中有钟敬文和启功的"交代材料"。钟少华从汪锡桂处拿回，学校党委又派唐伟及保卫处的人找钟少华取回。先生说："我不要也不看这些材料，因为是逼供信搞出来的材料。但是那个买材料的人要两副对联，我给他写了。"

陈瑶生的孙女婿周金品请先生题写《中国民间收藏书画集萃》书签。先生说："陈瑶生是吴镜汀的二徒弟，周怀民是大徒弟，我是三徒弟，这个书签我一定给他写。"先生还说："陈瑶生和程瑶生是两位画家，陈瑶生是吴镜汀的学生，陕西人，曾在西安美术学院任教。"陈给先生赠过墨竹。谈话中先生拿出1932年吴镜汀画的长卷《江山胜览图》给在座人欣赏。图上人物非常逼真，老人、童子都栩栩如生，山水草木设计精心。先生用16万元将其从翰海拍卖公司购回，已决定交香港翰墨轩出版公司许礼平影印出版，以纪念他的老师吴镜汀。有人问吴镜汀先生的长卷是怎样流入社会的。先生说:"吴先生晚年患神经病,病故以后家人分东西,北京画院决定把他的画出售后给家人分钱,这个手卷就到了秦公手中。"

4 月 8 日

近来未经联系,径直上门找先生的人很多,影响先生休息、工作,经征求先生意见后,以学校名义,今日再在门上贴出通知,控制来访。

4 月 13 日

先生最近上午不再接待来访,认为时间有保证后,可以写一些东西了。

今日在家里给研究生上课——讲"猪跑学"。先生说:

目前学生的知识面太窄,许多基础知识都不知道,最近讲了一课经学,什么是经学?西方,马克思讲经学是把耶稣的故事写进了西方的历史,就是《新约》《旧约》,即为《圣经》。而在中国,是把所有的经、史、子、集都挂在孔子的身上,其实哪里都是孔子的东西。以后的汉学、宋学都是为其政治服务,经学的内容又融进了统治者需要的内容。历代的经学又有不同。所讲的这些我准备写一篇文章。

为吕叔湘作挽联一副:

叔湘先生千古

探语法辨修辞,先路辟蚕丛,业广千秋尊硕学;

培国本育英才,丰功垂禹甸,辉腾四裔仰宗师。

后学启功敬挽。

为陶宗震补写傅增湘联语一副:

武进陶氏涉园中有傅藏园先生赠兰泉先生楹联,于浩劫中失去,文孙宗震先生嘱为补录:品节详明德性坚定;事理通达心气和平。

戊寅仲春之月长白启功并识。

4 月 23 日

下午北京市文物局潘米尔来请先生看 20 世纪 70 年代先生写的《三续千字文》。

先生证实是他写的，回忆此稿写于 1971 年 3 月，当时住在小乘巷。忘记送给谁了。潘说现在此人在国外，不愿透露姓名，他们拟影印出版，先生表示同意，并题了书签写了跋：

> 右拙书《三续千字文》一册，余年第六十三岁春日之笔，迄今已逾二十七春，艺不加进而目眚日甚。赏音什袭装池，且嘱题记，临纸弥增惭愧也。
>
> 一九九八年四月廿三日。

5 月 16 日

刘乃和先生于当日 13 时 45 分逝世。先生说："她少受罪了。"

先生谈到最近到系里参加博士生录取工作时，有人讲到古典文学的国际国内影响问题，先生说："怎么评国际影响？中国文学为什么没有获得诺贝尔奖？巴金、老舍都没有报上，因为外国人不懂中国语言，看不懂中国字。我们应该有自信心。不是什么都不行。一个国家的语言，在世界上有影响，要这个国家强大，有经济实力。"

5 月 24 日

去八宝山向刘乃和先生遗体告别，亲书挽联：

> 令誉流传统战辛勤人共仰；长眠论定平生业绩自无私。

6 月 1 日

给博士生上课，先生说：

> 我现在豁出去了，给研究生讲先秦以来的文化史，文化的变迁，给博士生说，先不让别人听，这是纵的、系统的。找到了一本钱穆的《国史大纲》。还有横的，即"猪跑学"，包括如何查字典、部首、四角号码、运用工具的方法。

6 月 8 日

上午，先生应邀去琉璃厂中国书店讲"碑帖与中国书法"。听课的除中国书店职工外还有得知消息的读者。先生说：

琉璃厂是一座开架图书馆,我有很多知识是从琉璃厂得来的。

6月10日

在家里给博士生上课讲禅宗,他说禅宗对中国文学的影响很大。讲后对学生说:你们有什么不同意见就大胆说,听到不同意见,可以让我再思考。讲课在一楼的客厅里,学生们围成一圈,先生还给准备了茶水。

6月11日

上午先后有王宁、邹晓丽、谢辰生、赵诚等人来访,先生和大家聊天。先生很开心,谈了些有趣往事:

新中国成立初期,学校组织教师游潭柘寺,骑毛驴上下山。因为我讲过毛驴有四声,冒犯了它,它就对我惩罚。下山时它低头,我顺着它的脖子就滑了下去,驴头抽了回去,我站在了地上。

赵诚回忆:先生在"文化大革命"期间在中华书局点校《清史稿》,晚上就住在那里,写字、画画,有时就到北边的小铺里喝酒,吃一小碟花生米,物质条件很差。

先生又说:

过去的酒馆都有一口大缸,上面盖着石盖当桌子,有赶大车的来喝酒,车夫进门把钱往缸盖上一放,说喝一个或喝两个,一个就是一小碗,一扬脖下去了,继续赶路,这样才够份儿,像个喝酒的。坐下来吃菜的就"不够活儿",即不够派儿。西长安街有一家酒店,叫同宝泰,很有名气。

6月21日

东方研究会请先生参加发起筹备"二十一世纪残疾人书画展"。先生表示同意,在发起人处签了名,并为此展提供展品。最后对他们说:

要公正无私,不可借残疾人的名义捞取好处,筹多少钱,都能明明白白、清清楚楚用在残疾人的身上。

6月25日

上午给博士生上课,讲了3个问题:(1)康有为的《广艺舟双楫》之误;(2)韵律；（3）禅与中国文学。先生命名自己所讲内容为"中国文化私议"，最后要研究生提出不同意见讨论。今日听课的还有别的导师门下的研究生。先生对他们说：

> 欢迎你们听课，但不要影响了原任导师的指导，因为每个老师讲问题的角度不同。

6月26日

曾庆辉来看先生，送来一张山东出版的《信息报》，上刊有先生作品的赝品，并有一则启事："可以接受委托代请启功先生题字，收取手续费每件150元。"

7月3日

晁中继来，请先生为山东省史志办公室题写《王羲之志》《颜真卿志》。

致王昆、周巍峙函，祝贺王昆从艺60周年，并书贺诗条幅：

> 东风万卉长新枝，开国群歌动地诗。
> 激励人心白毛女，千秋艺苑仰宗师。

7月7日

出席书法家杨萱庭书法展开幕式。

为佛教协会题写了"人海慈航"4个大字。

7月14日

有西北大学的学生来看先生，谈学习书法的事。先生说："要有自信，要有多方面的技艺。如过去唱戏的，有人问'摘了胡子你能唱几出'？谭鑫培就能唱武生、老旦、小丑好几出。"先生问他学什么，他说学隶书，先生就拿出墨迹来让他看。他又说想出版书法集，先生劝他最好不要急于出书，过几年自己不满意时，想挖都挖不掉，散出去想收都收不回来。又谈到他不主张小孩子三岁就学书法，"连字都认不全，怎么能学好？"

7月16日

上午9时，先生在首都大饭店，为中国书协和中直机关书法协会讲书法课。他就书法的功能、书法的特点，以及书法结构和破除对古代人的书法迷信等深奥的问题，用浅显的话语讲得明明白白，听者无不叹服。至12时结束，共3小时。

7月20日

给博士生讲先秦学术思想。

7 月 21 日

给博士生讲汉代经学。

7 月 22 日

给博士生讲宋明理学。

7 月 24 日

给博士生讲清代今古文经学。

同日

北师大出版社出版了先生收藏的《云麾将军碑》，送样书给先生以祝 86 岁大寿。先生问："《天马赋》何时才能出版？刘乃和先生已经看不到了，很是遗憾！"

钟少华开始为先生的"猪跑学"录音。

7 月 27 日

给博士生讲目录、版本、校勘及制度。

7 月 28 日

给博士生讲文字与音韵。

7 月 30 日

给博士生讲标点与注释。

8 月 5 日

参加赵朴初先生发起的赈灾（洪水）义卖书画活动。为筹备赈灾展，先生在家中集中精力作书画，本月 8 日在广济寺由佛教协会组织书画家为赈灾捐书画。

8 月 10 日

出席新加坡驻华大使陈燮荣举办的新加坡国庆酒会。

8 月 27 日

田家炳为北师大捐资修建艺术楼。上午先生题写楼名，出席田家炳捐款仪式，并赠给田书法条幅。下午赴澳门。

8 月 31 日

先生近日身体状况不好，晚上通宵不眠，吃东西也不好。曾眩晕两次，怕犯美尼尔氏征，今晚钓鱼台国宾馆请先生吃饭未去。

最近为赈济水灾捐助佛教协会书法 3 件；捐全国政协、北师大各 1 万元；捐全国文联书法 3 件；捐荣宝斋书法 2 件，对联 2 副。中央电视台来访时先生说："力量的大小与捐助的多少不可比，但心情是一致的。"

9 月 2 日

教育部办公厅打电话来，拟于 9 月 10 日请先生出席赈灾捐献大会。先生因身体不好不能去，写条幅一副，并加 1 万元现金捐给灾区的孩子，条幅上写：

> 急救灾区，尤其要救灾区的孩子！孩子的生活、孩子的教育，真比我们的
> 生命还重要！急救灾区，急救孩子。

9 月 7 日

出席研究生新生开学典礼并讲话。主要内容是讲自己的座右铭：

> 职为人师，人之所敬。谦以自强，安身立命。（后来书写时"谦以自强"改
> 为"虚心向学"）。

9 月 17 日

致屠式璠函：

> 得悉铜山张勺翁（伯英）遗墨、遗稿搜集有获，至深欣慰！……勺翁影印
> 《右军书范》，功有其本，台北出版者未全，如先生所搜集亦未全，谨当拍照奉
> 上。又闻徐州博物馆有勺翁笔记草稿（不是《阅帖杂咏》），未知阁下知之否？

9 月 19 日

政协田凤立来电话说，先生为政协义演、义卖捐的两副对联，一副被香港某公
司买走，一副被深圳某公司买走，每副捐款 2000 万元。

9 月 20 日至 28 日

先生赴日本访问。

10 月 5 日

上午先生去人民大会堂出席中央文史馆的中秋茶话会，朱镕基总理会见文史馆馆员。

10 月 6 日

钟敬文先生有近作诗一首，抄录后请先生"笑正"：

> 眼看深谷成陵阜，五十年间世变新。
>
> 故侣已亡朋辈少，黄花伴此劫余身。
>
> 元伯诗家笑正，敬文未定草，十月一日。

先生读后说："钟老此诗有些悲凉。"

10 月 7 日

胡敩赞的儿媳拿来署名启功的 3 幅字，请先生辨真假。先生说这是伪字，先生谈了几点要害：

曆字：乾隆皇帝又称弘曆，曆字为避讳不写"秝"而写"林"，从小的训练已成习惯，我从来没有写过"秝"；

華字：凡上写"艹"头时，下面都是两个"十"，没有写过"丝"；

正字：最后落款都写"𠃋"，正字没有这么工整。

10 月 8 日至 12 日

中央文史研究馆和新疆文史馆共同举办的"新疆各民族书画作品展"在中国革命博物馆展出，先生出席开幕式并与司马义·艾买提为展览剪彩。

10 月 18 日

致来新夏函：

更有奉询二事：大著中有"贩卖"一章，言及明太祖指示文臣，有关八股最初模式，此八股文真正源头，纷纷臆测俱如瞎子摸象，鄙人拙稿其一也。倘荷不吝指示：此书见于何处，其所据出处曾否提及？（尊著某册，此时亦忘记，半盲双目，翻检难艰，幸谅其琐渎！）又尊著中曾及《颜光敏集笺注》事，其作者似近代人，鄙人未闻其名，亦不知其书何处出版，并望不吝赐示！弟曾见颜氏行乐图卷，作骑射之景。颜氏清代冠服，有顶有翎（忘其顶色），乘马张弓，居然武将风度。按冠上有顶，顶分数色以别品级，始于雍正前数年，如其像不伪，则颜氏已及雍正时矣。

10 月 21 日

河北教育出版社来人见先生，要求写《启功传》。先生坚决不同意。

10 月 22 日

下午冯其庸来看先生。

10 月 25 日

下午许礼平自香港来看先生。

11 月 1 日

致来新夏函，详询来著《依然集》中所引《稗贩》一书的情况。

11月3日

李可染基金会发来聘书，请先生担任顾问。先生看后说："只好默认。"

11月6日

再致来新夏函，谈收到来先生所寄《依然集》及《稗贩》资料后喜出望外，此有关八股之最近源头，关系重大。

11月9日

给博士生上课，讲诗词格律。

11月10日

给博士生上课，讲陈垣校长轶事：

陈垣校长的"励耘书屋"是由上辈的"励耘堂"演变而来。陈校长做学问十分严谨，《中西回史日历》校勘十分精细。先生曾用《三正综览》一书帮助校长仔细核对，因而《中西回史日历》一书出版时，陈校长让先生题写书签，以示奖励。

陈垣先生曾带学生校《元典章》，对历法问题不太懂，他就去请教一位常老先生，非常虚心。

陈垣先生的文史知识面很广，常让学生作小考练习，自己也准备一篇，挂出来和学生的作业同时展示，叫作呈文（示范），是书院的做法。

实习时，让学生查资料来源，如"史源学"《廿二史札记》等，告诉学生查什么书，因而学业最扎实。作为教授，他对教学，对学术，对后代青年有什么影响，都很关心。

一次先生去见陈垣，碰见陈先生正要出门，说"我去学蒙文"。为了写《元秘史》，陈校长很大年纪还去学蒙文。

11月11日

黄苗子来看启先生和钟敬文先生。

11月14日

致来新夏函，感谢来先生赠《依然集》。寄赠先生所著《汉语现象论丛》《诗文声律论稿》《说八股》，并告知来先生《稗贩》中语将补入《说八股》篇后，印出后当先呈览。

11月18日

先生近日身体不好，睡觉不好，大便几天不通，今日反锁门在家。

11月24日

晚上，先生给艺术系的学生讲书法课，英东楼的演讲厅坐不下了，门口堵了好些人，秩序很乱。他问：为什么这么多人？答：因为得到消息，非书法班的学生也来了。先生只好答应给进不去的人再讲一次。

讲课时有人问先生，对李叔同（弘一法师）的书法怎么看？先生回答 4 个字"心平气和"。"李先生过午不食，到晚年写字的特点很明显是平和的。"学生又问先生对佛教的看法，先生说："我虚岁四岁时即拜雍和宫的老喇嘛为师，直到 20 岁结婚，我认为是一个人的精神支柱。批判天堂、地狱，从理论上讲天堂、地狱谁也没有见过，眼见为实、耳听为虚，但是从感情上讲批不了。"

11 月 25 日

先生介绍周绍良先生的著作《资治通鉴唐纪勘误》一书在北师大出版社出版。先生说：

> 周绍良没有上过大学，其父周叔迦带他去见陈垣先生拜师，陈校长说，我从来没有带过徒弟，试一试吧！周先生肯用功。陈校长把《册府元龟》拿出来给他，说要做三套索引（事、人、年代），周绍良没有辜负老校长的教育，用《旧唐书》和《册府元龟》对照完成了《资治通鉴唐纪勘误》。

12 月 13 日

下午接待记者纪红采访，再谈"文化大革命"前写关于兰亭论辩文章的经过：

> 我原来写过关于《兰亭》从前的辩论和有关《兰亭》的本子的文章。郭老看过这些文章，就叫阿英告诉我再写一回。我还是我的旧观点写了一篇，观点还不够明确地说《兰亭》是伪的，后来阿英说：你必须落实啊，游移的不行啊！我就按郭老的意思写，说《兰亭》是伪的。我的观点已经习惯了，所以这篇文里还有游离的词句，不过郭老也同意了，就给发表了，就这么回事。

12 月 23 日、28 日

复函汕头大学刘启林，讨论怀素《自叙帖》，并附寄北师大出版社出版的怀素《自叙帖》。

12 月 30 日

应最高人民法院邀请，与刘九庵等专家，鉴定涉案的《张大千仿石谿山水图》。

12 月

两次致函许礼平，谈香港翰墨轩出版吴镜汀先生长卷《江山胜览图》事宜，并为此画卷的出版作长跋。

是年冬

带领日本研究生在中国历史博物馆观摩中国古代书画作品，进行现场观摩教学。

同年出版的主要著作为：

《当代书法家精品集——启功卷》由河北教育出版社、广东教育出版社联合出版。

1999 年（己卯）87 岁

1 月 1 日

上午全国政协举行迎春元旦茶话会，江泽民、李鹏、朱镕基、李瑞环、胡锦涛、尉健行、李岚清等党和国家领导人出席，中央文史馆有先生和秦岭云、朱家溍、王世襄、许麟庐、刘继瑛应邀出席。

郭预衡陪同胡林翼的曾孙女、湖南大学教授、访问学者胡女士来访。先生谈了许多胡林翼、曾国藩、王闿运等人的往事，纵横捭阖，信手拈来，令在座者受益匪浅。

1 月 6 日

再致刘启林函，谈及关于《契兰堂帖本怀素自叙》的释文问题。

1 月 12 日

上午，荣宝斋领导来，先生得知雷振方回京工作，任营业部经理。

1 月 20 日至 26 日

给博士生讲汉语诗歌构成的条件。

1 月 26 日

柳斌来电话，请先生为陈至立写张字。

1 月 28 日

昨晚写字，因为灯光暗，写完后竟然头晕，摔倒在沙发边。郑喆进来后才帮助扶起来。近来大便不畅，吃药后又腹泻。

1 月 29 日

张锐等到家中向先生报告校友会的工作。随后先生说他最近有新作一首《高阳台·自忏》，读给大家听：

罪咎孤身，皮毛朽骨，奇褒矍铄之才。谁系残丝，轻弹指涩声哀。便生九十今余四，对斜阳，能几徘徊。计明朝，举步虞渊，咫尺泉台。

劫波火后重提笔，费多番纸墨，拉杂盈堆。意外流传，徒成枣祸梨灾。尊亲师友俱何在，浊世间，可一归来？剩深宵，自炷心香，泪滴檀灰。

1月30日

北师大校友会举行新春团拜会，先生（为会长）出席并讲话。到会的有老志诚、杜润生、杨倩华、戴爱莲等诸位老校友。

2月2日

先生与周绍良、吕香光一同在北京市佛教协会第四届代表大会上当选为名誉会长。

2月4日

上午，在北师大英东楼参加北师大出版社举办的"张中行九十寿诞　张中行著《说梦草》首发式"，除张中行先生之外，与会者还有钟敬文、王世襄、郭豫衡及张先生各界友好近百人。启功先生致贺词：

张先生是我多年的朋友，我叫他老师，认识多年了，最早见到的是他编的杂志，叫《现代佛学》。张先生不是佛教徒，他对古今中外的哲学有深厚的研究。张先生又编《现代佛学》，我觉得他一定是个虔诚的佛教徒，等到看了《禅外说禅》，才知道他是客观地看佛教的，这就更高超了。后来看了他更多的著作，我也说不全了。他之所以身体强健，在于他的达观，行云流水地看待人生。张先生的书我们可以学，可以紧着读，但张先生的为人不容易做到。张先生有很深的感情，参的话头也是这一句：过去由他罢。张先生回忆往事也是这个态度。先生平生没负天下人，天下人负张先生的不是没有，先生也是"过去由他罢"。曹操负天下人，没有惭愧，张先生却使别人由衷地觉得对不起张先生。

这本书（指张先生诗集《说梦草》）古风也好，律诗也好，也有些荡气回肠的东西，很平淡，却可以使我们体会出许多东西。

古代的尾生长得什么样没见过，活着的尾生今天见到了，（笑指张先生）在这坐着呢！

现在不再讲万寿无疆了，可我还是衷心地祝张先生万寿无疆，永远做我们的表率！

2 月 8 日

出席中央统战部和国务院办公厅举办的春节招待会。

2 月 14 日

萧乾先生去世，先生作挽联一副：

　　　忆昔时烽火沧桑笔底春秋久已流传不朽；

　　　乐晚岁优游文史年登九十堪称福寿全归。

苏士澍等在先生家聊天，语言研究所董琨先生在，谈及商务印书馆某位负责人说不知他们有什么事办得不妥，惹先生生气了，不给他们稿子。先生听后说："这是误会、冤案，对商务的事一向关心，并对各项活动积极参加和支持，出书的事，只是没有符合商务出版的稿件。"

谈到冤案，先生又讲了一件事："文化大革命"时魏建功参加了大批判组，"文化大革命"后他收到匿名信，有人骂他"无耻之徒"。魏的儿子说信上的字是"启功字的变体"。他误以为是先生写的，生气的把先生赠给他的字画都给撕了。先生说："这也是误会，周一良那时参加了梁效的大批判组，如果那时师大让我参加大批判组，我还会感到光荣，因为对我不是敌我矛盾了，我怎么能给他写那样的信呢？"

董琨说，季羡林先生在写回忆录，建议先生也写点什么。先生再次讲"我不愿温习烦恼"。对季先生"要不忘记"的做法，持不同观点。

2 月 24 日

苏士澍来看先生，并提出影印《启功絮语》手稿。先生同意把手稿拿去拍照。

3 月 1 日

先生为荣宝斋赴日本举办展览题词一件，用印两方："启功之印""元白翰墨"。先生说这两方印是上海高式熊所刻。为感谢高先生，托人带去人民币 1 万元，但是高又托人带回来了。

3 月 3 日

出席全国政协九届二次会议。

3 月 12 日

北师大出版社影印《郑板桥集》，发现有的版本中有许多首诗被挖掉了。挖了的是什么诗？为什么有的印本写"板桥文止于此"，而有的印本没有这句话？先生说有 3 个原因：一是挖掉的诗中有赠屈大均的诗，屈大均又名屈翁山，是反清的，如不把赠屈的诗挖掉，郑板桥就要吃官司；二是有赠袁子才的诗，挖去后还剩有两句："室藏美妇邻夸艳，君有奇才我不贫"；三是有应酬之作，有写"三陪"小姐的诗，如在画上写的"帐里花香帐外花香"等。先生说，有些诗他发现后抄了下来，名为《击脑编》，送给南京大学的教师卞孝萱了，卞出了一本《郑板桥集》，收在里面了。

同日

雷振方晚间来，先生为支持他的工作，书写 6 副对联、4 张四尺三裁共十件作品交他，又问他工作情况如何，十分关心。

3 月 15 日

《北京晚报》刊有短文称陈垣先生有 4 个得意门生，辅仁大学曾流传"四翰林""南书房行走"。先生说，这是沈兼士先生对陈垣校长讲的。抗日战争爆发后，许多青年教师离开了北平，只剩下余逊、柴德赓、启功和周祖谟 4 个人。余逊长先生 8 岁，柴德赓比先生大 4 岁，周祖谟比先生小两岁。他们 4 人经常向陈垣先生请益问学，出入陈府，故而有此传说。

陈启智给先生来信，说自己被人骗去 10 万元。先生给他回信，提醒他：一、容易得来的利是没有的；二、容易得来的名也是没有的。

3 月 31 日

下午，刘德水、史有为来访。

某拍卖公司工作人员来，请求鉴定《赵松雪书七赋》长卷，后有刘珏题跋，并附《式古堂书画汇考》书页复印件。先生鉴定此卷为刘珏伪造。

4 月 14 日

出版社送《启功赘语》的图版及五校清样，请先生审阅。先生对庆祝香港回归诗第二首的末句推敲之后，决定将"居然重见版图新"的"新"字，改为"真"字，他说用"真"字更确切。

4 月 20 日

今日先生新作迎澳门回归诗二首，并书写成条幅：

> 旧迹豪滨三百年，今朝喜见举归鞭。
>
> 版图无羌珠双焕，恰并香江左右圆。
>
> 焚余殿堂尚巍峨，旧译三巴圣保罗。
>
> 雅颂东西无异曲，泱泱四海发讴歌。

又为澳门回归作对联一副：

> 玉兔欢腾喜迎澳门回归；
>
> 金龙集庆一日跨越千年。

宁波建梁祝公园，请先生写"蝶魂"。先生改写为"蝶缘"，说"蝶魂"不好，梁祝是有缘化蝶，所以改为"蝶缘"。

4月27日

晚，不寐，作《砚铭》一首："砚石多般，歙青端紫。磨到天明，不过如此。"

4月30日

先生去故宫博物院出席二玄社复制品展览开幕式，为展览剪彩后参观，因身体不适即向高岛义彦先生请假，不出席宴会。

5月7日

郑师渠副校长约访先生，为迎接百年校庆谈出版先生著作之事。关于编《启功书画集》，先生同意以留影册筹集励耘基金时的书画作品为主，再补充一些新作，集为一本书画集。

郑说到为百年校庆，拟出版《陈垣年谱》《陈垣评传》时，先生说："老校长一生为学术活动和教育的贡献是了不起的。在学术上，对历史、对宗教有深入研究。他本人是基督徒，研究元代的宗教，对火祆教、道教、佛教都有专门的著作，汤用彤还专门引用了陈校长《中国佛教史籍概论》的论述。"他列举了陈校长的《中西回史日历》《史讳举例》《五代史》《元西域人华化考》等说明老校长历史研究的成就。先生说，他曾跟陈智超谈过，应当编一本《陈垣学案》。

又讲陈校长作为教师对教育的功绩不能埋没，培养了许多人才：

> 英千里的父亲英敛之给罗马教皇写信，创办了辅仁社，后又办辅仁大学，请陈垣当校长。当时教内有人对这事有意见，但是英敛之还是坚持用陈。英千里也很尊重陈垣。英敛之为帮助陈垣研究史学，把他收集的资料都给了陈垣。陈也很尊重英先生，称"英老师"。

同月

致台湾净律寺方丈释广元：

雅命书陈州太昊伏羲帝陵碑林题署，功自前年末患眼底出血，黄斑病变，视物不清，艰于写字。勉写较大之字，殊难仰副雅意，不得已重写数字，敬请鉴择。如仍不适用，望更示下，再行试写，万勿客气。此非但向法座负责，且向伏羲先圣负责也。

同月

为庆祝中日文化交流协定签订20周年，先生与日本"以文会友"会会长举办"中日书法交流展"。

6月2日

某友人寄来选用先生画作制作的年历，使用照片未事先征求先生意见。先生生气了，当即在他寄来的样本上写了如下意见，命人寄回：

交谊以久为贵，以信为重，以勉强为戒！请多注意。又鄙画收入电脑等于翻版一次，以后如随便再印，便觉有失信用，似非所宜，我们文字之交，不宜流为市井庸俗习气，以后交往，只看台端信用了。

6月3日

袁贵仁校长拜访先生，说"中央统战部通过教育部来征求先生的意见，拟请先生担任中央文史馆的馆长"。先生说，他可以任原职（副馆长），推荐袁行霈任馆长。袁校长说，他可以转达先生的意见，但他本人还是希望先生服从安排。

6月4日

上午王海容来看先生，与先生谈话，仍希望先生担任中央文史馆馆长，并留下表格要填，还要附近期半身照片。先生约明天去照相。

6月12日

上午举行谭丕模百年诞辰纪念会，先生与钟敬文、李锐、舒芜等出席。先生发言说：

出席这样的会心情十分复杂，想到他突然遇难非常痛心，他是和郑振铎先生同时遇难的，郑先生和谭先生都是我崇敬的前辈，50年代我教作品，配合他教的文学史，他的课我全部旁听，听他如何评价作家，然后我加以发挥、解释，因此和学生一样，受到他的教导。愿他的教泽、思想、学术源远流长。

同日

下午香港画家、收藏家黄仲芳由雷振方陪同来访，荣宝斋将为黄在中国美术馆办展。傅熹年先生到访。

6 月 16 日

中央档案馆给先生送来他们编印的《毛泽东藏书画家书画集》，其中有先生一幅作品，先生翻阅一过，看见许多老画家的作品，但人已在"文化大革命"中惨死，不堪回首，不愿再看下去，说："看到这些东西很不好受"，表示不收这本册子，转赠给学校。

怀仁堂布置环境，要求先生写几张条幅，先生同意"试写"。

钟敬文先生白内障手术后效果很好，今日散步到先生家。先生对在座的朋友说："我要公开一个秘密，钟老身体很好，眼睛手术前担心他对手术吃不消，做了身体的全面检查，查后医生说他的心脏不像九十多岁老人的心脏。就决定手术，可见他的心好，而我的心坏了，不如他。"钟先生说："我的腿也很好。"先生又说"你看他走路哪像九十七岁的人？"

谈笑间先生回忆，"文化大革命"后有学生问他，您够不够反动学术权威？先生答："我反动有余，权威不够。"学生又问钟先生是不是反动学术权威，钟先生则答："我是学术权威，从来不反动。"学生们哈哈大笑，二位老先生凑成一个反动学术权威。在中文系的学生中，还有人说三位老先生："肖璋卑而不亢，俞敏亢而不卑，启功不卑不亢。"

6 月 28 日

上午先生给老年大学和艺术系讲书法。

7 月 2 日

先生为西藏书写"雅鲁藏布江大峡谷"，为新中国成立 50 周年写诗两幅：

唐贤名句历千春，如见今朝雨露新。

到处尽逢欢洽事，相看总是太平人。

廿一世纪，鸿图更始。

祖国山河，繁荣似绮。

一九九九年国庆之喜，瞻望前程，并书此颂。

7月9日

孙亚菲带姜昆和一位医生来求先生写字，先生为三人各写一条幅。医生讲他不用药，只用手捏或按摩可以治病，欲给先生按摩。先生声明说：我的脖子以上不让别人摸。我不能是个医生就让人家给治病，是药都拿过来吃呀！医生又要先生写"大医精诚"4个字，先生问他是什么意思。医生说："这是孙思邈的话。"先生说："我没有念过，不能给你写。"给他写了"妙手回春"4个字，落款写××雅嘱，表明是他要先生写的，不是先生要给他写的。他们走后，先生对在座的人说：给他写完全是看在孙亚菲的面子上。

全国政协主席李瑞环组织编辑近现代中国名家书画精选，田凤立来请先生作序并请先生出作品。先生说："让我作序，则书中不能收我的作品，我不能吹自己是名家。"只答应作序。

7月13日

王连起来，先生给在座的客人介绍说，王连起现是故宫博物院的专家，只读过初中，后来刻苦努力，自学成才，成为专家，美国大都会博物馆特殊对待，以最高规格邀请他去访问。

7月19日

先生和朋友聊天，谈及曹雪芹故居问题。他说：

当时几位热心者到小乘巷找我，我正在头晕，躺在床上，他们提出让我去西郊看一看新发现的曹雪芹写在墙上的诗。我说，那诗是别人抄在墙上的，不可信。他们不相信，要在那里建故居。我说，要建纪念馆在什么地方都可以建，而建故居就不可以随便建。结果他们还是不听。建好后在植物园开大会，好多人都去了。

7月20日

雷振方上午拿来新为荣宝斋收购的董其昌等晚明十二人法书册（此册为晚明原装裱洒金纸），请先生鉴赏。

7月22日

在首都大酒店给中央国家机关书法爱好者讲书法。

7月25日

徐志坚、王海容、王楚光到先生家看望，祝寿。

7 月 26 日

李岚清副总理给先生送来花篮祝寿。

8 月 4 日

韩国大使馆工作人员李英佰来请先生写：韩中交流研究中心。

8 月 15 日

上午先生同王海容到八宝山公墓，参加画家田世光告别仪式。

8 月 26 日

撰写《画中龙》一稿完稿，传真给美国大都会博物馆。

8 月 30 日

下午接待日本女书法家万野抄琴及其女儿。

深圳政协来人请先生为黄金海岸的大石头题："山盟海誓，天长地久。"先生认为这几个字刻在大石头上不妥，给他们改为："山高水长，月圆人寿。"

8 月 31 日

王连起将去美国讲学，中午在大三元酒家，启先生和徐邦达先生、藤芳为他饯行，苏士澍、雷振方、王卫在座。

9 月 1 日

下午先生和几位朋友聊天，谈到学校拟组织职工去大连旅游之事。先生说他去过大连，大连有《大连赞》，随即背诵出全文：

> 星宿浦，老虎滩，东海之表大连湾。
>
> 日俄战，白玉山，虎噬狼吞吾土残。
>
> 山河在，敌冠败，尚留欠积弥天债。
>
> 万民欢，五十年，喜看日月换新天。

大家对先生的记忆力之强很是惊讶！

9 月 9 日

先生最近在写《读〈论语〉献疑》一文。

9 月 10 日

上午，1999 年新生开学典礼在大操场举行，袁贵仁校长请先生到会给新同学讲话。先生讲话大意：

我太惭愧了，我以什么资格、什么知识、什么修养配在这么多师生面前讲话呢？我首先向书记、校长、各位领导、老师和同学们致敬！

我第一个要讲的是，我为什么被派在这里讲话呢？我们学校有一个校训："学为人师，行为世范。"这校训的内容，就是在学的方面要有所成就，学好了，做后来人的模范。因为做人的老师不容易，人之患是好为人师，而我们现在是要学习怎样做人之师，不是自己想我是人的老师就成老师，自己要踏踏实实学习才能成后来者的师表。凡是师大出来的人，都要成为后来者的表率和模范。这8个字不多，要做到却很难。我在这里夸夸其谈，自己也没有做到，要和大家一起共同努力，用校训鞭策自己。

我第二个要讲的是，在20多年前有一个反动集团，同学们还不知道，他们说过一句话："知识越多越反动。"那时候他们把图书馆封了起来，学校停课了，说谁要好好学习就反动。现在号召科教兴国，同学们将来都要做国家的栋梁，身上的担子重了。现在我们有优良的学习环境和条件，就要珍惜它好好学习。今天我已到了暮年，但是也要从头学起，在我的余年，努力做我能做的事情。

9 月 17 日

上午先生参加全国政协礼堂画展开幕式。

同日

先生仍在撰写《读〈论语〉献疑》。柴剑虹给先生送来《论语》，先生说："因人来人往干扰多，只好插空写一点，有时睡不着觉就想、构思，越写觉得要写的话越多！"

9 月 18 日

上午，师大校友会邀请文化艺术界校友座谈迎接百年校庆事。先生出席和大家见面，并有即席发言。

9 月 23 日

先生因发生血栓住进北大医院。

9 月 24 日

中央文史研究馆贯彻"敬老崇文"方针，编辑的馆员文选《崇文集》出版，先生因病，在出版座谈会上发表了书面发言，高度概括了本书的特点：一是以文存书；二是以文传人；三是时间跨度大，涉及学科多，史料丰富。

9 月 27 日

先生今日出院回家。先生说，国庆节快到了，他们送饭太麻烦，回来休息好。

10 月 23 日

"启功先生学术思想研讨会"在英东学术会堂举行。著名学者钟敬文、冯其庸、邓绍基、程毅中、郭预衡，以及中国社会科学院、北京大学、北京图书馆、中央美术学院、中华书局、商务印书馆、人民文学出版社、三联书店、人民日报、光明日报等单位的专家和学校师生代表 100 余人出席。会上大家发言十分踊跃，就先生在文献学、中国古代文学史、文字学、语言学、诗词创作、书画艺术等各方面的成就进行了广泛深入的探讨。代表们还认为，先生的学术成就固然令人钦佩，但最可贵、最令人佩服的还是他的为人。他常说："数人行均为我师。"会上大家的发言，已整理成《启功先生学术思想研讨集》，由中华书局和北京师范大学出版社共同出版。

10 月 25 日至 26 日

先生与谢冰岩先生赴盘锦，出席辽河碑林落成典礼及学术讨论会。

先生为辽河碑林开幕剪彩，下午出席座谈会，晚 7 时乘车返京并亲送谢冰岩先生回家后才返校。

10 月 28 日

北京有线电视台韩同志来与先生谈拍专题片计划，先生说了大概框架：

> 一周岁死了父亲，要读书没有钱。后来见到陈垣先生，打下了一点基础。陈垣先生告诉我怎样做文，怎样做人，告诉我在学术上有各个流派，我才学会研究学问。我从小就想当个画家，也从师学过画，但是后来不行，就以教书为本。会写字，也是偶然的机会，现在说我是什么家，其实我不是什么家，连个家都没有。我现在住的这个家都不是我的家，我只有一个人，老伴已经死了，我又没有兄弟姐妹，这个家是由内侄家的成员和我组成的。房子是学校的，这房子不卖，所以房子的主权也不是我的，学校为照顾我让我住在这里。成名、成家的思想和希望也有，但是我空背着这成名、成家的帽子，也没能成名，没能成家。我在学术研究上有一点成果，在我所在的圈子里，教过古典文学；带过几个研究生；写过汉语现象文字方面的论文；研究过诗有什么规律。也承学校内外前辈朋友评价，认为我在这几方面确有自己的见解，好像有多大成就，这是往我脸上贴金。我讲的这是心里话。

11 月 1 日

上午，去中央文史馆开会，正式受聘为中央文史馆馆长。钱其琛副总理授聘书。

下午先生作诗一首，贺上海朵云轩百年庆典：

> 世纪同龄一朵云，书林画圃同知闻。
>
> 九如更作无疆颂，长发中华艺苑春。

11月8日

国务委员、国务院秘书长王忠禹在钓鱼台设宴祝贺启先生任中央文史馆馆长，袁行霈任副馆长。

11月9日

《中国当代名家书画展》在纽约联合国大厦举行，先生自作诗《庆祝澳门回归祖国》条幅参加展出。

11月16日

中央国家机关为庆祝中华人民共和国成立50周年和迎接澳门回归举办"书法美术摄影展"，先生提供作品参加展出。

11月17日

中央文史馆举行全体馆员会，欢迎启先生任馆长，袁行霈任副馆长。

11月25日

上午先生到琉璃厂，秦公请看翰海拍卖书画，雷振方陪同前往。

12月9日至28日

先生应美国大都会艺术博物馆的邀请，赴纽约出席中国艺术精华研讨会。这次研讨会上来自海峡两岸和在美国的书画鉴赏家齐集一堂，对备受争议的五代画家董源名画《溪岸图》的真伪进行辨析。先生由章景怀陪同，傅熹年、杨仁恺、杨新、王连起、单国霖、单国强、李维琨诸专家也同时前往。当晚，先生出席了大都会艺术博物馆在曼哈顿为他举行的晚宴。他不停地与旧友新知握手谈笑，十分活跃，并与92岁高龄的收藏家王己千交流艺术心得。

12月11日

出席《溪岸图》研讨会。在大都会艺术博物馆亚洲部主任何慕文、亚洲部中国绘画室主任方闻的陪同下，参观了博物馆收藏的中国古代艺术品。《溪岸图》引起他的浓厚兴趣。他为研讨会专门撰写的论文《画中龙》以他对中国文化艺术，尤其对中国历史的深刻了解和渊博的知识，进行了精辟的阐述，指出这幅画不可能是近现代人的伪作。

12 月 12 日

拜会我国驻联合国大使秦华孙先生。

12 月 13 日至 17 日

赴华盛顿弗利尔博物馆参观，连日在该馆库房调看钱选《来禽栀子图》等名画。

12 月 18 日

由王悦、章景怀、王连起陪同去法拉盛。晚间王己千宴请，与纽约华人收藏家20 余人谈鉴赏。

12 月 19 日

与王连起谈鉴定书画，并向方闻推荐王连起做访美学者。

12 月 20 日

冒雨去王己千家看《朝元仙仗图》。

12 月 21 日

结束访美经香港回京。

同月

钟志森先生藏《朱熹大字诗册》请先生题跋：

> 此晦翁真迹也。纸敝墨渝，诗句凋零，集中莫能补足。然笔势必回翔，与其书札草稿俱相一致。又有大字真迹，较此略形工整，益证此迹之自然天放焉。吾友钟君，获此见示，眚目顿明，喜为跋尾。

又为孟君郁（宪章）先生藏明嘉靖年间吴郡《袁聚刻阁帖》作跋。先生详述阁帖翻刻收藏沿革后指出："确为袁刻，为可重也。"

同年发表的主要著作有：

《画中龙》为美国大都会博物馆撰写。

《古代字体论稿》由文物出版社再版。

《启功赘语》由北京师范大学出版社出版。

《启功丛稿》经修订增补后，分《论文卷》《题跋卷》《诗词卷》由中华书局再版。

2000 年（庚辰）88 岁

1 月 1 日

今日元旦，先生拟一春联：

千春喜见群与颂；一代新猷肇岁华。

又为北师大出版社题词：

金龙集庆，文化中兴。

出版事业，指日飞腾。

1 月 3 日

全国政协书画室举办"迎新千年在京书画家联谊会"，先生出席笔会。

1 月 5 日

中央电视台拟拍启功先生专题片，经与先生电话联系，先生表示同意，但只能在家中接待采访，并提出希望他们不要"摆弄"他，也不要移动家具。

1 月 20 日

伍连连来看先生，谈为华侨城写字的事。

1 月 21 日

上午荣宝斋马五一、雷振方等来给先生拜年，先生特别问到去年的营业情况，得知 1999 年已超额完成任务，先生高兴地对荣宝斋领导说，还是用人得当呀。

1 月 23 日

邓朴方来看先生，请先生担任残疾人协会的名誉理事，先生表示同意。

1 月 25 日

出席全国政协常委会会议，胡锦涛副主席宴请大家。

1 月 27 日

校领导陪国家人事部一位副部长来给启先生拜年，提出希望能有先生的一幅书法留念。先生写后送校办。先生说："此事仍请校长处理比较好，学校有什么要求可以和他谈。"

2 月 1 日

先生为清朝抗日名将刘永福旧邸题诗一首：

> 刘公战绩炳青史，遗迹共仰三宝堂。
>
> 御侮由来贵自奋，不因人热是康庄。

当晚出席中央统战部和国务院办公厅举办的春节招待会。

2 月 20 日

为拍电视片，陈岩等人来访先生。先生主要谈了陈校长对他的教导，回忆了他在老校长的亲切提携下成长的过程，以及他准备撰写《励耘书屋学案》。又讲了陈垣先生的著作与教育的关系，陈垣作为教育家，他的著作《中西回史日历》《史讳举例》等，与实际的教学关系十分密切，是在用实例教导学生在教学上怎么入手。

陈岩谈到目前市面上有许多冒先生名的假字，应当打假。先生说："其实怎么打假？他一句话就让我没话说，'我在临帖'，谁不临帖呀？""荣兴艺廊有个老太太卖仿我的字，见我过去了，对我说：'您好，您不捣乱。'"（指先生不找他们麻烦）

2 月 28 日至 3 月 13 日

出席全国政协九届三次会议。

3 月 20 日

先生患带状疱疹已经一周有余，不能下楼，天天打针治疗。

文化部请先生出席"翁万戈藏书专家论证会"。先生因病不能出席，但对收翁氏藏书，谈了 3 点意见：

> 1. 这些书很重要，是有公论的，有些是完整的宋版孤本，我们应该有；
>
> 2. 翁家也是好意，不愿这些东西流到日本去；
>
> 3. 我本人是知物不知价，至于哪个地方收藏最合适，是北图、故宫还是历博，请领导分配在哪儿收藏都行，只要祖国留下就好。

据《北京晚报》报道：翁同龢五世孙翁万戈将珍藏于美国 50 多年的翁氏藏书运回国内（其中宋代刻本 11 种 150 余册；元代刻本 4 种 50 余册，明代刻本 12 种，清代刻本 26 种，名家刻本、稿本 27 种），与嘉德拍卖公司协商，决定采取转让的办法以确保其回到祖国。先生与任继愈、季羡林、张岱年等多位专家联袂上书有关领导，希望能将翁氏藏书留在国内。

另据报道，上海图书馆捷足先登，与嘉德公司达成协议，翁氏藏书入藏上海图书馆。

3月25日

先生患带状疱疹仍在打针、打点滴。

同月

教育部设立国家人文社会科学重点研究基地，一个是"民俗、典籍文字研究中心"，一个是"文学艺术研究中心"。当时规定中心必须设学术顾问。童庆炳拟请先生担任。当时先生正患带状疱疹。因时间紧迫，程正民和童庆炳就到家中向先生提出。先生还躺在床上，很痛快地就答应了。

是年春

获观丰子恺先生画《东风浩荡扶摇直上》，描绘少先队员放风筝，先生兴到，题诗一首：

> 好风吹面最宜人，大地春来万物新。
>
> 此是缘缘堂上笔，鸢飞鱼跃见天真。

4月23日

来新夏自天津来看望先生，他把先生给他的论学术的信整理成《启功（元白）先生论学书札》一文，提交给《启功先生学术思想研讨会论文集》编辑组。

4月28日

日本二玄社高岛义彦来访，给先生带来该社新复制的台北故宫博物院的藏品《江山小景图》。先生夸奖他们复制技术很好。

5月

赵朴初先生逝世，正赶上先生患带状疱疹，无法出门前往吊唁，撰文《仁者永怀无尽意——回向赵朴初先生》，以寄哀思。

6月13日

先生的生日快到了，肇庆端砚厂黄东荣给先生送来一对艺术砚，一块砚石中间劈开，花纹形似一对小兔；另有一方诗词砚，刻有先生的诗词。先生说："我这楼承受不了重压，就送给出版社吧！"（已由北师大出版社收藏。）

7月2日

香港黄君寔先生来，请先生看他新收藏的手卷。

7月5日

中央文史馆召开《章士钊全集》出版座谈会。先生因身体原因未能赴会，特请袁行霈副馆长代读书面发言，赞扬了章先生为国家统一作出的贡献和在学术上的建树和成就。

7月7日

韩国大使权丙弦即将离任回国，委托工作人员李英佰来请先生题字，并转达权丙弦大使的宴请意图，先生表示："赠字不赴宴。"

为韩国大使权丙弦写一首诗：

> 海天如镜好张帆，忆我东游又几年。
>
> 今日一杯燕市酒，敬为仙使再来缘。

同日

先生上午到和平宾馆，参加故宫博物院为祝贺徐邦达先生90岁生日举办的寿宴，故宫博物院许多老先生都到场祝贺。

7月12日

先生去校长、书记的办公室，告诉他们近期拟住院，或找一个住处休息，也方便看病。

7月14日

今日先生搬到京东宾馆去休息几天。冯其庸、苏士澍、大野宜白到宾馆看望先生。

7月25日

下午，马五一、雷振方等来，送礼品为先生祝寿。

7月26日

今日是先生的生日，学术思想研讨会论文集已印好呈先生阅，本论文集辑录了研讨会上代表们全部发言和论文。中文系给先生送花篮祝寿。

黄苗子先生来函，作《水调歌头》致祝：

> "米"字八十八，"发发"最时髦。发掘发扬文化，乾惕敢辞劳。手不停披万卷，夫子诲人不倦，善奏解刌；桃李遍天下，文章教尔曹。
>
> 以余事，弄翰墨，更名高。邋遢但论书法，启体领风骚。若有假充冒伪，

一任旁人议论，瞎瞎是高招。悟得《养生主》，乐寿在挥毫。

先生当即奉和：

八十零八岁，米寿赶时髦，费了若干茶饭，诸事尽徒劳。口说古今中外，目见玄黄天地，尾堕不须刀。且看蛤蟆跳，纷纷是我曹。

多吃饭，少喝酒，岁增高。眼底黄斑病，纸上溺痕骚。如到潘家园去，处处拙书挂壁，商品远相招。敬向苍鹰道：不必察秋毫！

曾树成带着儿子霖子来给先生祝寿，先生看见附在寿桃上的寿带上写着"恭祝启功爷爷八十八寿辰"，便拿起来边看边高兴地说："你这字写得很好，不过有个错字，这个恭字是个形声字，上边的'共'表音，下边的'小'表意，表示从心里祝贺，不应该是'水'。"见小朋友有些迷惑不解，便拿起笔来边写边讲："'小'是'心'的变形，左边一点是'心'左上角的一点，中间的弯钩是'心'的卧钩，右边的两点，就是'心'字右上角的两点。"霖子小朋友听了启爷爷耐心形象的讲解，终于明白了他写的"水"字错在哪里。先生还告诉霖子："语文这一科重在自己，它是可以通过自学和社会实践来达到相当高的水平的。但数理化这些知识则必须在课堂上认真听讲才能学好。"

新加坡驻华大使馆给先生送来花篮及小礼品。

8月4日

先生为百年校庆作诗一首，并书写成条幅，先生讲："这两年身体不好，不知到二〇〇二年还能写否，先写好吧。"（落款写二千零二年。）

新松千尺益青葱，旧校仍留木铎声。

四害蹄亢徒践踏，群贤教泽倍峥嵘。

励耘遗著今传诵，乐育高堂久得名。

从此更延千百载，中华师范有殊荣。

北京师范大学百年校庆，

公元二千零二年，启功敬颂。

9月11日

出席统战部和国务院办公厅召开的中秋招待会，国务院副总理吴邦国在会上分析新旧世纪之交国内外形势。

9月15日

武文祥陪同于友先来看先生。于友先退休了，请先生写字留念。

最近先生又给荣宝斋写了一批条幅，约定他们卖掉以后分一半钱给先生，并由先生交税。

9月20日

常宗豪来函：

> 先生有腰缠万贯之苦（指患带状疱疹），此疾闻民间偏方或可奏效，不知亦尝一试否？……敢请赐书《常氏韵风楼书画展览》及《常宗豪书画集》两签，字体大小不拘，制版用也，为声名而重劳先生，不胜惶恐，诸容面谢！

先生的老学生梁静莲自美国来，先生安排她住新松公寓。

9月26日

上午柴剑虹来，有中华书局张宇请先生写字，先生赠对联一副：

> 秋千庭院人初下；春半园林酒正中。

山东武城来人请先生写：

> 中华第一狮。

同月

出席在中国美术馆举办的"陈其铨教授书法展"。

10月8日

钓鱼台国宾馆举办重阳节晚宴，邀请在京老书画家和有关人员，先生与黄苗子、王世襄、耿宝昌、史树青、华君武等许多老书画家一起参加。

10月10日

上午雷振方来，先生交他石章5方，请张樾丞后人刻"一瞽老人"等印。

10月14日

上午学校为百年校庆召开新闻发布会，请一些老先生出席。先生与钟敬文先生、陶大镛先生都出席了。下午校友会召开理事会，请先生讲话。在两个会上他主要讲了老校长对他的教导，希望师大要继承和发扬陈垣先生的励耘精神。

10 月 18 日

中央文史研究馆在郑州召开工作会议，全国 32 个省（区、市）文史研究馆馆长、副馆长出席。先生因身体原因未能出席，特致信祝贺。

10 月 25 日

出版社决定用先生画的扇面制作明年挂历，请先生审定挂历的封面。先生提出换两幅绘画，增加带骨折扇"万点松墨点万松"。先生说："这个扇子是我掏心窝子为老校长画的，应放在挂历的第一页。"先生为挂历封面题写了 8 个大字：

廿一世纪，金蛇献瑞。

10 月 31 日

国务院秘书长王忠禹视察国务院参事室和中央文史研究馆，提出为参事和馆员提供良好的工作环境，特别关注先生的生活待遇，提出："启功先生年岁大了，是一位德高望重的专家学者，又是位特殊的统战对象，应当照顾好他的生活。"

11 月 9 日

上午"《古代字体论稿》暨字体问题学术研讨会"在铁道部干校礼堂举行。先生出席研讨会并讲话，回忆他于 1962 年撰写并完成书稿的经过，及请老校长题写书签时激动和感激的心情。

会后王连起和先生说，杨新建议故宫博物院为先生开个关于书画鉴定的学术讨论会。先生不同意，说："我不是故宫博物院的人，不要去麻烦故宫博物院！"

11 月 13 日

学校举行纪念陈垣校长诞生 120 周年纪念会，先生出席。

11 月 20 日

上午给研究生讲课，下午去医院看眼病，准备做白内障手术。

11 月 22 日

太平洋保险公司请先生写牌匾，因是朱玉麒（博士生）介绍来的，先生坚持不收他们的润笔费。先生说："这个学生很好，应该对他帮助。"可以看出先生多么爱惜人才，对好学生寄托着莫大的希望。

11 月 28 日

昨日先生眼睛做白内障手术后情况很好。手术只用了 12 分钟，不痛。没有什么特别的感觉，今日把眼罩撤去后视觉很好。左眼的黄斑比较重，没有做手术，只做了右眼。

11月30日

中共中央组织部和统战部批复中央文史研究馆，启功馆长享受副部级待遇。统战部让学校给先生落实一辆车。当时学校新买两辆奥迪车，书记校长各用一辆。袁贵仁校长说让先生用一辆新车，并说："新校长来了我去解释。"

12月1日

李开鼎打电话来说"什刹海书画社"托他找先生，请先生担任名誉社长。他替先生谢辞了。先生听后说："李开鼎太好了，他是北师大第一任党总支书记，他的答复太好了！"先生还说眼睛手术后效果很好，但看小字还不太清楚，决定星期六再去复查一次。

12月4日

上午为教师培训学院写了牌子，又为清华紫光公司写了：紫气东来。

下午钟敬文先生到家中看启先生，问眼睛如何。先生说："不怎么样，看小字还得用放大镜。"

12月14日

上午教育报社记者采访先生，请先生谈童年时代。

12月15日

周绍良先生来看先生，并按约定将他的《资治通鉴唐纪勘误》一书手稿送来。先生转交北师大出版社出版。社长常汝吉和总编马新国研究后决定请黄安祯担任责任编辑。

同年

一位收藏者手中有一件元代遒贤的书法手卷，收藏者拿给先生过目。看过之后，先生对收藏者说，你要是能捐给故宫博物院就好了。先生一面动员收藏者捐给故宫博物院，一面给故宫博物院主持院务的朱诚如写了三页纸的一封长信，说明经过他的研究鉴定，这是元代遒贤的真迹，"实应属于国宝"；力言其艺术价值和历史价值，"以其不仅有艺术价值、文献价值，且属祖国古代民族中华文化鉴证之一，以物之希，故弥珍贵也"，并举证"陈垣先生所撰《元西域人华化考》中有详细评介"，"此卷亦入《三希堂帖》"。同时他又给院领导发了一封同样内容的信。故宫博物院领导在办公会议上传阅了这两封信，大家都为先生这种高度责任心所感动。在先生的力促下，故宫博物院尽快找到了收藏者，以低价收购了这一弥足珍贵的书法珍品。经办这一事的朱诚如说："启功先生不辞辛苦关心着祖国的文化事业，不让珍贵的文物珍品流失，这就是启功精神，一种博大的爱国情怀。"

同年发表的主要著作有：

《读〈论语〉献疑》发表于《文史》第 50 辑，中华书局 2000 年出版。

《启功三帖集》由北京师范大学出版社出版。

《启功学术思想研讨集》由中华书局、北京师范大学出版社联合出版。

2001 年（辛巳）89 岁

1 月 8 日

先生为北师大"兰蕙公寓"题写牌匾。

1 月 9 日

先生因改善住房问题，急需用钱，拟将他存在北师大出版社的一些作品，交荣宝斋出售。出版社为了留下先生这些真迹向先生建议，这批书法作品不要再给荣宝斋，按照荣宝斋目前经营先生作品的价格作价，由出版社办理手续正式收藏，先生表示同意。并与先生谈妥以稿费的方式给先生付款。当时留有书面备忘录：

北京师范大学出版社，为了保存和弘扬祖国的传统文化，经征得启功先生本人同意，永久收藏启功先生自存的书法作品 39 件（其中对联 8 件、每件 2 万元，四尺三裁条幅 26 件，每件 1.5 万元，四尺中堂 4 件每件 4 万元，八尺整纸横幅 1 件，9 万元）。应付给启功先生人民币捌拾万元。按国家规定，代扣个人所得税捌萬玖仟陆佰圆，实付给先生柒拾壹萬零肆佰圆。

签字人：启功、常汝吉、侯刚。

1 月 13 日

江泽民总书记宴请部分在京的艺术家，先生应邀出席。

1 月 15 日

出席中央统战部和国务院办公厅举办的春节招待会。

1 月 16 日

今年荣智健 60 岁。为感谢荣智健在香港筹集励耘奖学金时热情帮助和支持，先生作对联一副相赠。

1 月 17 日

陈至立代表国家教委来看先生。

1 月 20 日

今日有中宣部刘云山、书协佟韦、齐白石之子齐良迟、统战部和北京对外友协代表来给先生拜年。

2 月 2 日

学生刘德水来探望，先生见张中行为其所题"学之所求，不信重于信"的赠言，又为加题"学之所得，不知多于知"一句。全文如下：

> 学之所求，不信重于信。　　右　中行翁语。
>
> 学之所得，不知多于知。　　右　末学功敬补之语。
>
> 　　　　　　　　　　　　　二〇〇一年二月二日，启功。

2 月 6 日

出席全国政协常委会会议。

2 月 14 日

盛春光问先生有没有《苏轼草书醉翁亭记》存世，先生说："有，但是伪的！"

2 月 16 日

赵光贤先生病了，先生去家中探视，又对北师大出版社的同志说："赵光贤先生有一本书稿在出版社已有多年，应尽快给他出来，否则赵先生看不到了。"

2 月 19 日

正值春节前夕，中山大学请先生为"容庚、商承祚先生纪念室"写牌匾。先生患眼疾写数帧均不满意，只好求助于剪刀糨糊，亲手分别把可用之字剪下，再拼粘起来到满意为止。这条牌匾凝聚着先生与容、商二老的深厚情谊。

2 月 23 日

上午北师大图书馆于天池、姜璐带一部《红楼梦》手抄稿请先生鉴定。此稿是1954 年图书馆用 240 元购买的。先生看后认定是新中国成立前的抄本，脂砚斋几个本子的内容全抄了。避讳字"立"是避康熙的，"贮"是避咸丰的"奕詝"。于问是否先生经手购买的？先生说 50 年代初他曾替图书馆买过书，有《龙图学缘》《唐诗格律》等，但这部《红楼梦》不是他经手买的。

关于拟请专家来开研讨会，先生说：

请哪些人要慎重，有不同意见在会上"打起来"就不好了。列宁格勒的本子，文化部曾派三个人去看，回来后三个人就有不同意见，所以请专家们来可以，但不要把对立面同时请来。

先生还谈了对出版这个手抄本的意见：

冯其庸先生讲，师大这个本子和北大的庚辰本一样，但比北大的好，北大的有错字，这个本子把错字都改了。……上周去钓鱼台吃饭时还见到冯先生，他对我说，师大这本书一定要交给一个响亮的出版社出版。

师大图书馆的藏书师大出版社出版不是很好么？师大的出版社也是响亮的出版社呀！最好不要交出去。如师大出版社出版，可以请冯先生详细说说比北大的好在什么地方，请他写前言或后记，这是师大的藏书，怎么能交给外边的出版社去出呢？如能影印，比排印更好。

3月2日至15日

出席全国政协九届四次会议。

3月23日

一位教授请先生看钱玄同写给白涤洲的条幅一件。先生过目后说："这是钱先生的真迹，很好！"并回忆说："白涤洲也是研究音韵学的学者，当时和刘半农、钱玄同等都是有影响的专家。""白涤洲和刘半农曾同去内蒙古搞音韵学的调查研究，被虱子咬了，回来后得了斑疹伤寒，刘半农治好了，白涤洲就没有治好，也算是为学术献身了。"并嘱来人说："留着这条幅，很有纪念意义。"

同月

周绍良先生为祝贺先生九十华诞作《得〈佛说大藏经目录〉因缘记》一文。

两会期间全国政协书画室举办政协委员、人大代表中的书画家联欢、座谈、笔会，先生出席。

复薛瑞生函，感谢赠《唐宋八家文注》及柳苏词之考订，回赠新出版的著作数种。言：

拙作拉杂一堆，蒙中华书局付为印刷，至深愧悚。析出奉寄，非敢以木桃
上报琼瑶，但供茶余酒后一笑之助耳。

5月2日

上午应国家图书馆的邀请去讲演，讲题是《清代学术问题私见》，200 余人听
讲。先生用幽默通俗的语言，深入浅出地介绍了康熙和乾隆执政时期不同的政治、
文化差异。

下午出发去扬州看琼花。

5月6日

自扬州回京。在扬州期间，到高邮去看王念孙先生故居。

5月15日

下午韩国书法家金膺显来看先生，请先生出席明日上午在荣宝斋举行的"金膺
显书法展"开幕式。这次是展出金膺显本人的左手书法作品。

5月16日

"金膺显书法展"在荣宝斋开幕，先生出席祝贺。

5月17日

吉林文史研究馆谷长春等一行 6 人来京交流，先生参加与他们座谈。

5月18日

中国佛教协会请先生出席赵朴初先生的纪念会，但先生与钟敬文先生要去香山
文科基地参加基地的成立会，时间冲突，只好向佛协请假。

5月21日

去全国政协礼堂出席《赵朴初先生纪念文集》座谈会。

5月24日

张宝桐带两位朋友来见先生，请先生看一幅旧画——《仿小李将军》，想重新揭
裱。先生看后指出，这是明末清初苏州人画的画，从艺术上讲画得不错，很细致，
但是写上唐李将军就是伪的，还不如不写值钱。不值得再揭裱，自己留着得了。先
生还说北京也有这类画，如当时灯市口对面本司胡同一带很热闹，市景繁荣，画家
多作画。还有人画《清明上河图》等，明代的乃兹府，是天启皇帝的奶妈府，当时
奶妈可以与魏忠贤"对食"，即面对面吃饭。乃兹府一带的市景画也是有名的风
景画。

5月25日

上午，中央电视台来采访，请先生谈关于博物馆更好地为普及文化教育服务的

问题。

下午，教育报社记者请先生再谈"少年时代的读书活动"，约 2 小时，留有录音带一盘。

同月

先生出席中国书法家协会成立 20 周年纪念大会和各项活动。

6 月 4 日

中国文联评先生获"兰亭终身成就奖"，在郑州颁奖，先生命侯刚去代他领奖。领回一奖杯，并 8 万元人民币。先生嘱将 8 万元捐给"励耘班"的学生，奖杯留在了艺术系书法班。

6 月 11 日

清华大学请先生为两弹一星专家的画像题"以身许国图"。

6 月 15 日

先生为西藏自治区和平解放 50 周年题词：

> 和平解放乌斯藏，五十年来雪岭宁。
>
> 密教传承长不尽，三光日月共香灯。
>
> > 西藏和平解放五十周年纪念，启功书颂。

6 月 20 日

中央文史研究馆举行纪念中国共产党建党 80 周年座谈会，先生在会上赋诗一首：

> 八十周年，叶茂花繁。
>
> 岁呈丰熟，海现平澜。
>
> 改革开放，顺人应天。
>
> 传亿万载，国泰民安。

以后又亲手在宣纸上打格，先用铅笔书写草稿，再用毛笔书成条幅，现由北京师范大学档案馆收藏。

6 月 22 日

为百年校庆题写大字"木铎金声一百年"及"北师大星""师范千春"。

荣宝斋雷振方经理来请先生参加拍摄"荣宝斋"录像片。先生讲他青年时代即是荣宝斋的常客，与荣宝斋有非同寻常的关系。生活困难了，拿个扇面去换两三块钱补贴家用，也可以到对面的书店，买自己需用的书。荣宝斋的老经理王仁山很会经营，在天津、上海等大城市都开有分号，他不动手，各项工作都分派别人去做，谁在做什么，做得怎么样，他都心中有数。现在搞经济的一些人，未必能像王仁山那样能干。

7月19日

先生为清华大学书写校训"行胜于言"。

鲁迅博物馆王得后来看先生，王毕业于师大中文系。

7月20日

山东大学建校100周年，学校拟赠礼品，请先生撰联语并书写成条幅：

千春教泽传东鲁；百岁弦歌仰岱宗。

山东大学百年纪念，北京师范大学敬贺。

启功撰联并书，公元二千零一年夏日。

7月22日

傅熹年先生上午来访。雷振方接先生电话来取需要装裱的作品。

7月24日

上午苏士澍、王连起、雷振方来给先生拜寿。

7月25日

上午荣宝斋领导来给先生拜寿。

7月26日

全国政协主席李瑞环在钓鱼台国宾馆为启先生举行九十寿辰庆祝活动，邀请了在京的著名书画家黄苗子、郁风、华君武、白雪石、尹瘦石以及先生的亲属出席。

8月7日

宣武区（今属西城区）文化局长沈念乐来访，为琉璃厂的改造征求先生意见。

应沈念乐的要求为他编的《琉璃厂史画》题写了书签。

8月8日

张中行先生病了，启先生去张中行先生家看望。

8月9日

徐邦达先生日前曾专为启先生九十寿写词相赠：

调十六字令

珍（公真席上珍也），艺苑词林九秩尊，期颐近，预祝并推君。

二零零一年七月吉日，元白老友华诞，东海徐邦达书寿。

上午，先生到徐先生家回访致谢。老友互相问候，徐先生给先生看他的藏画。

8月10日

为几所中学写校牌：湘潭第一中学、漯河铁路中学、牛栏山第一中学、鄢岗双楼中学、浙江温岭中学、乌鲁木齐第二中学。

8月14日

下午接待香港客人梁通（怡然），梁专程请先生为黄遵宪的"人境庐"题字。先生题了"玉振金声"4个字。

先生说1956年教育部组织专家到南方视察时曾去过"人境庐"参观。"人境庐"门朝西，黄遵宪的书房就在那里，还有日本人在白灰墙上写的"人境庐"3个字。先生曾建议把那3个字拍照下来，不知现在是否还有。

同月

出席国家图书馆举办的"手稿珍藏展暨名家手稿捐赠仪式"。

9月4日

先生为荣宝斋木版水印《唐宋诗词选百家书》题签，并书唐诗一首。为苏州国画院蔡廷辉书"翠园"。

9月10日

今天是教师节，新生入学的开学典礼在大操场举行，袁贵仁校长请先生出席并给新生讲话。

先生讲：我周岁丧父，依寡母长大，十岁祖父故去，上过小学，中学未毕业。幼年所学都是封建教育。后见到陈垣校长，思想逐渐转变。陈老平生，一切为了教育，告诫教书的注意事项，我终身受益。又详细讲解了做教师的九条须知。

同月

何兹全先生九十华诞，先生作联语祝颂：

溯四裔文明归一大统；纪中华史事历五千春。

9月26日至10月4日

成都市委书记王荣轩是师大校友，邀请先生去成都过"十一"。先生于28日上午参加完文史馆的会后下午去成都，会见了成都书画界的几位老朋友，并共同挥毫，心情舒畅。10 月 4 日回京。

10 月 6 日

上午，出席北师大文博馆开馆仪式；下午，出席校友会理事会并讲话。

10 月 7 日

原文物出版社的一位编辑黄琪女士，现在瑞士苏黎世渥地出版社工作，几次回国探亲时都来看望先生。今天来向先生提出，希望翻译先生的著作，介绍给瑞士的读者。先生答应让她翻译《古代字体论稿》和《汉字书法心得》两篇著作，因为《古代字体论稿》最先是文物出版社出版的，她经过手比较熟悉。黄琪还联系邀请了几位台湾研究汉字的作者撰写有关介绍汉字的文章。经与先生研究，这本书定名为《汉字古今谈》。她希望先生能写个序，先生同意了，让她回瑞士之前来取。

10 月 8 日

学校为"深化教育改革，开拓创新，建设高水平的文科人才培养基地"，受教育部资助，成立了"文科教学科研基地"。为发挥老一代学者在教学中的作用和继承学术传统，钟敬文先生和启功先生被聘请为该基地的学术带头人。

10 月 9 日

致薛瑞生函：

> 拜读大札及《清真事迹新证》，搜剔清真事迹，使古贤无复"冤案"。乃知北宋太学于学行并重，小子论词绝句谓其"行踪尘杂"，未免不公。垂询出处，深见爱护才贤之至意！拙句盖阅读宋人笔记所得，其出处在丁闇公先生传靖所辑《宋人轶事汇编》中，出于何书惜已忘记。但忆其原句乃云"士行尘杂"，窃以行字此处应读仄，故改云"行踪"，未知竟厚诬古人矣。惟清真之词多难读，在民间艺人论曲词有皮薄、皮厚之说，其于难懂之词，称为皮厚。小子以反刍取笑，只图谐谑，越发不敬也。80 年代功曾书拙句为若干条幅，在香港展览，饶宗颐教授见之曰："拿古人开玩笑"，深以为不宜，饶公虽非长者，但此语不失为忠厚耳。

10 月 22 日

先生在"第二窟"新居，将邓散木文集序交雷振方，并给他 2 万元转赠邓夫人。后雷将序文及 2 万元交邓夫人，夫人表示非常感谢，但拜托雷将 2 万元退还先生，说生活很好，感激先生惦念。

10 月 28 日

上午再应国家图书馆的邀请出席"节日讲座"，讲《沈约四声及其与印度文化的关系》。

11 月 11 日

人民美术出版社、荣宝斋（新记）共同庆祝成立 50 周年，先生题诗书写条幅祝贺：

人民美术最宜人，万紫千红别样红。

更有荣名传世宝，中华书画不凋春。

11 月 30 日

人民美术出版社、荣宝斋（新记）在全国政协礼堂举办庆祝 50 周年座谈会，先生和黄苗子、张仃等参加。

12 月 1 日

上午 10 时在人民大会堂东大厅举行《启功书画集》首发式，场面热烈隆重。中央文史馆、国家文物局、北师大领导讲话后，全国政协主席李瑞环作了精彩讲话，高度评介了先生的学问和为人，他号召大家学习先生的学问和人品，并希望老一辈专家培养新人。最后与会领导、全体来宾与先生合影留念。

12 月 19 日

晚上，有朋友请先生看一张郑板桥《竹石图》照片。先生拿到照片先看石头，再看题诗。先生说："这两点是郑板桥画的特点。"先生看后说："这幅画不错，郑画石不点点，画上的题诗也自然妥帖，不是伪的。"

先生为中央党校《学习时报》题诗：

二零零二倍欣欣，世纪新开又一春。

师友共传成绩好，与时偕进是新人。

题赠中央党校学习时报，启功。

秦永龙对先生说："艺术系书法班有些学生早晚在小红楼周围转，想碰上先生，但都没有碰上。"先生说："那好办，约个时间我去和他们见一见。"

12 月 23 日

北京师范大学艺术系举办"新年书法活动周",先生践约出席了艺术系的书法讲座,与书法专业的学生座谈两小时。

12 月 24 日

出席教育部主持的"中国师德建设论坛"并在会上发言。

同年

20 世纪 90 年代后期,中国印刷总公司友人武文祥、华蔚仓等对先生提出,先生的字自成一体,很受社会各界欢迎,希望有一套启体字库丰富印刷字体,也可供书法爱好者使用。建议先生书写后他们制成字库,但先生年事已高,字数太多,难以完成。先生想到秦永龙多年研究汉字,又善书法,便委托他担当书写任务。经过几年努力,字库于今年完成,由北大方正出版发行。

同年出版的主要著作有:

《启功书画集》由文物出版社、北京师范大学出版社联合出版。

《启功论书法》由文物出版社出版。

2002 年（壬午）90 岁

1 月 3 日

钟敬文先生的身体很不好,先生说:"过了元旦,新一年就开始了,钟先生就是百岁老人了。应该抓紧时间给他过生日。"据先生的建议,今天中文系在友谊医院给钟先生过百岁生日。

1 月 10 日

钟敬文先生今日凌晨逝世。先生很惋惜地讲:"1 月 3 日在医院为他过生日时,他吃着祝寿的蛋糕还对大家说:'我养好身体回去讲课。'原来还计划 16 日在人民大会堂举行学术讨论会,未能来得及开,老人家就先走了。"先生为钟老草拟了挽联:

博采风谣盛世优贤诗叟寿;

独成绝学耄年传业祖师尊。

后学启功拜挽。

1 月 17 日

中央电视台记者陈真夫妇下午来看先生。陈真曾两次在先生访问日本时担任翻译。他们见面后非常亲切，回忆两次访日时的情景，谈兴很浓。陈下午 3 时半来 5 时才离去，先生还亲自送至小红楼门外。

为北京市委统战部的杂志《诤友》100 期题词：

> 诤友刊行已百期，令名不负友兼师。
>
> 重光世纪新天地，拙笔平添一再思。

先生撰写的关于古籍教育的文稿《〈文史典籍整理〉课程导言》完稿。

1 月 18 日

上午亲往八宝山挥泪送别钟敬文先生，又对草拟的挽联作了修改，用楷书写出：

敬文先生千古

早辑风谣晚逢更化盛世优贤诗叟寿；
独成绝诣广育英才髦年讲学祖师尊。

后学启功拜挽。

1 月 25 日

上午先生参加荣宝斋在全国政协举办的"唐宋百家诗"出版座谈会。

下午 3 时半黄琪到先生家，请先生谈前辈学者如何做学问。先生主要介绍了陈垣校长的学术成就和对他自己的影响，也回忆了在辅仁大学时受到老师辈溥雪斋、溥心畬、余嘉锡、沈兼士等人的教导，从他们身上学到了治学做人之道。先生还说，学校为纪念百年校庆在征文，他准备写一篇《北京师范大学百年纪念私记》，主要介绍陈垣校长的成就。

在谈话中，先生还讲了改革开放以来的变化，他用钟先生的一句话概括说："这二十多年是我们过得最幸福的二十多年。"

先生还讲，"文化大革命"时期的情况无法说，也无法写，是个空白。先生谈到了刘盼遂先生之死。

1 月 27 日

张伯驹故居"似园"位于西黄城根北街 21 号，曾是大太监李莲英的宅邸花园，现辟为"文物收藏者之家"。今日先生和朱家溍、谢辰生、史树青、胡继高等文物界专家齐聚张伯驹故居，缅怀这位已故去 20 多年的著名爱国收藏家。他们回忆当年张伯驹得知国宝隋代山水画《游春图》将流落到海外时，他毅然卖掉这座宅院，用所得重金购回了国宝，最终献给国家。

他们认为，张伯驹先生的文物收藏思想和文物保护意识在今天应该提倡。

1 月 28 日

上午 10 时，北京电视台青少年部记者来，请先生谈谈小学生走进博物馆，先生昨晚已做了准备，拟好提纲：

《小朋友参观博物馆》的谈话提纲

我们都是古代先人的后裔，

千年万年历史长河流了去。

学过一些历史故事热闹多，

却没见过古人生活和用具。

今天一到文物博物馆参观，

看到古人所写文字以及日用瓦器和铜器，

顿教我们眼界大放开，

历史人物故事分合便似昨天事，

不如文博馆中浏览一通眼亮心明真有趣。

1 月 29 日

下午，先生为北京电视台青少年部题词：

参观博物馆，热爱博物馆。

写给青少年同学，启功。

2 月 27 日

上午出席全国政协常委会会议，下午回来后为百年校庆题写了"木铎金声一百年"大幅题字，后镌刻在校庆碑大木铎的基座上。

3 月 17 日

广州校友会吕伯涛等准备塑陈垣校长的铜像，百年校庆时立于校园，请先生为铜像作像赞一首：

> 清季生员，志存革命。
>
> 学法学医，教育为重。
>
> 面对标杆，史学居前。
>
> 亿万青年，品学当先。
>
> 夙兴夜寐，苦其心志。
>
> 身处洪流，不颠不踬。
>
> 世纪新天，师大百年。
>
> 励耘教泽，永世绵延。

先生说，颂词中他引用了《新约》中的一句话——"标杆"，他自己觉得很满意。

4月4日

先生在"第二窟"，柴剑虹到访，雷振方来向先生汇报荣宝斋将去韩国首尔大学举办斋藏明清书画展，由他作中国明清书画综述讲演，先生听了非常高兴。

4月22日

北京电视台再次采访先生，请先生谈他的青少年时代。先生最不愿回忆过去，面对镜头实在有些无奈和勉强。先生讲："最伤心的是势利人情，祖父死后多少亲戚不敢和我们来往，怕沾他们。"先生反复讲，祖父对他说过："你不要姓金，你要姓金就不是我的孙子，所以我一直名叫启功。"

4月24日至5月7日

为庆祝中日两国邦交正常化30周年，在中华世纪坛举办中日现代书法家20人联展。先生出作品参展。

4月28日

先生应扬州市政府的邀请，由庄寿仓负责组织，由耿刘同、庄嘉怡、聂崇正、章景怀陪同，赴扬州讲学，讲《清代时政与扬州文化》。讲课一个多小时后，又坐轮椅拜谒了汪中墓，在墓前恭恭敬敬地鞠了三个躬。陪同朋友问他为什么这么恭敬？他说这是祖师爷，我们所学东西的祖师爷。他说：

我20岁时用自己的第一份薪水买的第一部书，就是汪中的《述学》。因为我小时候就从别人那里看到过这部书，知道汪中和我有同样的经历和同样的感触，从内心里引起我深深地共鸣。汪中也是早年丧父，家中贫困到母亲不得不带着他讨饭的地步，每到寒夜时，母子只得相抱取暖，不知是否能活到天亮。汪中在给汪剑潭的信中曾动情地说过这样的意思：大凡为寡妇者多长寿，但等到儿子大了，能供养母亲时，即使有参苓梁肉也无补于她即毙之身了。他还痛切地谴责过夫死妇不得再嫁制度的不合理性。这一切都与我有同感，使我十分感动。

5 月 14 日

文化部最近评选了"造型表演艺术创作研究成就奖"，全国共有 11 位名家获奖，先生是其中之一。文化部于今日举行颁奖典礼，希望先生出席。先生说，他要集中精神写校庆要的稿子，不能去参加颁奖会，要侯刚代他参会领奖。领回奖杯和 3 万元奖金。先生嘱将 3 万元奖金转赠给"励耘实验班"的学生。

5 月 15 日

袁世海先生代《中国工商报》向先生求写题词。先生稍作考虑即写呈袁先生：

> 工以造物，商以流通。
> 国强民富，世界兴隆。
>
> > 中国工商报创刊十五周年纪念，
> > 二千零二年五月，启功。

兴涛学校求写"诲人不倦" 4 字，先生说："应该写 8 个字。"随即取纸写下：

> 学而不厌，诲人不倦。
>
> > 启功书。

其间王连起来电话，约先生去故宫博物院看画，先生询问了具体什么画后说："不去了，现在一是忙于赶写书稿；二是腿不能长走长站了，时间长了要尿裤子，也不能在皇宫宝院尿啊！"

5 月 27 日

上午为杨振宁在清华大学设立的"清华大学高级研究中心"书写牌子，又应广

启功先生接待来访的小朋友

东省老龄委的要求题词：

自强不息，与时偕行。

老当益壮，积健为雄。

6 月 1 日

苏士澍来电话，说今年先生九十大寿，建议仍由全国政协书画室、中央文史馆、国家文物局和北京师范大学四单位为先生举办书画展，展览由东方美术馆承办，为此事征求先生意见。先生说：

为我的九十岁办展，实在惭愧，今年是百年校庆，学校也要办书法展，我现在也写不了字，没有办法，就是学校存的那些东西，如为校庆办，你们想怎么办就去办吧！

6 月 29 日

接待《安康日报》记者。来人请先生为安康县（今安康市）题写"沈氏士远、尹默、兼士三贤汉阴纪念馆"和"沈氏三贤汉阴堂"两个牌匾，先生欣然同意题写。他说："'三沈'昆仲，都是文化大师，特别是沈尹默先生的书法成就和兼士先生的古文字成就，他人难以比肩，他们对国家和民族都是有很大贡献的。"先生还说："大先生士远先生，新中国成立后到北京来在故宫博物院工作；二先生尹默先生我见过，很熟；三先生兼士先生在辅仁大学时天天见。""沈三先生愿意接近群众，愿意培养学生，他说'那我就叫兼士'，二先生原名叫君默，他说'君还得拿嘴说，就把口字去掉，叫尹默。'后来就一直写尹默，这些故事说起来都很有意思。"

7 月 1 日

清华大学张辛请先生为孔子像题写 4 个字：师德永垂。

7 月 4 日

先生将董寿平题"第二窟"交雷振方装裱。

7 月 17 日

为北师大百年校钟题写铭文：

百年钟，日日鸣，贤才辈出振英声。

7 月 19 日

上午中央电视台《东方之子》栏目采访先生。

下午为师大校友中的 400 名特级教师题词：

> 五十余年，选拔英贤。
>
> 文化教育，师表当先。

四川省校友会赠校训牌，下面落款为"启功"。先生看见后，提出他的修改意见："校训下面不应只写启功，要按原来我写的'启功敬书'，或只用校训的八个大字也可，因为校训是校长发布的。"

应《二十世纪十大书家遗墨·谢无量卷》征题：

> 六书文化重神州，一百年来第一流。
>
> 曾见仙人挥健笔，龙跳虎卧共天游。

7 月 20 日

下午傅熹年先生、苏士澍、王连起、雷振方到先生"第二窟"为先生祝寿。

7 月 26 日

上午，在英东楼举行"启功先生从教七十周年学术座谈会"，先生即席发言，后因身体不好拉肚子，中途退席。先生的讲话内容，学生刘德水记录如下：

今天大家来给我过生日，此时此刻，想的很多，心情也很矛盾。有两句话，最能概括我的心情。

第一句话，过这个生日，我感到很悲哀。我一岁时，父亲就过世了。母亲带着我，孤儿寡母，相依为命。到了 1956 年冬天，母亲也故去了，我非常难过。第二年就是 1957 年，我被打成了"右派"。这时，我又感到了半点安慰，幸亏母亲在这之前故去了，如果她看到我成了"右派"，会觉得没有把我教育好，一定非常难过。所以说，今天过这个生日，想起了母亲，我感到非常悲哀。

第二句话。参加这个活动，我感到很惭愧。今天大家聚在一起，总要为这个活动取个什么题目，还要往学术上靠，说是我的学术座谈会，我十分不安。说到术，我们中国有美术、法术、道术、武术等等，而我却是个不学无"述"

之人。学术上没有什么成就，也没有什么学术著作，东抓一把，西抓一把。因
为不学，也就没有什么可述的。大家来参加这个会，真是不敢当，所以感到非
常惭愧。

　　谢谢大家！

同月

浙江华宝斋复制黄公望《富春山居图》，先生为其题跋：

　　未完画本先题记，异世遗踪被火烧。可恨藏家轻亵渎，吴门弟子罪难逃。
此卷传至明末，为吴彻如所焚，又经梁诗正题为伪迹，竟使痴翁九天为之一叹。
影本流传，得还千古面目，科技所赐，真堪泥首。

　　　　　　　　　　　　　　　　　　　　　　启功再拜敬题，一月后九十。

《富春山居图》被烧后，有人将火烧部分裁掉，将两部分分别装裱，一小段《剩
山图》现藏于浙江博物馆，另一大段现藏于台北故宫博物院。先生在给华宝斋题跋
时，曾托柴剑虹、吴龙友给浙江博物馆建议，如与台北联系将两段合展，将令国人
大饱眼福。

同月

　　某拍卖公司自日本征集到米芾大字手卷《研山铭》，经先生与徐邦达、傅熹年诸
先生鉴定，一致认为是米芾的真迹。先生说：

　　《研山铭》帖是米芾真迹精品中的代表作。此帖笔下挥洒纵横，跌宕多姿，
不受前人成法的羁勒，抒发性情天趣，在他的大字墨迹中，应推为上品。原不
知《研山铭》的真迹在何处，在国内只能看到照片和印刷品。……过去看《研
山铭》照片高兴，临《研山铭》高兴，今天在北京看到了《研山铭》真迹，饱
了眼福。

8 月 10 日

　　苏士澍拿来一封信，内容是建议国家收购米芾的《研山铭》，是写给李瑞环同志
的，希望启先生和傅熹年先生在这封信上签名。

　　启先生看后说："这是拍卖行在炒米芾的《研山铭》。近来日本经济萧条，把

《研山铭》拿出来拍卖，他们花 1000 万买来，又要以 3000 万至 4000 万卖给国家。并且说'启功说过宝贝回来了'，又说'傅熹年是工程院院士'，要我们在给李瑞环的这封信上签名，让国家收购。"先生明确表示他不能签这个名。这次国家文物局指定以定向拍卖的方式留在国内。

8 月 12 日

今天先生接待三家电视台采访：中央电视台美术星空、中央电视台教育频道、中国教育电视台。本来请它们同时进行可让先生节约些时间，它们互不通气，同是中央电视台的两个频道，一家拍的内容不愿与另一家共享。它们强调采访角度不同，非要一家一家谈。先生先后针对三家的要求分别讲了他与陈垣校长数十年师生之情；教师的自身修养，中国书画传统与继承的关系，自上午 9 时多一直到中午 12 时半才结束。

9 月 6 日

上午在北京东方美术馆举行"庆祝北京师范大学建校百年启功教授执教七十周年启功书画展"开幕式，10 时开始。乔石、王兆国及全国政协、中央文史馆、国家文物局等领导出席。开幕式讲话的人太多，时间过长，又上下台阶，展厅中人多拥挤，空气不好，先生体力不支。因为先生开幕后一直陪乔石委员长参观，乔石走得很慢，但先生仍慢慢跟在后面，直到送出大门，坚持看着乔石上了车，此时先生已完全不支，几乎晕倒。雷振方一直在旁跟随，先生突然站不稳时他赶紧用右腿在后支住，赵仁珪和郑喆左右搀扶，司机赶快开车过来，先生才坐入车中。在武警的帮助下走出人群。此时情景，当时有记者拍下照片，第二日在报纸登出。

9 月 8 日

今日在人民大会堂举行北京师范大学建校 100 周年庆祝大会，先生也应邀出席。庆祝大会十分隆重，中央政治局常委除李鹏外都出席了，江泽民总书记讲了话。散会时，政治局的领导一一与先生及在主席台上的老先生们握手致意。

9 月 23 日

上午，先生在"二窟"打来电话，约侯刚去谈了几件事。

先生说，最近李洪海来请他写大字，每写一张付 2 万元，积累起来已有一大包，要代他交税，清点后共 50 万元。下午由出版社财务科按规定代交税后，余款代先生存入银行。

先生说："九十岁生日写了遗嘱，念给景怀听，他还掉泪了。其实这没什么，有的人还很年轻也有写遗嘱的。那一年（1984 年）写的没有办公证不算数，这次要办公证。"

先生说，赵仁珪写的《论书绝句一百首注释》，印了1万册，又加印了1万册，他很高兴。

近两年先生写字困难，一些单位要求写牌匾、书签，就采用集字的办法，经先生审阅同意后签名盖章。侯刚向先生报告，出版社准备将积累的字搞成"字库"。先生说："好啊，你们整理以后还缺什么字，我可以再给你们补写。"又说："秦永龙写的一套字库叫'秦书启体'，你们从我的字中集成的一套字库，可以叫'启书启体'。"

同月

画史研究者颜某为查一张宋画上"魏府之印"的出处，问到先生。先生答曰："是明朝异姓中山王，封魏国公的图章。此人常和朱元璋下棋，名徐达。"

10月23日

梁静莲自美国来看先生，先生在兰蕙公寓订房间接待她。

先生为台州中学题写校名。

梁静莲在美国生活困难，她收有一批字画，都是溥心畬和启功先生早年给她画的，现托先生代她送出拍卖。今天上午马玲送先生去拍卖公司为梁办此事。先生还赠梁现金10万元。

11月6日

上午全国政协主席李瑞环约先生给一张画题字。下午给研究生上课，感到很累。

下午统战部老干部局通知，要先生列席党的十六大开幕式。

11月8日

上午参加党的十六大开幕式。

11月9日

上午先生出席中央统战部召开的十六大座谈会。

11月10日

张达送来《日本南画集》，请先生题跋。先生说：现在写不好，不能直接写在画上，用另纸写出，写坏可以再写。先生随即起草了跋文稿，约写好后通知他再来取。跋曰：

民族相邻、语言相接之邦，其文化发展，必有互为影响者。有清末叶，文人提倡拼音以代汉音者，画家东渡留学遂有高剑甫（父）、陈树人之岭南画派，此中土与东西交流之在人耳目者，史册所载已指不胜屈，其在有清后叶者，六法一艺,尤为显著。如池大雅、赖山阳,笔墨流传,号曰"南画"。其笔情墨韵,极似明人风格,此瀛海神州文化交融之极堪称道者。后来离合,岂可复言。今见此《南画集》三大册,实东中文化之精英,子孙纪念之楷模,藏之名山,传之百世,不使大雅、山阳诸贤复有遗憾,是可称瀛洲之宝也。

11 月 13 日

画家王森画了一幅历年京剧名优人物长卷,要荣宝斋出版,请先生题字,王森本要写"中国京剧名家谱",先生觉得不妥,对雷振方说,"名家"一词太广,而所画人多已故去。于是先生题"中国京剧名宿写真图卷 昔人有写真貌真之官 此卷笔墨传神可喜 启功"。

11 月 18 日

王静芝先生昨晚因胃出血、高血压、痛风病在台湾去世。先生撰挽联:

静芝先生千古

迟长三年论艺弥谦增我愧;一眠千古遗文永寿仰公贤。

启功敬挽。

11 月 26 日

洛阳市赵光潜来信,给先生寄来二帧《故尚书主事郎金城赵安妻房夫人墓志》拓片,请先生鉴定。先生看后即在一帧左侧的空白处写了跋,寄还赵先生。

墓志以营葬期迫,刊工草率者多。此石刻工精美,弥足珍重,光潜先生以一幅寄赐,以另幅命题,书其侧以志盛谊。壬午秋日启功病目学书。

东北双城市(今哈尔滨双城区)古堡书画院白锡铭寄来他收藏的一件怀素《自叙帖》拓片,请先生鉴定是不是摹本。先生用放大镜一一看过后说:

这是某人临写的,不是摹本。摹本是在原墨迹上边蒙上纸勾描下来的。有苏子补上前六行的,也是摹下来的,摹本只有台北故宫博物院保留一件。宋代摹了三本,字是忽大忽小。以后人临写的,则没有忽大忽小的字。这本不知是什么时候什么人临写的。印章"余暇""清赏"也不是皇帝的用印,皇帝的常用印是"万机余暇",即日理万机之余暇的意思。

11 月 28 日

先生下午乘飞机到上海,参加由故宫博物院、辽宁省博物馆、上海博物馆联合举办的"晋唐宋元书画国宝特展"。

11 月 29 日

下午先生在一行人陪同下观看国宝展。

11 月 30 日

上午上海博物馆特别请先生一行到地下藏品库,由先生点看藏品,先生看了一些明人书法、书札。

12 月 1 日

上午先生仍到上海博物馆地库看藏品,看了董其昌书札卷、淳化阁帖、临江帖卷等。下午先生在酒店休息。

12 月 2 日

先生乘飞机回京。

12 月 3 日

上午全国政协举办上海地区画家十人画展,李瑞环同志出席,先生参加。

12 月 20 日

文化部、财政部最近决定实施旨在"继绝存真,传本扬学"的中华再造善本工程,由一些著名专家学者组成编纂出版委员会。今日举办"中华再造善本编纂出版座谈会",先生应邀出席。

同年出版的主要著作有:

《汉语诗歌的构成及发展》发表于《文学遗产》2002 年第 1 期。

《〈文史典籍整理〉课程导言》《"八病""四声"的新探讨》《北京师范大学百年纪念私记》分别在《北京师范大学学报(社会科学版)》2002 年第 3、4、5 期发表。

《谈清代改译少数民族姓名事》在《清华大学学报》2002 年第 4 期发表。

《诗文声律论稿》(修订版)由中华书局出版。

《钟敬文先生的做人和治学》在《民主与科学》2002 年第 1 期发表。

2003 年（癸未）91 岁

1 月 22 日

先生因脑梗住进北大医院打点滴。

1 月 29 日

上午，马五一、雷振方到北大医院看望先生。

2 月 1 日

今日是羊年初一，先生出院。

2 月 13 日至 14 日

先生口述《谈谈李叔同先生的为人与绘画》，由钟少华录音并整理成文，又经先生亲自审阅、订正签名盖章送《中国文物报》发表。李叔同（弘一法师）是先生一生中最佩服的人物之一。先生说："李叔同的精神在于'认真'。他没有见过佛本人，但是他信，就有，就认真。佛说以律为师形成律宗，他就以律之。他说'过午不食'过一秒也不食。"

又据牟小东回忆：

许多朋友都知道，元白先生最景仰近代中国佛教高僧弘一大师。元白先生北师大宿舍的书斋里，除了书架上琳琅满目的书籍和绒毛动物玩偶外，别无长物。唯独墙壁上悬挂丰子恺居士所赠的弘一大师晚年遗照和书架顶端供奉佛像的上方悬挂弘一大师亲笔所写"南无阿弥陀佛"的书法横幅。可见书斋主人对大师景仰之深。

元白先生曾向我谈起他对弘一大师的敬重和评价，认为近代中国佛教自清末杨仁山居士倡导以来，由绝学而蔚为显荣，各宗大德，阐教明宗，竞擅其美。其以律宗名家，戒行精严，缁素皈仰，薄海同钦者，当推弘一大师为第一人。元白先生如此推崇大师，我想除了上述原因外，还由于大师与元白先生都具有同样的才情、同样的胸怀。不过表面上一位做和尚，一位是居士而已。

（牟小东：《明月一心故人情》）

3 月 5 日

全国政协第十届一次会议召开，先生继续任全国政协常委。

3月15日

近来先生写字日渐困难，有些单位要写牌匾、书签，就从先生写过的书法作品中集字。有的未经先生同意，即自行集成题词校训之类，先生认为十分不妥，便写一声明：

鄙人眼疾未愈，不能题字，朋友或用旧时书件集字，所集多是现成招牌匾额。所集成之件，亦必惠示鄙人过目，一切集成的题词一概未有。现在郑重声明：

一、所集匾额，必由鄙人过目签字同意。

二、一切题词俱非鄙人所撰，概不同意。如有不经启功同意签名的集字，启功概不承认。集字人应负法律责任。

3月16日

上午，中国书法家协会的书记张飙带中央电视台的记者来采访先生，要请先生为举办"第一届全国杏花村汾酒杯书法大赛"讲几句话。先生说：

杏花村杯电视大赛，是一个特殊的大赛，听到这事很高兴。但是我的眼睛坏了，写稿子写字都不行，你们说要写那大张的字，我是写不了啦，只能祝大奖赛成功。

先生还谈到，现在书法界出现了一种怪现象，以丑为美，反对"奴书"，就是奴隶写的书法，你写人字，一撇一捺他就叫"奴书"，很奇怪这叫什么流派。

先生又说：

有人教书法，以丑为美，那么就没有美了，就剩丑了。中国美术馆改叫中国丑术馆，小孩子不要德、智、体、美，而要德、智、体、丑。人、天、地……中国的文字人人都认识，不写成这样就美了么？新中国成立前就唱"起来，不愿做奴隶的人们"，现在叫国歌，还在唱，奴隶都翻了身了，不要再叫"奴书"了。改革开放时邓小平讲"实践是检验真理的唯一标准"，用邓这句话去实际检验你的行为才合乎道理，不能把德、智、体、美改为德、智、体、丑，认为规规矩矩写的字都是"奴书"，艺术的前途绝不会以丑为美。"起来，不愿做奴隶的人们"，奴隶都要起来了，你现在要打倒的奴隶是谁？批奴书是什么意思？

3月24日

先生因身体不佳，不能参加明天的励耘奖学金颁奖大会了。

4月9日

先生发烧住院，社会科学院的座谈会不能去了，请人打电话代为请假。

4月12日

国家文物局王立梅去美国参加会议，再次见到安思远，受上海博物馆的委托以450万美元为上海博物馆买回《淳化阁帖》。回国时，她把自己的行李全部托运，亲自抱着这件国宝经过长途飞行，于12日到北京后，将帖送到中华世纪坛博物馆库房，然后第一个电话先打给先生，告诉先生"国宝回家了"。时隔8年，先生的嘱托终于完成，两位当事人非常激动！

5月1日

复《四川日报》记者黄小军函，回答纳兰容若改名原因：

纳兰容若本名成德，为大学士明珠之子，纳兰俗译那拉，呼伦四部皆有此姓，明珠父子为叶赫部之贵族。清圣祖康熙帝曾立理亲王胤礽为太子，礽字音与成字相近，故成德曾改为性德，后胤礽被废，性德又改成德。及成德逝世，其友人哀挽之作，又俱书成容若矣。近日北京"非典"疫情猖狂，窟室徘徊，了无兴趣，得奉手教，异常兴奋，专此奉复。

5月9日

昨晚苏士澍给先生来电话称，要出版一本反映抗击"非典"的集子，名《亲情问候》，要先生题词或写诗文。先生今晨3时起床执笔，5时多写完了长诗《坚决扫除"非典"病疫》。师大戒严，四门紧闭，晨6时苏士澍派人隔围墙栅栏取走付印。

老鼠未过街，欲打只能喊。

瘟疫却无形，简名曰"非典"。

晨起发高烧，过午已发喘。

黄昏日落时，气塞不能缓。

医者割喉咙，喷秽全房满。

左右医护人，一律遭传染。

又或体温低，瞬息全身软。

不待求医生，已觉生命短。

天意重生民，百工各有术。

耕种与庖厨，医疗兼看护。

医护服白衣，神职天所付。

病者一人瘳，天使心同祝。

患者虽有增，市民心安宁。

百货足日用，行旅无流程。

疫为万恶首，人为万物灵。

寄语告"非典"，天下终太平。

启功病目起草，时年九十。

此长诗《坚决扫除"非典"病疫》后又在北京师范大学校报发表。

5 月 21 日

中央文史研究馆发起抗击"非典"捐款活动，先生捐 1 万元。

5 月 26 日

文化部发来传真称：文化部所属"全国文化信息资源共享工程国家中心"，希望先生将《启功韵语》的版权授权给该中心的网络，先生看传真后签字同意。

同月

为《孙天牧画集》作序。

同月

吴龙友来信请先生回忆与沙孟海交往，先生复函：

北京疫情（非典）仍在，敝校仍设处处防御，弟依然躲进小楼，与世隔绝。偶有市内电话，略谈疫情，写字看书，手眼俱仍半废。近日忽忆及沙老有《石荒园》曾命不佞尘点，旧稿尚存，录以奉上：

柔毫铁笔用无殊，腕力沙翁继缶庐。

点染名都助佳丽，奇章妙迹满西湖。

龙马精神意气扬，西泠欣见鲁灵光。

虚心长记先贤语，画比书绅写石荒。

6 月 4 日

西泠印社选先生为第六任社长。

6 月 11 日

先生近期腿软无力，行动不便，开始使用四柱式助行器，有来人还要自己开门并开玩笑说："你看我两条腿加四条腿变成了六条腿，来给你们开门要三分钟。"

6 月 14 日

应西泠印社要求，为祝西泠印社建社 100 周年题写：百年西泠。

6 月 23 日

致中华书局程毅中函，内容为关于《崇文续集》编选问题。

7 月 4 日

何涵宇的子女要编一本《何涵宇花鸟画精品集》，请先生题签并作序。先生立即为他们题写了书签，并说也给写序。随即在手边捡到一张旧诗稿，翻过来在背面书写，20 多分钟一气呵成 300 余字的序文，思维敏捷，文字顺畅，没有一点改动，全文抄录如下：

何涵宇先生长我两岁，幼年在三阳金店打工，后来在国家银行中负责审查黄金成色，是一位多年的老专家。

先生生平喜好绘画，从王雪涛先生攻花鸟，有出蓝之誉。自己还不满足，告诉我说对于绘画的变化还自感不足。我曾劝他，以为绘画的风格的变化常有多方面的因素，一是由于多看古今名家的作品，受到自然的感染；一是与当代绘画名家往还，自觉或不自觉地受到不同风格的感染，这是一位画家作品风格变化的常见因素。但何先生还是严守王雪涛老的法门，而久久自有变化。这种变化，也不是后学主观所成，而是每位画家随着自己的历年工夫，作品必然有所变化。我这些拙见，颇蒙何先生接受。

我们睽违已有多年，但在展览会上见到何先生的作品真是日新月异。现在何先生遽归道山，家属和门生为他出版画册，嘱我题签、写序，在沉痛的心情中，写些当年的往事，也算是何先生绘画历史中的一段深堪纪念的往事吧！

二〇〇三年夏，启功，九十有一。

7 月 8 日

致程毅中函，再谈关于编辑《崇文续集》事。

致柴剑虹函，奉求转交书稿给陈抗和程毅中。

7 月 10 日

晚，某拍卖公司举办十周年庆祝酒会，先生和徐邦达先生等参加。

7 月 13 日

先生晚间给雷振方打电话，关心"非典"后荣宝斋是否已正常上班。告知已正常了，先生安心。

7 月 16 日

某拍卖公司宣布，即将拍卖西晋大书法家索靖唯一的书法真迹《出师颂》。社会上有人质疑故宫博物院斥巨资购买，是否其中有"高买"之嫌？先生说：这件《出师颂》经过他和傅熹年、徐邦达、朱家溍等专家鉴定，虽非索靖真迹，而是"隋贤"所书，也是"国宝"级的古代法书作品，值得国家收藏。但他强调专家是"知物不知价"，不会评估文物的价格。

先生说他早年曾见过《出师颂》的摹本，并作有论书绝句，肯定为"隋贤"所书，诗曰：

> 隋贤墨迹史岑文，冒作索靖萧子云。
>
> 漫说虚名胜实诣，叶公从古不求真。

先生还明确表示，《出师颂》是隋朝书法家的真迹，这在米芾同时代人黄伯思所著的《东观余论》中有文献根据，宋高宗御用鉴定师米友仁据此鉴定《出师颂》为"隋贤"所书，而且米友仁所书鉴定也是真迹。唐代人、明代人写不出这样的字。

7 月 23 日

在家中接受《中国书画》主编曹鹏采访，后以《京城文化标志性人物——启功访谈录》为题，收于曹鹏所编《大师谈艺录》。

7 月 24 日

晚，傅熹年先生、苏士澍、王连起、雷振方、章景怀、郑喆在贵宾楼自助餐厅为先生祝寿。

7 月 25 日

上午荣宝斋马五一、雷振方等来"第二窟"，祝贺先生生日。

8 月 19 日

台湾出版的《书友》杂志，寄给先生一册，刊有王静芝书法，并有王先生作的长诗《启元师》，回忆当年随先生学画时师生谈诗作画时的情谊：

> ……
>
> 此中笔墨总生情，挥洒江山烟树横。
>
> 案旁有我兀然坐，谈笑落毫风雨生。
>
> 元师草堂在苑北，常将性情托纸墨。
>
> 每偕荆关游山水，更与李杜论平仄。
>
> 乃有一日雨窗寒，留我看画奇突山。
>
> ……

8月27日

徐邦达先生将在家乡海宁建纪念馆，先生表示祝贺。

9月2日

致西泠印社全体同仁：

> 印社百年大庆，曾与友人相约前往申祝，又9月下旬有沪上博物馆鉴定文物，可沪杭一路，受益匪浅。不意眼病大发，以致全身失重，跌得头破血流，不省人事。如今虽有知觉，近期不宜妄动。而沪杭两约，俱致不能申祝，下情如此，务望海涵！

同日

先生在视力很弱的情况下，宣纸打格，用尼龙墨水笔为徐邦达先生书写贺词：

> 海宁仙乡，为孚尹徐公建书画楼，敬赋俚言为颂：
>
> 书画楼高欲拂云，宣和鉴目定千春。
>
> 人文东海秋潮远，岁岁涛声万里闻。
>
> 弟启功，九十又一，公元二零零三年秋。

因书写笔力轻重，字有深浅，不甚清晰，先生交雷振方时，嘱他将不清楚的地方加重，并让他托裱装框带往海宁转交。15日雷振方在海宁会场当场宣读先生贺诗。

9月16日

秦永龙、赵仁珪、侯刚在先生家谈"启功书法学国际学术研讨会"的筹备问题。

秦提出在学术讨论会时展出先生的书法作品、学术著作及先生生平图片。先生同意秦永龙提出的意见。

9月21日

上午大野宜白来看先生。

10月23日

先生近两天不舒服，尿不出来。章景怀发现先生一天无尿，感觉异常，马上送医院导尿。医生说必须"造漏"（外科手术）。今日上午在北大医院"造漏"。

11月1日

先生"造漏"后带着导尿管和尿袋，和来访的朋友随便聊天。

讲到他带的尿袋，他开玩笑说："这是'御赐紫金鱼袋'，这东西在唐朝时开始有，是用来装钥匙用的，到了清代就变小了，再以后又变成了荷包，里面装香料。"

11月11日

先生一生对鉴定古书画下功夫最深，并精于题跋。章景怀策划编辑一本《启功题跋集》。先生同意，并开始帮助搜集资料。

11月14日

先生说，他曾在积翠园有过题跋，文物出版社出版了《积翠园藏书画集》，曾为广东欧初，香港钟志森，北京王靖宪、孟宪章等写过不少题跋，先生帮助联系拍照。

11月15日

先生说，翁同龢有《灵飞经》，后来分解了，翁同龢存有43行。这次去美国时从翁万戈那里带回这43行的照片，可以印出来。其他还有多少行在分解后归了别人，不知下落。

11月22日

下午，章景怀、金虬、侯刚去昆仑饭店拍题跋，回校后请先生看完所拍题跋照片。先生讲了一些清代的故事：

弘昼是乾隆的生母带大的。清代有规矩，皇子由生母互换带养。因而皇后对自己带大的弘昼感情很深，她虽是乾隆的生母，但不喜欢乾隆。弘昼被封为和亲王，皇后就想法子照顾和亲王。北新桥有个宝泉局（即现在北京五中的地址），是铸铜钱的地方，经常一车一车往外拉铜钱。和亲王府就在南边（现为人民大学张自忠路校区），大车拉钱往南走。经过和亲王府时，王府就把东门打开，把大车赶进王府，钱归了和亲王。乾隆很生气，查了一查法律条文，其罪应该发配。但是对和亲王怎么发配呢？就让他去守东陵。乾隆把和亲王发配出去了，早晨乾隆去给母亲请安，看见太后在整理东西，也不言语，乾隆就问母后干什么？太后说："你叫和亲王去守陵，我不放心，打点东西跟着他去，看看他怎么守陵。"乾隆没办法，只好说："算了，谁也别去了！"

太后又不高兴了，乾隆问您怎么不高兴？太后说，我这一辈子没见过金山什么样，银山什么样。乾隆就让人从库房借来许多金元宝、银元宝，在院子里摆上两个桌子堆在桌子上。太后看后说，和亲王缺钱花，把这钱赐给他可有点用处，然后就决定赐给和亲王。乾隆也没办法。

有人说乾隆为了表示他最孝顺，经常出行都要带着太后，其实不是孝顺那回事，因为太后有可能废了皇帝，他怕自己出行在外，太后与和亲王干出什么事对自己不利，所以去任何地方都带着太后。去木兰围场打猎也带太后去，他不敢离开太后。

先生说，他很小时候就听说和亲王过得不得劲，很年轻就死了。死的时候乾隆去看他，他比划着帽子，给乾隆指指头，意思是请乾隆加封他的后代。乾隆装糊涂，说：你想要我的帽子，好！就把帽子给和亲王戴上。和亲王气死了！

乾隆活了84岁，曾在江南看上了一个唱曲儿的，带了回来，生下了嘉庆。把正皇后给废了，皇后去当了尼姑。军阀孙殿英为了找宝炸了东陵，陵内有嘉庆的生母，打开棺椁看，是个小脚，证明是汉人。

清代康、雍、乾三朝，康熙最高明，雍正难说，乾隆就糟透了。

11月25日

友人钟志森携《董香光粉本长卷无上神品》画卷请先生鉴定，先生已难执毛笔，即以圆珠笔题写，全文如下：

思翁教人作画，以画树为先，而山石次之。曾见摹古手卷多卷，俱以摹树为先，坡石其次也。此卷有南田累跋，尤可贵也。思翁摹古之余，随手略记画法，有昔时画手相传口诀，士夫多未传承，犹如所谓行家戾家，文人多不解其意。而思翁笔下时一流露，犹如有清同光之间，士多好皮黄剧，伶人口语、术语，士夫多效之。今观思翁谈画之语，亦多引之，其可贵不在披麻、斧劈诸语之下也。思翁此类钩摹粉本，世传甚多，或属真笔，或属重摹。自余观之，未必俱出真笔也。此卷有思翁自识，又有南田、重光诸跋，皆属的笔，尤可贵也。

> 癸未岁暮，启功获观，衰年眼福，幸何如也。

12 月 20 日

"启功书法学国际学术研讨会"开幕，先生坐轮椅出席并讲话，他精神很好，思维清晰。"启功先生赠友人书法作品展"和"启功先生生平图片展"同时举行。参加学术讨论的中外来宾 100 余人。《启功书法学国际研讨会论文集》同时出版。

12 月 23 日

王德胜来看先生，当讲到辅仁大学校友会提议要重建辅仁大学时，先生讲了辅仁大学的一段往事：

> 英若诚的祖父英敛之创办了辅仁社，要选一位校长办辅仁大学，英敛之就推荐陈垣。陈先生是天主教的罗马教派（改革派），英家所有人都反对，英敛之则坚持要让陈垣当校长，他认为要让保守派的人当校长，就办不成辅仁大学，只能办成神学院。英若诚的父亲英千里，也是一位有成就的学者。英若诚曾去台湾，看见英敛之墓碑是蒋介石题写，他回来后对我说："'文化大革命'时若有人知道我是英敛之的后代，我不会活到今天。"英若诚的儿子英达也很有成就。

同年

《陈垣全集》的编纂工作全面启动，陈智超请先生担任顾问，他非常爽快地答应了。以后经常关心《陈垣全集》整理工作的进展和问题，凡有求于他的事总是立即答应，并且说到做到。先生还把他所保存的陈垣先生的书信和资料找出交给陈智超。

同年发表的主要著作有：

《坚决扫除非典病疫》在北京师范大学校报发表，文物出版社收入抗击非典专集《亲情问候》。

《谈谈李叔同先生的为人与绘画》发表于 2003 年 3 月 19 日《中国文物报》。

《启功书法论丛》由文物出版社出版。

《朱季潢先生哀辞》发表于朱家潘先生纪念集。

《〈孙天牧画集〉序》由荣宝斋出版社出版。

2004 年（甲申）92 岁

1 月 6 日

今日晨起，先生用塑料软笔书联语：

> 岂能尽如人意，但求无愧我心。
>
> 昔贤格言联语，公元二○○四年一月六日，启功敬书。

1 月 7 日

先生回忆，他曾为孙大光、张刚夫妇收藏的李可染的《九牛图》有过题跋，可收入题跋集。今日李强去菜市口孙宅拍照。除《九牛图》题跋外，又见有先生为孙大光作墨竹和条幅各一件，还有先生与黄苗子、钟敬文、孙大光的合影，弥足珍贵。

1 月 8 日

北京荣宝拍卖公司举行春季书画拍卖会，拍品中有一位出家人提供的 25 幅书法作品，落款是"启功"。这批字拍卖公司事先拿来请先生看过，先生已经亲自鉴定为赝品，并明确说："我不认识这个和尚，也从没有给他写过字。"拍卖公司不听警告仍拿出拍卖，拍卖图册公布的低标的总计人民币 44.2 万元，高标的总计人民币73.8 万元。拍卖成交 22 幅，合计成交价为 47.2 万元人民币，加上佣金，合计51.92 万元。

先生对这一事件非常气愤，接受了《北京晨报》记者的采访。他斥责说：

> 假冒我的字画满处都是，但我从来没有为此公开说过半句话。这一次我太气了，谁都会有失察的时候。我不懂拍卖行里的规矩，也不懂法律上的有关条款，但是我相信，对于冒充、假造的行为总该有法律能制裁他！我想提醒买字画的人们一定多看看。像这次拍品中，有两幅内容完全一样，只是落款处相差整整一年。我从来没有这样写过东西，不可能有这样的作品，明白人一看就知道。琉璃厂地摊上卖我假字画的多了，就为糊口谋生，我不打人家这个假。可今天这样的，大批量地被所谓与大书画家有交情的人拿出来拍卖，其实是为私欲搞欺骗，我觉得是无耻到了极点！

1 月 10 日

先生接待中华书局余喆为纪念赵守俨先生逝世 10 周年采访,谈与赵守俨先生数十年的友情。

1 月 16 日

上午荣宝斋马五一、雷振方来给先生拜年,先生对某和尚假字之事,始终未提。

1 月 18 日

上午开《中国美术全集》编委会。

原拟在师大借用会议室开《中国美术全集》编委会。因先生身体关系,天气很冷,为免折腾就改在家里开。

1 月 18 日至 4 月 5 日

先生的学生师大校友王得后先后在《北京青年报》《中国文物报》发表文章《欺人太甚》《拍卖诚信》《拍卖赝品》《遭遇法律》,批驳拍卖公司拍卖大量启功先生书法赝品之事,先生颇感快意。

1 月 19 日

北师大出版社社长赖德胜和总编辑杨耕看望先生,谈出版先生著作的计划。

1 月 21 日

《中国商报》上刊有一篇短文——《听完故事买对联》。作者记述:在长沙一艺术品市场,有一副楷书对联:"俸外不教收果实,蒙中亦觉在云泉。"落款:"王垿。"书法似启功先生的风格。摊主给作者推荐说:"这可是启功的得意弟子王垿写的。"作者以 120 元购得,觉得很得意。因为他知道王垿的,是山东莱阳人,生于 1859 年,卒于 1933 年,是曹鸿勋的入室弟子。启功先生生于 1912 年,怎么能收王垿为弟子呢?觉得捡了个漏。

先生看了此文后,又讲了个故事:

> 实有两个王垿,小王垿的父亲是汇文中学的校医,小王垿曾在辅仁大学读书,他的书法也不错,曾有"有匾皆王垿,无腔不学谭"之说(谭指谭鑫培),看来作者不知还有个小王垿。

2 月 11 日

沈培方来采访先生,并拍录像。沈提问题,先生作答。先生谈话主要内容是介绍老校长学术成就和教育思想。他说:"自己一生中在每个关键时候,都得到陈校长的指导，所以能有今天。"

先生曾有给赵鹏飞写的册页，出版社拟出版。请他看后，他同意出版，并建议此册可以出一个单行本，薄一些好销售。

2月26日

先生与钓鱼台国宾馆联系好，派李强去拍书画题跋，共拍5件作品：（1）为董寿平画墨松题长诗一首，约作于1992年；（2）游同乐园诗一首，作于1981年；（3）为董寿平画竹题诗一首，作于1988年；（4）藻鉴堂纪事，作于1981年；（5）题葡萄一首，作于1981年。

3月19日

北京师范大学出版社经研究拟于7月26日之前出版先生的《启功口述历史》《启功韵语集》《启功讲学录》《启功题画诗墨迹选》和《启功跋董其昌临天马赋墨迹》5本书。征求先生的意见，先生表示同意。

3月22日

先生回忆，孙大光、张刚夫妇给家乡捐献书画时，自己曾给他们写过一个碑，碑文是用楷书写的，最好找到拍下来，出版社集字库可以用。

3月29日

先生保存有曾祖和祖父辈留下的团扇，出版社征求先生意见是否可以出版。先生同意出版，并说他还可以对一些扇子的背景作简单说明，介绍人物的简况。等他身体好一点就开始做这件事。

先生为"河北保定三中""珠海中国书学院"的集字签名。

3月31日

李开鼎来电话：先生为《纳兰成德集》题诗的稿费，他替先生捐给了"纳兰成德基金会"。先生说李开鼎同志知道我的意思，谢谢他。

4月23日

天津市文联起草一副对联，请先生为其书写，先生说写不了啊，决定集字。先生对其原稿稍作修改。

原联拟作：

七级浮图拔浊世；一杯仙茶结莲池。

先生改为：

七级浮屠拔浊世；一杯清水结莲池。

先生为《规范字草书法》题签，全部用简体规范字题写，署款启字用了繁体，还对该书编辑李强说，姓氏繁写，如启、闫等，是符合"规范"的。

5月9日

上午先生去医院换导尿管，10时才回。

郑蔚蔚在潘家园书市上发现一本先生1972年临写的《玄秘塔》的复印稿，非常高兴，花20元钱买了回来。拿来问先生，先生证实确是他写的，原件不记得送给谁了。

5月13日

农业部拟请先生题"聚贤为国，怀志成才"，因先生已不再写字，同意集字后由他签名，但指出末句"怀志成才"的"怀志"不妥，应改为"立志"或"励志"。最后集字是用"励志"二字。

5月21日

为编《启功书画题跋》一书，请先生看他自己的《跋元赵松雪书急就章真迹》《跋赵松雪小楷洛神赋真迹》两个手稿后，先生说：

> 元朝学赵子昂的人太多了，有个名俞和字子中的，与赵是同朝人；还有一个叫黄公望的人，画山水很好，是一位老道。黄跟赵子昂学画、学字、学文史，曾作过一首诗："经晋文皇全五体，千文篆隶真草行。当年亲见公挥洒，松雪斋中小学生。"

先生还说：

> 赵松雪写《龙兴寺碑》最用心，写得最好。赵是湖州人，是宋太祖的一支，被宋太宗轰出京城到了湖州，他的墓就在湖州。当时的文人，到了元朝都被轰到东南方去了，所以居住在南方的文人很多。

6月8日

先生去文物出版社，出席《中国美术全集》书法类的编辑委员会。傅熹年、谢辰生、许力以等到会，研究决定近两年内要把《中国美术全集》出齐。先生坐在轮椅上，被推进会场。与会者心中为之一震：真是岁月不饶人啊！这天天气非常炎热，先生还穿着毛衣，戴着毛线小帽。他在轮椅上和大家握手。在会上，他热情很高，发表讲话，说了不少意见。他说：

> 湖南有个《兰亭序》的摹本，很好；台湾有唐明皇的墨迹，我看见过；武则天有一块书法藏片，虽然她很坏，但那是历史，都可以考虑收入《全集》。

会后，苏士澍请先生看文物出版社复制的古画，并提出拟为先生出版一本宣纸本的书画集，先生表示同意。

6月9日

乔石委员长80岁，先生拟一八字联表示祝贺：

> 八秩长春河清海晏；千秋笃祜国泰民安。

全国政协主席李瑞环70岁，先生又拟一七字联表示祝贺：

> 兰茂松馨人益壮；古稀今健寿而康。

先生已不能执笔，命人集字成联。

7月20日

黄琪自瑞士寄来新出版的《汉字古今谈》6箱，作为给先生的寿礼。先生留下一箱，其余赠文学院。

7月22日

北师大定于9月11日举办陈垣先生"史学思想论坛"，希望先生知道此事，并给论坛选送一篇文章，并不要求先生出席。先生说：

> 就用《夫子循循然善诱人》，这篇已经把陈垣先生的教育思想讲全了，核心问题是对学生不要只批评，更不要挖苦，而要鼓励、表扬，看他的优点。

7月23日

上午马五一、雷振方来，给先生祝寿。

7 月 25 日

河南张书玉拿来一幅齐白石的画请先生看，先生看后说：

> 齐先生晚年眼睛不好，不能再画小虫之类，就有人在他画的花卉作品上添加小虫。有人就曾买过齐白石的若干张花卉，请金协中随手添小虫。所以有些齐白石款的花卉看是不错，但草虫就难说了，我说不清楚。

先生看到这幅画下方齐白石的落款是"三百石印富翁"。先生说：

> 这是老先生读书不深的问题，他是在仿清代的金农，金农有别号"三百砚田富翁"。比喻一方砚台是一项田地，他有三百项田地，所以就以"三百砚田富翁"为别号。而古代做官，有印要挂在腰带上，你称三百石印富翁，有三百个印要挂在腰带上吗？不了解古人的情况就仿，仿出了笑话。齐白石还有时落款"白石翁"，明代的名画家沈石田就落款"白石翁"，齐白石落"白石翁"有人就有笑谈，后来他才改为"白石山翁"。

7 月 26 日

上午北师大在英东学术会堂举行庆祝启功先生 92 岁寿辰暨启功先生新著 5 种（《启功口述历史》《启功讲学录》《启功题画诗墨迹选》《启功韵语集》《启功跋董其昌临天马赋墨迹》）出版首发式。教育部袁贵仁、统战部刘延东、文史馆袁行霈及学校师生代表 200 余人出席。

8 月 1 日

傅熹年先生夫妇中午在贵宾楼自助餐厅为先生祝寿，章景怀、雷振方同在。先生精神很好，喜欢吃小甜品。这是先生在外面过的最后一个生日。

8 月 19 日

黄君寔夫妇来看先生，黄先生拟出版书法集。先生同意为黄先生集一书签。二位先生聊天中谈及"莫须有"一词的原意。先生说：

> 韩世忠问秦桧：你杀岳飞，岳飞有什么罪，秦答"莫须有"。有人误以为"莫须有"是"没有"，其实"莫须有"并不是没有，而是"总会有"。意即：是皇帝让我杀的，你没有资格知道为什么。

8 月 23 日

何兹全先生昨晚看了中央电视台采访先生的实况后，来与先生聊天。

8 月 26 日

马季请先生题"马季从艺五十年"。先生说，从什么艺应明确，改为"马季从相声艺术五十年"。按先生的意思重新集字后，先生同意签名。

9 月 17 日

先生近来身体欠佳，今日下午坐久了，站起来时两腿再不能迈步，最后被景怀抱上床。

9 月 18 日

先生住进北大医院，经检查，两腿不能迈步是由血栓引起的，需打点滴。

9 月 21 日

先生出院。

中央文史馆出版《二十一世纪著名书画家作品集》，先生同意为其集字组一条书签。先生特别询问："这本书里有没有我的作品？如有我的作品，我怎么签字？"他们答应不收先生的作品，先生才签了名。

9 月 22 日

上午送先生再去医院，下午又要求回家来了。

10 月 1 日

先生身体仍不好，精神欠佳，吃不好，睡觉多，脾气大。章景怀很着急，打电话告诉傅熹年先生。上午，傅先生和苏士澍、王连起、雷振方约好一起到家中，大家劝他去医院，他还是不愿去。大家又共劝先生吃些食物，为了大家，保重身体。几位走后，先生饮食渐有好转。

先生听说艺术系已经布置完他的书画展，想去看看，但是天气不好，艺术楼又在灭蟑螂，决定国庆之后再去。

10 月 5 日

上午约侯刚、李强去家中谈出版《楷书千字文》的问题。

李强先汇报了去西安拍高智星保存的原件情况，请先生看了照片，并向先生汇报了版式、开本等设想。先生都点头同意，并答应由他口述一个简短前言。

李强又向先生汇报了赖德胜、杨耕二位社领导关于成立先生书画编辑室和出版先生著作之事，表示一定按先生的意见办，由李、侯二人负责，不再经别人之手，请先生放心。

10 月 11 日

原计划再口述《玄秘塔》的前言，今日先生已无精力再谈，与先生商量由出版社写一简单出版说明。先生口述《楷书千字文》的前言已整理好，章景怀读给先生听过，他同意付印。

10 月 13 日

先生昨晚再次入院检查。医院送病危通知书，仍怀疑是血栓问题，如不及时治疗，可能导致心肌梗死及脑血栓，以致危及生命。昨天即开始打点滴。医生讲要设法动员他住院治疗，就怕他又不耐心。

11 月 1 日

先生已回家，上午责任编辑去先生家谈《楷书千字文》有几处缺字的处理办法。先生说："这是我和高智星的责任，我写落了字，高智星也没有对一对。""可以用小字在旁边补落的内容，也可以不管它，因为是看字，不是读内容。但要征求秦永龙的意见，因为秦很关心这件事，是他推荐出版的。"后与秦永龙商量，在释文中用小字补上所缺内容。

启先生今天精神较好，又讲了一些有关《千字文》的佚闻：

1. 梁武帝命殷铁石从王羲之杂乱的字本里勾出 1000 个不同的字，是用来给梁朝诸王的子嗣们学习王羲之的书法做样本，没想到字编出来以后，内容不连贯，无法读。梁武帝又找周兴嗣说："卿为我韵之！"周就把这些字编成可读的韵文，但是有些字没有，就用相近的字代替，如黎民的黎，是指黑头发的人，年轻的老百姓，但是只找到了梨字，就用这个梨代替了黎。又如辨别的辨，中间就是"刂"，而他就用了中间是"言"的辩字，也勉强可以讲得通。所以《千字文》当中有许多应该有的字却没有。

2. 我看见过《千字文》的真东西。那年去日本，二玄社的西岛慎一介绍我认识一个叫日比野丈夫的日本人，会说中国话。我们一同从京都到东京小川维次郎家去看《千字文》。小川号检斋，他豁出本钱，用卖了五栋房子的钱买了这本帖。这本《千字文》原是嵯峨天皇收藏的，嵯峨死后，皇后把它捐给了东大寺，同时还捐了其他东西，包括唐人摹王羲之的字等共有十几卷，记有献物账，其中就有《千字文》。但是后来东大寺的和尚偷着把《千字文》卖了，辗转到了一个中医手中，中医保存了好久，就又卖给了小川维次郎，小川死后，由他的儿子小川广巳收藏。

3. 王羲之不是和尚，是五斗米道，他写的是道经不是佛经，用笔与和尚写佛经不同，用唐人写经对比王羲之的笔法，可以印证道家与佛家写字用笔的不同，佛教写经的样式很多，不是直来直去。

4. 关于玄朗。宋太宗的儿子宋真宗说，他的始祖的名字叫玄朗。他的父亲赵匡义把他的伯父赵匡胤杀了，做了皇帝。因此赵匡义经常做梦，怕别人来夺他的权。一次梦见了感生帝，就说我们的感生帝叫玄朗，就让大臣们避讳。宋代的皇帝只念过《千字文》，生了儿子就在《千字文》里找字给孩子起名字，皇帝用过的字就得避讳，所以宋本《千字文》改了好多字，改得乱七八糟。

11 月 11 日

上午雷振方拿来从香港拍回的，上有先生题字的陈半丁画茶花给先生看，见画思人，先生有些伤感。陈画约 8 平方尺直幅，画红茶花并题诗左上，先生在右上边题为：

此半丁翁中岁之笔，吴缶老衣钵犹隐约毫端，盖早年习染既深，而平生拳拳不忘薪火，其并时诸家如陈师曾先生俱属同调，是可敬也。

一九八六年夏日，启功。

11 月 12 日

上午青年女画家任萍来看先生。先生给客人介绍说："她是任率英先生的女公子，善画工笔人物，画笔细腻，比她父亲画得还好。"

任萍问启先生现在吃饭好不好，先生说：别谈吃。任萍又问先生睡眠如何？先生说：睡觉不知道早和晚，有时你说五点，是早五点还是晚五点？

11 月 18 日

上午，清华大学校长陈希陪同杨振宁来看先生，对先生为清华大学研究院题牌匾表示感谢。先生分赠《启功口述历史》给他们。

随便聊天时，陈希说："清华园三个字是那桐写的。"先生说："那桐这个人很不好，日本人要求签不平等条约，答应凡签名的给 20 万两黄金，好多人都签了，只有那桐和奕劻（庆王）不签，后加到 40 万两才签。"

启先生说溥忻在"文化大革命"中被红卫兵批斗时，红卫兵问溥忻："你为什么跟毛主席一起照相？"溥答："那是他请客请我去的。"红卫兵又说："你不配住这个房子。"溥说:"国务院事务管理局分配让我住的,等你们批完了,我去找他们,让他们给我换房子。"可谓回答奇妙,红卫兵也没办法。

杨振宁说:"我的岳父杜聿明您认识吗?"先生说:"我当然认识,杜老有一件好东西《万岁通天帖》,摹王羲之的手卷,是真的摹王羲之。"杨振宁说:"我没有见过。"先生说:"现在在辽宁博物馆收藏着。"陈希又问到先生与陈垣的关系,先生讲了他被张怀两次解聘三次到辅仁的经过。一直聊到中午 11 点多,杨振宁一行才离去。先生今天很开心,但也很累了。

12 月 17 日

荣宝斋出版了先生的临兰亭序帖,雷振方上午送回临帖原件,先生交他 5 张拓片托裱。

12 月 23 日

上午,侯刚、李强与章景怀给先生报告出版《坚净居丛帖》的设想。景怀策划按不同内容,拟分珍藏本、鉴赏本和临写本三个系列出版,每种先选 10 本。先生听后说:"可以,谢谢了!"

是年底

北京市佛教协会秘书长孔祥均先生和牟小东先生带了一份给北京市政协的《亟应建立北京佛教墓地》的提案,来请先生在提案上签名,因为先生是该会的名誉会长。他们向先生报告了起草提案的缘由:当前,北京佛教界没有墓地,是一个极大的缺憾。前会长、广化寺老方丈修明法师的骨灰,因为没有墓地造塔安放,迄今尚寄存在外面的骨灰堂里。先生听了十分感叹地说:"寺院和塔院是密不可分的一个整体,如果只有寺院而无塔院,等于失去了僧人的归宿。我赞成这个提案。"于是就拿起笔来签名。他边签字边向孔秘书长说:"不过我要声明在先,请不要把我的签名放在第一位。因为市佛教协会还有会长、副会长,他们当中好几位都是出家师父,应尊重出家人,僧先俗后,这是规矩。"孔秘书长连连称是说:"我们一定照办,您放心!"

2005 年(乙酉)93 岁

1 月 4 日

吴龙友夫妇从杭州来看先生,带来一些在杭州搜集到的先生致友人书札和书法墨迹。在谈话中向先生提出,由他和侯刚编一本《启功书法集》,只收没有出版过的作品，用宣纸印制，先生表示同意。

1 月 6 日

吴龙友再约先生详谈编《启功书法集》的具体安排，在北京和杭州分头操作，最后在杭州汇集编辑后印制。吴先生起草了授权书，请先生签了名。

1 月 7 日

晚，刘德水来访，代张中行先生敬奉问候字条："祝　活得结实　甲申年尾　张中行　伪造　启功"并为《启功口述历史》签名赠张中行。

1 月 16 日

黄琪在瑞士出版了启先生的《汉字古今谈》一书，受到了外国朋友欢迎。她请先生用硬笔签了 4 本书，分别赠给《隶变对汉字的影响》作者赵平安，《老庄哲学与"道"字》的作者陈鼓应，《音乐·汉字》的作者赵季平，《从数学看汉字》的作者丘成桐。

1 月 20 日

近些日子先生精神状况不太好，嗜睡。

1 月 21 日

先生住北大医院。

1 月 28 日

先生已住院一周，状况仍旧不好。

1 月 31 日

先生情况不大好，有时说胡话。近几日赵仁珪、林邦均等轮流去医院值班。今日开始有些稳定。

2 月 4 日

香港中华书局翟德芳先生联系，拟在港印行《启功口述历史》《启功讲学录》，北师大出版社与香港中华书局签订协议。先生表示同意，由赵仁珪签授权书。

2 月 5 日

先生不愿在医院再住，一定要回家，下午出院。

2 月 7 日

王梓坤、谭得伶夫妇给先生送花篮、拜年，祝他早日康复。

2 月 9 日（春节）

上午精神还好，郭预衡先生来拜年，先生在床上与郭谈话。吃过 3 个饺子即休息。下午 6 时仍在昏睡，喊他不应，家人感到不对，叫急救车送医院抢救。至晚 12

时，仍昏迷，尚无生命危险。

2月11日

先生至今日尚未苏醒。校领导决定，在小范围内做好先生突发问题时的预案。下午3时，赵仁珪、章景怀、秦永龙、侯刚、文学院袁金良及党支部书记李壮英在先生家碰头，研究决定，如遇先生突然病变，即分头做事，由赵、章和侯起草生平介绍，由章和侯准备生前友好的通信处及电话，文学院负责灵堂的准备。

3月3日

先生仍在监护室，家人呼叫只有轻微反应。

3月11日

先生已从监护室转回原来的普通病房。有人来看时，先生睁开了眼，喉中发出喔喔声。先生的右手可以动，左手不能动，有点凉，身上挂满了各种管子，左脚露在被子外边，口上带着喷雾的罩子。握他的右手，他有反应。护士来给先生打营养液，先生用手指指护士示意，他知道护士来打营养液。

3月22日

先生的病情开始恶化，又转回重症监护室，并在喉部开切了口子。

5月17日

先生仍在昏迷中。拟抓紧时间多为先生出版些著作。上午，柴剑虹、赵仁珪、秦永龙、侯刚、王连起、章景怀、李强、章正共同研究落实先生已经同意出版的《坚净居丛帖》，并请王靖宪先生到先生新居"第二窟"，帮助整理先生的藏帖。

6月28日

初步编辑落实《坚净居丛帖》，分临写辑、珍藏辑、鉴赏辑3部分出版。

1. 整理出先生临写墨迹19种，先选出10种出版。

2. 整理出先生收藏的碑帖10种。王靖宪据自己的记忆，讲述了先生购买珍藏这些碑帖的过程。

3. 整理出有先生亲自鉴赏，写有批注和题跋的碑帖10种。

6月30日

凌晨2时25分，先生病逝。享年93岁。6时，校长办公室召开紧急会议研究后事安排。上午9时开始在英东学术会堂布置灵堂，下午开始吊唁。红六楼一层先生的工作室也布置了小灵堂。

英东学术会堂从一楼至三楼的大厅，楼道排满了挽联挽幛。当晚，1000多名学生自发在木铎广场举行燃烛纪念会。连续7天有社会各界人士5000余人前来吊唁。

吊唁期间共收到 1200 多个花篮。

7月7日

　　在八宝山革命公墓举行启功先生追悼会。党和国家领导人以及先生的生前友好和社会人士数千人前往送别。追悼会详情，北京师范大学辑有《启功先生追思录》和《启功先生悼挽录》。

　　北京师范大学向全校各单位发出通知，决定在全校开展向启功先生学习的活动，大力弘扬启功先生为人治学的崇高精神和优良品格。还决定筹集启功教育基金，设立启功奖学金，组织编纂委员会出版《启功全集》。

　　先生的骨灰于 2006 年 6 月 30 日安葬在北京香山脚下的万安公墓。

启功先生墓碑

参考书目

《启功丛稿》（论文、诗词、艺论、题跋各卷），北京，中华书局，2004 年。

《启功口述历史》，北京，北京师范大学出版社，2004。

《启功讲学录》，北京，北京师范大学出版社，2004。

《启功韵语集》，北京，北京师范大学出版社，2004。

《启功书画集》，北京，北京师范大学出版社、文物出版社，2002。

《启功书信选》，北京，北京师范大学出版社，2007。

《启功题跋书画碑帖选》，北京，北京师范大学出版社、文物出版社，2006。

《启功学术思想研讨集》，北京，北京师范大学出版社、中华书局，2000。

《启功汉语现象问题研讨集》，北京，文物出版社，2000。

北京辅仁大学校友会编：《北京辅仁大学校史》，北京，中国社会出版社，2005。

北京辅仁大学校友会编：《辅仁往事》（1～3 集）（内部刊物）。

《辅仁学志》，1938 年年刊。

《汇文中学年刊》，1931 年年刊。

《启功先生追思录》，北京，北京师范大学出版社，2005。

《启功先生悼挽录》，北京，北京师范大学出版社，2005。

《中央文史馆馆务活动录》，北京，中央文史馆内部资料，2001。

《政协书画六十年大事记》，全国政协书画室内部资料，2009。

刘乃和等：《陈垣年谱》，北京，北京师范大学出版社，2000。

李经国：《周绍良年谱》，北京，北京图书馆出版社，2005。

柴剑虹：《我的老师启功先生》，北京，商务印书馆，2005。

赵仁珪：《启功研究丛稿》，北京，北京师范大学出版社，2006。

陈岩：《往事丹青》，北京，生活·读书·新知三联书店，2007。

米景扬：《荣宝瑰梦》，北京，北京出版社，2000。

侯刚：《文博专家画传——启功》，北京，文物出版社，2003。

钟少华、王得后：《想念启功》，北京，新世界出版社，2006。

编后记

启功先生离开我们已经七年了，先生和蔼慈祥的音容笑貌宛在眼前，永远留驻在我们心中。七年来，在整理和编辑《启功全集》的同时，我们还发现许多反映先生生平事迹和思想活动的史料，这些史料从不同角度记录下先生广博精深贯通古今的学术造诣、因材施教循循善诱的名师风范，以及他独特的诗、书、画和文物书画的鉴定成就，也生动地记录下先生不忘恩师敬善尊德的高尚品德、包容乐观淡泊名利的无私度量、不卑不亢高风亮节的爱国情操，这一切都是先生留给我们的宝贵遗产，值得我们永远学习、继承和发扬。从 2006 年起我们开始整理这本年谱，终于在先生百年诞辰前夕完成这本初稿。但是由于时间跨度大、早年的资料缺乏，这本初稿还很不全面，有待今后继续补充。

在编写的过程中，得到了先生生前诸多好友、亲属、学生和社会人士的热情帮助，又请傅熹年先生为年谱题写了书名，在此一并致以衷心的感谢！

限于我们的水平和能力，书中不妥之处请不吝指正。对于那些未被发现的资料，恳请知情者惠予提供。

关于本书编写的凡例，还有几点说明：

一、本年谱以启功先生的生平行事、思想风貌、学术活动和学术成就为主线进行整理，为了更多地保留原始资料，凡与先生思想发展、学术成就有关的重大事件和人物以及能反映先生音容笑貌、博大胸怀的言论隽语、诗词和逸事也收入。

二、材料来源，包括先生的著作、日记、可查明日期的来往信件、题跋和照片；生前好友、亲属、弟子及领导的回忆和文章、工作笔记和有关报刊的报道等。出于尊重原作的考虑，录文悉遵原稿，请读者予以理解。

三、记事以年月日的先后为序，年月不明者按季度排列，季度不明者，记为"是年"或"同年"。每年的最后列出当年出版的先生主要著作及创作的重要书画作品。

谨以此书献给启功先生 100 周年诞辰。

编者

2012 年 4 月